Spanish Pathways in Florida

Los Caminos Españoles en La Florida

Oceanica Classis

Frontispiece from the original 1493 publication of the letter of Christopher Columbus describing his adventures and discoveries for the benefit of "their most Serene Highnesses" Ferdinand and Isabella.

Portada de la publicación original en 1493 de la Carta de Cristóbal Colón describiendo sus aventuras y descubrimientos para beneficio de "Sus Serenísimas Altezas," Fernando e Isabel.

Spanish Pathways in Florida: 1492 – 1992

Los Caminos Españoles en La Florida: 1492 – 1992

Edited by Ann L. Henderson and Gary R. Mormino

Ann L. Henderson y Gary R. Mormino Editores

Translated by Carlos J. Cano, José A. Feliciano-Butler, and Warren Hampton

Traducción de Carlos J. Cano, José A. Feliciano-Butler, y Warren Hampton

Pineapple Press, Inc.
Sarasota, Florida

Partial funding provided by the National Endowment for the Humanities
Subhemcionado parcialmente por National Endowment for the Humanities

Published by Pineapple Press, Inc., Sarasota, Florida
Publicado por Pineapple Press, Inc., Sarasota, Florida

Inquiries should be addressed to:
Pineapple Press, Inc.
P.O. Drawer 16008
Southside Station
Sarasota, Florida 34239

Library of Congress Cataloging-in-Publication Data

Spanish pathways in Florida: 1492–1992 — Los caminos españoles en
La Florida: 1492–1992/
    edited by Ann L. Henderson and Gary R. Mormino.
        p.   cm.
    English and Spanish.
    Includes bibliographical references and index.
    ISBN 1-56164-003-4 : $24.95. — ISBN 1-56164-004-2 : $18.95
    1. Florida—History—Spanish colony, 1565-1763. 2. Spaniards—
Florida—History. I. Henderson, Ann L., 1949–   . II. Mormino,
Gary Ross, 1947–   . III. Title: Caminos españoles en La Florida.
F314.S63 1991
975.9′01—dc20   91-20036
                                                                      CIP

First Edition
10 9 8 7 6 5 4 3 2 1

To Floridanos, old and new

A las floridanos, de ayer y de hoy

CONTENTS

Introduction 10
    Ann L. Henderson and Gary R. Mormino
In Search of Spanish Pathways 24
    Bailey Thomson
The Invasion of Florida: Disease and the Indians of Florida . 58
    Henry F. Dobyns
Hernando de Soto's *Entrada* into *La Florida* 78
    Jerald T. Milanich
Pedro Menéndez de Avilés 94
    Eugene Lyon
Thomas Menéndez Márquez: *Criollo*, Cattleman,
  and *Contador* 118
    Amy Turner Bushnell
Father Juan de Paiva: Spanish Friar of Colonial Florida . . 140
    John H. Hann
Francisco Xavier Sánchez: *Floridano* Planter 168
    Jane G. Landers
Fort Mose: America's First Free Black Community 188
    Kathleen A. Deagan
Better than Gold: Plants of the New World 204
    Charlotte M. Porter
The Moreno Family of the Gulf Coast 220
    William S. Coker
José Martí: Context and Consciousness 240
    Louis A. Pérez, Jr.
Paulina Pedroso and *Las Patriotas* of Tampa 258
    Nancy A. Hewitt
Mario Sánchez: Folk Artist of Key West and Tampa 280
    Diane Lesko
Maurice Ferré, Xavier Suarez, and the Ethnic Factor in
  Miami Politics 302
    Raymond A. Mohl
The Columbus Quincentenary: What Will We Celebrate? . . 328
    Michael V. Gannon
Glossary 345
Index 349

INDICE

Introducción 11
                  Ann L. Henderson y Gary Mormino
En Busca de los Caminos Españoles 25
                  Bailey Thomson
La Invasión de la Florida: Enfermedades y los Indígenas
de la Florida 59
                  Henry F. Dobyns
La Entrada de Hernando de Soto en la Florida 79
                  Jerald T. Milanich
Pedro Menéndez de Avilés 95
                  Eugene Lyon
Tomás Menéndez Márquez: Criolo, Ganadero y Contador
Real 119
                  Amy Turner Bushnell
El Padre Juan de Paiva: Fraile Español de la Florida Colonial 141
                  John H. Hann
Francisco Xavier Sánchez: Hacendado Floridano 169
                  Jane G. Landers
El Fuerte Mosé: Primera Comunidad Negra Libre 189
                  Kathleen A. Deagan
Mejor que el Oro: Las Plantas del Nuevo Mundo 205
                  Charlotte M. Porter
La Familia Moreno de la Costa del Golfo 221
                  William S. Coker
José Martí: Contexto y Sentido 241
                  Louis A. Pérez, Jr.
Paulina Pedroso y las Patriotas de Tampa 259
                  Nancy A. Hewitt
Mario Sánchez: Artista Folklórico de Cayo Hueso y Tampa . 281
                  Diane Lesko
Maurice Ferré, Xavier Suárez y el Factor Étnico en la
Política de Miami 303
                  Raymond A. Mohl
El Quinto Centenario Colombino: ¿Qué Celebraremos? . . . 329
                  Michael V. Gannon
Indice 357

ACKNOWLEDGMENTS

This book grew out of an ambitious project by the Florida Humanities Council to explore Florida's Hispanic legacy. Aided by a 1987 Exemplary Award from the National Endowment for the Humanities, we incurred the debts of many generous colleagues who helped see this book into print. All books are collective products, and this undertaking reflects the commitment of a community of friends and scholars with the vision to make Florida a better state.

Though such debts can never be repaid, they can be publicly acknowledged, a deeply satisfying way to end a long journey. We would especially like to thank the authors who contributed their myriad talents to this endeavor and who endured the many revisions and questions. First we offer many thanks to the advisory committee of the Spanish Pathways project: Miguel Bretos (Miami Dade Community College), William Coker (University of West Florida), June Cussen (Pineapple Press, Inc.), Billy Cypress (Ah-Tha-Thi-Ki Museum), José Esterino (Florida Division of Tourism, Department of Commerce), Carlos Fernández-Shaw (formerly, Consul General of Spain to the United States), Michael Gannon (University of Florida), Diane Lewis (Museum of Florida History), and Betty Ann Scott (State Library of Florida). Joan Morris, the staff at the Division of Historical Resources of the Florida Department of State, the State of Florida Photographic Archives, and Paul Camp, Special Collections of the University of South Florida, deserve an extra thank you for the number of photographs, drawings, engravings, and out-of- print books they helped us track down. The Department of Education of the State of Florida and Commissioner Betty Castor supported this project from its inception.

The University of South Florida provided generous support. Dean Julia Davis and Dean Rollin Richmond provided steadfast support and encouragement. Sylvia Wood assisted with the coordination of the manuscript and assured us that the computer disk really contained a whole book inside. Marianne Bell, Carole Rennick, Joshua King, and Nita Desai deserve special tribute for having typed and retyped the manuscript. Thanks to Carlos J. Cano, José A. Feliciano-Butler, Warren Hampton, Robert Yáñez, and Irene Drossou for helping with the Spanish translation. Thanks to Lisa Compton and Rita Navarro, the English and Spanish copyeditors who caught our oversights and errors. Also thanks to Pat Hammond for the English index, and again to Rita Navarro for the Spanish index.

We stand eternally grateful to the Florida Humanities Council's Myra Stoner. A saint disguised as secretary, Myra brings order to a troubled world of misplaced letters, misdirected memos, and lost photographs. Thanks.

Ann L. Henderson
Gary R. Mormino

AGRADECIMIENTOS

Este libro surgió de un ambicioso proyecto investigativo de la Florida Humanities Council en cuanto al legado hispánico de la Florida. Alentados por el Premio Ejemplar de 1987 de la Fundación Nacional para las Humanidades (National Endowment for the Humanities), les hicimos incurrir deudas a muchos generosos colegas que ayudaron a realizar esta publicación. Todo libro es obra colectiva; ésta refleja el empeño de amigos y académicos para hacer de la Florida un mejor estado.

Aunque tales deudas jamás serán saldadas, pueden ser reconocidas públicamente; una forma profundamente satisfactoria de llegar al final del "sendero". Queremos agradecer en especial a los autores que contribuyeron sus múltiples talentos a este esfuerzo y que soportaron las muchas revisiones y preguntas: la comisión asesora del proyecto Senderos españoles, Miquel Bretos (Miami Dade Community College), William Coker (University of West Florida), June Cussen (Pineapple Press, Inc.), José Esterino (Division of Tourism, Department of Commerce), Carlos Fernández-Shaw (ex cónsul general de España en los Estados Unidos), Michael Gannon (University of Florida), Diane Lewis (Museo de Historia de la Florida), Betty Anne Scott (Biblioteca Estatal de la Florida), Anne E. Billy Cypress (Museum Ah-Tha-Thi-Ki). Joan Morris, el personal de la División de Recursos Históricos del Departamento de Estado de la Florida, los Archivos Fotográficos del Departamento de Estado de la Florida, y Paul Camp, de la Colección Especial de la Universidad del Sur de la Florida, merecen un reconocimiento especial por el número de fotografías, dibujos, grabados y libros agotados que nos ayudaron a localizar. El Departamento de Educación del Estado de la Florida y la Comisionado Betty Castor apoyaron este proyecto desde sus inicios.

La Universidad del Sur de la Florida facilitó su generoso apoyo. La decano Julia Davis y el decano Rolling Richmond facilitaron apoyo y ánimo firmes. Sylvia Wood asistió con la coordinación del manuscrito y nos aseguró que el disco de la computadora realmente contenía un libro entero. Marianne Bell, Carole Rennick, Joshua King, y Nita Desai merecen un tributo especial por haber pasado y repasado a máquina el manuscrito. Nuestro agradecimiento a Carlos J. Cano, José Feliciano-Butler, Warren Hampton, Robert Yáñez, and Irene Drossou por ayudar con la traducción al español. Gracias a Lisa Compton y Rita Navarro que revisaron el inglés y el español, respectivamente, y que corrigieron nuestros deslices y errores. Gracias también a Pat Hammond por el indice en inglés y de nuevo a Rita por el indice en español.

Quedamos agradecidos a Myra Stoner de la Florida Humanities Council. Una santa disfrazada de secretaria, Myra pone orden en un mundo de cartas mal puestas, memorandos extraviados y fotografías perdidas. Gracias.

Ann L. Henderson
Gary R. Mormino

INTRODUCTION

Ann L. Henderson and Gary R. Mormino

He was an embittered veteran of a foreign war. Concerned that the younger generation did not appreciate his sacrifice and dejected that establishment naysayers did not understand his singular achievement, he set out to write his memoirs. At age eighty-four he began to compose: "I am now an old man and have lost both sight and hearing. Unfortunately, I have gained no wealth to leave my children and descendants, except this true story, which is a remarkable one."

Thus began Bernal Díaz del Castillo's *Historia verdadera de la conquista de la Nueva España* (*The True History of the Conquest of New Spain*). Díaz understood that, above all else, he had witnessed the unfolding of an extraordinary chapter in world history. We, his descendants, are grateful for his story.

Bernal Díaz del Castillo was born in 1492, the year that Granada, the last Moorish stronghold in Spain, fell to the Christian warriors of Castile. In triumph, an exultant Spain lit the fires of the Inquisition, resulting in the expulsion of Jews and Moors from Iberia. Few individuals had waited for the fall of Granada more impatiently than Christopher Columbus. Daringly

INTRODUCCIÓN

Ann L. Henderson y Gary R. Mormino

Era un veterano amargado de una guerra en el extranjero. Preocupado de que la nueva generación no apreciaba su sacrificio y descorazonado al ver que funcionarios negativos no entendían su logro excepcional, se propuso escribir sus memorias. A la edad de ochenta y cuatro años empezó a redactar: "Ahora soy un viejo y he perdido la vista y el oído. Desafortunadamente, no he ganado fortuna para dejar a mis hijos y descendientes, excepto esta historia verídica, que es extraordinaria".

Así empezó *La verdadera historia de la conquista de la Nueva España* de Bernal Díaz del Castillo. Díaz comprendió que, sobre todo, él había sido testigo del desenvolvimiento de un extraordinario capítulo de la historia mundial. Nosotros, sus descendientes, le estamos agradecidos por su historia.

Bernal Díaz del Castillo nació en 1492, el año en que Granada, último baluarte morisco en España, cayó en manos de los guerreros cristianos de Castilla. Ebria de la victoria, España encendió los fuegos de la Inquisición, resultando en la expulsión de los judíos y los moriscos de la Península Ibérica. Pocas personas habían esperado la caída de Granada más impacientemente que Cristóbal Colón. Arriesgado y lleno de confianza, pero marcado por una

self-confident but flawed by unvarnished ambition, Columbus had first pleaded his dream before Ferdinand and Isabella in 1486. Isabella accepted, albeit reluctantly, Columbus's demands in 1492. Five hundred years later, we still grapple with the cataclysmic events resulting from the *annus mirabilis*, 1492.

When, in 1992, the Americas mark the 500th anniversary, or Quincentenary, of the Columbian voyages, prickly questions will confront celebrants who might prefer to focus on an endless stream of tall ships, pealing bells, and discovery medallions. For the significance of 1492 lies not so much in what Columbus found but in the interaction that followed. As William H. McNeill recently wrote, "What Columbus did was to change the world in which he lived and the world in which the American Indians lived by connecting the two in a way that lasted for half a millennium." Columbus brought Europe to the Americas.

Too few Floridians realize the significance of the ensuing Spanish presence in their state. Soon after the Columbian voyages and the dazzling conquests by Cortés and Pizarro, a caravan of Spanish galleons and caravels began bearing an astonishing number of conquistadores, priests, and cartographers to the shores of this peninsula. *La Florida*, they dreamt, resembled the treasure-laden cities of Tenochtitlán, the capital of the Aztec empire, or Cuzco, the center of the Inca civilization. Within 100 years of that first voyage, contact — and confrontation — with native cultures were well advanced, an extensive network of Florida missions had been established, and the first European-styled city was dedicated — all firsts for what are now these United States.

The "discovery" of America, where millions of native Americans — mistakenly called *Indios* — had lived for a millennium, had disastrous consequences for those natives. Thus, the term *discovery* carries uncomfortable connotations. If there was any discovery made, it was mutual, between peoples alien to one another. The bringing together, the meeting between Europeans and native Indians, could more aptly be described as an encounter, which avoids the Eurocentric implications of "discovery." Shall we celebrate the conquest of the Americas as a victory? Mexican writer Carlos Fuentes has suggested that a reevaluation of the conquest as a shared defeat may lead us to the possibility of a shared victory in the form of greater understanding.

When Columbus made landfall in 1492, Florida held perhaps three-quarters of a million Indians. But when replicas of the *Santa María* and the *Niña* sail into Biscayne Bay in 1992, expect no cheering from the descendants of the Tequesta, Ais, Timucua, Apalachee, and Calusa. Victims of smallpox and cholera, measles and malaria, those tribes were extinguished centuries ago.

If historians in the past have devoted too little attention to the epidemic plagues that obliterated native Indians, surely the Spanish have suffered from too many accusations of misdeeds and atrocities. Sixteenth-century Spain produced a heroic civilization, but its successes and achievements bore

ambición desmedida, Colón les había presentado su sueño a Fernando e Isabel por primera vez en 1486. Isabel aceptó, aunque con reservas, las exigencias de Colón en 1492. Quinientos años después, todavía luchamos con los eventos cataclísmicos resultantes del *annus mirabilis* de 1492.

Cuando en 1992 las Américas celebren el 500 aniversario o el Quinto Centenario de los viajes colombinos, aquellos celebrantes que prefieran acentuar la larga estela de veleros, campanas repicantes y medallones conmemorativos, tendrán que enfrentarse a preguntas decididamente espinosas. Porque la importancia de 1492 descansa no tanto en lo que Colón descubrió, sino en las interacciones que siguieron. Como escribiera William H. McNeill recientemente, "Lo que Colón hizo fue cambiar el mundo en que él vivía y el mundo en que vivían los indios americanos al conectar los dos mundos de una manera que duró por medio milenio". Colón trajo Europa a las Américas.

Muy pocos floridanos se dan cuenta de la importancia de la consiguiente presencia española en su estado. Poco después de los viajes de Colón y de las deslumbrantes conquistas de Cortés y de Pizarro, flotillas de galeones y carabelas españolas comenzaron a traer un asombroso número de conquistadores, sacerdotes y cartógrafos a las costas de esta península. La Florida, imaginaban ellos, se parecía a las ciudades llenas de tesoros de la capital azteca de Tenochtitlán, o al Cuzco, el centro de la civilización incaica. Dentro de los primeros cien años de ese viaje inicial, el contacto — y la confrontación — con las culturas indígenas estaban en pleno apogeo. Se había establecido una extensa red de misiones floridanas y se había fundado la primera ciudad al estilo europeo; todo ello primicias en lo que ahora son los Estados Unidos.

El "descubrimiento" de América, donde millones de indígenas americanos — erróneamente llamados *indios* — habían vivido por un milenio, tuvo consecuencias desastrosas para esos indígenas. Por lo tanto, el término *descubrimiento* tiene una connotación desagradable. Si hubo algún descubrimiento, fue algo mutuo, recíproco entre gentes extrañas. La reunión, el contacto entre europeos e indígenas, podría definirse más correctamente como un encuentro que evita las implicaciones eurocéntricas de "descubrimiento." ¿Debemos celebrar la conquista de las Américas como una victoria? El escritor mexicano Carlos Fuentes ha sugerido que una revaloración de la conquista como derrota compartida podría conducirnos a la posibilidad de una victoria compartida en forma de un mayor entendimiento.

Cuando Colón desembarcó en 1492, en la Florida quizás había tres cuartos de millón de indígenas. Pero cuando réplicas de la Santa María y de la Niña naveguen en la Bahía de Vizcaya (Biscayne Bay) en 1992, no esperemos aplausos de los descendientes de los tequestas, aisos, timucuas, apalaches y calusas. Víctimas de la viruela, el cólera, el sarampión y la malaria, esas tribus desaparecieron hace siglos.

Si los historiadores de antaño han dedicado muy poca atención a las epidemias que arrasaron a los indígenas americanos, seguramente los

bitter historical fruit. That same century also unleashed the powerful forces of religious reform that crystallized into Protestantism. Profiting from the invention of the printing press and the popularity of master engravers such as Dürer, Brueghel, and de Bry, Protestantism championed *la leyenda negra*, the Black Legend. Broadsides, essays, and engravings pilloried the Spanish as tyrannical, cruel, and fanatical. Spain, Mistress of the Indies, presided over a citadel of darkness and deceit.

The Black Legend persists, but just as damaging is the continuing neglect of Spanish contributions in history textbooks. The *National Geographic* lamented in 1988 that the sixteenth century deserves the label "the forgotten century." History books routinely ignore the dramatic beginnings of exploration and colonization in the American Southeast, preferring to begin American history in 1607. Stewart Udall recently asked, "How can a nation that celebrates John Smith and William Bradford slight founders who preceded them in other parts of the United States? And why have we been so grudging in acknowledging contributions made in the dawn years of our history by people with Spanish surnames?"

African-Americans also figured prominently in the history of the Americas. The first African to step ashore on the North American mainland was Estevanico de Dorantes. A member of the star-crossed Pánfilo de Narváez expedition of 1528, Estevanico survived the harrowing encounter only to die leading the Francisco Vásquez de Coronado exploration of 1540. How will African-Americans, whose ancestors were uprooted by the slave trade and thrust into the sugar fields and workhouses of the Americas, greet the huzzahs of the Columbian Quincentenary?

As today's historians of the vast Spanish Empire debate the meaning of the Quincentenary for Florida and the Americas, new subjects take center stage: Spanish missionaries and French Huguenots, American Indians and African slaves, flora and fauna, *mestizos* and *criollos*, pathogens and microbes. Columbus the man and myth shrinks in importance while Columbus the harbinger of the Old World grows in stature. New disciplines such as archaeology, architecture, demographics, and natural history aid scholars in expanding our understanding of Florida's history.

There is much to understand. For almost 500 years, the Florida peninsula has served as a fascinating setting for important historical events. It was here that foundations were laid for public education, courts of law, and banking and commerce long before such institutions took root in New England. Many Americans are aware of the civilizing impact of the Christian missions in California and the Southwest, yet few realize that a half-century before the western missions were established, Florida boasted over 100 mission centers. Who today remembers Santa Caterina or San Luis de Talimali?

We are constantly reminded in today's complex world that no nation is an island. So too has Florida always existed in relationship to great and lesser powers. Perhaps we need to revise our perspective. In its earliest days,

españoles han sido acusados de demasiados daños y atrocidades. La España del siglo XVI produjo una civilización heroica, pero sus éxitos y logros dieron un amargo fruto histórico. Ese mismo siglo también desencadenó las poderosas fuerzas de las reformas religiosas que cristalizaron en el Protestantismo. Aprovechándose de la invención de la imprenta y de la popularidad de maestros grabadores tales como Dürer, Brueghel y de Bry, el protestantismo propagó la Leyenda Negra. Pliegos, ensayos, y grabados pusieron en la picota a los españoles como tiranos, crueles y fanáticos. Señora de las Indias, España presidía sobre una ciudadela de oscurantismo y engaño.

La Leyenda Negra persiste, pero igualmente dañina es la continuada omisión de las contribuciones españolas en los textos de historia. La *National Geographic* se lamentaba en 1988 que el siglo XVI merece la etiqueta de "el siglo olvidado". Los libros de historia rutinariamente desatienden los dramáticos inicios de la exploración y la colonización del sureste norteamericano, prefiriendo comenzar la historia norteamericana en 1607. Steward Udall recientemente preguntaba, "¿Cómo es posible que una nación que celebra a John Smith y a William Bradford menosprecie a los fundadores que les precedieron en otras partes de los Estados Unidos? ¿Y por qué hemos sido nosotros tan renuentes a reconocer las contribuciones hechas en la aurora de nuestra historia por gente que lleva apellidos hispanos?"

Los afroamericanos también figuran destacadamente en la historia de las Américas. El primer africano que pisó tierra firme de Norteamérica fue Estevanico de Dorantes, miembro de la expedición del desafortunado Pánfilo de Narváez de 1528. Estevanico sobrevivió el terrible encuentro solamente para morir al frente de la exploración de Francisco Vázquez de Coronado en 1540. ¿Cómo recibirán los afroamericanos, cuyos antepasados fueron desarraigados por la trata de negros y metidos en los cañaverales y en las obras de las Américas, los vítores del Quinto Centenario Colombino?

Mientras los actuales historiadores del vasto imperio español debaten el significado del Quinto Centenario para la Florida y las Américas, nuevos temas toman el foro: misioneros españoles y hugonotes franceses, indígenas americanos y esclavos africanos, flora y fauna, mestizos y criollos, patógenos y microbios. Colón, el hombre y el mito, disminuye en importancia mientras que Colón, el precursor del Viejo Mundo, crece en estatura. Nuevas disciplinas como la arqueología, la arquitectura, la demografía y la historia natural ayudan a los académicos a ampliar nuestro entendimiento de la historia de la Florida.

Hay mucho por entender todavía. Durante casi 500 años la península de la Florida ha servido de fascinante escenario para importantes acontecimientos históricos. Aquí se echaron las bases de la educación pública, los tribunales de justicia, la banca y el comercio mucho antes que tales instituciones echaran raíces en Nueva Inglaterra. Muchos norteamericanos saben del impacto civilizador de las misiones cristianas en California y en el suroeste; sin embargo, pocos están conscientes de que medio siglo antes de que se establecieran las misiones occidentales, la Florida contaba con más de

Florida should be viewed not as the southernmost point of the United States but as its inhabitants saw it, as the northernmost province of the Caribbean. For much of its recorded history, Florida was a desperately poor outpost on the fringe of a vast Spanish empire. Floridanos, the first European settlers, looked to Veracruz and Havana, not Boston or London, for assistance. The residents of Pensacola and St. Augustine existed in a delicate relationship with Crown officials. *Obedezco pero no complo* (I obey but do not comply) became a familiar theme song of many Florida governors.

The Columbian Exchange

In *La Florida*, Juan Ponce de León, Pánfilo de Narváez, and Hernando de Soto set in motion a series of events that Alfred Crosby has aptly termed the "Columbian exchange." Over a period of centuries, Florida served as a staging ground for cultural and biological interplay among Timucua, Apalachee, Tequesta, Calusa, Spaniard, Minorcan, Greek, French, Italian, and English. Invaders ultimately became settlers and advocates, just as later immigrants have become citizens. *Criollos*, offspring of Spanish parents, became Floridians and Spanish-Americans. The tension endures today as Hispanic children struggle with competing values: English versus Spanish, Cuban versus North American.

Today, fully 10 percent of the population of Florida is Hispanic, and 56 percent of those who live in Miami are native Spanish speakers (compared to 12 percent nationwide). Former Florida governor Bob Martínez — whom the press has mistakenly called Florida's first Hispanic governor — proudly campaigned on his Spanish heritage. The Latin rhythm of Miami, the shop signs along Flagler Street announcing "English spoken here," and the aromatic presence of *arroz con pollo* create a home away from home for an exile community. Historian Raymond Mohl contends that Miami may be the only city in the United States that has a foreign policy. But the Cuban-American population has recently moved from exile politics to ethnic power, a shift from politics dominated by foreign policy to the politics of an ethnic group that recognizes the United States as its permanent home. The election of Ileana Ros-Lehtinen, the first Cuban-born congresswoman, reflects the new political reality of Florida's largest city.

Some Floridians whose families were a part of earlier immigration waves view this Latin vitality with alarm. But as author John Rothchild observes: "Who among us is rooted in Florida deep enough to complain of strangers in our midst? The Cubans seem to belong to Miami. At least they brought their children with them, at least they come from the sub-tropics. They are descendants of the Spaniards . . . returned to repossess."

In the novel *One Hundred Years of Solitude* by Gabriel García Márquez, Colonel Aureliano Buendía thought of the enchanted village of Macondo while awaiting his fate before a firing squad. "The world was so recent," he reflected, "that many things lacked names." Like Macondo, many south Florida cities have felt the rush of the past quarter-century as a new

cien centros misioneros. ¿Quién se acuerda hoy de Santa Caterina o de San Luis de Talimali? En el complejo mundo de hoy constantemente se nos recuerda que ninguna nación está aislada de las demás. Así también la Florida siempre ha existido en relación a grandes y pequeñas potencias. Tal vez necesitamos revisar nuestra perspectiva. En sus primeros días, la Florida no debiera verse como la parte más sureña de Norteamérica, sino como sus habitantes la veían, como la provincia más al norte del Caribe. Durante casi toda su historia escrita, la Florida fue una colonia extremadamente pobre en la periferia del vasto imperio español. Los floridanos, los primeros colonizadores europeos, pedían ayuda a Veracruz y La Habana, no a Boston o Londres. Los residentes de Pensacola y San Agustín existían dentro de una delicada relación con los funcionarios de la Corona. "Obedezco, pero no cumplo" llegó a ser una cantaleta de muchos gobernadores de la Florida.

El intercambio colombino

En la Florida, Juan Ponce de León, Pánfilo de Narváez y Hernando de Soto pusieron en marcha una serie de sucesos que Alfred Crosby ha denominado con acierto el "intercambio colombino". Por un período de siglos, la Florida sirvió de escenario para un intercambio cultural y biológico entre los timucuas, apalaches, tequestas, calusas, españoles, menorquines, griegos, franceses, italianos e ingleses. Los invasores acabaron como colonizadores y preconizadores, igual que inmigrantes posteriores se han convertido en ciudadanos. Los criollos, hijos de padres españoles, se hicieron floridanos y estadounidenses. La tensión continúa hoy cuando los niños hispanos se enfrentan a valores conflictivos: el inglés contra el español, lo cubano contra lo norteamericano.

Hoy, el 10 por ciento de la población de la Florida es hispana y el 56 por ciento de los que viven en Miami son hispano-hablantes nativos (comparado a un 12 por ciento nacional). El ex gobernador Bob Martínez — a quien la prensa erróneamente ha denominado el primer Gobernador hispano de la Florida — realizó con orgullo su campaña basado en sus antecedentes hispanos. El ritmo latino de Miami, los anuncios a lo largo de la calle Flagler proclamando "Aquí se habla inglés" y la aromática presencia del arroz con pollo crean un hogar lejos de casa para una comunidad exiliada. El historiador Raymond Mohl sostiene que Miami puede ser la única ciudad en los Estados Unidos que tiene una política exterior. Pero la población cubanoamericana recientemente cambió su política de exiliados por el poder étnico, un desplazamiento de un programa dominado por la política exterior a otro de un grupo étnico que reconoce a los Estados Unidos como su hogar permanente. La elección de Ileana Ros-Lehtinen, la primera congresista nacida en Cuba, refleja la nueva realidad política de la ciudad más grande de la Florida.

Algunos floridanos cuyas familias fueron parte de olas migratorias anteriores ven con alarma esta vitalidad latina. Pero como observa el autor John

Hispanidad has taken root. Census figures and planning projections contain a shelf life of one revolution.

Florida, commentators note, is a state where everybody is from somewhere else. Here where new is better, where quantum change creates "future shock," Florida's Spanish heritage offers a measure of continuity. As historian Michael Gannon observes, when the Pilgrims celebrated their first Thanksgiving at Plymouth in 1620, the residents of St. Augustine had been governed for fifty-five years by charter of the presidio, the Spanish-controlled military outposts. Indeed, not until the year 2055 will the flag of the United States have flown over Florida as long as the Spanish banner once did.

Floridians need to recover their history. Many paths to and from Florida begin and end in Spain. The Spanish presence in Florida did not begin with the fall of Batista in 1959 or with the Mariel boat lift of 1980. It began with Ponce de León's landing in 1513, carrying out the Latin mission to discover, exploit, convert, and explore. Florida's Spanish legacy is manifest not only in its name (*Pascua Florida* — "Flowery Easter") but in the central town squares of Pensacola, the cigar workers' social clubs in Tampa, the Mission de San Luis in Tallahassee, and the principal thoroughfare of Little Havana in Miami, *Calle Ocho*. From 1513 to the present, the Spanish legacy flows through Florida's history.

The Essays

Spanish Pathways in Florida surveys five centuries of Hispanic life on the Florida peninsula. The essays reflect the efforts of historians, archaeologists, and artists to a fundamental reassessment of the Hispanic presence in the New World. These authors ask sharply different questions than their predecessors did. Previous scholars drew upon "hard" facts — letters, diaries, memoirs. The scholars represented in this volume draw upon interdisciplinary fields such as archaeology, botany, geography, demographics, art history, and women's studies.

These authors reject the simplistic and popular notion of Florida as a frontier tamed by white Europeans; instead, they view peninsular history as a continuum, still going on today. *La Florida* served as one of the great meeting grounds of the continent, a place where peoples from Indian America, Latin America, Africa, the Caribbean, and Europe converged, attempted to figure one another out, and adapted old institutions to new realities.

When Spanish sea captains returned from their global voyages in the sixteenth and seventeenth centuries, royal authorities demanded a strict accounting. In Seville, the king's treasurer imposed the *quinto*, the Crown's steep levy on goods brought back from the New World. But there existed yet another review. In the most secret room in Spain, in *La Casa de la Contratación* (the house of commerce), cartographers scrutinized logs and navigational charts, asking questions about winds and currents, archipelagoes and reefs. They diligently recorded new information on a master chart called *el Padrón Real*, the map of the known world and the official record of discoveries.

Rothchild: "¿Quién entre nosotros tiene raíces tan profundas en la Florida como para quejarse de los extranjeros que nos rodean? Los cubanos parecen pertenecer a Miami. Por lo menos trajeron sus hijos consigo, por lo menos vienen del subtrópico. Son descendientes de los españoles . . . regresaron para volver a tomar posesión".

El coronel Aureliano Buendía en la novela *Cien años de soledad*, de Gabriel García Márquez, pensaba sobre la encantadora aldea de Macondo mientras esperaba su destino frente al pelotón de fusilamiento. "El mundo era tan reciente", reflexionaba, "que muchas cosas no tenían nombre". Como Macondo, muchas ciudades del sur de la Florida han sentido la agitación del último cuarto de siglo mientras una nueva hispanidad ha echado raíces. Las cifras del censo y las proyecciones de planificación contienen el índice de duración de una revolución.

La Florida, observan los comentaristas, es un estado donde todos vienen de otro lugar. Aquí donde lo nuevo es lo mejor, donde cambios cuánticos crean "el choque futuro", la herencia hispana de la Florida ofrece un tanto de continuidad. Según observa el historiador Michael Gannon, cuando los Peregrinos (Pilgrims) celebraron su primera Acción de Gracias en Plymouth en 1620, los residentes de San Agustín habían sido gobernados durante cincuenta y cinco años por la carta de fundación del presidio, el campamento militar español. En efecto, no será hasta el año 2055 que la bandera de los Estados Unidos habrá ondeado sobre la Florida tanto tiempo como lo hiciera antes la enseña española.

Los floridanos necesitan recobrar su historia. Muchos senderos hacia y desde la Florida empiezan y terminan en España. La presencia española en la Florida no comenzó ni con la caída de Batista en 1959 ni con el éxodo marítimo de El Mariel de 1980. Empezó con el desembarco de Ponce de León en 1513, desempeñando la misión hispana de descubrir, explotar, convertir y explorar. La herencia hispana de la Florida se manifiesta no solamente en su nombre, Pascua Florida, sino en la plaza central de Pensacola, los clubes sociales de los tabaqueros de Tampa, la misión de San Luis en Tallahassee y la calle principal de la pequeña Habana en Miami, la Calle Ocho. Desde 1513 hasta el presente, la herencia española fluye a través de la historia de la Florida.

Los ensayos

Caminos españoles en la Florida recorren cinco siglos de vida hispana en la península de la Florida. Los ensayos reflejan los esfuerzos de historiadores, arqueólogos y artistas por buscar una revaloración fundamental de la presencia hispana en el Nuevo Mundo. Estos autores ofrecen preguntas radicalmente más diferentes de las de sus antecesores. Los expertos académicos anteriores se valieron de "hechos", cartas, diarios y memorias. Los académicos representados en este volumen recurren a campos interdisciplinarios tales como la arqueología, la botánica, la geografía, la demografía, la historia del arte y los estudios de la mujer.

At some point early in the sixteenth century, a spit of land north of Cuba appeared on Spanish maps. As Juan Ponce de León, Pánfilo de Narváez, Lucas Vázquez de Ayllón, and others explored further, the spit of land became a peninsula, in time revealing that *La Florida* was no mere island but an appendage of a great continent. A Janus-like Florida, with one face toward North America and the other toward the Caribbean, became the pathway between the Americas. It still is.

For Further Reading

Axtel, James. "Europeans and Indians and the Age of Discovery in American History Textbooks." *American Historical Review* 92 (June 1987) 621-632.

Crosby, Alfred W. "The Columbian Voyages, the Columbian Exchange, and Their Historians." American Historical Association, 1987.

Díaz, Bernal. *The Conquest of New Spain.* Trans. J.M. Cohen. New York: Penguin Books, 1963.

Judge, Joseph. "Exploring Our Forgotten Century." *National Geographic,* March 1988. 331-62.

McNeill, William H. "How Columbus Remade the World." *Humanities* 6 (December 1985): 3-7.

Nash, Gary B. *Red, White, and Black: The Peoples of Early America.* 2d ed. Englewood Cliffs, N.J.: Prentice-Hall, 1982.

Powell, Phillip Wayne. *The Tree of Hate: Propaganda and Prejudices Affecting United States Relations with the Hispanic World.* New York: Basic Books, 1971.

Rothchild, John. *Up For Grabs: A Trip Through Time & Space in the Sunshine State.* New York: Viking, 1985.

Udall, Stewart L. *To the Inland Empire: Coronado and Our Spanish Legacy.* Garden City: Doubleday, 1987.

Ann L. Henderson, Ph.D. — Executive Director of the Florida Humanities Council; recipient of the first Eisenhower Exchange Fellowships Award from the United States to the Caribbean (1989); Fulbright-Hays scholar, graduate

Estos autores rechazan la noción simplista y popular de la Florida como una zona salvaje domada por europeos blancos; al contrario, ellos consideran la historia floridana como un proceso, todavía en plena continuidad. La Florida sirvió de gran encrucijada continental, el lugar donde gentes de la América indígena, la América hispana, Africa, el Caribe y Europa se encontraron, intentaron conocerse entre sí y adaptaron viejas instituciones a nuevas realidades.

Cuando los capitanes navales españoles regresaban de sus viajes a través del globo en los siglos XVI y XVII, las autoridades del Rey imponía el quinto, el altísimo impuesto de la Corona a los productos traídos del Nuevo Mundo. Pero existía aún otra inspección. En la habitación más secreta de España, en la Casa de Contratación, los cartógrafos escudriñaban los cuadernos de bitácora y las cartas de navegación, haciendo preguntas sobre vientos y corrientes, archipiélagos y arrecifes. Diligentemente anotaban toda nueva información en una carta maestra llamada El Padrón Real, el mapa del mundo conocido y el registro oficial de los descubrimientos.

En algún momento a principios del siglo XVI, un puntico de tierra al norte de Cuba apareció en los mapas españoles. A medida que Juan Ponce de León, Pánfilo de Narváez, Lucas Vázquez de Ayllón y otros exploraban más, el puntico de tierra se convirtió en península, revelando con el tiempo que la Florida no era una simple isla, sino un apéndice de un gran continente.

Como Jano, la Florida, con una cara hacia Norteamérica y otra hacia el Caribe, se convirtió en la encrucijada de las Américas. Todavía sigue siéndolo.

Ann L. Henderson, Ph.D. — Directora Ejecutiva del Florida Humanities Council, recipiente de las Primeras Becas de Intercambio Eisenhower de Estados Unidos al Caribe (1989); becada Fulbright-Hayes, para estudios de postgrado, Universidad de Jadavapur, Calcutta (1976); profesora adjunta, Escuela de Postgrado para Estudios Americanos (Graduate School of American Studies), Universidad del Sur de la Florida (Tampa); autora de artículos publicados en Christian Science Monitor, Wall Street Journal y Perspectives.

Gary R. Mormino, Ph.D. — Profesor de historia, Universidad del Sur de la Florida (Tampa); ex director ejecutivo de la Sociedad Histórica de la

studies, Jadavapur University, Calcutta (1976); adjunct professor, Graduate School of American Studies, University of South Florida (Tampa); author of articles in the Christian Science Monitor, Wall Street Journal, *and* Perspectives.

Gary R. Mormino, Ph.D. — Professor of history, University of South Florida (Tampa); former executive director of the Florida Historical Society; Fulbright visiting professor, Universitá di Roma (1980-81); coauthor with George E. Pozzetta of The Immigrant World of Ybor City: Italians and Their Latin Neighbors in Tampa, *1885-1985 (University of Illinois Press, 1987; selected as inaugural book in Statue of Liberty/Ellis Island Centennial Series); author of* Immigrants on the Hill: Italian Americans in St. Louis, 1882-1982 *(University of Illinois Press, 1986).*

Florida; Profesor visitante Fulbright, Universitá di Roma (1980-81); coautor con George E. Pozzetta de The Immigrant World of Ybor City: Italians and Their Latin Neighbors in Tampa, 1885-1985 (University of Illinois Press, 1987; seleccionado como libro inaugural de la serie Estatua de la Libértad/Centenario de Ellis Island); autor de Immigrants on the Hill: Italian Americans in St. Louis, 1882-1982 (University of Illinois Press, 1986).

Spanish Pathways in Florida

IN SEARCH OF SPANISH PATHWAYS

Bailey Thomson

BOUT A HALF-MILE EAST OF FLORIDA'S CAPITOL IN Tallahassee, an archaeologist made a wondrous discovery in March 1987. Against the odds and quite unintentionally, Calvin Jones found where the Spaniard Hernando de Soto and his army camped in the winter of 1539-40.

Subsequent excavations of this site have begun to flesh out the story of the first extended Spanish presence in Florida, adding another strand to the rich tapestry of the Hispanic experience in

Los Caminos Españoles en La Florida

EN BUSCA DE LOS CAMINOS ESPAÑOLES

Bailey Thomson

ERCA DE MEDIA MILLA AL ESTE DEL CAPITOLIO DE LA FLORIDA en Tallahassee un arqueólogo realizó un maravilloso descubrimiento en marzo de 1987. Sin proponérselo y contra toda probabilidad, Calvin Jones descubrió donde el español Hernando de Soto y su ejército acamparon durante el invierno de 1539-40.

Excavaciones posteriores en este sitio han sacado a la luz la historia de la primera presencia española prolongada en la Florida, agregándose así otro hilo al rico tejido de la experiencia hispana

25

the state. The authors of the essays collected in this book attempt to discover and define that experience, mainly through their subjects' extraordinary lives. Some of the stories smell of ancient parchment; others carry the stain of yesterday's newsprint. Together they celebrate a culture — one that arrived with conquistadores in the sixteenth century and now claims nearly one and a half million people in Florida. Some sense of the variety of that culture can be gained from the following three sketches, each reflecting a particular *entrada*, beginning with Spaniards who marched into *La Florida* with sword and cross and ending with Cubans who transformed Miami into America's Latin gateway.

A Puzzling Piece of Chain Mail

Four firsthand accounts tell how de Soto's army explored and plundered what is now the southeastern part of the United States. A fifth, written a half-century later by Garcilaso de la Vega, turns the events into a romantic saga. Despite these records, no scholar could pinpoint where de Soto and his party had spent a single night. At times his expedition had swelled to 1,000 people as the Europeans forced Indians to be porters or concubines. But traces of the march had disappeared along with the tracks of the army's horses and hogs.

Disappeared, that is, until Calvin Jones happened to see signs of future construction on about six acres overlooking Lafayette Street in Tallahassee. Taking a shovel from his car, he dug a few test holes. De Soto's campsite was not on his mind. If the army had stopped in the area, it would surely not have left behind valuable items such as swords or breastplates, while nails and other small artifacts that had not perished would be difficult to find.

Jones had another idea. His specialty is finding and excavating sites of seventeenth-century Spanish missions scattered across Leon and Jefferson counties. This place interested him because it lay on the northwest slope of a ridge that rose to about 200 feet in elevation. Spaniards often built their missions on such slopes, usually at the point where the land flattens. John Wellborn Martin, Florida's governor from 1925 to 1929, admired this slope too. In 1932, he built a large house at the top. Though uninhabited, it still commands the hillside.

Jones's instincts, honed since he was a boy hunting arrowheads, were right. In the dirt were pieces of pottery and clay daub. He first guessed that he had found where Gabriel Díaz Vara Calderón, bishop of Santiago, Cuba, had built a mission called *La Purificación de Tama.*

He continued to dig for several more weeks. Then he turned up a puzzling small piece of metal. An hour or so later, he found a round piece of similar material. He pondered the peculiar evidence for the rest of the day. That night, he thumbed through a reference book on armor and came across a photograph that showed metal links of the same pattern. That led Jones to a most interesting hypothesis. What else could the metal

en el estado. Los autores de los ensayos recogidos en este libro tratan de descubrir y definir esa experiencia, principalmente por las extraordinarias vidas de sus personajes. Algunas de las historias huelen a pergamino antiguo; otras llevan la mancha de los periódicos del ayer. Juntos celebran una cultura — una que llega con los conquistadores del siglo XVI y que ahora cuenta con casi un millón y medio de personas en la Florida. La variedad de esa cultura se puede captar en los tres bosquejos siguientes; cada uno refleja un aspecto en particular, iniciándose con los españoles que marcharon por la Florida con la espada y la cruz y terminando con los cubanos que transformaron Miami en la puerta latina de los Estados Unidos.

Un desconcertante pedazo de malla

Cuatro relaciones de primera mano cuentan cómo el ejército de Soto exploró y saqueó lo que ahora es el sureste de los Estados Unidos. Una quinta relación, escrita medio siglo después por Garcilaso de la Vega, convierte los sucesos en una aventura romántica. A pesar de estos antecedentes, ningún académico podía determinar dónde de Soto y su gente había pasado una sola noche. A veces su expedición había aumentado hasta mil personas según los europeos obligaban a los indios a servir de cargadores o de concubinas. Pero las huellas de la marcha habían desaparecido junto con los rastros de los caballos y los cerdos del ejército. Desaparecieron, es decir, hasta que Calvin Jones observó que se iban a realizar obras de construcción en seis acres frente a la calle Lafayette en Tallahassee. Tomando una pala de su automóvil, él cavó varios huecos de prueba. No estaba pensando en el campamento de de Soto. Si el ejército se hubiera detenido en esa zona, seguramente no habría dejado objetos valiosos tales como espadas o corazas, mientras que los clavos y otros artículos pequeños aún no deteriorados habrían sido difíciles de encontrar.

Jones tenía otra idea en mente. Su especialidad es la de encontrar y excavar sitios de misiones españolas del siglo XVII a través de los condados de León y Jefferson. Este lugar le interesó porque está ubicado en la cima noroeste de una colina que asciende hasta casi 200 pies de elevación. Los españoles con frecuencia construían sus misiones en tales colinas, usualmente en el punto donde la tierra se nivelaba. John Wellborn Martin, Gobernador de la Florida desde 1925 hasta 1929, admiraba también esta colina. En 1932 construyó una casona en la cima. Aunque deshabitada, todavía domina la loma.

Los instintos de Jones, adiestrados desde que era un chico que buscaba puntas de flecha, eran correctos. En la tierra había fragmentos de cerámica y alfarería. Al principio pensó que había encontrado dónde Gabriel Díaz Vara Calderón, obispo de Santiago de Cuba, había construido una misión llamada La Purificación de Tama.

Continuó excavando por varias semanas más. Entonces descubrió una

pieces be but chain mail, and who else would have worn it except de Soto's men? Their body armor had proven useless against Indian arrows, and no one wore it in Florida after that.

The next morning Jones went to see George Percy, director of the state Division of Historical Resources. Percy was as amazed as Jones about the possibility of having found de Soto's campsite. Together they considered the immediate problem of delaying the bulldozers until Jones could recover more artifacts. Luckily, the land's developers, Steve Allen and Chuck Mitchell, agreed to postpone construction for as long as their lenders and future tenants would permit. Local Chevrolet dealer Bill Thomas contributed $10,000 to secure thirty more days of delay. Meanwhile, the Trust for Public Land offered to buy as much of the site as the developers would sell. Low-interest loans from the Metropolitan Life Foundation and the National Trust for Historic Preservation helped raise $1.5 million to save 4.83 acres. Eventually, the state will become owner of the property.

While negotiations began with the developers, the Florida Bureau of Archaeological Research assigned Charles Ewen to join Jones as codirector of the dig. Twenty years younger than his colleague and more skeptical by nature, Ewen did find the evidence to be intriguing. For example, there was a blown-glass bead of a type that had been found in a Georgia site associated with de Soto's march. But several more discoveries were necessary before Ewen finally agreed with Jones. One was a swatch of fourteen iron links of chain mail that narrowed the possibilities to two. For a long time, many scholars had believed that de Soto made his winter camp in the vicinity of Tallahassee. But an earlier expedition, led by Pánfilo de Narváez, had explored northern Florida in 1528. Finding the jawbone of a hog settled the matter. De Soto had used the beasts as emergency food. There was no record of Narváez's men bringing any hogs with them. The tiny iron links suggested a long occupation — long enough, at least, for the Spaniards and Portuguese in the expedition to have lost part of their chain-mail shirts or to have thrown them away upon abandoning camp.

Where Jones and Ewen worked had been the principal town of the Apalachee Indians, who lived in a thirty-mile-wide area around what is now Tallahassee. The *mestizo* historian Garcilaso de la Vega (1539-1616) described one encounter with the newcomers: "So the General and his companions galloped their horses across the intervening two leagues, lancing every Indian encountered on both sides of the road. Arriving at the town, they found the Curaca and his people had left it undefended, but knowing that these Indians had not gone far, they pursued them for two leagues beyond the place. Many of them they killed and captured."

De Soto had experience in these sorts of things, having made a career in the New World of fighting and conquering Indians. He was what Spaniards called a "gentleman on all four sides," meaning his grandpar-

desconcertante pequeña pieza de metal. Como una hora después, descubrió un pedazo redondo de metal similar. Caviló durante el resto del día sobre la peculiar evidencia. Esa noche hojeó un libro de referencia sobre armaduras y encontró una fotografía que mostraba eslabones de metal del mismo patrón. Eso llevó a Jones a una hipótesis muy interesante. ¿Qué otra cosa podían ser los pedazos de metal que una malla, y quién más podía haber llevado puesta tal malla que los soldados de de Soto? Sus armaduras habían resultado ineficaces contra las flechas indias, y nadie las usó después de eso en la Florida.

A la mañana siguiente Jones fue a ver a George Percy, director de la División Estatal de Recursos Históricos. Percy se maravilló tanto con Jones con la posibilidad de que se hubiera hallado el campamento de de Soto. Juntos consideraron el problema inmediato de aplazar el trabajo de las excavadoras hasta que Jones pudiera encontrar más objetos. Afortunadamente, los constructores, Steve Allen y Chuck Mitchell, acordaron posponer la construcción por el tiempo que sus acreedores y futuros inquilinos les otorgaran. El distribuidor local de la Chevrolet, Bill Thomas, contribuyó $10,000 para asegurar treinta días más de demora en la construcción. Mientras tanto, el Fideicomiso de Terrenos Públicos (Trust for Public Land) ofreció comprar tanto del sitio como los constructores estuvieran dispuestos a vender. La Fundación Metropolitan Life y el Fideicomiso Nacional para la Preservación Histórica ayudaron a recaudar $1.5 millones para separar 4.83 acres. Eventualmente, el estado adquirirá la propiedad del terreno.

Mientras las negociaciones comenzaban con los constructores, el Buró de Investigaciones Arqueológicas de la Florida comisionó a Charles Ewen para asistir a Jones como codirector de la excavación. Veinte años más joven que su colega y más escéptico por naturaleza, Ewen halló la evidencia muy intrigante. Por ejemplo, había una cuenta de vidrio soplado del tipo que se había encontrado en un sitio de Georgia asociado con la marcha de de Soto. Pero se necesitaron algunos descubrimientos más antes de que Ewen finalmente estuviera de acuerdo con Jones. Uno de ellos fue un ensartado de catorce anillos de malla de hierro que reducía las posibilidades a dos. Durante mucho tiempo los expertos pensaron que de Soto hizo su campamento de invierno en la vecindad de Tallahassee. Pero una expedición anterior, dirigida por Pánfilo de Narváez, había explorado el norte de la Florida en 1528. El encuentro de la quijada de un cerdo resolvió la cuestión. De Soto había empleado las bestias como alimento de emergencia. No había antecedentes de que Narváez hubiera traído cerdos consigo. Los pequeños eslabones de hierro sugirieron una larga ocupación — lo suficientemente larga, al menos, para que los españoles y los portugueses de la expedición perdieran parte de sus jubones de malla o para que los desecharan al abandonar el campamento.

El sitio donde Jones y Ewen trabajaban había sido el pueblo principal de los indios apalaches, quienes vivían en un radio de treinta millas

ents were of "good stock," with no trace of Jewish or Moorish blood. Indeed, his ancestors had fought the Moors during the great reconquest of Christian Spain. At age thirty-two, de Soto had marched with Francisco Pizarro into Peru. The Incan empire was convulsed by a civil war, and at first no one paid attention to the white men who had landed on the coast. The expedition came upon the Incas' ruler, Atahualpa, while he was away from his capital enjoying spring-fed baths. De Soto rode into his camp to invite the ruler to visit the Spaniards at a place called Cajamarca. When Atahualpa arrived, the soldiers fell upon him, demanding ransom. Later, while de Soto was away, they killed the ruler.

Three years later de Soto left Peru. His part in the adventure — and the immense wealth he brought back — earned him a place in the Spanish court, but soft living and fancy clothes did not suit him. De Soto lusted for titles and his own territory to conquer. Finally, Charles V, Holy Roman emperor and king of Spain, granted his wish, reserving for the Crown *el quinto*, a fifth of any riches de Soto might find.

On April 7, 1538, the seven ships of de Soto's expedition slipped over the sandbar at Sanlúcar de Barrameda, Spain. The fleet sailed first to the Canary Islands and then on to Cuba, where de Soto would be the new governor. He also held the rank of captain-general of the military and the title of *adelantado*, or king's proconsul. The territory he was to conquer, *La Florida*, comprised roughly the eastern half of North America. There, de Soto had promised his monarch, he would found a new colony.

After spending a year in Cuba, de Soto again assembled a fleet. To protect his interests on the island, he left his bride, Isabel de Bobadilla — whom he would would never see again. On May 30, 1539, the expedition of about 600 people and 220 horses landed at Tampa Bay. A month and a half later, the main force moved inland and then up the Florida peninsula. A rear guard remained behind, to be fetched later. The army did not move as one body; rather, de Soto typically strung his forces over several days' march. This permitted the cavalry, often with de Soto at its head, to grab corn and anything else of value and hold it until the main force could catch up.

Wading chest-high through swamps, swimming across rivers, and swatting at Indian archers, the Spaniards looked for trails to the province of the Apalachee, a well-known, prosperous tribe. On one occasion they suspected that Indians who had promised to show them out of a swamp were instead setting up an ambush. "On sensing the malice of their guides, the Spaniards permitted the dogs to kill four of them," Garcilaso wrote.

De Soto's men reached the Apalachee village of Anhaica on October 6. Uncertainty about exact distances given in the de Soto narratives hinders efforts to determine which Indians the authors describe. But if archaeologists could piece together clues of de Soto's whereabouts, they could

Spanish Pathways

Los Caminos Españoles

A Tristán de Luna 1559
colony, Pensacola

A Colonia de Tristán de Luna
en 1559, Pensacola

B 17th Century Mission
San Luis de Talimali

B Misión San Luis de Talimali
Siglo 17

C Tallahassee
Site of Anhaica
1539 Christmas, de Soto

C Tallahassee
Emplazamiento de Anhaica
Navidad 1539, de Soto

D St. Augustine, founded
by Menéndez in 1565.
Burned by Drake, 1586

D San Agustín, fundado por
Menéndez en 1565. Quemado
por Drake, 1586

E Cape Canaveral

E Cabo de Cañaveral

F Miami. Site of 1567
mission. Calle Ocho

F Miami. Emplazamiento de
Misión de 1567. Calle Ocho

G Florida Keys (los Mártires)
Birthplace of Mario Sánchez
Site of Cuban San Carlos Club

G Cayos de Florida (los Mártires)
Lugar de nacimiento de
Mario Sánchez. Situación del
Club Cubano San Carlos

H Juan Ponce de León,
1521 expedition

H Juan Ponce de León,
Expedición de 1521

I Tampa Bay. Landing sites of
1528 Pánfilo de Narváez and
1539 de Soto expeditions
Ybor City

I Bahía de Tampa. Lugares de
desembarco de las expediciones
de Pánfilo de Narváez en 1528 y
Hernando de Soto en 1539
Ybor City

Architects reintroduced images of Old Spain
in late 19th-century Florida. In 1888, Henry
Flagler opened the opulent Ponce de Leon
Hotel in St. Augustine, a splendid example of
Spanish Renaissance architecture.

Los arquitectos reintrodujeron imágenes de
la Antigua España a finales del Siglo 19 en
la Florida. En 1888, Henry Flagler abrió el
opulento Hotel Ponce de Leon en San
Agustín, un espléndido ejemplo de
arquitectura española renacentista.

The reader occupied a special role in the cigar factories of Cuba and Florida. The institution began in Havana in 1865 and spread to Key West, Tampa, and Martí City. Workers regarded the reading as a right and frequently went on strike when owners attempted to censor the readers.

El lector desempeñaba un papel especial en las fábricas de puros de Cuba y la Florida. La institución comenzó en La Habana en 1865 y se extendió a Cayo Hueso, Tampa, y Ciudad Martí. Los obreros consideraban la lectura como un derecho y frecuentemente se iban a la huelga cuandos los dueños intentabancensurar a los lectores.

alrededor de lo que hoy es Tallahassee. El historiador mestizo Garcilaso de la Vega (1539-1616) describió un encuentro con los recién llegados: "Así pues el General y sus acompañantes galoparon sus caballos a lo largo de las dos leguas que mediaban, lanceando a todos los indios que encontraron a ambos lados del camino. Al llegar al pueblo, encontraron que el Curaca y su gente lo habían dejado indefenso, pero sabiendo que estos indios no habían ido lejos, los persiguieron por dos leguas más allá del lugar. Mataron y capturaron a muchos de ellos".

De Soto tenía experiencia en este tipo de cosas, habiendo realizado una carrera en el Nuevo Mundo peleando y conquistando indios. Era lo que los españoles llamaban un "señor por los cuatro costados", significando que sus abuelos eran de "buena cepa", sin ninguna traza de sangre judía o morisca. En efecto, sus antepasados habían peleado contra los moros durante la gran reconquista de la España cristiana. A la edad de treinta y dos años, de Soto había marchado con Francisco Pizarro en el Perú. El imperio incaico se había convulsionado por una guerra civil y al principio nadie había prestado atención a los hombres blancos que habían desembarcado en la costa. La expedición se topó con el rey incaico, Atahualpa, mientras que se encontraba fuera de su capital disfrutando de los baños de manantial. De Soto cabalgó hasta su campamento para invitar al Rey a visitar a los españoles en un lugar llamado Cajamarca. Cuando llegó Atahualpa, los soldados cayeron sobre él, exigiendo rescate. Más tarde, mientras de Soto se encontraba ausente, mataron al Rey.

Tres años más tarde de Soto abandonó el Perú. Su parte en la aventura — y la inmensa riqueza que trajo consigo — le ganó un sitio en la corte española, pero la vida suave y la buena ropa no le agradaban. De Soto ambicionaba títulos y su propio territorio para conquistar. Finalmente, Carlos V, emperador del Santo Imperio Romano y Rey de España, le concedió su deseo, reservando para la Corona el quinto de todas las riquezas que de Soto hubiera de encontrar.

El 7 de abril de 1538 los siete barcos de la expedición de de Soto cruzaron sobre la barra de Sanlúcar de Barrameda, España. La flota navegó primero hasta las Islas Canarias y después hasta Cuba, donde de Soto sería el nuevo Gobernador. El también poseía el rango militar de Capitán General y el título de Adelantado, o procónsul del Rey. El territorio que debía conquistar, la Florida, comprendía aproximadamente la mitad oriental de Norteamérica. Allí, de Soto le había prometido a su monarca, él fundaría una nueva colonia.

Después de pasar un año en Cuba, de Soto otra vez reunió la flota. Para proteger sus intereses en la isla, dejó a su esposa, Isabel de Bobadilla — a quien jamás vería otra vez. El 30 de mayo de 1539, la expedición de cerca de 600 hombres y 220 caballos desembarcó en la bahía de Tampa. Mes y medio después, la fuerza principal se adentró al interior y al norte de la península de la Florida. Una retaguardia se quedó detrás, para ser recogida más tarde. El ejército no se movía en un solo cuerpo,

begin matching those accounts to specific tribes. In the case of the winter encampment Jones discovered, this means fixing precise dates to pottery and other Indian artifacts that turned up with the de Soto material.

The Apalachee governed their confederacy through an intricate system of social and political rankings. They grew mostly corn and beans on garden spots 50 to 100 feet long scattered within a mile of the village. They stored their harvests in *garitas* (granaries), which were from eight to ten feet in diameter. They placed beans on shelves and hung their corn from the ceiling to protect them from rats and mice. Being the capital of the province, Anhaica probably had many of these *garitas*. De Soto needed this food to keep his army alive.

Though the Apalachee abandoned Anhaica, they inflicted ambushes, fires, and other mischief on the occupying army. De Soto made no effort to pacify the Indians. According to Jones, the Spanish were constantly in a guerrilla warfare situation: "That's why they captured the chief. They thought the Indians would do anything they wanted if they had their chief." Jones traces the animosity to when scouts from the earlier expedition under Narváez had visited the site and killed some Apalachee.

If Garcilaso is correct, Anhaica had 250 or so houses. The Indians built them by sinking posts, then weaving saplings between them for the walls, which they plastered with mud. Roofs were made of palmetto leaves. The large number of houses means the town probably covered tens of acres spread across the ridge. Archaeologists working with Jones found where posts had supported one large building. Nearby they located part of another building. On its floor were a glass bead and a hog's jawbone. The Spaniards modified such structures to use for winter quarters. Around the hillside, they dug several cisterns to a depth of about seven feet.

Excavations have uncovered thousands of pieces of green-glazed ceramics that had come from Spain, as did just about everything else the army carried. Jars filled with wine, lard, and olive oil probably arrived aboard two ships that dropped anchor in Apalachee Bay to supply de Soto's camp. The broken jars indicate that the area being excavated served as a mess hall. The Spaniards may have had several of these cooking places along the length of their encampment, which stretched for a half-mile or more.

The Indians also left abundant pieces of broken earthenware. They fired their pottery by stacking wood on top of it — a process that cracked many of the clay vessels. Charred corn and beans in excavated trash pits is evidence that even the finished jars, which the Indians used to make stews and gruels, often burst in the cooking pits.

Jones kept finding odd horseshoe nails but never a horseshoe. He decided the nails were mud cleats that fit directly onto the horses' hooves. The large number he found in the area suggests that de Soto's cavalry stamped over the entire camp. But then, the Spaniards were not meticulous about their living quarters. As Charles Ewen explains: "The

sino que de Soto típicamente desplegaba sus fuerzas en una marcha de varias jornadas. Esto permitía que la caballería, con frecuencia con de Soto a la cabeza, recogiera maíz o cualquier cosa de valor y lo retuviera hasta que la fuerza principal llegara.

Avanzando sumergidos hasta el pecho en pantanos, cruzando a nado ríos y repeliendo a los arqueros indios, los españoles buscaban senderos hacia la provincia de los apalaches, una tribu próspera y bien conocida. En una ocasión sospecharon que los indios que habían prometido orientarles fuera del pantano tramaban una emboscada. "Al presentir la malicia de sus guías, los españoles permitieron que los perros mataran a cuatro de ellos", escribió Garcilaso.

Los hombres de de Soto llegaron a la aldea apalache de Anhaica el 6 de octubre. La incertidumbre en cuanto a las distancias exactas que aparecen en las narraciones sobre de Soto, entorpecen los esfuerzos por determinar qué indios describen los autores. Pero si los arqueólogos pudieran reunir indicios acerca de los pasos dados por de Soto, podrían comenzar a relacionar estas narraciones con tribus determinadas. En el caso del campamento invernal que descubrió Jones, esto significa determinar precisamente la fecha de la cerámica y artículos indígenas que aparecieron junto con el material de de Soto.

Los apalaches gobernaban su confederación por medio de un intrincado sistema social y de rangos políticos. Cosechaban principalmente maíz y frijoles en huertas de 50 a 100 pies de largo dispersas dentro de una milla de la aldea. Almacenaban la cosecha en garitas que eran de 8 a 10 pies de diámetro. Colocaban los frijoles en repisas y colgaban el maíz del techo para protegerlo de las ratas y ratones. Siendo la capital de la provincia, Anhaica probablemente tenía muchas de estas garitas. De Soto necesitaba estos alimentos para mantener a su ejército.

Aunque los apalaches abandonaron Anhaica, ellos realizaron emboscadas, fuegos y otras calamidades contra el ejército de ocupación. De Soto no hizo ningún esfuerzo por apaciguar a los indios. Según Jones, los españoles se veían constantemente en una situación de guerra de guerrilla: "Por eso es que capturaron al jefe. Creían que los indios harían cualquier cosa que quisieran si tuvieran a su jefe". Jones traza la animosidad indígena a la vanguardia de la expedición anterior de Narváez, quienes habían visitado el sitio y matado algunos apalaches.

Si Garcilaso tiene razón, Anhaica tenía unas 250 casas. Los indios las construían enterrando postes, entonces entre ellos tejían ramas para hacer las paredes, las que cubrían de barro. Los techos se construían de hojas de palmeta. El gran número de casas significa que el pueblo probablemente cubría decenas de acres, dispersas a lo largo de la colina. Los arqueólogos que trabajaban con Jones encontraron postes que habían apoyado una vivienda grande. Cerca de allí localizaron parte de otra vivienda. En el piso, una cuenta de vidrio y la quijada de un cerdo. Los españoles modificaron tales estructuras para usarlas de casas de in-

sixteenth-century views on sanitation were mind-bendingly crude. There's an ordinance in, I think Cádiz, that suggests the inhabitants thought they were getting tough on sanitation. . . . There was a certain time during the day in which you were permitted to throw your chamber pots out the front door." An encampment must have been even worse, and Ewen doubts that the Spaniards dug privies. "Bathing was pretty uncommon. These were smells they lived with every day and were pretty much used to."

Whether the Indians bathed regularly is uncertain, but obviously they and the Europeans found one another to be mutually offensive. From the surrounding woods, the Apalachee taunted the invaders and fired arrows at them with their longbows made of hickory. These missiles of cane or fire-hardened wood, perhaps tipped with the sharp teeth of gar, could penetrate chain mail, which is why the soldiers began wearing quilted cloth for protection. They responded with crossbows, which they could aim accurately at targets hundreds of feet away. They also used match-lock guns, though these were more cumbersome because firing required lighting a fuse.

The narratives agree that the Apalachee were skilled warriors. They were generally taller than the Spaniards, who stood about five feet. The ghostly figures darting among the trees may have seemed to be some-thing other than human to de Soto's men. "Any non-Christian at that time period — any non-Catholic — was fair game to the Spaniards," Ewen explains. "Their record in Europe shows that. They were as savage to the Huguenots later on in St. Augustine. . . . The way they treated the Indians was just an outgrowth of that." The Spaniards apparently considered the Indians' practice of scalping to be abhorrent. "But then you had de Soto's men cutting off noses and ears and hands to make an example of these people," Ewen points out. "Rather than negotiate with some of the nobles, [de Soto] would capture them, disfigure them, and say, 'Look, don't fool with us; we are bad folk,' hoping to win through intimidation."

Debate over the Spaniards' tactics in the New World is too compli-cated to resolve here, but the religious warfare and the dynastic rivalries of the time fostered cruelty among Spanish, French, and English alike. De Soto appears to have left behind a bit of evidence: the skeleton of an adult whose body had been burned. The sloppiness of the cremation — one arm rested beneath the body — made Jones believe that the victim was an Indian whom the Europeans had staked out alive. Yet the archaeologist also found a small skeleton that still had baby teeth. The Europeans had buried the body carefully, perhaps because they considered the child to have been an innocent spirit, unlike its parents.

De Soto left on March 3, 1540, headed for the Appalachian Mountains, where he expected to find gold. He failed, though he did pass by goldfields

vierno. Alrededor de la loma, cavaron algunas cisternas hasta una profundidad de cerca de siete pies.

Las excavaciones han descubierto miles de fragmentos de cerámica verde que había venido de España, como casi todo el resto de lo que llevaba el ejército. Botijas llenas de vino, manteca y aceite de oliva probablemente llegaron a bordo de dos barcos que anclaron en la Bahía de Apalache para abastecer el campamento de de Soto. Las botijas quebradas indican que la zona en excavación servía de comedor. Los españoles pudieran haber tenido varias de estas cocinas a lo largo del campamento, el cual se extendía por media milla o más.

Los indios también dejaron abundantes fragmentos de alfarería. Ellos horneaban su cerámica amontonando madera encima — un proceso que rajaba muchos de los recipientes de barro. El maíz y los frijoles quemados en fosos de desechos excavados evidencian que aun las botijas hechas, las cuales los indios usaban para preparar cocidos y sopas, a menudo explotaban en los hoyos de cocinar.

Jones seguía encontrando raros clavos de herraduras pero nunca herraduras. El decidió que los clavos eran púas de tracción que encajaban directamente en los cascos de caballo. El gran número que encontró en la zona sugiere que la caballería de de Soto pisoteó todo el campamento. Pero entonces, los españoles no eran muy meticulosos en cuanto a sus campamentos. Tal como Charles Ewen explica: "las ideas del siglo XVI sobre la sanidad eran excepcionalmente primitivas. Hay una ley, creo que en Cádiz, que sugiere que los habitantes pensaban que ellos eran más exigentes en cuanto a la sanidad. . . . Había un momento del día en que se le permitía a uno vaciar los tibores en la puerta de la calle". Un campamento tendría que haber sido peor y Ewen duda que los españoles hubieran cavado fosas sanitarias. "El bañarse no era muy común. Había olores con los que vivían diariamente y a los que estaban muy acostumbrados".

No está claro si los indios se bañaban regularmente, pero es obvio que tanto ellos como los europeos se consideraban mutuamente ofensivos. Desde los bosques circundantes los apalaches se burlaban de los invasores y les disparaban flechas con sus largos arcos de nogal. Estos proyectiles de caña o de madera endurecida al fuego, tal vez con punta de afilados dientes de sollo, podían penetrar la malla, que es por lo que los soldados empezaron a ponerse tela acolchada como protección. Ellos respondían con ballestas, las cuales podían apuntar eficazmente a objetivos a cientos de pies de distancia. Ellos también usaban arcabuces, aunque éstos eran más incómodos porque requerían el encendido de una mecha para disparar.

Las relaciones están de acuerdo en que los apalaches eran guerreros hábiles. Eran generalmente más altos que los españoles, que tenían una estatura de cinco pies. Las fantasmagóricas figuras que saltaban entre los árboles debían parecer algo sobrenatural para los hombres de de Soto.

that would produce millions of dollars' worth of the metal in the early 1800s.

De Soto never founded his colony. He died from fever on May 21, 1542. His men dumped his body into the Mississippi River to keep Indians from discovering that the leader who had called himself "child of the sun" was mortal after all.

The Spanish returned to the Apalachee region in 1633, when Franciscan friars began converting the Indians to Christianity. Jones is still searching for the mission of *La Tama*, however. What he thought might be the remains of the mission on ground just west of the de Soto site turned out to be where Seminole Indians settled in the early eighteenth century. He now believes that *La Tama* lies near Myers Park in Tallahassee.

A Hotbed of Labor Activism

Ybor City began in 1886 as a company town. Its founders, Spanish cigar manufacturers Vicente Martínez Ybor and Ignacio Haya, built on swampy land just outside of Tampa. Wearied of labor disputes in their factories in Key West and New York, they hoped to attract a docile work force. What actually developed, however, was a new center of Hispanic culture in Florida — one that would not be eclipsed until the great exodus of Cuban refugees to Miami, beginning in 1959.

Martínez Ybor and Ignacio Haya were accustomed to a work force of Cubans, many of whom had fled to Key West and other places in the United States after an uprising from 1868 to 1878 failed to free Cuba from Spanish rule. These workers brought with them to Ybor City their passion for Cuban independence. The great patriot and journalist José Martí frequently visited to solicit support for the revolutionaries. Cubans often went back and forth between Ybor City and their homeland or Key West.

Spaniards and Italians who also came to work in the factories tended to be more stable. Small wooden houses that were for sale created a strong incentive for them to settle down. The varied people who took jobs in the cigar industry, which had grown to ten factories by 1895, created a community unlike any in the Deep South. It blended various ethnic customs to form a new Latin consciousness. By 1910, the *tabaqueros* earned fifteen dollars a week in the cigar factories, which made them princes of labor.

Ideas mattered to these workers and became part of the social glue that cemented Ybor City. Ideas about socialism came from an unusual source: *lectores*, or readers, who mounted their platforms in the factories to read a mixture of newspapers, novels, and political tracts about the working class. At the end of the week, each cigar maker would pay the *lector* a quarter, which meant the reader often took home thirty dollars a week.

"Todo aquél que no fuera cristiano en aquel tiempo — que no fuera católico — era enemigo de los españoles", explica Ewen. "Sus antecedentes en Europa demuestran eso. Ellos fueron igual de salvajes con los hugonotes más tarde en San Agustín. . . . La forma en que trataron a los indios era simplemente una extensión de ello". Los españoles aparentemente calificaban de abominable la costumbre indígena de arrancar el cuero cabelludo. "Pero entonces tenemos a los españoles cortando narices y orejas y manos para hacer escarmiento de esta gente", señala Ewen. "En vez de negociar con algunos de los nobles, [de Soto] los capturaba, los desfiguraba y les decía 'Miren, no jueguen con nosotros; somos gente mala', esperando ganar por medio de la intimidación".

El debate acerca de las tácticas españolas en el Nuevo Mundo es demasiado complicado para resolver aquí, pero las guerras religiosas y las rivalidades dinásticas de la época desarrollaron la crueldad entre los españoles, franceses e ingleses por igual. De Soto parece haber dejado algo de evidencia: el esqueleto de un adulto cuyo cuerpo había sido quemado. Lo descuidado de la incineración — un brazo descansaba debajo del cuerpo — hizo pensar a Jones que la víctima fue un indio a quien los europeos quemaron vivo. También los arqueólogos encontraron un pequeño esqueleto que todavía tenía diente de leche. Los europeos habían enterrado el cuerpo cuidadosamente, quizás porque consideraban que el niño era un espíritu inocente, al contrario de sus padres.

De Soto partió el 3 de marzo de 1540 en dirección a las Montañas Apalaches, donde esperaba encontrar oro. Fracasó, aunque pasó por yacimientos de oro que producirían metal con un valor de millones de dólares al principio de los 1800.

De Soto nunca fundó su colonia. Murió de fiebre el 21 de mayo de 1542. Sus hombres echaron su cuerpo al río Misisipí para impedir que los indios supieran que el jefe que se llamaba "hijo del sol" era mortal después de todo.

Los españoles regresaron a la región Apalache en 1633, cuando los frailes franciscanos empezaron a convertir a los indios al cristianismo. Sin embargo, Jones todavía busca la misión de La Tama. Lo que creyó que podían ser los restos de la misión en tierra escasamente al oeste del sitio de de Soto, resultó ser dónde los indios seminoles se establecieron a principios del siglo XVIII. El ahora cree que La Tama se encuentra cerca del parque Myers en Tallahassee.

Una caldera de militancia laborista

Ybor City comenzó en 1886 como un pueblo para empleados. Sus fundadores, Vicente Martínez Ybor e Ignacio Haya, fabricantes de tabacos, construyeron en tierras pantanosas justo en las afueras de Tampa. Cansados de disputas laborales en sus fábricas de Cayo Hueso y Nueva York, ellos esperaban atraer una fuerza laboral dócil. Lo que resultó, sin embargo, fue un nuevo centro de cultura hispana en la Florida

Labor conflict also reinforced solidarity among the workers. Ybor City marked its milestones by the years of the great strikes in the cigar factories: 1899, 1901, 1910, 1920, and 1931.

Clubs and mutual aid societies provided a third cohesive force. They blossomed in many forms to entertain their members, care for the sick, and provide respect for the dead. In the evenings, workers gathered in the societies' great buildings — temples of ethnic pride and cooperation — playing dominoes or cards until past eleven o'clock, or they brought their wives for dances. By the 1920s the societies flourished, as did the cigar factories. On Friday nights the streets of Ybor City were filled with strolling people, and women sang from their front porches and greeted passersby.

This extraordinary period of Tampa's history was experienced first-hand by don Victoriano Manteiga, the founding publisher of *La Gaceta*, a newspaper printed in the three languages of Ybor City: Spanish, Italian, and English. Both his son, Roland, and his grandson continue the tradition.

According to Roland, Don Victoriano came from Cuba in 1913 with two white suits and a ten-dollar bill. He landed a prestigious job right away as a *lector* in one of the cigar factories. For four or five hours a day, he read to the workers as they rolled their cigars. They chose, by popular vote, what novel he would read that week. The *lectores* were popular figures in the community. Customers in the cafés used to stand around the *lectores* to hear them converse before they folded their papers and walked over to read at the factories. Here was further evidence of the respect these immigrants had for learning.

In 1931, the factory owners wanted to get rid of the *lectores*, whom they accused of spreading radical ideas. The workers walked out, which must have been one of the few strikes in American history over a cultural issue. The owners won, however, and put radios in the factories. Americans were smoking more cigarettes anyway, which dried up demand for cigars. Gradually, families of the workers began drifting away. Today, the magnificent buildings of the mutual aid societies are islands amid the district's rising blight. For example, the Centro Asturiano, organized in 1902 as an auxiliary of Havana's most famous institution, is still in use today. Thick cigar smoke hangs over the tables on the cavernous first floor, where mostly older men sit at the game tables, talking and sipping coffee or stronger drink. A few blocks away, at the L'Unione Italiana, men do much the same, though the language is from Sicily rather than northern Spain.

Representatives of nineteen organizations meet regularly at the Centro Asturiano, trying to promote Ybor City and preserve its traditions. The Centro has 3,000 members, drawn from the nation's largest community of Asturians. The magnificent building has a theater with newly upholstered furniture that can seat 1,078 people. The novelist José

— uno que no resultaría eclipsado hasta el gran éxodo de refugiados cubanos hacia Miami comenzando en 1959.

Martínez Ybor e Ignacio Haya estaban acostumbrados a una fuerza laboral de cubanos, muchos de los cuales se habían marchado a Cayo Hueso y otros puntos en los Estados Unidos después del fracaso de la insurrección que entre 1868 y 1878 intentó liberar a Cuba de la dominación española. Estos trabajadores trajeron a Ybor City su pasión por la independencia de Cuba. El gran patriota y periodista José Martí frecuentemente visitaba solicitando el apoyo para los revolucionarios. Los cubanos con frecuencia iban y venían entre Ybor City o Cayo Hueso y su patria.

Los españoles y los italianos que también vinieron a trabajar en las fabricas tendían a ser más estables. Las pequeñas casas de madera que se vendían crearon un incentivo fuerte para que ellos echaran raíces. La variedad de personas que encontraron empleo en la industria tabacalera, que había crecido hasta diez fábricas para 1895, creó una comunidad sin igual en el Sur de Estados Unidos. Reunía varias tradiciones étnicas para formar una nueva conciencia latina. Para 1910 los tabaqueros ganaban quince dólares semanales en las fábricas tabacaleras, lo que los convertía en príncipes del trabajo.

Las ideas les importaban a estos trabajadores y llegaron a ser parte de la mezcla social con que se cimentó Ybor City. Ideas acerca del socialismo se originaron en una fuente poco usual: los lectores que montados en su plataforma en las factorías leían a los trabajadores una variedad de periódicos, novelas y folletos políticos acerca de la clase trabajadora. Al final de la semana, cada tabaquero le pagaba al lector 25 centavos, lo que significaba que con frecuencia el lector llevaba a casa treinta dólares semanales.

Los conflictos laborales también reforzaban la solidaridad entre los trabajadores. Ybor City marcaba su trayectoria según las grandes huelgas en las factorías tabaqueras: 1899, 1901, 1910, 1920 y 1931.

Los clubes y las sociedades de asistencia mutua ofrecían una tercera fuerza coherente. Estas florecieron en diversas formas para entretener a sus miembros, atender a los enfermos y aportar el respeto para los muertos. Por la noche los miembros se reunían en los grandes edificios de las sociedades — templos de orgullo y cooperación étnicos — a jugar dominó o naipes hasta pasadas las once o traían a sus esposas a bailes. Para la década de los 20 las sociedades estaban en pleno apogeo al igual que las fabricas de tabacos. Los viernes por la noche las calles de Ybor City se llenaban de gente que paseaba y de mujeres que cantaban desde sus portales y saludaban a los transeúntes.

Este extraordinario período de la historia de Tampa fue presenciado de primera mano por don Victoriano Manteiga, el editor fundador de *La Gaceta*, un periódico impreso en los tres idiomas de Ybor City: español, italiano e inglés. Tanto su hijo Roland como su nieto continúan la

Yglesias, who grew up in Ybor City, recalls: "At the Centro Asturiano we saw *zarzuelas* [operettas] performed by local amateurs. When great international performers like Caruso came to Tampa, it was cigar makers who booked them, not the *Americanos* on the other side of Nebraska Avenue."

Florida's former governor Bob Martínez is a descendant of Asturian grandparents, who came to Ybor City. His family belonged to the Centro Asturiano, through which it secured its insurance. Martínez recalled that during his childhood, a boy might be spanked for speaking Spanish at school or even expelled if he was older. "That was before *Roots* and before people started taking pride in their backgrounds," Martínez explains. Now people with connections to the community are trying to preserve its institutions. While in office, Martínez worked with groups from the Centro Asturiano and the Centro Español who are trying to save their societies' hospitals.

At one time, Tampa tried to forget this ethnic story. Ybor City reminded people of gambling and corrupt politics, which certainly flourished in the district. As if to show its contempt, the city permitted an interstate highway to cut through the neighborhood. Much of the old architecture fell victim to misguided notions about urban renewal, and entire blocks of the district were left eerily empty.

But attitudes have changed. Ybor City now has a museum, some restored workers' houses, and several historic markers. But further preservation would cost enormous sums — millions of dollars just to save the buildings of the mutual aid societies. "The tragedy is that they put nothing in its place," Gary Mormino says of the now-destroyed portions of Ybor City. "Tampa didn't realize it had a French quarter."

Miami's Rise as America's Crossroads

In the 1950s, when Fidel Castro was trying to raise money and support for his revolution against the Cuban dictator Fulgencio Batista, Tampa was the Latin crossroads in Florida. It might still be had not thousands of Cuban refugees emigrated to Miami, fleeing Castro's new Communist government.

Many of the Cubans expected to return quickly, even as freedom flights continued to arrive from Varadero Airport in the 1960s. Though the U.S. government tried to disperse this exodus—and some Cubans did go to live in New Jersey, California, and other states—Miami became the preferred city of exile. From there recruits left to train in Guatemala for the attempted invasion of Cuba in April 1961. Commandos plotted hit-and-run attacks against Castro's fortress island, and rival groups of freedom fighters bombed and shot one another over political differences.

Gradually the refugees grew disillusioned with U.S. promises to help them return. The government did provide about $1.5 billion to assist with housing, education, medical care, and other needs. But what transformed

tradición.

Según Roland, don Victoriano vino de Cuba en 1913 con dos trajes blancos y un billete de a diez dólares. Casi en seguida consiguió el prestigioso empleo de lector en una de las fabricas de cigarros. Durante cuatro o cinco horas diarias, él les leía a los trabajadores mientras ellos elaboraban los cigarros. Ellos elegían, por voto popular, la novela que él leería aquella semana. Los lectores eran figuras populares en la comunidad. Los clientes en los cafés se paraban alrededor de los lectores para escucharles conversar antes de que doblaran el periódico y se fueran a leer a las fábricas. He aquí más evidencia del respeto que estos inmigrantes sentían por la enseñanza.

En 1931 la dueños de las fábricas querían deshacerse de los lectores, a los que acusaban de diseminar ideas radicales. Los trabajadores se fueron a la calle, lo que debió haber sido una de las pocas huelgas en la historia norteamericana debido a una cuestión cultural. Los dueños, sin embargo, ganaron e instalaron radios en las fábricas. De todos modos, los norteamericanos estaban fumando más cigarrillos, lo cual disminuyó la demanda por los puros. Poco a poco las familias de los trabajadores comenzaron a mudarse. Hoy día los magníficos edificios de las sociedades benéficas son islas dentro del deterioro creciente del distrito. Por ejemplo, el Centro Asturiano, organizado en 1902 como auxiliar de la institución más famosa de La Habana, todavía sirve a sus socios. El espeso humo del tabaco se eleva sobre las mesas de la cavernaria planta baja, donde mayormente viejos hablan y prueban café o bebida más fuerte sentados a las mesas de juego. A unas cuadras de distancia, en L'Unione Italiana, los hombres hacen casi lo mismo, aunque el idioma sea de Sicilia en vez del norte de España.

Los representantes de diecinueve organizaciones se reúnen regularmente en el Centro Asturiano, tratando de promover Ybor City y preservar sus tradiciones. El Centro tiene 3,000 miembros, procedentes de la mayor comunidad asturiana del país. El espléndido edificio cuenta con un teatro de butacas recién tapizadas que acomoda a 1,078 personas. El novelista José Yglesias, que se crió en Ybor City, nos recuerda: "En el Centro Asturiano veíamos zarzuelas representadas por actores aficionados del patio. Cuando los grandes artistas internacionales como Caruso venían a Tampa, eran los tabaqueros quienes los habían contratado, no los norteamericanos del otro lado de la Calle Nebraska".

El ex-gobernador de la Florida Bob Martínez es descendiente de abuelos asturianos que vinieron a Ybor City. Su familia pertenecía al Centro Asturiano, a través del cual obtenía su seguro. Martínez se acuerda que durante su niñez un muchacho podía recibir castigo físico si hablaba español en la escuela o incluso podía ser expulsado si era mayor. "Eso fue antes de *Roots* y antes de que la gente comenzara a sentirse orgullosa de sus antecedentes", nos explica Martínez. Ahora la gente con conexiones a la comunidad están tratando de preservar sus instituciones.

this community of exiles — and Miami — was the issuance of work permits. Through their energy, skills, and cooperation with each other, the Cubans created "perhaps the best example anywhere in the United States of a true ethnic enclave," according to Lisadro Pérez, a sociologist at Miami's Florida International University.

Cuban-Americans account for three-fourths of Dade County's nearly one million Hispanics. Behind them have come other Latin Americans — and their money. As a consequence, Miami began turning toward the Caribbean and Latin America, which had held only marginal interest before. In the 1970s, the city overtook New Orleans as the center of trade with the nations to the south.

The new immigrants, David Rieff writes in the *New Yorker*, "spoke Spanish — this was the only time, perhaps, in the history of Hispanic immigration to the United States when that was an advantage — and they had experience in doing business with Latin Americans, while bankers in New York and Washington tended to be not only remote but ignorant."

In books, television, and magazine articles, Miami is becoming America's Casablanca — in the words of writer Joan Didion, a city that projects a newfound glamour with its "hot colors, hot vice, shady dealings under the palm trees." Florida International University (FIU) displays the characteristics of this modern Miami. It has 17,000 students; about 40 percent of them are Hispanic, mostly Cuban-Americans. This explains the ubiquity of Spanish, or "Spanglish," a hybrid language. Parents dislike the English phrases and words that pop up without accent when their offspring speak the native tongue, which suggests that far more assimilation is going on than chauvinists on either side of the linguistic line will admit. "Everybody who is raised in Miami considers himself a mutt," declares student Angel L. Marquéz, who delights in a culture that serves up meatloaf with black beans and rice. In the student center, one can buy snacks from the *pequeños comerciantes*, who talk Spanish to each other and many of the students.

FIU's fourth president is Modesto "Mitch" Maidique, a Cuban-born engineer and scientist. Though the university's two campuses straddle one of the hemisphere's major immigration and commercial routes, he prefers to play down the "International." This is despite FIU's scholarship on Latin America, which involves 15 percent of its 600 or so faculty members. The president wants the school to serve Florida's needs first.

Fluent in both languages, Maidique belongs to a generation of new leaders among Cuban-Americans. They have grown up in this country and are claiming places in Miami's boardrooms and office suites. In 1985, Miami elected its first Cuban-American mayor, Xavier Suárez, and voters awarded a majority of the city commission's seats to Cuban-Americans.

The Hispanics arrived in south Florida with a great deal of self-confi-

Mientras ocupaba su cargo, Martínez laboró con grupos del Centro Asturiano y del Centro Español que están tratando de rescatar de la ruina los hospitales de sus respectivas sociedades.

En una época Tampa trató de olvidarse de su historia étnica. Ybor City le recordaba a la gente el juego y una política corrupta, lo cual en verdad floreció dentro del distrito. Como para demostrar su desdén, la ciudad permitió que una autopista se construyera por el medio mismo de la barriada. Mucha de la vieja arquitectura fue víctima de descabelladas ideas sobre planificación urbana y manzanas enteras del distrito se quedaron deprimentemente vacías.

Pero el ánimo ha cambiado. Ybor City ahora cuenta con un museo, algunas casas de tabaqueros restauradas y varias placas históricas. Pero esfuerzos adicionales de preservación costarían cantidades enormes — millones de dólares solamente para rescatar los edificios de las sociedades benéficas. "La tragedia es que no pusieron nada en su lugar", dice Gary Mormino de las partes ahora destruidas de Ybor City. "Tampa no se dio cuenta que tenía una atracción turística en sus manos".

Miami surge como la encrucijada de América

En la década de 1950, cuando Fidel Castro trataba de reunir fondos y apoyo para su revolución contra el dictador cubano Fulgencio Batista, Tampa era la encrucijada latina en la Florida. Todavía podría serlo si no fuera por los miles de refugiados cubanos que emigraron a Miami huyendo del nuevo gobierno comunista de Castro.

Muchos de los cubanos esperaban regresar rápidamente, aun cuando los vuelos de la libertad seguían llegando de Varadero en la década de los 60. Aunque el gobierno de Estados Unidos trató de dispersar este éxodo — y algunos cubanos sí fueron a vivir a New Jersey, California y otros estados — Miami se convirtió en la ciudad preferida de los exiliados. De allí los reclutas salieron para entrenarse en Guatemala para la abortada invasión de abril de 1961. Los comandos planeaban ataques y retiradas relámpagos sobre la isla-fortaleza y grupos rivales de combatientes para la libertad se atacaron unos a otros con bombas y balas por sus discrepancias políticas.

Gradualmente los refugiados se desilusionaron con las promesas norteamericanas de ayudarles a regresar. El gobierno de Estados Unidos sí les facilitó cerca de mil quinientos millones de dólares para proporcionarles vivienda, enseñanza, cuidado médico y otras necesidades. Pero lo que transformó esta comunidad de exiliados — y Miami — fue la emisión de permisos de trabajo. Gracias a su energía, destreza y cooperación entre sí, los cubanos crearon "quizás el mejor ejemplo en cualquier parte de los Estados Unidos de un verdadero enclave étnico", según Lisandro Pérez, sociólogo de la Universidad Internacional de la Florida.

Los cubanoamericanos son las tres cuartas partes del casi un millón

dence and never acted like underdogs, says Ambler Moss, dean of the University of Miami's Graduate School of International Studies and former U.S. ambassador to Panama. When Moss arrived in Miami five years earlier, he wondered whether he had left Latin America at all. A local Hispanic chamber of commerce invited him to speak in Spanish. Banks had Cuban-American officers and Venezuelan or Argentine owners. Many of Miami's Anglos with whom he talked understood events in, say, Paraguay or Bolivia. "What works best down here is an international perspective. We tend to think of the United States in the same breath as Europe and Latin America." Unlike many of their parents, who were grown when they arrived, younger Cuban-Americans are comfortable doing business in English. Moss predicts they would be the ones to profit most if a thaw ever occurred in U.S.-Cuban relations.

René Silva, one of Miami's YUCAs — young, up-and-coming Cuban-Americans — agrees: "Our generation will be the one to bring American know-how but will understand enough about Cuba to know what won't fit in." Would he ever consider moving to Cuba? "I think I would give it a shot. There's a certain excitement of participating in the restoration of a nation." He expresses utter confidence that Castro's government will fall — within the next five years. On this point, he is an exception. Many other young Cuban-Americans say they would like to go back to the island to visit or do volunteer work, but never to live. They would have to leave too much in America.

Silva grew up in New Jersey and graduated from Seton Hall University. At age twenty-five he moved to Miami. "I came back principally because I wanted to be in the Cuban community. It was important to me. I had not lived in a Cuban community for more than twenty years." Silva is married to an Italian-American, but the couple often speak Spanish in their home and their son is bilingual.

Like three-fourths of Dade County's approximately 140,000 Cuban-American voters, Silva is a Republican. He has a job with the Cuban American National Foundation, which is militantly committed to preventing any thaw in U.S. relations with Castro's government. The foundation, led by Jorge Mas Canosa, persuaded Washington to establish Radio Martí, named for the patriot whom both Miami and Havana claim. The next objective is to challenge Castro's monopoly of Cuban television by beaming video signals to the island. José Fernández, who teaches history and Spanish at the University of Central Florida in Orlando, has an explanation for Cuban-Americans' pro-Republican bias, which contrasts with the tendency of other Hispanic groups such as the Mexican-Americans and the Puerto Ricans to favor Democrats. He begins by recalling the presidency of Grover Cleveland, who had refused to heed pleas for a free Cuba. Cuban-Americans living in Key West and other parts of Florida voted for Republicans because their party showed more sympathy for Cuban patriots' struggle to win independence from Spain.

de hispanos en el condado de Dade. Detrás de ellos han llegado otros latinoamericanos — y su dinero. Como consecuencia, Miami comenzó a orientarse hacia el Caribe e Hispanoamérica, lo que había sido de interés marginal con anterioridad. En la década de los 70, la ciudad pasó a Nueva Orleans como el centro de intercambio comercial con las naciones del sur.

Los nuevos inmigrantes, escribe David Rieff en la *New Yorker*, "hablaban español — ésta era la única vez, quizás, en la historia de la inmigración hispana a los Estados Unidos en que eso resultaba ser una ventaja — y ellos tenían la experiencia de hacer negocios con los otros latinoamericanos, mientras que los banqueros de Nueva York y de Washington tendían a ser no sólo distantes sino que ignorantes".

En libros, televisión y artículos de revistas, Miami se convierte en la Casablanca de Norteamérica — en las palabras de la escritora Joan Didio, una ciudad que proyecta un recién descubierto encanto con sus "colores vivos, moral pecaminosa y manejos de dudosa legalidad bajo las palmeras".

La Universidad Internacional de la Florida muestra las características de este Miami moderno. Cuenta con 17,000 estudiantes, un 40 por ciento de los cuales son hispanos, en su mayoría cubanoamericanos. Esto explica la omnipresencia del español o del "spanglish", una lengua híbrida. A los padres les molestan las frases y las palabras inglesas que salen a relucir sin acento cuando sus hijos hablan la lengua nativa, lo que sugiere que mucha más asimilación se está llevando a cabo que la que los patrioteros en ambas partes de la línea lingüista están dispuestos a reconocer. "Todos los que se crían en Miami se consideran perros cruzados", declara el estudiante Angel L. Márquez, quien disfruta de una cultura que sirve *meatloaf* y arroz con frijoles negros. En el centro estudiantil, uno puede comprar merienda de los pequeños comerciantes que hablan español entre sí y a muchos de los estudiantes.

El cuarto presidente de la Universidad Internacional de la Florida es Modesto "Mitch" Maidique, ingeniero y científico nacido en Cuba. Aunque los dos centros de estudios de la universidad se encuentran situados sobre una de las principales rutas de comercio y de inmigración del hemisferio, él prefiere restarle importancia a lo "internacional". Esto es a pesar de la actividad académica respecto a Hispanoamérica, que abarca el 15 por ciento de un claustro de profesores de aproximadamente 600. El presidente prefiere que la universidad sirva primero a las necesidades de la Florida.

Diestro en ambas lenguas, Maidique pertenece a una generación de nuevos dirigentes entre los cubanoamericanos. Ellos se han criado en este país y exigen su debida representación en las juntas directivas y las oficinas de Miami. En 1985, Miami eligió a Xavier Suárez como su primer alcalde cubanoamericano y los votantes le concedieron a los candidatos cubanoamericanos la mayoría en la junta de comisionados de la ciudad.

"What the Republicans have done very successfully is to exploit the image of Cuba's freedom — identifying with the cause of Cuban liberty," says Fernández, who is a Republican himself. This strikes him as humorous, because the Democrats tried to be equally tough, or tougher, against communism under presidents Truman, Kennedy, and Johnson. "Who is the one who started détente? Nixon. Who is the one who embraced Gorbachev? Reagan. But the Cubans tend to overlook that with the magic phrase of *Viva Cuba Libre!* — the same phrase that was said by the Republican party one hundred years ago."

For a while, Cuban exiles in Miami did trust Democrats. Like many Latin Americans, they responded warmly to Franklin D. Roosevelt's Good Neighbor Policy. And they liked what John F. Kennedy—a Catholic—said about paying any price for freedom.

When Kennedy became president in 1961, he learned about the 1,300 or so Cuban exiles training in Guatemala for an invasion. President Dwight D. Eisenhower had permitted the Central Intelligence Agency to begin this adventure, but he never had much enthusiasm for it. The old soldier understood the difficulty of amphibious landings, even when the invaders enjoyed complete air superiority and an inexhaustible line of supply, as had the Allies in Europe on D day. But the CIA insisted that the Cubans would rise to greet the invaders and that the rebels' shabby B-26 bombers would knock out Castro's air force. All that President Kennedy asked was that no Americans be committed directly to the conflict. This was an affair among Cubans, he said.

Early in the invasion, which began on April 17, 1961, Kennedy learned that Brigade 2506, as the rebels were called, had met withering fire and found no supporters when they stepped ashore at the Bay of Pigs. Outnumbered thirteen to one or better and outgunned, those who hit the beaches on April 17 had no choice but to surrender a few days later. They had hoped American warplanes would save them, but Kennedy refused to make his error worse by ordering U.S. force to follow the rebels into battle. He had thought the men might escape to become guerrillas, but the nearest mountains were eighty miles away, with a swamp in between. The brigade surrendered; 114 of its members were dead.

Despite criticism for the attack at home and abroad, a startling thing happened to Kennedy: the American people forgave him. He seemed astounded to learn that his popularity rating had zoomed to 82 percent. Indeed, he appeared to be more defiant than ever when on December 29, 1962, he and his wife, Jacqueline, welcomed back 1,113 survivors of the Bay of Pigs. The men had been exchanged for $53 million worth of medical supplies and food. Before 40,000 people in the Orange Bowl, Kennedy declared, "I can assure you that this flag will be returned to this brigade in a free Havana." What actually happened is that the White House gradually lost interest in Cuban wars. Later, the veterans had to hire lawyers to help liberate their brigade's flag from the Kennedy Library's

Los hispanos llegaron al sur de la Florida con mucha confianza en sí mismos y nunca actuaron como los de abajo, dice Ambler Moss, decano de la Escuela para Graduados de Estudios Internacionales de la Universidad de Miami y ex-embajador de E.U.A. en Panamá. Cuando Moss llegó a Miami cinco años antes, se preguntaba si en efecto había dejado atrás a Latinoamérica. Una cámara de comercio hispana local le invitó a hablar en español. Los bancos tenían ejecutivos cubanoamericanos y dueños venezolanos y argentinos. Muchos anglos de Miami con los que él hablaba entendían los sucesos, digamos, de Paraguay o de Bolivia. "Lo que funciona mejor aquí es la perspectiva internacional. Pensamos en los Estados Unidos en unísono con Europa y Latinoamérica". Al contrario de sus padres, que ya eran adultos al llegar, los jóvenes cubanoamericanos se sienten muy cómodos realizando negocios en inglés. Moss vaticina que ellos serán los más beneficiados si se efectúa una normalización de relaciones entre Cuba y los Estados Unidos.

René Silva, uno de los YUCAs de Miami — jóvenes cubanos que se superan — está de acuerdo: "Nuestra generación será la que aporte la experiencia norteamericana, pero sabrá lo suficiente de Cuba para descartar lo que no le sirva". ¿Querría él regresar a Cuba? "Creo que me lanzaría. Hay cierto aliciente en la participación de la restauración de una nación". El manifiesta completa confianza en que el gobierno de Castro se derrumbará — dentro de los próximos cinco años. En esto él es una excepción. Muchos otros jóvenes cubanoamericanos dicen que les gustaría ir a la isla de visita o para realizar trabajos voluntarios, pero no para vivir. Tendrían que abandonar demasiado aquí en Estados Unidos.

Silva se crió en New Jersey y es egresado de la Universidad Seton Hall. A los veinticinco años se mudó para Miami. "Vine principalmente porque quería estar dentro de la comunidad cubana. Era importante para mí. Hacía más de veinte años que no vivía en una comunidad cubana". Silva está casado con una ítaloamericana, pero la pareja con frecuencia habla español en casa y su hijo es bilingüe.

Al igual que las tres cuartas partes de los aproximadamente 140,000 votantes cubanoamericanos del condado de Dade, Silva es republicano. Está empleado con la Fundación Nacional Cubano Americana, la cual está militantemente comprometida a impedir la descongelación en las relaciones entre los Estados Unidos y el gobierno de Castro. La fundación, dirigida por Jorge Más Canosa, persuadió a Washington a que estableciera Radio Martí, nombrada por el patriota que tanto Miami como La Habana reconocen como suyo. El siguiente objetivo es retar al monopolio de Castro sobre la televisión cubana, emitiendo ondas televisivas a la isla.

José Fernández, quien enseña historia y español en la Universidad de la Florida Central en Orlando, ofrece una explicación por la predilección pro-republicana de los cubanoamericanos, lo cual contrasta con la tendencia de otros grupos hispanos como los méxicoamericanos y los puertorriqueños que favorecen a los demócratas. Comienza recordando

basement in Boston.

Resentment smolders among the exiles against President Kennedy, not only for what happened during the Bay of Pigs but also for the agreement his administration reached with the Soviets over Castro's Cuba. In return for removing Russian missiles from the island, the Americans promised not to invade. When the Cuban exiles finally began to vote in the late 1960s, they supported Republicans — a preference that has realigned the politics of south Florida.

But now Miami is adjusting to yet another wave of exiles. At Our Lady of the Divine Providence Church, just west of the city in Sweetwater, refugees from Cuba and Nicaragua have formed a new congregation, which has a strong commitment to helping the poor and needy among Nicaraguans. On Sundays about 8,000 people jam the church's eight masses. The average age of those attending is eighteen. In one corner, immigrants learn English in the large but simply furnished church. Next door, children attend elementary classes. In the hall, anxious petitioners wait their turn to see a priest, hoping he can help them.

After the Nicaraguan revolution in 1979, a few families of men who had served in Anastasio Somoza's National Guard sought shelter at Our Lady of Divine Providence. Other refugees followed, throwing their blankets on the floors of the church — any place they could find. Many young men were fleeing the Nicaraguan government's draft. Often their mothers had sewn the church's name into their clothes. Now an estimated 100,000 Nicaraguans live in the Miami area, mostly around Sweetwater.

On Tuesdays and Thursdays, a social worker helps to locate jobs for the refugees. The church also sponsors "base communities" in which people read the Bible, pray, and help one another.

New *Caminos Españoles*

Throughout Latin America, similar groups have provided a way for poor people to organize and overcome their apathy. This movement developed after the region's Catholic bishops met in Medellín, Colombia, in 1968. They declared that the poor have a right to expect a good life in Earth, as well as in heaven. The church's foundations, once firmly planted in tradition and privilege, haven't stopped shaking. Immigrants from Cuba, Nicaragua, and other Latin American nations have created new *caminos españoles*, which cross the faded pathways of earlier Hispanic presences in Florida. They have introduced new ideas and customs, turning Miami and other cities with large Hispanic populations into outposts of Latin culture.

Each wave of immigrants brings something new, but the cumulative effect is to reawaken and strengthen a historic connection to a vast and fascinating civilization to the south. This volume of essays celebrates a wondrous land — *La Florida*.

la presidencia de Grover Cleveland, quien rehusó escuchar peticiones a favor de una Cuba libre. Los cubanoamericanos residentes en Cayo Hueso y otras partes de la Florida votaron por los republicanos porque el partido de éstos demostraba más simpatía por la lucha de los patriotas cubanos para alcanzar la independencia de España. "Lo que los republicanos han hecho con mucho éxito es explotar la visión de la libertad de Cuba — identificándose con la causa de la libertad de Cuba", dice Fernández, el cual es republicano también. Esto le parece a él un tanto cómico, porque los demócratas trataron de ser igualmente fuertes, o más fuertes, contra el comunismo bajo los presidentes Truman, Kennedy y Johnson. "¿Quién comenzó la *détente*? Nixon. ¿Quién abrazó a Gorbachov? Reagan. Pero los cubanos tienden a desentenderse de eso con la frase mágica de ¡Viva Cuba Libre! — la misma frase que pronunció el partido republicano hace cien años".

Por un tiempo los exiliados cubanos sí confiaron en los demócratas. Igual que muchos latinoamericanos, ellos respondieron calurosamente a la Política del Buen Vecino de Franklin D. Roosevelt. Y a ellos les gustó lo que John F. Kennedy — católico — dijo acerca del precio que requiere la libertad.

Cuando Kennedy llegó a la presidencia en 1961, descubrió que unos 1,300 cubanos exiliados se entrenaban en Guatemala para una invasión. El presidente Dwight D. Eisenhower había permitido a la Agencia Central de Inteligencia que comenzara esta aventura, pero nunca se había entusiasmado mucho con ella. El viejo soldado comprendía las dificultades de los desembarcos anfibios, aun cuando los invasores disfrutaran de completa superioridad aérea y de una línea de aprovisionamientos sin límites, tales como con las que los aliados habían contado en Normandía. Pero la CIA insistió que los cubanos se rebelarían para recibir a los invasores y que los lastimosos bombarderos B-26 de los rebeldes derribarían la fuerza aérea de Castro. Todo lo que pidió Kennedy es que ningún norteamericano fuera comprometido directamente en el conflicto. Esto era un asunto entre cubanos, dijo.

A poco de comenzada la invasión, que empezó el 17 de abril de 1961, Kennedy supo que la Brigada 2506, como se designó a los rebeldes, había sido recibida con fuego graneado y sin ningún apoyo al pisar tierra en la Bahía de Cochinos. Con una desventaja numérica de por lo menos trece a uno y en armas, aquellos que saltaron a las playas el 17 de abril no tuvieron otra alternativa que la de rendirse pocos días después. Habían tenido la esperanza de que aviones norteamericanos los salvarían, pero Kennedy rehusó agudizar su error ordenando a las fuerzas de EEUU. que siguieran a los rebeldes en el combate. Había pensado que los hombres podrían escaparse y hacerse guerrillas, pero las montañas más cercanas estaban a ochenta millas de distancia, con una ciénaga de por medio. La brigada se rindió; 114 de sus miembros estaban muertos.

A pesar de la crítica interna en el país y en el extranjero, algo

For Further Reading

Didion, Joan. "Miami." *The New York Review of Books*, May 28, 1987.

Ewen, Charles R. "The Discovery of de Soto's First Winter Encampment in Florida." De Soto Working Paper No. 7. Tuscaloosa: University of Alabama, State Museum of Natural History, 1988.

Garcilaso de la Vega. *The Florida of the Inca*. Translated and edited by John Grier Varner and Jeannette Johnson Varner. Austin: University of Texas Press, 1980.

Mormino, Gary R. and George E. Pozzetta. *The Immigrant World of Ybor City: Italians and Their Latin Neighbors in Tampa, 1885-1985*. Urbana: University of Illinois Press, 1987.

Rieff, David. "The Second Havana." *The New Yorker*, May 18, 1987. 65-83.

Severin, Timothy. *The Passion of Hernando de Soto*. Bradenton, FL: Eastern National Park and Monument Association for the de Soto National Memorial, 1979.

asombroso le sucedió a Kennedy: el pueblo norteamericano lo perdonó. Le pareció increíble que su índice de popularidad subiera rápidamente al 82 por ciento. En efecto, parecía más desafiante que nunca cuando el 29 de diciembre de 1962, él y su esposa, Jacqueline, les dieron la bienvenida a los 1,300 sobrevivientes de Bahía de Cochinos. Los hombres habían sido rescatados por 53 millones de dólares en abastecimientos médicos y alimenticios. Ante 40,000 personas en el Orange Bowl, Kennedy declaró, "Puedo asegurarles que esta bandera será devuelta a esta brigada en una Habana libre". Lo que sucedió es que la Casa Blanca gradualmente perdió interés en guerras cubanas. Más tarde, los veteranos tuvieron que emplear abogados para liberar la bandera de la brigada del sótano de la Biblioteca Kennedy en Boston.

El resentimiento contra el presidente Kennedy late entre los exiliados no sólo por lo que sucedió en Bahía de Cochinos, sino también por el acuerdo al que su administración llegó con los soviéticos en cuanto a la Cuba castrista. A cambio del desmantelamiento de misiles rusos de la isla, los norteamericanos prometieron no invadir. Cuando los exiliados cubanos finalmente comenzaron a votar a finales de la década de los 60, apoyaron a los republicanos — una preferencia que ha realineado la política del sur de la Florida.

Pero ahora Miami se está ajustando a otra ola de exiliados. En la iglesia de Nuestra Señora de la Divina Providencia, justo al oeste de la ciudad en Sweetwater, los refugiados de Cuba y de Nicaragua han formado una nueva congregación, que está comprometida con la causa de los pobres y los necesitados entre los nicaragüenses. Los domingos cerca de 8,000 personas abarrotan las misas de la iglesia. La edad promedio de los que asisten es dieciocho años. En una esquina los inmigrantes aprenden inglés en la espaciosa pero sencillamente amueblada iglesia. Al lado, los niños participan en clases primarias. En el pasillo aquellos con problemas esperan su turno para hablar con un sacerdote, con la esperanza de que él los ayude.

Después de la revolución nicaragüense de 1979, algunas familias de hombres que habían servido en la Guardia Nacional de Somoza se ampararon en Nuestra Señora de la Divina Providencia. Otros refugiados les siguieron, echando sus mantas en el suelo de la iglesia — en cualquier lugar que pudieran encontrar. Muchos jóvenes huían del servicio militar obligatorio nicaragüense. Con frecuencia sus madres habían cosido el nombre de la iglesia en sus ropas. Ahora se calcula que 100,000 nicaragüenses viven en la zona de Miami, mayormente en Sweetwater.

Los martes y jueves un trabajador social ayuda a encontrar empleo a los refugiados. La iglesia también patrocina "comunidades de base" en las que se lee la Biblia, se reza y se ayudan mutuamente.

Los nuevos *caminos españoles*

A lo largo de Hispanoamérica, grupos similares han facilitado nuevas

Bailey Thomson — Chief editorial writer for the Orlando Sentinel; *author of* Shreveport, a Photographic Remembrance *(Louisiana State University Press, 1986); former adjunct faculty member at Louisiana State University, Shreveport; vice chair of the Louisiana Endowment for the Humanities; M.A. in American history, University of Alabama.*

vías para organizar a la gente pobre y para superar su apatía. Este movimiento se desarrolló después que los obispos católicos de la región se reunieran en Medellín, Colombia en 1968. Ellos declararon que los pobres tienen derecho a aspirar a una buena vida en la tierra tanto como en el cielo. Los cimientos de la iglesia, en otra época apoyados firmemente sobre la tradición y el privilegio, no han dejado de temblar.

Los inmigrantes de Cuba, Nicaragua y otras naciones hispanoamericanas han creado nuevos senderos españoles, los cuales cruzan los gastados caminos de la presencia anterior hispana en la Florida. Ellos han aportado nuevas ideas y costumbres, transformando a Miami y otras ciudades con grandes poblaciones hispanas en avanzadas de la cultura latina.

Cada ola de inmigrantes trae algo nuevo, pero el efecto cumulativo es el de redespertar y fortalecer la conexión histórica con una vasta y fascinante civilización hacia el sur. Este volumen de ensayos celebra una tierra maravillosa — la Florida.

Bailey Thomson — Editorialista principal del Orlando Sentinel; *autor de* Shreveport, a Photographic Remembrance (*Louisiana State University Press, 1986); ex miembro del claustro de profesores de la Universidad Estatal de Louisiana, Shreveport; vice presidente de la Fundación para las Humanidades de la Louisiana; M.A. en historia americana, Universidad de Alabama.*

THE INVASION OF FLORIDA
Disease and the Indians of Florida

Henry F. Dobyns

HEN CHRISTOPHER COLUMBUS PREPARED TO SAIL FROM Spain on his second voyage to the newly discovered lands, he loaded horses, cattle, swine, poultry, and people aboard a large fleet of ships. Unfortunately he also loaded Old World bacteria, viruses, and parasites aboard the same vessels.

Sometime between 1493 and 1520, a canoeload of native Caribbean merchants transmitted the first Old World pathogen to Florida natives who began dying in record numbers when invaded by organisms against which they had no acquired immunity or resistance. To make matters worse, *Anopheles* mosquitoes, able to host the insect phase of the malaria life cycle, were plentiful on the American tropical lowlands. So the island natives suffered a double pathogenic invasion as well as severe cultural shock when the Europeans landed.

Pathogens — mostly those which evolved in the Old World — did far more to destroy Florida's natives than did the Spanish colonists. (A *pathogen* is a cause of disease, usually a bacterium, parasite, or virus.) Thus the role of diseases in the Columbian exchange must be considered in any history of Florida.

Traders Carried Infection

On the eve of Columbus's voyages, Florida's native inhabitants numbered approximately 925,000 — a conservative calculation based on the carbohydrate and animal protein food resources available on the peninsula. If anything, this calculation tends to underestimate the food-producing and food-finding capability of a now-extinct population.

Florida's native peoples began dying in considerable numbers very soon after Spaniards first colonized the Caribbean islands. Scattered,

LA INVASIÓN DE LA FLORIDA
Enfermedades y los Indígenas de la Florida

Henry F. Dobyns

UANDO CRISTÓBAL COLÓN SE PREPARABA PARA NAVEGAR DE España en su segundo viaje, embarcó caballos, vacas, cerdos, aves y gente a bordo de una gran flota de barcos. Desafortunadamente, también embarcó bacterias, viruses y parásitos del Viejo Mundo a bordo de esas mismas naves.

En algún momento entre 1493 y 1520, la tripulación de una canoa de comerciantes indígenas caribeños transmitió los primeros patógenos del Viejo Mundo a los indígenas floridanos, los cuales empezaron a morir en cantidades inusitadas al ser invadidos por organismos a los que ellos no habían adquirido ni inmunidad ni resistencia. Para empeorar más la situación, los mosquitos anófeles, capaces de albergar la fase insectiva del ciclo de vida de la malaria, eran muy abundantes en las tierras bajas tropicales de la América. Así es que los indígenas isleños sufrieron una doble invasión patogénica al igual que un severo choque cultural cuando los europeos desembarcaron.

Los patógenos — especialmente aquéllos desarrollados en el Viejo Mundo — hicieron más para destruir a los indígenas de la Florida que lo que hicieron los colonos españoles. (Un patógeno es la causa de una enfermedad, usualmente una bacteria, un parásito o un virus.) De aquí que el papel de las enfermedades en el intercambio colombino deberá considerarse en cualquier historia de la Florida.

Los mercaderes trasmiten enfermedades

En vísperas de los viajes colombinos, los indígenas residentes de la Florida ascendían aproximadamente a 925,000 — un cálculo conservador basado en los recursos alimenticios de carbohidratos y proteínas animales disponibles en la península. En todo caso, este cálculo tiende a

written and unwritten, straightforward and inferential evidence indicates that Spanish colonists and native merchants and refugees together created an epidemic region in the Caribbean. Epidemic conditions probably began in 1493 and certainly not later than the first decade of the sixteenth century. Native canoe voyagers linked Florida's natives to that epidemic region. Ecologically, low-altitude, semitropical Florida became part of a lowland American tropical epidemic region as a result of the Columbian exchange.

Seagoing Putun Maya merchants may have unwittingly carried Old World pathogens to peninsular Florida. Florida archaeologists have discovered evidence of canoe trade along the Gulf coast. The evidence includes a ball of copal incense excavated from the ceremonial mound at Fort Walton Beach in the panhandle. This ball must have been imported from the purely tropical Central American zone where the copal tree grows and where Mayans harvested and processed the incense. Further, a number of canoes sunken in Florida waters in times past were fashioned from trees that grow in the Central American tropics but not in Florida.

The Calusa inhabiting south Florida and at least some of the keys extending toward Cuba's northern coast are known to have sailed and paddled their seagoing canoes to and from Spanish Havana during the sixteenth century. Calusa travel between the island and peninsula during the colonial period continued pre-Columbian travel patterns utilizing traditional native canoe technology and knowledge of winds and currents.

There is both documentary and material evidence that island natives took to their canoes to flee Spanish invaders. Some fled at least as far north as the middle St. Johns River, adding their debris to remarkably well-preserved underwater deposits off Hontoon Island.

Disease transmission from Cuba to Florida certainly occurred by 1512, when Spaniards beached a sick sailor on the Cuban coast. The sailor survived to become a mercenary soldier for one native leader, but his disease outlived him.

Serial Disease Invasions

The major diseases of Florida natives that we can trace to the Columbian exchange are malaria, syphilis, hookworm, dengue fever, smallpox, typhus, influenza, bubonic plague, and yellow fever. Florida's mosquitoes carried malaria among the native peoples by the early sixteenth century, and the disease claimed many victims until the twentieth century — so many victims, in fact, that the native Calusa, Tequesta, Ais, and Timucuan peoples did not survive the first Spanish colonial period (1565-1763).

Now add the victims claimed by syphilis. If Caribbean refugees carried syphilis to Florida by 1495, mortality can be estimated as up to one

subestimar la capacidad de producir y encontrar alimentos de una población ahora extinta.

Los indígenas de la Florida comenzaron a morir en grandes números muy poco después de la colonización española de las islas del Caribe. Una evidencia dispersa, escrita y no escrita, directa y deducible, indica que los colonos españoles, los mercaderes indígenas y los refugiados, juntos, crearon una región epidémica en el Caribe. Las condiciones epidémicas probablemente comenzaron en 1493 y de seguro no más tarde de la primera década del siglo XVI. Viajeros indígenas en canoas unían a los nativos de la Florida con esa región epidémica. Ecológicamente, la Florida semitropical y baja se convirtió en parte de una región epidémica baja y tropical como resultado del intercambio colombino.

Mercaderes marinos putumayos pudieron haber traído sin saberlo patógenos del Viejo Mundo a la Florida peninsular. Arqueólogos expertos en la Florida han descubierto evidencias de tráfico en canoa a lo largo de la costa del golfo. La evidencia incluye una bola de incienso de copal excavado del montículo ceremonial en Fort Walton Beach en el extremo noroeste de la Florida. Esta bola tendría que haber sido importada de la zona puramente tropical de la América Central donde crece el copal y donde los mayas cosechaban y procesaban el incienso. Además, cierto número de canoas hundidas en aguas de la Florida en tiempos remotos fueron construidas de árboles que crecen en los bosques centroamericanos pero no en la Florida.

Los habitantes calusas del sur de la Florida y de por lo menos algunos cayos que se extienden hacia la costa norte de Cuba, se sabe que navegaban y remaban sus canoas marinas ida y vuelta a La Habana española durante el siglo XVI. Los viajes de los calusas entre la isla y la península durante el período colonial continuaban patrones de navegación precolombinos utilizando una tecnología tradicional indígena de canoa y el conocimiento de vientos y corrientes.

Existe evidencia tanto documental como material de que los indígenas isleños huían en sus canoas de los invasores españoles. Algunos huyeron hacia el norte por lo menos hasta la mitad del río San Juan (St. John), añadiendo sus desperdicios a los depósitos sumergidos y extremadamente bien preservados cerca de la Isla Hontoon.

La transmisión de enfermedades de Cuba a la Florida de seguro ocurrió ya para 1512, cuando los españoles llevaron a tierra cubana un marino enfermo. El marino sobrevivió para convertirse en soldado mercenario de un líder indígena, pero su enfermedad le sobrevivió.

Invasiones de enfermedades en serie

Las principales enfermedades de los indígenas floridanos que pueden atribuirse directamente al intercambio colombino son malaria, sífilis, lombrices intestinales, dengue, viruela, tifus, influenza, fiebre bubónica y amarilla. Los mosquitos de la Florida trasmitían malaria entre los

percent annually for the next ten years, continuing at a lower rate indefinitely.

Hookworm resembles malaria: it debilitates human beings and does not survive above a certain altitude. Exactly when hookworms arrived in the American tropical lowlands is not known, but probably the pathogen came early. Dengue fever similarly debilitates people. This disease is restricted to the lowland tropics and subtropics, and it probably crossed the Atlantic during the sixteenth century. The dengue virus apparently came directly from Africa in the bodies of enslaved Africans sent to the Americas to repopulate the tropical lowlands as their native populations perished.

All told, the pathogenic load of the Columbian exchange created a tropical lowland disease environment nearly as lethal to immigrant Europeans as to native Americans. One result was the increasing importation of African slaves. Another result was that Florida's native population declined to roughly 860,000 by 1514.

Smallpox attacked the Caribbean peoples in 1516. Canoe traders or refugees could have transmitted smallpox to native Floridians before a North African carried the virus to mainland Mexico in 1520. If smallpox did not invade North America via Florida during the 1516-1520 interval, it surely did so in 1520-1524.

Native Americans possessed absolutely no immunity to smallpox, never having been exposed to it. All Native Americans were, therefore, virgin soil for the disease. Under such conditions, any virus tends to spread to every person interacting with any carrier of the disease. In 1520, enough natives trudged well-worn trading trails, shared pilgrimage paths, and congregated where natural resources became seasonally available to facilitate smallpox transmission across North America to the Arctic no-man's-land separating Indians from Inuit.

The inference that smallpox did spread so far can be checked indirectly. When Spaniards conquered the South American Inca empire in 1532, they recorded native oral history of the prior havoc smallpox wrought about 1524. The disease killed the reigning Sapa Inca, his heir apparent, and approximately one-half of the imperial army. That epidemic started in Mexico City in 1520 and reached at least the central Chilean area. The documented southward spread of smallpox between 1520 and 1524 allows the inference that it spread equally far across North America.

The smallpox death rate among native Floridians averaged 50 percent, judging from contemporary as well as later evidence. Florida's pre-Columbian population had been cut from 925,000 to 860,000 by the initial attacks of influenza, malaria, and syphilis. After the first smallpox attack, only about 430,000 survived.

When Puerto Rico's Spanish colonial governor Juan Ponce de León sailed to Florida bent upon exploration in 1521, he was decisively

Jacques le Moyne's illustration of the varieties of North American cuisine.

Ilustración de Jacques le Moyne de las variedades de la cocina norteamericana.

This illustration depicts Indian attempts to cure diseases. Note the Shaman sucking blood from the head wound and a woman drinking blood from a bowl. Drawn by Jacques le Moyne in 1565 and engraved by Theodore de Bry in 1591.

Esta ilustración muestra cómo los indios
trataban de curar enfermedades. Obsérvese
el Shaman chupando sangre de una herida
en la cabeza y una mujer bebiendo sangre
en un tazón. Dibujado por Jacques le Moyne
en 1565 y grabado por Theodore de Bry en
1591.

| On the eve of European contact, hundreds of Indian mounds dotted the Florida peninsula. This mound was located at Mound Park, present-day site of the Bayfront Medical Center in St. Petersburg. | En vísperas del contacto europeo, cientos de montículos indios se encontraban por toda la península de la Florida. Este montículo estaba en Mound Park, el actual emplazamiento del Centro Médico Bayfront en St. Petersburg. |

indígenas para principios del siglo XVI y la enfermedad causó muchas víctimas hasta el siglo XX — tantas víctimas, en efecto, que los indígenas calusas, tequestas, aisos y timucuanos no sobrevivieron el primer período colonial español (1565-1763).

Ahora agreguemos las víctimas de la sífilis. Si los refugiados caribeños llevaron la sífilis a la Florida para 1495, la mortalidad puede calcularse hasta un uno por ciento anual durante los diez años siguientes, continuando a un índice menor indefinidamente.

Las lombrices intestinales se parecen a la malaria: debilitan a los humanos y no sobreviven por encima de cierta altitud. No se sabe exactamente cuándo llegaron las lombrices a las tierras bajas tropicales, pero probablemente el patógeno llegó temprano.

El dengue similarmente debilita a las personas. Esta enfermedad se limita a las zonas bajas tropicales y subtropicales, y probablemente cruzó el Atlántico durante el siglo XVI. El virus del dengue aparentemente vino directamente de Africa en los cuerpos de africanos esclavizados enviados a las Américas para repoblar las zonas bajas tropicales a medida que las poblaciones oriundas desaparecían.

En definitiva, la carga patogénica del intercambio colombino creó un ambiente de enfermedad en las zonas bajas tropicales casi tan mortífero para los inmigrantes europeos como para los indígenas americanos. Uno de los resultados fue el aumento en la importación de esclavos africanos. Otro resultado fue que la población original de la Florida se redujo a cerca de 860,000 para 1514.

La viruela atacó a las gentes del Caribe en 1516. Los comerciantes o refugiados en canoas podrían haber trasmitido la viruela a los indígenas floridanos antes que un africano del norte llevara el virus a tierra firme de México en 1520. Si la viruela no invadió Norteamérica via la Florida durante el intervalo de 1516-1520, seguramente lo hizo en 1520-1524.

Los indígenas americanos no poseían absolutamente ninguna inmunidad contra la viruela, no habiendo nunca estado expuestos a ella. Todos los indígenas americanos eran, por lo tanto, un terreno virgen para la enfermedad. En esas condiciones, cualquier virus tiende a trasmitirse a todas las personas que se relacionen con un portador de la enfermedad. En 1520, suficiente número de indígenas recorrían senderos comerciales bien transitados, compartían caminos de peregrinaciones y se congregaban donde los recursos naturales podían encontrarse temporalmente como para facilitar la transmisión de la viruela a lo largo de Norteamérica hasta la tierra de nadie del Artico separando los indígenas de los inuitas.

La deducción de que la viruela se extendió tan lejos puede verificarse indirectamente. Cuando los españoles conquistaron el imperio inca suramericano en 1532, ellos tomaron nota de la historia oral indígena que hacía mención de los estragos causados por la viruela cerca de 1524. La enfermedad mató al reinante Sapa Inca, a su heredero al trono y

repulsed by Calusa warriors. A 50 percent mortality from smallpox between 1521 and 1527 could have been what allowed the later Narváez expedition to land unopposed on the Calusa coast and then ride north across the peninsula and west through the panhandle to Apalachee.

Entire Towns Disappeared

Members of the Narváez expedition carried at least one undiagnosed disease. The pathogen killed some of the party while they were laboring south of Apalachee building rafts on which to attempt to sail back to New Spain. Expedition treasurer Alvar Nuñez Cabeza de Vaca also reported that the refugees who reached the Texas Gulf coast were sheltered and fed by native islanders. Half of these good samaritans died.

Narváez's men also harbored some pathogen to which most were immune or resistant. This pathogen had to be able to survive months of overland travel and at least one thorough dousing with seawater when the refugees' last raft capsized (plus probably an earlier involuntary dunking when they first ran aground). Typhus seems the most likely culprit. Human body lice, the typhus carrier, could well survive the horseback and raft travel, and even a swim or two in the Gulf surf. Typhus could cause episodic Spanish mortality at a low rate (especially if some expedition members were better washed than others) yet cause a 50 percent mortality when lice and typhus proliferated among the immunity-lacking native population.

Another Spanish expedition, this one headed by Hernando de Soto, rode into Florida in 1539. After spending the first winter in Apalachee, de Soto's forces moved north through modern-day Georgia and the Carolinas, then west past the Mississippi River. They usually followed river valleys. The survivors did not leave the North American continent until mid-1543.

Sixteen years later, in 1559, Spaniards attempted to colonize Pensacola Bay. These colonists expected to obtain supplies in towns visited by de Soto's marauders less than twenty years earlier, but instead they found that the towns had disappeared. Native society throughout what is now the southeastern United States had disintegrated as disease decimated the inhabitants. It seems likely that malaria followed de Soto's marauders along the densely populated southeastern river valleys they traveled.

The degree and rapidity of disruption between 1543 and 1559 suggests high-epidemic malaria mortality among the native population. Although malaria is endemic under modern conditions, there is at least one historical record of an epidemic episode that killed an estimated two-thirds of the natives it attacked. In 1830-1833, California's Central Valley native peoples perished at that rate from what has been diagnosed as epidemic malaria. A mortality of two-thirds of the 1543 southeastern population would have produced the disorganized situation Spaniards

aproximadamente a la mitad del ejército imperial. Esa epidemia comenzó en la Ciudad de México en 1520 y llegó hasta por lo menos la región central de Chile. La documentada dispersión hacia el sur de la viruela entre 1520 y 1524 permite la deducción de que también se extendió igualmente lejos a lo largo de la América del Norte.

El índice de mortandad por viruela entre los indígenas floridanos promedió un 50 por ciento, a juzgar por la evidencia contemporánea y posterior. La población precolombina de la Florida había sido reducida de 925,000 a 860,000 por los ataques iniciales de influenza, malaria y sífilis. Después del primer ataque de viruela, solamente sobrevivieron cerca de 430,000.

Cuando el Gobernador colonial de Puerto Rico, Juan Ponce de León, navegó a la Florida empeñado en explorarla en 1521, fue decididamente rechazado por los guerreros calusas. Un índice de mortalidad del 50 por ciento entre 1521 y 1527 podría haber sido lo que le permitió más tarde a la expedición de Narváez desembarcar sin oposición en la costa calusa y entonces cabalgar hacia el norte a lo largo de la península y al oeste a través de la Florida noroccidental hasta Apalache.

Pueblos enteros desaparecen

Los miembros de la expedición de Narváez trajeron por lo menos una enfermedad sin diagnosticar. El patógeno mató algunos del grupo mientras que se esforzaban al sur de Apalache en la construcción de balsas en las que intentaban navegar de regreso hasta Nueva España. El tesorero de la expedición Alvar Núñez Cabeza de Vaca también relató que los refugiados que alcanzaron la costa de Tejas fueron albergados y alimentados por indígenas isleños. La mitad de estos buenos samaritanos murieron.

Los hombres de Narváez también portaban algún patógeno al que casi todos eran inmunes o resistentes. Este patógeno tenía que poder sobrevivir meses de viaje por tierra y por lo menos una completa empapada de agua salada cuando la última balsa de los refugiados naufragó (además de probablemente una involuntaria inmersión más temprana cuando originalmente encayaron). El tifus parece ser el culpable más lógico. Los piojos humanos, trasmisores del tifus, podían muy bien sobrevivir el viaje a caballo y en balsa e incluso el sumergirse una o dos veces en el oleaje del golfo. El tifus podía causar una mortalidad episódica española a un índice bajo (especialmente si algunos de los expedicionarios se bañaban más que los otros) y aun así causar una mortalidad del 50 por ciento cuando los piojos y el tifus proliferaban entre la población indígena carente de inmunidad.

Otra expedición española, la de Hernando de Soto, hizo su entrada en la Florida en 1539. Después de pasar el primer invierno en Apalache, las fuerzas de de Soto se trasladaron hacia el norte a través de lo que hoy es Georgia y las Carolinas, entonces hacia el oeste más allá del río Misisipí.

reported in 1559. At any rate, Florida's native population was then down to about 360,000 inhabitants.

The Spanish colonists who landed at Pensacola Bay in 1559 brought with them another virus, influenza. They themselves suffered crippling mortality. It was the New World extension of a world influenza pandemic reported in 1556-1558 from western Europe, North Africa, and Japan. The American episode was reported from Mayan country as well as Central Mexico before the Pensacola colonists sailed from Veracruz. A recurrence of smallpox reported in 1564 lowered Florida's native population to 170,000, with endemic malaria further reducing it to 154,000 by 1584.

British Bring New Diseases

Late in May 1586, Francis Drake's fleet captured Spanish San Agustín (Saint Augustine). His chronicler reported that the "wild people" died very fast at the Englishmen's first coming. The fact that Timucuans died when the English assault force first arrived indicates that their mortality resulted not from a lethal fever that Drake had been spreading to residents of every colonial port he occupied but from a pathogen another English force had transmitted to natives.

Walter Raleigh had dispatched a 100-man scouting force to Roanoke Island in 1585. Raleigh's agent wrote that natives there died by scores in villages the English intruders visited. Whatever pathogen Raleigh's scouts brought from England to the Roanoke islanders seems to have spread from them across the Southeast to the Timucuans around San Agustín.

Drake's men also did their share. Drake had put into the Cape Verde Islands to provision. His sailors and troops contracted either a virulent typhus or African fever from black patients in the Santiago hospital. In either case, the disease had a seven-to eight-day incubation period — that was how long Drake sailed westward from Santiago before his men began falling ill. The disease caused a skin rash resembling bubonic plague spots. It attacked Drake's men over a period of several weeks, indicating that it was carried either by lice or fleas. Those who survived suffered long-lasting melancholia and physical debility.

By the time Drake returned to England, he had lost one-fourth of his original 2,300 men to this disease. Drake's party almost certainly transmitted this pathogen to residents of San Agustín. So two diseases, one brought by Walter Raleigh's men and the other by Francis Drake's forces, probably swept through Florida's native population in 1586. These Englishmen had never done so well in armed combat.

Deadly disease struck the inhabitants of San Agustín again in 1596. This time the killer was either measles or bubonic plague exported from London. It was definitely bubonic plague in 1613, the same year that it assaulted the natives in central New Spain. Franciscan missionaries in

Ellos usualmente seguían los valles atravesados por ríos. Los sobrevivientes no abandonaron el continente norteamericano hasta mediados de 1543.

Dieciséis años más tarde, en 1559, los españoles intentaron colonizar la Bahía de Pensacola. Estos colonos esperaban obtener abastecimientos en los pueblos visitados por los expedicionarios de de Soto menos de veinte años antes, pero en su lugar hallaron que los pueblos habían desaparecido. La sociedad indígena en lo que hoy es el sureste de los Estados Unidos se había desintegrado a medida que las enfermedades diezmaban a los habitantes. Posiblemente la malaria siguió a los expedicionarios de de Soto a lo largo de los valles densamente poblados por los que ellos viajaron en el sureste.

El grado y rapidez del deterioro entre 1543 y 1559 sugieren una alta mortalidad por epidemia de malaria entre la población indígena. Aunque la malaria es endémica en condiciones modernas, hay por lo menos un antecedente histórico de un episodio epidémico que se calcula causó la muerte de dos terceras partes de los indígenas afectados. En 1830-1833, los indígenas del valle central de California murieron en esa proporción por lo que se ha diagnosticado como una epidemia de malaria. Una mortalidad de dos terceras partes entre la población del sureste de 1543 habría producido la desorganización social que los españoles reportaron en 1559. De cualquier forma, la población indígena de la Florida se redujo entonces a cerca de 360,000 habitantes.

Los colonos españoles que desembarcaron en la bahía de Pensacola en 1559 trajeron consigo otro virus, la influenza. Ellos mismos sufrieron una mortalidad paralizante. Era la extensión hacia el Nuevo Mundo de una epidemia mundial de influenza que se reportó en 1556-1558 desde Europa occidental, el Norte de Africa y el Japón. El episodio americano se reportó tanto en el territorio maya como en México central antes de que los colonos de Pensacola zarparan de Veracruz. La reincidencia de la viruela en 1564 redujo la población indígena de la Florida a 170,000, con la malaria endémica reduciéndola aun más a 154,000 para 1584.

Los ingleses traen nuevas enfermedades

Hacia finales de mayo de 1586, la flota de Francis Drake capturó el San Agustín español. Su cronista reportó que la "los salvajes" murieron muy rápidamente con la llegada de los ingleses. El hecho que los timucuanos murieron cuando la primera fuerza de asalto inglesa llegó indica que su mortalidad resultó no como consecuencia de una fiebre mortífera que Drake había estado diseminando a todos los residentes de todos los puertos coloniales ocupados por él, sino de un patógeno que otra fuerza inglesa había trasmitido a los indígenas.

Walter Raleigh había despachado una fuerza de reconocimiento de 100 hombres a la Isla de Roanoke en 1585. El agente de Raleigh escribió que los indígenas allí murieron por veintenas en las aldeas visitadas por los

1617 reported that half the native converts in their Florida missions died from the disease. Florida's natives now numbered 36,750.

In the mid-seventeenth century, a slave ship carried the *Aedes Egyptii* mosquito, carrier of yellow fever, across the Atlantic. The initial American yellow fever epidemic attacked Lesser Antilles islanders in 1647, and by 1648 the killer disease spread to Yucatán ports. It became endemic in several South American seaports. Mosquitoes carried the organism to monkeys in the rain forest, creating a wild animal reservoir from which other mosquitoes could retransmit the disease to human beings.

In 1649, yellow fever spread to San Agustín, killing Europeans as well as natives. Frequent yellow fever recurrences in coastal Florida firmly linked the peninsula to the lowland tropical epidemic region.

Native Population Collapse

In 1653, smallpox recurred in Florida, killing blacks, natives, and Europeans. In 1659, measles broke out. On November 1, Florida's new Spanish governor, who took office only the preceding February, reported that the virus had killed 10,000 natives. The governor probably could count deaths only among Christian converts, among whom 10,000 deaths must have been a devastating loss.

The magnitude of measles mortality in 1659 emphasizes that native population collapse resulted from serial invasions by different pathogens. Yellow fever conferred no immunity against smallpox or measles. Smallpox conferred no immunity against measles or yellow fever, and so on. By 1660 only about 10,000 Florida natives survived.

Birth, disease, and death were nearly in balance until the beginning of the nineteenth century. The native population, clearly an endangered species, was up slightly. There were 11,500 native Floridans — down catastrophically from nearly one million before Columbus.

Warfare completed the decimation that pathogens had initiated. Britain's allies, probably mostly Creeks, began slave raids on Timucuans and Apalachees in 1702. By 1708, Florida's colonial Governor Francisco Corcoles y Martínez reported that 10,000 to 12,000 Florida natives had been carried into slavery in South Carolina. Even allowing for 50 percent exaggeration, the numbers are startling.

In 1704, South Carolina's ex-governor led several scores of Europeans and 1,500 native allies on a campaign that effectively destroyed Florida's native missions. English reports of casualties and captives are vague, but it seems reasonable to estimate 5,325 killed or marched off to South Carolina. British colonial officials waged, in other words, "total war." If this reconstruction is approximately correct, British surrogate forces had destroyed about 94 percent of the remnant Apalachee and Timucuan population in six years.

Of the 925,000 natives who were in Florida when the Columbian

intrusos ingleses. Cualquiera que haya sido el patógeno traído de Inglaterra por la fuerza de vanguardia de Raleigh a los isleños de Roanoke, parece haberse extendido desde ellos a lo ancho del sureste hasta los timucuanos en los alrededores de San Agustín.

Los hombres de Drake también contribuyeron. Drake había hecho escala en las Islas de Cabo Verde para aprovisionarse. Sus marineros y tropas contrajeron bien una forma virulenta de tifus o la fiebre africana de unos enfermos negros del hospital de Santiago. En cualquier caso, la enfermedad tenía un período de incubación de siete a ocho días, que fue el tiempo que tardó Drake navegando hacia el oeste desde Santiago antes de que sus hombres comenzaran a sentirse enfermos. La enfermedad causaba una erupción de la piel parecida a los brotes de la peste bubónica. Atacó a los hombres de Drake durante un período de varias semanas, indicando que era trasmitida por piojos o pulgas. Los que sobrevivieron sufrieron de melancolía y de debilidad física.

Cuando Drake regresó a Inglaterra, había perdido la cuarta parte de su tripulación original de 2,300 hombres por esta enfermedad. La fuerza de Drake seguramente transmitió este patógeno a los residentes de San Agustín. Así es que dos enfermedades, una traída por los hombres de Walter Raleigh y la otra por las fuerzas de Francis Drake, probablemente barrieron con la población indígena en 1586. Estos ingleses nunca habían sido tan efectivos en combate armado.

Otra enfermedad mortal afectó de nuevo a San Agustín en 1596. Esta vez la muerte vino en forma de sarampión o de plaga bubónica exportada desde Londres. Fue definitivamente plaga bubónica en 1613, el mismo año en que afectó a los indígenas de la Nueva España central. Los misioneros franciscanos informaron en 1617 que la mitad de los indígenas conversos en sus misiones de la Florida murieron de esta enfermedad. Los indígenas de la Florida ahora sumaban 36,750.

A mediados del siglo XVII, un barco negrero llevó mosquitos *Aedes Egyptii*, transmisor de la fiebre amarilla, al otro lado del Atlántico. La epidemia inicial de fiebre amarilla en América atacó a los isleños de las Antillas Menores en 1647 y para 1648 la mortífera enfermedad se extendió a los puertos de Yucatán. Se hizo endémica en varios puertos de mar suramericanos. Los mosquitos trasmitieron el organismo a los monos del bosque tropical, creando un depósito entre los animales salvajes del cual otros mosquitos podían retransmitir la enfermedad a los seres humanos.

En 1649, la fiebre amarilla se extendió a San Agustín, matando tanto a europeos como a nativos. La frecuente reaparición de la fiebre amarilla en las costas floridanas firmemente conectó la península con la región epidémica tropical.

La población indígena se desmorona

En 1653, la viruela reapareció en la Florida, matando negros,

exchange began, no more than 1,000 were left in 1710. The numbers document what was tantamount to extinction.

Disease and the Native Population of Florida

Year	Population
1492	925,000
Influenza/syphilis/malaria	
1514	860,000
Smallpox	
1524	430,000
Typhus/malaria spread by De Soto's men	
1559	360,000
Endemic malaria/recurrent smallpox/new influenza outbreak	
1584	154,000
English disease/African fever/measles, bubonic plague	
1617	36,750
Measles/smallpox/yellow fever	
1660	10,000
Endangered species/slight recovery	
1701	11,500
British and Indian raids	
1710	Under 1,000
Extinction	

For Further Reading

Crosby, Alfred W. Jr. *The Columbian Exchange: Biological and Cultural Consequences of 1492*. Westport, CT: Greenwood Publishing Co., 1972.

Dobyns, Henry F. *Their Numbers Became Thinned: Native American Population Dynamics in Eastern North America*. Knoxville: University of Tennessee Press, 1983.

Lorant, Stefan. *The New World: The First Pictures of America*. New York: Duell, Sloan and Pearce, 1946.

Lovelock, J.E. *Gaia: A New Look at Life on Earth*. Oxford: Oxford

indígenas y europeos. En 1659 surgió el sarampión. El primero de noviembre, el nuevo Gobernador español de la Florida, quien acababa de asumir sus funciones el febrero anterior, informó que el virus había matado a 10,000 indígenas. El Gobernador probablemente sólo podía contar las víctimas entre los conversos cristianos, entre los cuales la muerte de 10,000 tiene que haber sido una pérdida devastadora.

La magnitud de la mortalidad causada por el sarampión en 1659, recalca que el colapso de la población indígena era el resultado de las periódicas invasiones de diferentes patógenos. La fiebre amarilla no aportaba ninguna inmunidad contra la viruela o el sarampión. La viruela no aportaba ninguna inmunidad contra el sarampión o la fiebre amarilla y así sucesivamente. Para 1660 sólo sobrevivían alrededor de 10,000 indígenas floridanos.

La natalidad, las enfermedades y la muerte estaban casi equilibradas hasta principios del siglo XIX. La población indígena, en verdad una especie amenazada, había aumentado un poco. Había 11,500 floridanos indígenas — un descenso catastrófico desde casi un millón antes de Colón.

La guerra completó el diezmo que los patógenos habían iniciado. Los aliados de la Gran Bretaña, probablemente *creeks*, comenzaron a cazar esclavos entre los timucuanos y apalaches en 1702. Para 1708 el gobernador colonial de la Florida Francisco Corcoles y Martínez reportó que de 10,000 a 12,000 floridanos indígenas habían sido llevados como esclavos a la Carolina del Sur. Aun concediendo un factor de exageración del 50 por ciento, la cifra es sobrecogedora.

En 1704, el ex-Gobernador de la Carolina del Sur dirigió varias veintenas de europeos y 1,500 aliados indígenas en una campaña que de hecho destruyó las misiones indígenas de la Florida. Los informes ingleses de las bajas y los prisioneros son vagos, pero parece razonable calcular que 5,325 fueron muertos o enviados a la fuerza a la Carolina del Sur. Los funcionarios coloniales británicos realizaron, en otras palabras, una "guerra total." Si esta reconstrucción es aproximadamente correcta, las fuerzas al servicio de la Gran Bretaña habían destruido en seis años casi el 94 por ciento de las restantes poblaciones apalache y timucana.

De los 925,000 indígenas que se encontraban en la Florida cuando comenzó el intercambio colombino, no quedaban más de 1,000 en 1710. Las cifras equivalen a la extinción.

Las enfermedades y la población indígena de la Florida

Año		*Población*
1492		925,000
	Influenza/sífilis/malaria	
1514		860,000
	Viruela	
1524		430,000
	Tifus/malaria traída por hombres de de Soto	

University Press, 1987.

Ramenofsky, Ann F. *Vectors of Death: The Archaeology of European Contact.* Albuquerque: University of New Mexico Press, 1987.

Smith, Buckingham, translator. *Letter of Hernando de Soto and Memoir of Hernando de Escalante Fontaneda.* Washington, D.C., privately printed, 1854.

Thornton, Russell. *American Indian Holocaust and Survival: A Population History Since 1492.* Norman, OK: University of Oklahoma Press, 1987.

Henry F. Dobyns, Ph.D. — Consultant to Gila River Indian Community, Sacaton, Arizona, tutor at the D'Arcy McNickle Center for the History of the American Indian, the Newberry Library (Chicago); author of twelve books, including Their Number become Thinned: Native American Population Dynamics in Eastern North America *(Knoxville, TN: University of Tennessee Press, 1983), and* From Fire to Flood: Historic Human Destruction of Sonoran Desert Riverine Oases *(Socorro, NM: Ballena Press, 1981).*

Año	*Población*
1559	360,000
Malaria endémica/viruela reincidente/brote nuevo de influenza	
1584	154,000
Enfermedad inglesa/fiebre africana/sarampión, plaga bubónica	
1617	36,750
Sarampión/viruela/fiebre amarilla	
1660	10,000
Especie amenazada/ligera recuperación	
1701	11,500
Ataques de los británicos y de indios	
1710	Menos de 1,000
Extinción	

Henry F. Dobyns, Ph.D. — Asesor de la Comunidad Indígena de río Gila, Sacaton, Arizona, instructor en el Centro D'Arcy McNickle para la Historia del Indígena Americano, Biblioteca Newberry (Chicago); autor de doce libros, incluyendo Their Number Became Thinned: Native American Population Dynamics in Eastern North America *(Knoxville, TN: University of Tennessee Press, 1983),* y From Fire to Flood: Historic Human Destruction of Sonoran Desert Riverine Oases *(Socorro, NM: Ballena Press, 1981).*

HERNANDO DE SOTO'S ENTRADA INTO LA FLORIDA

Jerald T. Milanich

HALF-CENTURY BEFORE SIR WALTER RALEIGH ESTABLISHED his ill-fated Roanoke colony on the North Carolina coast, the Spanish conquistador Hernando de Soto organized a major overland expedition to explore, conquer, fortify, and settle *La Florida*.
This incredible journey was not an isolated endeavor by Spain. Beginning with Juan Ponce de León's first voyage along Florida's coasts in 1513 and continuing through Pedro Menéndez de Avilés's founding of St. Augustine in 1565, Spain sought to expand its New World empire into what is now the eastern United States.

Fabulous wealth had been found elsewhere in the New World. Spain's rulers hoped that *La Florida* might also contain wealth in its interior. In addition, Spain wished to establish an overland route from the Atlantic coast westward to New Spain (Mexico). The Crown also wanted control of the Florida coasts in order to protect treasure-laden Spanish ships carrying New World wealth back to Spain.

Hernando de Soto, Conquistador

De Soto was born about 1500 in the area of Spain called Extremadura which produced such Spanish New World conquistadores as Vasco Núñez de Balboa, Hernán Cortés, and Francisco Pizarro. Like many of the Spanish aristocracy, de Soto's family had distinguished itself fighting the Moors during the *reconquista*. Military successes had embellished the family's coat of arms and resulted in many family members being knighted.

Almost nothing is known about de Soto's early years in Spain. The best evidence indicates that he sailed to the New World in 1514, in the entourage of the newly named governor of the Castilla del Oro (now Panama). Also accompanying the governor was Francisco Vásquez de Coronado, who would come to explore what is now the southwestern United States.

LA ENTRADA DE HERNANDO DE SOTO EN LA FLORIDA

Jerald T. Milanich

MEDIO SIGLO ANTES DE QUE SIR WALTER RALEIGH ES-
tableciera su desgraciada colonia de Roanoke en la
costa de Carolina del Norte, el conquistador español
Hernando de Soto organizó una importante
expedición terrestre para explorar, conquistar,
fortificar y colonizar la Florida.

Este increíble viaje no fue un esfuerzo aislado de
España. Comenzando con el primer viaje de Juan Ponce de León a lo largo
de las costas de la Florida en 1513 y continuando con la fundación de San
Agustín por Pedro Menéndez de Avilés en 1565, España buscaba extender su imperio en el Nuevo Mundo hacia lo que ahora es el sudeste de
los Estados Unidos.

Tesoros fabulosos se habían encontrado en otras partes del Nuevo
Mundo. Los mandatarios españoles esperaban que la Florida también
escondiera riquezas en su interior. Además, España deseaba establecer
una ruta terrestre desde la costa atlántica en dirección oeste hasta Nueva
España (México). La Corona también deseaba controlar las costas de la
Florida para así proteger los barcos españoles que transportaban tesoros
del Nuevo Mundo hacia España.

Hernando de Soto, Conquistador

De Soto nació alrededor de 1500 en la zona de España llamada
Extremadura, la que produjo tales conquistadores del Nuevo Mundo
como Vasco Núñez de Balboa, Hernán Cortés y Francisco Pizarro. Como
muchos de la aristocracia española, la familia de de Soto se había
distinguido peleando contra los moros durante la Reconquista. Los éxitos
militares habían embellecido el escudo de armas familiar y resultaron en
que muchos de los miembros de la familia fueran hechos caballeros.

Casi nada se sabe de los primeros años de de Soto en España. La mejor
evidencia indica que él se embarcó para el Nuevo Mundo en 1514, en la
comitiva del recién nombrado gobernador de la Castilla del Oro (ahora
Panamá). También acompañaba al gobernador Francisco Vázquez de

By 1520, at the age of twenty, de Soto was a captain who had already participated in military actions against the Panamanian Indians. As a portion of his share of booty, he received an *encomienda*, the right to use a number of Indians as laborers, providing him a source of revenue. His partner in many ventures was Juan Ponce de León; a later associate was Francisco Pizarro.

Throughout the 1520s, de Soto participated in military exploits in Panama and Nicaragua, some against rival Spaniards. By late 1531, when he left Panama, de Soto had amassed great wealth from slave trading and from gold taken from the Indians. With this wealth he was able to build ships and otherwise expand his activities, including maintaining a cadre of military aides, infantry, and cavalry.

But de Soto was to garner even greater wealth. From 1531 through 1535 he accompanied Pizarro and other Spaniards in the conquest and looting of the Inca civilization in Peru. De Soto played a significant role in military engagements, experience that would serve him well in *La Florida*. Following the Spanish execution of the Inca leader Atahualpa and the occupation of Cuzco, de Soto helped to distribute the stolen wealth. He departed Peru in late 1535, sailing on to Spain in early 1536. With him were men who would later serve him on his Florida expedition.

Back in Spain, de Soto used his riches to hire servants and secure the trappings appropriate to someone of his station. He was presented at court and, with his entourage of military aides, created quite a stir. He married his first love, Isabel de Bobadilla, daughter of the governor of the Castilla de Oro, with whom he had first traveled to the New World. De Soto had now achieved every mark of status he could aspire to, save one, his own domain.

In 1537, after a suitable review of opportunities and appropriate scheming, Charles V granted de Soto commissions to advance his Catholic Majesty's cause by bringing *La Florida* into the kingdom. In addition, de Soto was to receive land of his choice measuring twelve leagues by twelve leagues. And, to assure the support base for his expedition, he was made *adelantado*, governor and captain-general of Fernandina Island (Cuba).

Hernando, "The Most Magnificent Lord Governor," was ready for his destiny.

Preparation for Invasion

The *La Florida* expedition was well planned and supplied. According to his contract, de Soto was to conquer, pacify, and settle 200 leagues of *La Florida*'s coast (taking with him 500 men and supplies for eighteen months) and build three stone forts. De Soto paid for much of the Florida expedition with his own newly acquired wealth. In addition to members of his army who had previously fought with him in the New World, the expedition included people with a variety of skills, such as tailors,

An evocative 19th-century depiction of de Soto's fateful landing at Tampa Bay.

Una evocadora pintura del Siglo 19 del fatídico desembarco de de Soto en la Bahía de Tampa.

An engraving of Hernando de Soto, as portrayed by a late 18th-century artist.

Grabado de Hernando de Soto, visto por un artista de finales del Siglo 18.

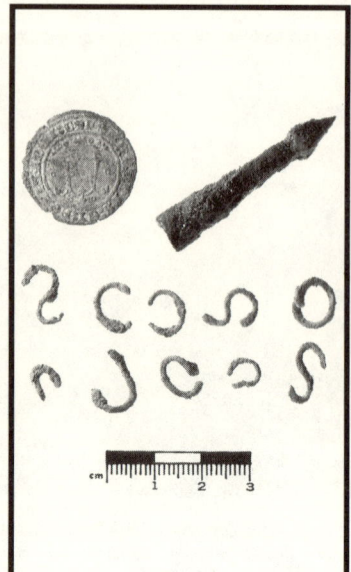

Artifacts of the de Soto expedition: a four maravedi coin of copper, a crossbow point or quarrel, and links of chain mail.

Artefactos de la expedición de de Soto: una moneda de cobre de cuatro maravedíes, una punta de ballesta, y eslabones de malla.

De Soto's Trail.

La ruta de de Soto.

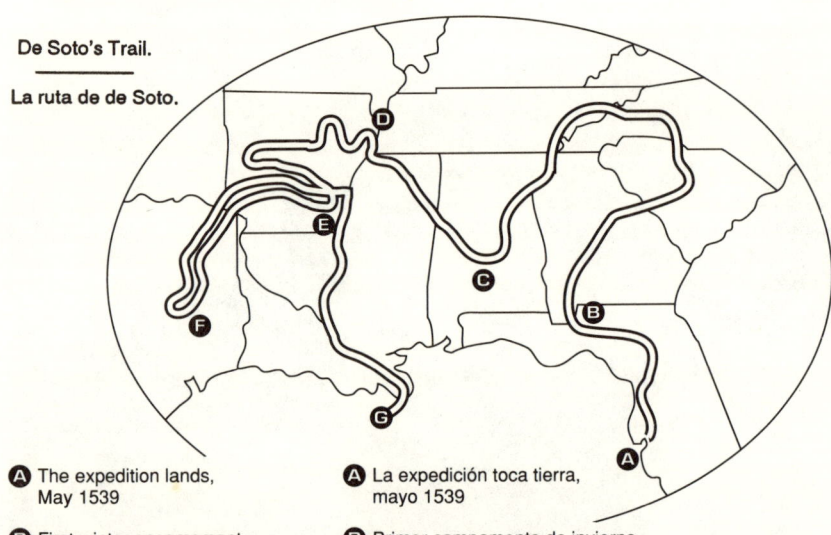

Ⓐ The expedition lands, May 1539

Ⓐ La expedición toca tierra, mayo 1539

Ⓑ First winter encampment, October 1539 – March 1540

Ⓑ Primer campamento de invierno, octubre 1539 – marzo 1540

Ⓒ Coosa's almost defeat of DeSoto at Mabila

Ⓒ Coosa casi derrotó a De Soto en Mabila

Ⓓ Expedition crosses Mississippi, May 1541

Ⓓ La expedición cruza el Mississippi, mayo 1541

Ⓔ DeSoto dies, June 1542

Ⓔ DeSoto muere, junio 1542

Ⓕ Those remaining attempt to hike to New Spain, but turn back

Ⓕ Los que quedaron tratan de llegar a Nueva España, pero retroceden

Ⓖ Survivors reach New Spain by water, September 1543

Ⓖ Los sobrevivientes llegan a Nueva España por mar, septiembre 1543

Coronado, que posteriormente exploraría lo que hoy es el suroeste de los Estados Unidos.

Para 1520, a la edad de veinte años, de Soto ya era capitán experimentado en acciones militares contra los indios panameños. Como parte de lo que le pertenecía como botín de guerra, él recibió una *encomienda*, el derecho de usar cierto número de indios como peones, facilitándole una fuente de ingresos. Su socio en muchas empresas fue Juan Ponce de León; un socio posterior lo fue Francisco Pizarro.

En la década de 1520 de Soto participó en hazañas militares en Panamá y Nicaragua, algunos contra rivales españoles. Hacia finales de 1531, cuando abandonó Panamá, de Soto había acumulado gran fortuna de la trata de esclavos y del oro despojado a los indios. Con esta fortuna él pudo construir barcos y de otras maneras ampliar sus operaciones, incluyendo el mantenimiento de un cuerpo de ayudantes militares, de infantería y de caballería.

Pero de Soto habría de acumular aún más fortuna. Desde 1531 hasta 1535, él acompañó a Pizarro y a otros españoles en la conquista y saqueo de la civilización incaica del Perú. De Soto tuvo un papel significativo en encuentros militares, experiencia que bien le serviría en la Florida. Después que los españoles ejecutaron al líder inca Atahualpa y la ocupación de Cuzco, de Soto ayudó en la distribución de la riqueza robada. El abandonó Perú a fines de 1535, zarpando para España a principios de 1536. Con él se encontraban hombres que después le servirían en la expedición a la Florida.

De vuelta en España, de Soto utilizó su fortuna para emplear criados y hacerse de lo apropiado para alguien de su estado. Se le presentó en la corte y, con su camarilla de ayudantes militares, causó gran alboroto. Se casó con su primer amor, Isabel de Bobadilla, hija del Gobernador de la Castilla del Oro, con quien él primero había viajado al Nuevo Mundo. De Soto ahora había alcanzado todas las marcas de rango a las que él podía aspirar, excepto una, su propio imperio.

En 1537, después de revisar adecuadamente las posibilidades y las intrigas correspondientes, Carlos V le concedió a de Soto la misión de promover la causa de su Majestad Católica trayendo la Florida a su reino. Además, de Soto recibiría un territorio de su elección que midiera doce leguas por doce leguas. Y, para asegurar la base de apoyo para su expedición, él fue nombrado Adelantado, Gobernador y Capitán-General de la Isla Fernandina (Cuba). Hernando, "el más espléndido señor Gobernador", estaba listo para afrontar su destino.

Preparativos de la invasión

La expedición de la Florida fue bien planeada y abastecida. De acuerdo con su contrato, de Soto había de conquistar, pacificar y colonizar 200 leguas de la costa de la Florida (llevando consigo a 500 hombres y abastecimientos para dieciocho meses) y construir tres fuertes de piedra.

shoemakers, stocking makers, notaries, farriers, trumpeters, and servants. At least two Spanish women and a dozen Catholic priests accompanied the army.

While gathering supplies in Cuba, de Soto sent a party ahead to reconnoiter the landing site, a large protected harbor called Bahia Honda (Tampa Bay). It is clear that he knew that Bahia Honda was the best location along the Gulf coast for harboring and unloading his ships. Maps and navigation information were widely available, including information gathered by previous Spaniards like Pánfilo de Narváez, who had traveled overland from near Tampa Bay to the coast south of Tallahassee in 1528.

Just prior to sailing for *La Florida*, de Soto wrote his will. His beloved Isabel would stay behind in Cuba to carry out the functions of governor and secure his supply lines.

The Landing

The landing in Bahia Honda during late May 1539 was not without opposition. A horse was lost and several of de Soto's men were wounded.

With camp established, six weeks were spent scouting the surrounding territory and gathering information. De Soto and his men were in the territory of the Ucita Indians, who apparently controlled the area from the Little Manatee River south-southwesterly to the Gulf of Mexico. Another Indian group, the Mocoso, controlled the eastern part of the bay to the north, encompassing the Alafia River. Each of these groups, as well as others in the Tampa Bay region, was composed of several villages under the overall leadership of one chief.

The expedition set up camp in one of the towns controlled by the Ucita. The Gentleman of Elvas (one of twenty Portuguese knights accompanying the expedition) wrote that the town consisted of "seven or eight houses, built of timber, and covered with palm leaves. The chief's house stood near the beach, upon a very high mount made by hand for defense; at the other end of the town was a temple, on the top of which perched a wooden fowl with gilded eyes."

The Indians of the Tampa Bay region lived by fishing and collecting foodstuffs from the lands adjacent to the bay. Evidently farming was relatively unimportant to the Ucita and Mocoso, because it was only after traveling several days inland that the Spanish first encountered maize (Indian corn) fields. Perhaps the inland farmers maintained some military and political hold over the coastal dwellers, because the Ucita and Mocoso chiefs paid tribute to a powerful inland chief named Urriparacoxi.

To the Apalachee

In the heat of early July, de Soto and about 500 men and a number of captive Indian bearers moved inland and north, leaving some men and supplies in reserve at their Tampa Bay camp. Passing through the

De Soto pagó por mucho de la expedición de la Florida con su propia riqueza recién adquirida. Además de los miembros de su ejército que previamente habían peleado junto a él en el Nuevo Mundo, la expedición incluía gente con variedad de oficios, tales como sastres, zapateros, tejedores de medias, notarios, herreros, trompeteros y criados. Por lo menos dos mujeres españolas y una docena de sacerdotes católicos acompañaban el ejército.

Mientras recogía abastecimientos en Cuba, de Soto envió una partida para reconocer el lugar de desembarco, un grande y abrigado puerto llamado Bahía Honda (Bahía de Tampa). Es claro que él sabía que Bahía Honda era el mejor lugar a lo largo de la costa del golfo para albergar y desembarcar sus barcos. Existían muchas cartas marinas e información sobre la navegación, incluyendo la información recogida antes por otros españoles como Pánfilo de Narváez, que había viajado por tierra desde cerca de la Bahía de Tampa hasta la costa al sur de Tallahassee en 1528.

Poco antes de zarpar para la Florida, de Soto preparó su testamento. Su amada Isabel se quedaría en Cuba para desempeñar las funciones de gobernador y asegurar sus líneas de abastecimientos.

El desembarco

El desembarco en Bahía Honda a fines de mayo de 1539 no fue sin oposición. Se perdió un caballo y varios de los hombres de de Soto resultaron heridos.

Con el campamento establecido, se dedicaron seis semanas a reconocer el territorio circundante y a recoger información. De Soto y sus hombres se encontraban en el territorio de los indios ucitas, que aparentemente controlaban la zona desde el río Pequeño Manattee

en dirección sur-suroeste hasta el Golfo de México. Otro grupo indio, los mocosos, controlaban la parte este de la bahía hacia el norte, abarcando el río Alafia. Cada uno de estos grupos, al igual que otros en la región de la Bahía de Tampa, se componía de varias aldeas bajo el mando general de un cacique.

La expedición estableció el campamento en uno de los pueblos controlados por los ucitas. El Caballero de Elvas (uno de los veinte caballeros portugueses acompañantes de la expedición) escribió que el pueblo consistía de "siete u ocho casas, construidas de maderos y cubiertas con hojas de palmera. La casa del cacique estaba cerca de la playa, sobre un montículo muy alto hecho a mano para su defensa; al otro extremo del pueblo había un templo, sobre el cual estaba posada un ave de madera con ojos dorados".

Los indios de la región de la Bahía de Tampa vivían pescando y recogiendo alimentos de las tierras adyacentes a la bahía. Evidentemente la agricultura era relativamente de poca importancia para los ucitas y los mocosos, porque fue sólo después de viajar hacia el interior por varios días que los españoles primero se encontraron con maizales. Quizás los agricultores del interior mantenían algún control militar y político sobre

territory of the Mocoso, the expedition went into Urriparacoxi's territory, some twenty to thirty leagues from Tampa Bay, heading for the Withlacoochee River.

Along the entire route the treatment of the Indians by the Spanish was, by our standards, very cruel. Indians were enslaved to serve as bearers and were often placed in chains and shackles to prevent them from escaping. Mutilating or killing Indians and capturing leaders or hostages in order to command obedience were regular practices. The Spanish also used trained dogs to run down and attack fleeing Indians.

In short, Spain's conquest of *La Florida* was by force, not diplomacy. As a result, when the opportunity presented itself, the Indians retaliated with quick, guerrilla-type skirmishes.

Once across the Withlacoochee River, the expedition entered the territory of the Cale Indian settlement where de Soto at first intended to spend the winter. The Ucita Indians had told de Soto about the wonders of that area. While still at Tampa Bay, de Soto wrote to associates in Cuba that the town of Cale was so large and so extolled by the Indians that he could not even repeat all the things they said. He also reported that the Indians promised they would find food, gold, silver, and pearls in great abundance.

Upon arrival, however, Biedma (the Crown's representative) was little impressed. He wrote, "We found it to be a small town. . . . We got some maize, beans, and little dogs, which were no small relief to people who came perishing with hunger." Cale did not contain enough stored food for de Soto's army, and a foray was made to the Acuera Indians to the east to gather maize.

The Florida Indians quickly understood the Spaniards' desires for food and wealth and often tried to steer them to sources located elsewhere, apparently in the hope that they would leave. At Cale, de Soto was once again told that what he was seeking was further north, where there was a "large province abounding in maize, called Apalachee." De Soto was unsure if he should winter in Cale or see Apalachee. Finally he decided to leave most of his army at Cale and take a smaller force northward to Apalachee.

North of Cale the expedition traveled through a region where corn was easier to obtain. De Soto and his smaller force moved rapidly from Indian town to Indian town, taking the inhabitants' stored food for themselves. They camped at Itaraholata, Potano, Utinamacharra, and two more villages before crossing the Santa Fe River (River of Discords) and arriving at the town of Aguacaleyquen. While at that town, de Soto sent messengers to his men at Cale to tell them to join him. De Soto found himself in a populous region inhabited by a well-organized people who harassed the Spanish whenever possible.

Crossing the Suwannee River (River of Deer), the expedition moved rapidly westward, through Ucachile lands. The Spaniards crossed the

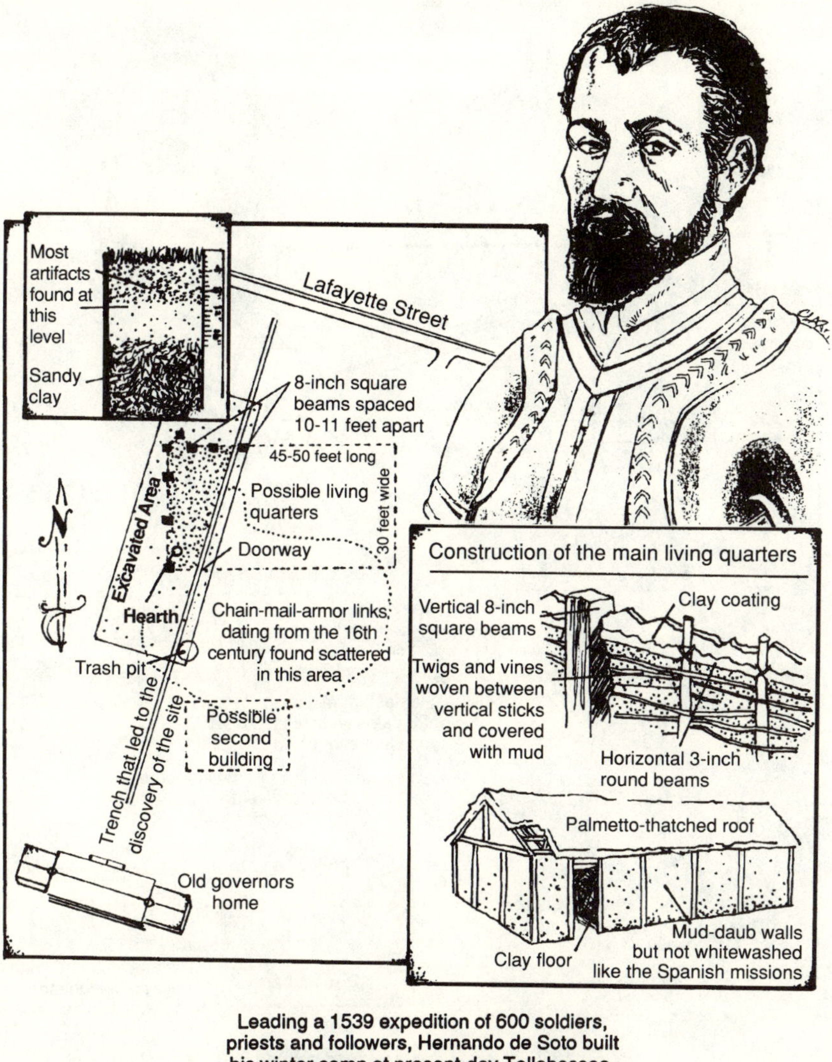

Most artifacts found at this level

Sandy clay

Lafayette Street

8-inch square beams spaced 10-11 feet apart

45-50 feet long

Excavated Area

Possible living quarters

30 feet wide

Doorway

Hearth

Chain-mail-armor links, dating from the 16th century found scattered in this area

Trash pit

Trench that led to the discovery of the site

Possible second building

Old governors home

N

Construction of the main living quarters

Vertical 8-inch square beams

Clay coating

Twigs and vines woven between vertical sticks and covered with mud

Horizontal 3-inch round beams

Palmetto-thatched roof

Mud-daub walls but not whitewashed like the Spanish missions

Clay floor

Leading a 1539 expedition of 600 soldiers, priests and followers, Hernando de Soto built his winter camp at present-day Tallahassee, making it the oldest known European building site on the North American mainland. This Lafayette Street site predates the founding of St. Augustine by 26 years. Chain-mail armor links and broken Spanish pottery have been uncovered at the site.

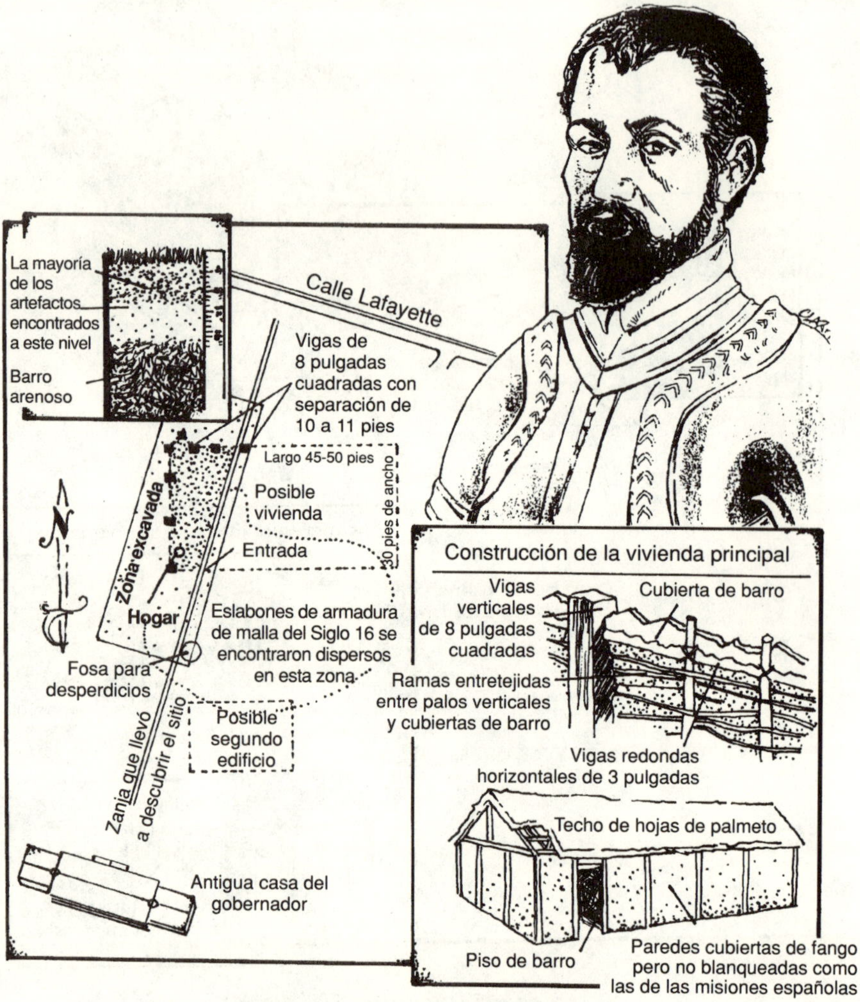

La mayoría de los artefactos encontrados a este nivel

Barro arenoso

Calle Lafayette

Vigas de 8 pulgadas cuadradas con separación de 10 a 11 pies

Largo 45-50 pies

Posible vivienda

30 pies de ancho

Entrada

Zona excavada

Hogar

Fosa para desperdicios

Eslabones de armadura de malla del Siglo 16 se encontraron dispersos en esta zona

Zanja que llevó a descubrir el sitio

Posible segundo edificio

Antigua casa del gobernador

Construcción de la vivienda principal

Vigas verticales de 8 pulgadas cuadradas

Cubierta de barro

Ramas entretejidas entre palos verticales y cubiertas de barro

Vigas redondas horizontales de 3 pulgadas

Techo de hojas de palmeto

Piso de barro

Paredes cubiertas de fango pero no blanqueadas como las de las misiones españolas

En 1539, al frente de una expedición de 600 soldados, sacerdotes y seguidores, Hernando de Soto levantó su campamento de invierno en lo que es hoy Tallahassee, haciendo de éste el lugar más antiguo con construcciones europeas en el continente norteamericano. Habiéndose encontrado eslabones de armaduras de malla y trozos de cerámica española rota, el sitio en la Calle Lafayette antecede en 26 años la fundación de San Agustín.

los habitantes de la costa, porque los caciques ucitas y mocosos pagaban tributo a un poderoso cacique del interior llamado Urriparacoxi.

Hacia Apalache

Durante los calores de un julio tempranero, de Soto y cerca de 500 hombres y un número de cargadores indios cautivos, se desplazaron hacia el interior y el norte, dejando algunos hombres y abastecimientos en reserva en su campamento en la Bahía de Tampa. Al pasar por el territorio de los mocosos, la expedición entró en el territorio de Urriparacoxi, unas veinte o treinta leguas de la Bahía de Tampa, en dirección del río Withlacoochee.

A lo largo de toda la ruta el trato de los indios por los españoles fue, según nuestras normas, muy cruel. A los indios se les apresaba para servir de cargadores y con frecuencia se les ponían cadenas o grilletes para prevenir que se escaparan. La mutilación y muerte de los indios, y la captura de jefes o rehenes para exigir la obediencia, eran medidas comunes. Los españoles también usaban perros entrenados para perseguir y atacar a los indios que huían.

En breve, la conquista de la Florida por España fue por la fuerza, no por la diplomacia. Como resultado, cuando la oportunidad se presentaba, los indios se desquitaban con rápidos encuentros guerrilleros.

Una vez cruzado el río Withlacoochee, la expedición entró en el territorio de los indios cales, donde al pricipio de Soto pensaba pasar el invierno. Los indios ucitas le habían contado a de Soto de las bellezas de aquella zona. Mientras aún se encontraba en la Bahía de Tampa, de Soto le escribió a sus asociados en Cuba que el pueblo Cale era tan grande y tan alabado por los indios que él ni siquiera podía repetir todo lo que habían dicho. También informó que los indios les prometieron que ellos encontrarían alimentos, oro, plata y perlas en gran abundancia.

Después de su llegada, sin embargo, Biedma (el representante de la Corona) no se sintió muy impresionado. Escribió, "Encontramos que era un pueblo pequeño. . . . obtuvimos algún maíz, frijoles y pequeños perros, que no eran de gran alivio para gente que venían muriéndose de hambre". Cale no tenía suficientes alimentos almacenados para el ejército de Soto y se efectuó una incursión hacia el este sobre los indios acueras para recoger maíz.

Los indios floridanos pronto comprendieron las intenciones españolas en cuanto alimentos y riquezas y con frecuencia trataron de dirigirlos hacia otras partes donde obtenerlas, con la esperanza de que se marcharan. En Cale, una vez más le dijeron a de Soto que lo que buscaba se encontraba más al norte, donde había una "provincia grande abundante en maíz, llamada Apalache". De Soto no estaba seguro si él debía pasar el invierno en Cale o si ver Apalache. Finalmente decidió dejar casi todo su ejército en Cale y marcher con una fuerza más pequeña hacia el norte hasta Apalache.

Al norte de Cale la expedición viajó a través de una región donde el

Aucilla River and entered the territory of the Apalachee Indians, the largest and most politically complex group in Florida. After marching several days, the major Apalachee town was reached. There, where modern-day Tallahassee is located, de Soto decided to spend the winter of 1539-40. He set up camp and sent word back to Tampa Bay for his reserves to bring the supplies and join him.

De Soto's trash became archaeological treasure when the remains of this Apalachee site were uncovered in 1987 by Calvin Jones of the Florida Division of Historical Resources. Archaeologists have completed excavation of the site, producing some of our best evidence for the presence of de Soto in Florida.

Beyond Apalachee

Breaking camp in March 1540, the expedition, led by Indian guides, moved north-northeast across modern-day Georgia into South and then North Carolina. From North Carolina, de Soto, his men, and Indian bearers headed northwesterly, crossing the Appalachian Mountains into what is now Tennessee.

Knowing that great wealth had been discovered in mountainous regions of Peru (among the Inca) and central Mexico (among the Aztec), de Soto hoped to find similar wealth in the mountainous areas of *La Florida*. But the Appalachian Mountains did not offer mineral wealth, and de Soto and his army proceeded southwesterly through the Piedmont across the northwest corner of Georgia and well into Alabama before again turning northwest across Mississippi. In May 1541, they reached the Mississippi River, which they called Rio Grande (Great River).

The next year was spent in Arkansas, traveling from town to town still searching for wealth. Finally the army returned to the Mississippi River, where de Soto, sick with a fever, died on June 20, 1542. The expedition, now led by Luís de Moscoso, attempted to walk southwesterly across Texas to reach New Spain (Mexico). After traveling hundreds of miles, Moscoso decided that the effort was futile and the army retraced its steps to the Mississippi River, arriving in December.

During the first six months of 1543, the men labored to build flat-bottomed boats on which they could float down the Mississippi River and paddle along the Gulf coast to the safety of New Spain. They set out down the river in late June 1543 and reached the Gulf twenty days later.

On September 10, over four years after they had left Cuba, 311 survivors reached a Spanish settlement on the River of Pánuco in New Spain (near present-day Tampico, Mexico), ending their incredible journey.

A Land Forever Changed

In terms of the contract drawn up between the king of Spain and de Soto, the expedition was a failure. However, de Soto's *entrada* into *La*

maíz era más fácil de obtener. De Soto y su fuerza más pequeña se movieron rápidamente de un pueblo indio a otro, posesionándose de los alimentos allí almacenados. Ellos acamparon en Itaraholata, Potano, Utinamacharra y dos aldeas más antes de cruzar el río Santa Fe (río de Discordias) y llegar al pueblo de Aguacaleyquen. Mientras se encontraba en ese pueblo, de Soto envió mensajeros a sus hombres en Cale ordenándoles que se unieran a él. De Soto se encontraba en una región muy poblada por gente bien organizada que hostigaba a los españoles siempre que fuera posible.

Cruzando el río Suwannee (río de Ciervos), la expedición se desplazó rápidamente hacia el oeste, a través de las tierras de los ucachiles. Los españoles cruzaron el río Aucilla y entraron en el territorio de los indios apalaches, el más grande y políticamente complejo grupo de la Florida. Después de marchar varios días, alcanzaron el más importante pueblo apalache. Allí, donde se encuentra la moderna Tallahassee, de Soto decidió pasar el invierno de 1539-40. El estableció el campamento y notificó a sus reservas en la Bahía de Tampa que trajeran los abastecimientos y que se le unieran.

La basura de de Soto se convirtió en tesoro arqueológico cuando los restos de este sitio apalache fueron descubiertos en 1987 por Calvin Jones de la División de Recursos Históricos de la Florida. Los arqueólogos han terminado la excavación del lugar, produciendo algunas de las mejores pruebas de la presencia de de Soto en la Florida.

Más allá de Apalache

Abandonando el campamento en marzo de 1540, la expedición, dirigida por guías indios, se desplazó en dirección norte-nordeste a través de la Georgia actual hacia las Carolinas del Sur y después del Norte. Desde la Carolina del Norte, de Soto, sus hombres y los cargadores indios siguieron en dirección noroeste, cruzando las Montañas Apalachias hacia lo que hoy es Tennessee.

Sabiendo que se habían descubierto grandes riquezas en las regiones montañosas del Perú (entre los incas) y en la parte central de México (entre los aztecas), de Soto esperaba encontrar riquezas similares en las zonas montañosas de la Florida. Pero las Montañas Apalachias no ofrecían riqueza mineral y de Soto y su ejército siguieron en dirección suroeste por la zona de Piedmont a través del extremo noroeste de Georgia y bien adentro de Alabama antes de doblar de nuevo hacia el noroeste a través de Misisipí. En mayo de 1541, llegaron al río Misisipí, el que nombraron el río Grande.

El próximo año fue dedicado a viajar de pueblo en pueblo en Arkansas, todavía buscando riquezas. Finalmente el ejército regresó al río Misisipí, donde de Soto, enfermo de una fiebre, murió el 20 de junio de 1542. La expedición, ahora capitaneada por Luis de Moscoso, intentó caminar en dirección suroeste a través de Texas para llegar a Nueva España

Florida provided Spain with a great deal of information. De Soto and his army were the first Europeans that most of the natives of the region had ever seen.

Unfortunately, in that initial contact were the seeds of the destruction of the native cultures. De Soto's first winter camp in Tallahassee marked the beginning of the end for the aboriginal peoples. Old World diseases introduced by the de Soto expedition and by other Spaniards spread almost unchecked through the Indian populations.

Epidemics continued for 200 years. By the early eighteenth century the people who had inhabited Florida for 14,000 years had disappeared, victims of European conquest. The region had been changed forever, not by sword but by disease.

For Further Reading

Hann, John H. Apalachee: *The Land between the Rivers*. Gainesville: University Presses of Florida, 1988.

Milanich, Jerald T., and Charles H. Fairbanks. *Florida Archaeology*. New York: Academic Press, 1980.

Swanton, John R. *Final Report of the United States de Soto Commission*. Washington, DC.: Simthsonian Institution Press, 1985 reprint.

Jerald T. Milanich, Ph.D. — Curator in archaeology, the Florida Museum of Natural History, University of Florida (Gainesville); director of "First Encounters: Spanish Explorations in the Caribbean and the United States, 1492-1570," a traveling exhibit funded by the National Endowment for the Humanities; author of more than seventy-five articles on the archaeology and ethnohistory of the southeastern United States.

(México). Después de viajar cientos de millas, Moscoso decidió que el esfuerzo era inútil y el ejército retrocedió hacia el río Misisipí, llegando en diciembre.

Durante los primeros meses de 1543, los hombres laboraron para construir botes de fondo plano sobre los cuales pudieran navegar el río Misisipí hacia el sur y remar a lo largo de la costa del golfo hasta hallar refugio seguro en Nueva España. Ellos salieron por el río hacia el sur a fines de junio de 1543 y llegaron al golfo veinte días después.

El 10 de septiembre, casi cuatro años después de salir de Cuba, 311 sobrevivientes llegaron a un pueblo español en el río Panuco en Nueva España (cerca del actual Tampico, México), dando fin a su increíble viaje.

Tierra de por siempre cambiada

En cuanto al contrato firmado entre el Rey de España y de Soto, la expedición fue un fracaso. Sin embargo, de la incursión de de Soto en la Florida España obtuvo mucha información. De Soto y su ejército fueron los primeros europeos vistos por la mayoría de los indígenas de la región.

Desafortunadamente, en ese contacto inicial estaban las semillas de la destrucción de las culturas indígenas. El primer campamento de invierno de Soto en Tallahassee marcó el inicio del fin de los pueblos aborígenes. Las enfermedades del Viejo Mundo introducidas por la expedición de de Soto y por otros españoles se extendieron casi sin freno en las poblaciones indias.

Las epidemias continuaron por 200 años. Hacia el principio del siglo XVIII la gente que había habitado la Florida por 14,000 años había desaparecido, víctima de la conquista europea. La región había sido cambiada para siempre, no por la espada sino por las enfermedades.

Jerald T. Milanich, Ph.D. — Conservador de arqueología, Museo de Historia Natural de la Florida, Universidad de la Florida (Gainesville); director de "First Encounters: Spanish Explorations in the Caribbean and the United States, 1492-1570", exhibición itinerante patrocinada por la Fundación Nacional para las Humanidades; autor de más de 75 artículos de arqueología y etnohistoria del sudeste de los Estados Unidos.

PEDRO MENÉNDEZ DE AVILÉS

Eugene Lyon

HO WAS PEDRO MENÉNDEZ DE AVILÉS, THE ASTURIAN SEA-man whose conquest of Florida and contention against French forces for possession of the eastern seaboard continue to stir debate down to this century? How did he, and Spain, finally come to make permanent settle-ment on our shores in September 1565?

From his portrait and from contemporary accounts we may catch glimpses of the man Pedro Menéndez. He had hair of a reddish hue and wore a full beard. Menéndez was keenly intelligent, persuasive, and supremely confident of his powers, one to whom men turned naturally for leadership. A strategist and skilled tactician on land and at sea, he was also deeply pious and fond of instrumental music. Although ambition drove him to pursue adventure at sea and to seek preference at the Castilian court, Menéndez was grounded firmly in his home region of northern Spain.

He emerged from a proud and vigorous people rooted deeply in the green, mountainous land of Asturias. These closely connected families, fiercely loyal among themselves, were gathered near their chief shrine, that of San Pelayo at Covadonga. Strongly committed to the Christian reconquest of Spain from the Moors begun by Pelayo, they had offered their swords in that cause down the centuries. From their shoreline base, they readily became seaborne on the Bay of Biscay and in northern waters. Later, after the Columbian discoveries, Asturian seamen were active in Spain's Indies trade.

Pedro Menéndez's own career followed this pattern. While still a youth, he sailed out in a small craft to fight his lifelong enemy, the French. Menéndez came early to the favorable attention of the court. Granted royal letters of marque, permission to act as a corsair or privateer, he later was appointed fleet commander for the Indies convoys. He was a shipowner in the American trade but chose as his main ladder to success a militant opposition to his sovereign's enemies wherever they might be found. Thus he also participated in the supply of the Spanish armies in Flanders prior to the victory at St. Quentin, pleased Prince (shortly King) Philip by serving Queen Mary Tudor, and escorted Philip himself to safety on his return to Spain.

The European world of Pedro Menéndez was torn by religious and

PEDRO MENÉNDEZ DE AVILÉS

Eugene Lyon

 UIÉN FUE PEDRO MENÉNDEZ DE AVILÉS, MARINERO AS-
turiano cuya conquista de la Florida y contienda
contra las fuerzas francesas por el dominio del litoral
este de Norteamérica continúan siendo objeto de
discusión hasta nuestros días? ¿Cómo logró él, y a la
vez España, establecer un poblado permanente en
nuestras playas en septiembre del 1565?

De su retrato y de informes contemporáneos tenemos una imagen del
hombre. Tenía el pelo rojizo y una espesa barba. Era un hombre profundamente inteligente, persuasivo y sumamente seguro de su poder, un
hombre a quien otros recurrían por sus dotes de mando. Estratega y
táctico adiestrado en tierra y en alta mar, era también profundamente
piadoso y amante de la música instrumental. A pesar de que la ambición
lo impulsó a perseguir la aventura en el mar y a buscar preferencia en
la corte castellana, Menéndez tenía firmes raíces en su región natal en
el norte de España.

Procedía de gentes orgullosas y firmemente arraigadas en el verde y
montañoso suelo de Asturias. Estas familias, estrechamente enlazadas
y ardientemente leales entre sí, se establecieron cerca de su santuario
principal, el de San Pelayo de Covadonga. Fuertemente comprometidos
a la reconquista cristiana de España de los moros iniciada por Pelayo,
habían ofrecido a través de los siglos sus espadas por esta causa. Desde
su base a la orilla del mar izaron vela en el Cantábrico y en aguas
norteñas. Más tarde, después de los descubrimientos colombinos, los
marinos asturianos desempeñaban un papel activo en el comercio
español de las Indias.

La propia carrera de Menéndez siguió este patrón. De joven se lanzó
el mar en una pequeña embarcación para luchar contra sus enemigos de
siempre, los franceses. Menéndez pronto despertaría un favorable interés
en la corte. Recibió Real patente de corso, permiso para actuar como
corsario, y luego fue nombrado comandante de la flota a las Indias. El
propietario de buques en el comercio americano, pero eligiría para
alcanzar el éxito la oposición militante a los enemigos de su soberano
dondequiera que éstos se encontrasen. De hecho también participó en el
avituallamiento de las tropas españolas en Flandes antes de la victoria
en San Quintín, complació al príncipe (luego Rey) Felipe sirviendo a la

dynastic wars fought out in Italy, Germany, and the Mediterranean. As the sixteenth century advanced, these conflicts and tensions were carried to the New World. France challenged Pope Alexander VI's division of the Western Hemisphere between Portugal and Spain. Eager to begin their own New World hegemony and thwart Spain, the French sent explorer Giovanni da Verrazano to explore the North American coast in 1524.

Spain Reaches for the Carolinas

In the meantime, Spanish expansion had proceeded apace. After Columbus's first discoveries, the tide of Spanish conquest spread outward from the Caribbean islands. After seizing Montezuma's golden kingdom, which Hernán Cortés named New Spain (Mexico), Spanish adventurers reached for Central and South America. They had already sought to conquer eastern North America.

Juan Ponce de León named the land he had discovered in 1513 *La Florida*, but he was killed by Indians in attempting to conquer it. After the unsuccessful expedition of Lucas Vázquez de Ayllón in 1526, legends of rich lands and exotic inhabitants continued to draw Spaniards and Frenchmen toward the coast of the present Carolinas. They were particularly attracted to the area of the Cape, or Point, of Santa Elena (near today's Hilton Head).

One would-be conqueror of Florida followed another: Pánfilo de Narváez, Hernando de Soto, Tristán de Luna y Orellana, Angel de Villafañe. By 1560, all these attempts had occasioned large expenditure but had resulted in neither lasting settlement nor religious conversion of the native Americans. Rather, they had spread European disease and promoted hostility toward the Spaniards among the Indians.

By far the most useful outcome of the previous Florida explorations was the intelligence their leaders and chroniclers had gathered. This information was passed along from one would-be conqueror to the next. Thus a map of what is now the southeastern United States made during the overland journeys of Hernando de Soto was furnished to Tristán de Luna; Pedro Menéndez knew the details of the Luna fiasco (Pensacola's ill-fated 1559 settlement) and studied the Cañete account of the de Soto journey. He also received, but discounted, rumors arising out of Mexico: the legend of "gold-crowned kings, far inland" — a reflection of the Seven Cites that Coronado had sought.

The later Spaniards were therefore inheritors of all the explorations that had gone before. They all hoped to pierce the mysteries of North American geography and find the fabled Northwest Passage through the continental mass to the Pacific and thence the Orient.

In 1560, the latest war with France had ended with the Treaty of Cateau-Cambrésis. The agreement left both Spain and France in a state of misapprehension about the issue of New World settlement. While Spain continued to claim her exclusive rights under the papal donation,

reina María de Tudor y escoltó al propio Felipe a buen puerto a su regreso a España.

El mundo europeo de Menéndez era un mundo desgarrado por guerras religiosas y dinásticas en Italia, Alemania y el Mediterráneo. A medida que el siglo XVI avanzaba, estos conflictos y tensiones se extenderían al Nuevo Mundo. Francia se opuso a la división por parte del Papa Alejandro VI del hemisferio occidental entre Portugal y España. Ansiosos por ejercer su propia hegemonía sobre el Nuevo Mundo y así frustrar a España, los franceses enviaron al explorador Giovanni dá Verrazano a explorar el litoral norteamericano en 1524.

España intenta alcanzar las Carolinas

Mientras tanto, la expansión española había seguido su curso. Después de los primeros descubrimientos de Colón, la ola de la conquista española empezó a extenderse más allá de las islas del Caribe. Luego de la toma del reino dorado de Montezuma, al que Hernán Cortés le puso el nombre de Nueva España (el México actual), los aventureros españoles intentaron alcanzar Centro y Suramérica. Ya habían intentado conquistar la parte este de Norteamérica.

Juan Ponce de León le puso el nombre de la Florida a la tierra que había descubierto en 1513, pero murió a manos de los indios durante sus intentos de conquista. Después de la fracasada expedición de Lucas Vázquez de Ayllón en 1526, las leyendas de ricas tierras y exóticos habitantes continuarían atrayendo a españoles y franceses hacia las costas de las Carolinas actuales, en particular a la zona del Cabo o Punto de Santa Elena (cerca de la Hilton Head de hoy).

Uno tras otro llegaban los supuestos conquistadores: Pánfilo de Narváez, Hernando de Soto, Tristán de Luna y Orellana, Angel de Villafañe. Para 1560 todos estos intentos habían ocasionado grandes desembolsos de dinero, pero no habían resultado ni en colonias duraderas ni en la conversión religiosa de los indígenas norteamericanos. Al contrario, estos intentos ocasionaron la trasmisión de enfermedades europeas y alentaron la hostilidad hacia los españoles entre los indígenas.

Con mucho el resultado más útil de la exploraciones previas de la Florida fue la información que los líderes y los cronistas habían obtenido. Esta información se transmitía de un posible conquistador a otro. Así, un mapa de lo que hoy se conoce como el sureste de los Estados Unidos hecho durante los viajes por tierra de Hernando de Soto llegó a manos de Tristán de Luna; Pedro Menéndez supo los detalles del fracaso de Luna (la desdichada colonia de Pensacola en 1559) y estudió los informes de Cañete sobre el viaje de de Soto. También recibió pero desechó los rumores que procedían de México: la leyenda de los "reyes del interior coronados en oro" — un reflejo de las Siete Ciudades que había buscado Coronado.

Los españoles que llegaron más tarde fueron, pues, herederos de todas

the French felt quite free to settle North America at will. Jean Ribault, a Huguenot captain, therefore explored the east coast of the continent and made a settlement at Port Royal, near present Beaufort, South Carolina, in 1562. It did not endure, but Spaniards from Cuba eventually explored the place and captured one French survivor, from whom they heard the story of the failed French colony.

When, in 1563, Philip II learned of Ribault's colony, he pressed the latest Florida *adelantado*, the second Lucas Vázquez de Ayllón, to fulfill his contract and depart for Florida. But Vázquez never sailed for Florida.

France Puts Settlers near Jacksonville

René de Laudonnière left France in 1564 to establish a French settlement in Florida near present-day Jacksonville. The French leader built Fort Caroline, became acquainted with nearby Indian groupings, and sent an expedition up the St. Johns River, which Ribault had named the River May. The existence of this colony was unknown to the Spaniards until events brought it to their attention many months after its establishment. Late in the year, mutineers seized three small craft and deserted the French settlement; they set sail for the Spanish West Indies, where they began a career of piracy.

Philip II had already opened negotiations with Pedro Menéndez for the Florida conquest and settlement; a contract was signed on March 20, 1565. It was a standard agreement of its type. Menéndez would act as surrogate for his king. In return for certain privileges, Menéndez agreed to underwrite most of the expense and risk of the Florida enterprise. He would be civil and military governor of Florida for two lifetimes, receive exemptions from some taxes, and hold the rights to certain monopolies. The Crown granted him ship licenses in the Indies trade and the right to 500 slave licenses. He was to receive the titles of *adelantado* and marquis and was promised a twenty-five-league-squared land grant in Florida. He was required to bring 500 private soldiers, build two cities and foster the evangelization of the native Americans into the Roman Catholic faith.

Meanwhile the acts of René de Laudonnière's deserters resulted in their arrest and capture in Jamaica and Cuba, and the existence of Fort Caroline was revealed. Word of it did not reach Philip II until March 30, ten days after Menéndez's contract to settle Florida had been signed. The effort then became more of a fiscal joint venture in conquest, as the king added 300 soldiers and their supplies to those the *adelantado* carried on his own account. Still, Menéndez had to strain his resources to the limit to charter and outfit ships, raise and embark his own private soldiers, and purchase arms and supplies for the Florida enterprise. In so doing, he called upon a whole network of relatives, friends, and associated families from Asturias.

Each person and family had very real advancement in mind.

las exploraciones que ya se habían realizado. Todos esperaban desenmarañar los misterios de la geografía norteamericana y encontrar el legendario Camino Noroeste que atravesaba el continente hacia el Pacífico y así poder llegar al Oriente.

En 1560 la última guerra con Francia había terminado con el Tratado de Cateau-Cambrésis. Dicho tratado dejaría tanto a los franceses como a los españoles en un estado de confusión sobre el tema de la colonización del nuevo mundo. Mientras que España sostenía que ella tenía derechos exclusivos concedidos por el Papa, los franceses se sentían con plena libertad de colonizar Norteamérica. Como consecuencia, Jean Ribault, un capitán hugonote, exploró el litoral este del continente y se estableció en Port Royal, cerca de la ciudad de Beaufort, Carolina del Sur, en 1562. No perduró, pero los españoles procedentes de Cuba eventualmente exploraron el lugar y capturaron a un sobreviviente francés, a través del cual se informarían de la fracasada colonia francesa.

En 1563, al enterarse de la colonia de Ribault, el rey Felipe II presionó al último Adelantado de la Florida, el segundo Lucas Vázquez de Ayllón, para que cumpliera con su contrato y zarpara para la Florida pero éste nunca partió.

Francia coloca colonizadores cerca de Jacksonville

René de Laudonniere salió de Francia en 1564 para establecer una colonia francesa en la Florida cerca de lo que hoy es Jacksonville. El líder francés construyó el Fuerte Carolina, se familiarizó con grupos cercanos de indígenas y mandó una expedición por el río St. Johns, al que Ribault había puesto el nombre de río May. Los españoles ignoraron la existencia de esta colonia hasta que ciertos hechos la pusieron en conocimiento de ellos muchos meses después de su fundación. A finales del año algunos amotinados se apoderaron de tres embarcaciones pequeñas y desertaron el poblado. Izaron vela para las Indias Occidentales españolas donde comenzaron una carrera de piratería.

Felipe II ya había abierto negociaciones con Pedro Menéndez para la conquista y la colonización de la Florida; se firmó un contrato el 20 de marzo de 1565. Fue un acuerdo de tipo normal.

Menéndez serviría como sustituto de su Rey. A cambio de ciertos privilegios, Menéndez accedió a sufragar la mayor parte de los gastos y correr el riesgo de la expedición. Sería Gobernador civil y militar de la Florida, durante dos generaciones, estaría exento de algunos impuestos y tendría derecho a ciertos monopolios. La Corona le concedió autorización de navegación en el comercio de las Indias y permisos para la trata de 500 esclavos. El recibiría los títulos de adelantado y marqués y se le prometió la concesión de tierra de unas veinticinco leguas cuadradas en la Florida. Se le exigió llevar 500 soldados rasos, construir dos ciudades y promover la evangelización de los indígenas norteamericanos a la fe católica romana.

Menéndez himself sought the status of grandee and the lands promised for his future estate. His noble supporters would also receive land in the new colony. Menéndez's soldiers signed agreements that promised them rations and passage money to Florida, as well as town, farm, and pasture lands should their services merit it. This was, then, an enterprise of settlement and establishment. On June 28, 1565, Menéndez sailed with his main force from Cádiz bound for Florida.

When it came, the Franco-Spanish clash in Florida developed rapidly to a dramatic and decisive conclusion. Menéndez had attempted to arrive in time to forestall the French reinforcements, but he lost the race. Jean Ribault anchored first off the River May. The naval battle that followed on September 4 was a standoff. Ribault, with his fleet at sea, then launched an unsuccessful assault upon the Spaniards' new base at St. Augustine.

When a strong windstorm lashed the Florida coasts a few days later, it wrecked the French ships southward from the Mosquito Inlet (present-day Ponce de León Inlet) to Cape Canaveral. Instinctively, Menéndez felt that the French had weakened their land garrison to strengthen their fleet. Under the cover of the storm, he led an overland attack on Fort Caroline. There Menéndez overpowered the enemy garrison, killing most of the occupants. Later, at a little inlet south of St. Augustine, he encountered groups of stragglers from the French shipwrecks. There he killed Jean Ribault and most of his followers, who had voluntarily surrendered themselves to him. To this day, that place has borne the name of Matanzas, "place of slaughters."

As elements in the growing "Black Legend" about Spain in the sixteenth century, Menéndez's acts in Florida have been portrayed as those of a religious fanatic, and the massacres he carried out at Matanzas characterized as sectarian murders. But this interpretation overlooks his supply situation; he would have been unable to feed his own men while burdened with such large numbers of French prisoners. More significantly, it underemphasizes the dynastic component of the conflict. A more accurate view is that the Franco-Spanish clash arose out of the final maturing of long-held French plans to colonize North America. When Menéndez took Fort Caroline, he found a small chest containing Ribault's patents and other papers, which appeared to confirm those plans. This evidence convinced the *adelantado* and his king of their perception that the French saw "New France" as an extension of a policy of national outreach.

Once Menéndez's military victory had been won, he could return to his enterprise of preventive settlement and evangelization. Now the *adelantado* confronted a continent. Menéndez's contract projected a Florida writ large — from Newfoundland to the Keys. But Menéndez had a grand design, a continental vision. He would, he told the king, patrol the Newfoundland fishing banks, levying tribute upon foreigners

Pedro Menéndez de Avilés, explorer and founder of St. Augustine.	Pedro Menéndez de Avilés, explorador y fundador de San Agustín.

PAGUS HISPANORUM
in Florida

St. Augustine, as seen through the fanciful imagination of a 17th-century Dutch illustrator. The artist obviously never visited St. Augustine. Note the mountain range encircling the city.

San Agustín, visto por la fértil imaginación de un ilustrador holandés del Siglo 17. El artista obviamente nunca visitó San Agustín. Obsérvese la cordillera de montañas que rodea la ciudad.

![Fort Matanzas ruins photograph]

Originally constructed in 1742, Fort Matanzas guarded the "back door" to St. Augustine. The fort overlooks the site of the "massacre" of over one hundred French Huguenot prisoners in 1565. By 1900, as the photograph reveals, the watchtower was crumbling.

Construido originalmente en 1742, el Fuerte Matanzas protegía la "puerta trasera" de San Agustín. El fuerte mira hacia el lugar de la "masacre" de más de cien prisioneros hugonotes en 1565. Para 1900, como revela la fotografía, la atalaya se estaba desmoronando.

In 1564, French Huguenots established Fort Caroline on the St. Johns River near present-day Jacksonville. The artist Jacques le Moyne recorded this encounter between the Timucuan chief and the French leader René de Laudonnière. Offerings of fruits, edible and medicinal roots, perfumed oils, flowers, and tree boughs adorn the obelisk. The mysterious column, brought earlier by Jean Ribaut, was never recovered following the Spanish ouster of the French in 1565.

En 1564, hugonotes franceses establecieron el Fuerte Carolina en el Río St. Johns cerca de lo que es hoy Jacksonville. El artista Jacques le Moyne dejó constancia de este encuentro entre el jefe Timucuán y el líder francés René de Laudonnière. Ofrendas de frutas, raíces comestibles y medicinales, aceites perfumados, flores, y ramas de árboles adornan el obelisco. La misteriosa columna, traída anteriormente por Jean Ribaut, nunca fue recobrada después que los españoles echaron a los franceses en 1565.

Mientras tanto, las acciones de los desertores de René Laudonniere resultaron en su captura y encarcelamiento en Jamaica y en Cuba, y se descubrió la existencia del Fuerte Carolina. La noticia no llegó al rey Felipe II hasta el 30 de marzo, 10 días después de que Menéndez firmara el contrato para colonizar la Florida. El esfuerzo entonces se convirtió más en una empresa fiscal cooperativa de conquista, al añadir el Rey 300 soldados y sus provisiones a las que el Adelantado ya llevaba por su cuenta. Aun así Menéndez tuvo que esforzarse al máximo económicamente para alquilar y preparar sus navíos, conseguir y embarcar sus propios soldados, y comprar armas y suministros para la empresa. Para hacerlo acudió a una extensa red de parientes, amigos, y familias asociadas de Asturias.

Cada persona y cada familia pensaba en un verdadero beneficio. Menéndez mismo aspiró al estado de grande y a la posesión de las tierras prometidas para su futuro patrimonio. Sus nobles partidarios también recibirían tierras en la nueva colonia. Los soldados de Menéndez firmaron acuerdos que les garantizaban víveres y dinero de pasaje a la Florida así como tierras para cultivar, criar ganado y edificar viviendas de ameritarlo el servicio que hubieran prestado. Esta fue, entonces, una empresa de colonización. El día 28 de junio de 1565, Menéndez y sus tropas izaron vela desde Cádiz hacia la Florida.

Cuando sucedió, el choque francoespañol en la Florida se desarrolló rápidamente hasta un desenlace dramático y decisivo. Menéndez había intentado llegar a tiempo para anticiparse a los refuerzos franceses, pero llegó tarde. Jean Ribault ya había anclado cerca del río May. La batalla que siguió el 4 de septiembre no fue decisiva. Más tarde, con su flota en alta mar, Ribault lanzó un fracasado asalto a la nueva base española en San Agustín.

Cuando una galerna azotó las costas floridanas unos días más tarde, destruyó los navíos franceses desde la cala Mosquito Inlet (Ponce de León Inlet de hoy) hasta el Cabo Cañaveral más al sur. Instintivamente Menéndez pensó que los franceses habían debilitado su guarnición en tierra para fortalecer su flota. Aprovechando la tempestad dirigió un ataque terrestre al Fuerte Carolina. Allí Menéndez venció a la guarnición enemiga, matando a la mayoría de sus ocupantes. Más tarde, en una pequeña cala al sur de San Agustín, encontró él a grupos de rezagados de los naufragios franceses. Allí mató a Jean Ribault y a la mayoría de sus seguidores que se habían rendido a él voluntariamente. Hasta hoy ese sitio lleva el nombre de Matanzas por lo que allí ocurrió.

Como parte de la creciente Leyenda Negra sobre España en el siglo XVI, las acciones de Menéndez en la Florida han sido caracterizadas como las de un fanático religioso y las matanzas como asesinatos sectarios. Pero esta interpretación no toma en cuenta la situación de sus abastecimientos; hubiera sido imposible alimentar a sus propias tropas con tantos prisioneros franceses. De mayor importancia, dicha

using them. At the same time, his coastal settlements in Florida would protect the Gulf Stream passage for the homebound Spanish treasure fleets. Menéndez also expected to locate a two-pronged waterway that he believed traversed the continent. One branch, he thought, ended near the mines of Guanajuato and Zacatecas in New Spain. The other led directly to the Pacific and the riches of China. Near the mouths of these passages, Menéndez would settle and fortify; along their route, he projected a line of inland fort-missions. To begin the exploitation of his wide provinces, the *adelantado* built two cities — St. Augustine and Santa Elena, the latter on present-day Parris Island in South Carolina.

Spanish Exploration and Conquest

Menéndez commissioned the expedition of Pedro de Coronas, sent to the Chesapeake — the Bay of Santa María — to establish an outpost. He also sent Captain Juan Pardo to explore westward from Santa Elena. In two lengthy journeys, Pardo reached and passed the Appalachian Mountains. Pardo's orders were to examine and describe the character of the lands and waters he explored and to find the route to New Spain, believed to be only 500 leagues away. The captain reported finding "land . . . good for bread, wine and all kinds of livestock . . . many fresh rivers and good groves." It was, he believed, a land as good as the best in Spain. Pardo built several inland fort-missions. It was expected that settlers from Santa Elena would soon set up farms in their vicinity.

The *adelantado* also dispatched his nephew Pedro Menéndez Marquéz to explore the coasts up to Newfoundland and turned his logs over to the royal cosmographer, Juan López de Velasco. Encouraged by the reports of his expeditions, Menéndez applied to Philip II for another contract for settlement and conquest, this time in the area of Pánuco. That province, adjoining the boundary of New Spain, would complete his territories and make possible the desired linkup with the mines.

In the peninsula where the French incursion had accidentally placed him, Menéndez quickly established a network of Spanish bases. He renamed the French fort San Mateo and built forts with Jesuit missions at Tequesta on Biscayne Bay, at Carlos (believed to have been on Mound Key in present-day Estero Bay), and at Tocabaga on Tampa Bay. In 1566, Menéndez had discovered the Cuchiaga passage through the Florida Keys, thus shortening the route for ships sailing from Veracruz to Havana and Spain. But as he explored and gleaned intelligence from native Americans and French prisoners, Menéndez evolved another idea: the notion of an inland waterway system. He believed that the St. Johns flowed from the "great lake" now called Okeechobee and that waterways leading to the Gulf and Biscayne Bay also entered there. In a curious foreshadowing of the Cross-Florida Barge Canal project initiated almost 400 years later, Menéndez envisioned the exploitation of the interior peninsula and safer Spanish shipping to and from Spain and Veracruz.

interpretación no le da el énfasis adecuado al componente dinástico del conflicto. Una opinión más acertada es que el choque francoespañol nació de la realización de los planes largamente mantenidos por los franceses de colonizar Norteamérica. Al apoderarse del Fuerte Carolina, Menéndez encontró un pequeño cofre que contenía patentes y otros documentos de Ribault que parecían confirmar dichos planes. Estas pruebas convencieron al Adelantado y al Rey de que los franceses veían "Nueva Francia" como extensión de una política de expansión nacional.

Una vez que Menéndez hubo conseguido la victoria militar, pudo volver a la empresa de la colonialización y evangelización preventivas. Ahora al Adelantado se enfrentaba con un continente. El contrato de Menéndez proyectaba una Florida a gran escala — desde Terranova a los Cayos. Menéndez tenía un gran propósito, una visión continental. Había prometido al Rey que vigilaría los bancos de pesca de Terranova, exigiéndoles impuestos a los forasteros que los utilizaran. A la vez sus poblaciones costeras en la Florida protegerían las aguas de la corriente del golfo para la navegación con seguridad de los navíos con tesoros de regreso a la madre patria. Menéndez también esperaba encontrar una vía fluvial de dos ramas que él creía atravesaba el continente. Pensaba que una de las ramas terminaba cerca de las minas de Guanajuato y Zacatecas en Nueva España. La otra llevaría directamente al océano Pacífico y lo conduciría a las riquezas de la China. Cerca de las desembocaduras de estas vías fluviales, Menéndez edificaría y fortificaría; a lo largo de ellas tenía proyectadas unas misiones-fuertes interiores. Para iniciar la explotación de sus amplias provincias el Adelantado mandó a construir dos ciudades — San Agustín y Santa Elena, esta última en la actual Parris Island de la Carolina del Sur.

La exploración y la conquista española

Menéndez ordenó la expedición de Pedro de Coronas, al Chesapeake — la Bahía de Santa María — para establecer un puesto de avanzada. También mandó al capitán Juan Pardo a que explorara más al oeste de Santa Elena. En dos largos viajes Pardo alcanzó y sobrepasó las montañas Apalaches. Las órdenes de Pardo eran de examinar y describir el carácter de las tierras y las aguas que él explorase y de encontrar la ruta hacia Nueva España, que se pensaba estaba a unas quinientas leguas de allí. El capitán informó que había encontrado "tierra . . . buena para el pan, el vino, y toda clase de ganado . . . muchos ríos y buenas arboledas". Era, pensaba él, una tierra tan buena como las mejores de España. Pardo edificó varios misiones-fuertes en el interior. Esperábase que los colonizadores de Santa Elena pronto establecerían granjas en la zona.

El Adelantado también envió a su sobrino, Pedro Menéndez Márquez a explorar las costas hasta Terranova y le entregó sus cartas de navegación al cosmógrafo real Juan López de Velasco. Animado por los

In late 1566, he sent an expedition to the Mosquito Inlet and thence inland to Mayaca in Central Florida (in the vicinity of present-day Sanford) to seek escaped Frenchmen and bring the natives there to his purposes.

Internal and External Rebellion

Almost immediately, serious threats to Menéndez's colony arose. One came from within: his unruly soldiery mutinied in a series of full-scale revolts. The cause of the mutinies was rooted in the haste in which the *adelantado* had come to defeat the French forces: supplies were short, and Menéndez had to absent himself to seek food in Cuba. While his vital leadership was removed from Florida, the garrisons at St. Augustine, San Mateo, and Santa Elena rebelled. The mutineers seized several ships and deserted en masse. The rebellions of early 1566 almost destroyed Menéndez's Florida enterprise. But he returned to reassert authority over his remaining men and build a viable supply line to Cuba and Yucatán.

Another perceived menace was that of a French-Indian coalition. The long-term effects of the former French occupancy were not erased as easily as its military presence had been. Pedro Menéndez continued to believe that the French had built, or would shortly build, other forts on the Florida coast or in the Keys. He also found himself caught in a web of problems with the native Americans tied directly to their former relations with the French. Saturiva and many other Timucuan leaders who had been Laudonnière's friends could be counted as enemies of Menéndez, while those natives who had opposed the French might more easily befriend the Spaniards.

That Menéndez's fears regarding the Indians and the French were not entirely imaginary was proven by the raid of Dominique de Gourgues in 1568. The damage it inflicted was transitory, but the Spaniards in Florida remained in a continual state of alert. Menéndez had to alter his methods of warfare to conform to the rapidity of Indian arrow firepower, requisitioning crossbows and padded cotton armor.

Indeed, from the very beginning, the most difficult and enduring problem of the Florida conquest was that of the native Americans. Spain's Indian policy wore two conflicting faces. The dark side was the treatment of Florida Indians by de Soto and other conquistadores. But there was also the rhetoric of good treatment, which was backed by royal edict. The New Laws of 1542, intended to prevent exploitation of the natives, were founded under the pressure of religious authorities back to Bartolomé de Las Casas; the treatment of the Indians had touched the consciences of Spanish rulers since Isabella.

Through the use of interpreters, Menéndez made treaties of friendship and fealty with many Indian groups. These required loyalty to Philip II and the payment of tribute to his Spanish governors. But in Florida as

informes de las expediciones de éste, Menéndez solicitó del rey Felipe II otro contrato de colonización y conquista, esta vez en la zona de Pánuco. Dicha provincia, junto a la frontera con Nueva España, completaría sus territorios y haría posible el deseado enlace con las minas.

En la península donde la incursión francesa accidentalmente lo había situado, Menéndez estableció rápidamente una red de bases españolas. Le cambió de nombre al fuerte francés a San Mateo y estableció fuertes con misiones jesuitas en Tequesta en la Bahía de Vizcaya, en Carlos (que se cree estaba ubicado en Cayo Mound en la actual Bahía de Estero), y en Tocabaga en la Bahía de Tampa. En 1566 Menéndez había descubierto el paso de Cuchiaga a través de los cayos floridanos y así hizo más corta la ruta para los navíos que salían de Veracruz a La Habana y España. Pero mientras exploraba y conseguía información de los indígenas y de los cautivos franceses, a Menéndez se le ocurrió otra idea — un sistema de vías fluviales interiores. El estaba convencido de que el río St. Johns salía del "gran lago", hoy llamado Okeechobee, y que las vías fluviales que desembocaban en el golfo y en la Bahía de Vizcaya también entraban allí. En un curioso presagio del proyecto del canal para barcazas atravesando la Florida que se iniciaría unos cuatrocientos años más tarde, Menéndez imaginó la explotación del interior de la península y un transporte más seguro de mercancía entre Veracruz y España. A finales de 1566, mandó una expedición a la cala de Mosquito y después a Mayaca en el interior de la Florida central (cerca de lo que es hoy Sanford) en busca de fugitivos franceses y de someter a los indígenas.

Rebelión interna y externa

Casi de inmediato surgieron amenazas serias a la colonia de Menéndez. Una de éstas vino de dentro: su indisciplinado ejército se amotinó en una serie de revueltas importantes. La causa de dichas sublevaciones tenía su raíz en la rapidez con la cual el Adelantado había vencido a las fuerzas francesas: escaseaban los víveres y Menéndez se vio obligado a marcharse para Cuba en busca de alimentos. Al faltar su vital dirección las guarniciones en San Agustín, San Mateo y Santa Elena se rebelaron. Los amotinados se apoderaron de varios navíos y desertaron en masa. Estas rebeliones a principios de 1566 casi terminaron con la empresa de Menéndez en la Florida. Pero él regresó para reafirmar su autoridad sobre las tropas que quedaron y para crear una fuente viable de abastecimientos a Cuba y a Yucatán.

Otra aparente amenaza era la de la coalición francoindia. Los efectos a largo plazo de la antigua ocupación francesa no se borraron tan fácilmente como había sucedido con su presencia militar. Pedro Menéndez siguió creyendo que los franceses habían construido, o próximamente construirían, otras fortalezas en la costa de la Florida o en los cayos. También se vio envuelto en una serie de problemas con los indígenas como consecuencia de las relaciones anteriores de éstos con los

in the other Indies, officials, soldiers, and settlers often changed drastically the terms of dealing with the native Americans. They required the Indians to trade for Spaniards' private enrichment, levied heavy food supply requirements upon them, and set up forced labor arrangements. Much mutual misapprehension and tension arose over the evangelistic efforts of the Spanish missionaries. The Indians realized that the imposition of Christianity threatened not only their own religions but their whole cultural structure. Moreover, the Spaniards often assumed the right to interfere in the selection and deposition of native leaders, arousing Indian hostility.

South Florida Abandoned

Due chiefly to these tensions with the Indians, the Jesuit missionaries failed to win converts in south Florida. After three years, Spanish Florida began a shift in emphasis to the northern domain, with Santa Elena named the new capital of the colony. San Mateo and all the forts and missions in south Florida were abandoned. The provinces were now reorganized along a north-south axis between St. Augustine and Santa Elena. This route was anchored at Cumberland Island by a new fortification at San Pedro de Tacatacuru.

Menéndez now began his major Florida colonization effort. In 1568, he sent out 225 settlers and families under contract to him. Most of these colonists went to Santa Elena. By the end of 1569, there were 327 persons in the city, and the Jesuit mission had moved there. Menéndez's royal contract was extended, and the king promised, but did not immediately begin, a royal subsidy for Florida.

After sending the settlers, Menéndez's resources were thin. By 1570, the king still had not established the subsidy. Moreover, high Jesuit officials were unhappy with their lack of success in Florida and the restrictions Menéndez had placed on them. The *adelantado* forced a crisis by removing almost all his troops, and four royal councils — State, Exchequer, Castile, and Indies — met in Madrid with Menéndez and Jesuit leaders for high-level deliberations about Florida. The outcome was that the king decreed the payment of the subsidy should begin. For their part, the Jesuits determined to make one last mission attempt in Florida; they built and staffed a mission outpost at Chesapeake Bay.

Armed with the new royal underwriting, Menéndez began a new impetus of settlement; in 1571, he brought his wife and household to Santa Elena along with rich personal goods. Since his son had been lost at sea, the *adelantado* had to entrust the government of Spanish Florida to his sons-in-law. To one of these, Don Diego de Velasco, he gave a dower contract to persuade him to serve as his lieutenant and govern Florida. Menéndez intended to establish his eventual estate and the royal land grant at Guatari, near present-day Charlotte.

There was much economic activity at Santa Elena. Menéndez im-

franceses. Saturiva y muchos otros líderes timucuanos que habían sido amigos de Laudonniere se podían considerar enemigos de Menéndez, mientras que los indígenas que se habían opuesto a los franceses podían hacerse amigos de los españoles más fácilmente.

El ataque repentino de Dominique de Gourgues en 1568 probó que los temores de Menéndez en cuanto a los indios y los franceses no eran totalmente imaginarios. El daño causado por la incursión fue transitorio, pero los españoles en la Florida se mantenían en un estado de continua alerta. Menéndez tuvo que modificar sus métodos de combate, requisando ballestas y armaduras acolchadas con algodón para hacer frente a la rapidez de los flechazos de los indígenas.

En efecto, desde el principio el problema más difícil y duradero de la conquista de la Florida fue el de los indígenas.

La política española para con los indígenas fue de dos caras contradictorias. La cara siniestra fue el trato dado a los indígenas por de Soto y otros conquistadores. Pero también existía la retórica del buen trato respaldada por decreto real. Las nuevas leyes de 1542 establecidas para evitar la explotación de los indígenas se hicieron bajo presión de las autoridades religiosas empezando con Bartolomé de las Casas; el trato de los indígenas había tocado la conciencia de todos los soberanos españoles desde Isabel.

Con la ayuda de intérpretes, Menéndez hizo tratados de amistad y de fidelidad con muchos de los grupos indígenas. Estos tratados exigían la lealtad a Felipe II y la paga de tributos a los gobernadores españoles. Pero en la Florida, al igual que en las otras Indias, los oficiales, soldados y pobladores a menudo cambiaban drásticamente las reglas con respecto a los indígenas. Ellos exigían a los indígenas que comerciasen para beneficio personal de los españoles, impusieron rígidas exigencias de entrega de alimentos e hicieron arreglos para trabajo obligatorio. Muchos malos entendidos mutuos resultaron de los esfuerzos de evangelización de los misioneros españoles. Los indios se dieron cuenta de que la imposición del cristianismo amenazaba no sólo sus propias religiones sino toda su estructura cultural. Es más, los españoles frecuentemente se atribuían el derecho de intervenir en la selección y destitución de los líderes indígenas, despertando la hostilidad entre ellos.

Abandono del sur de la Florida

Debido principalmente a esas tensiones con los indios, los misioneros jesuitas no lograron la conversión religiosa de aquéllos en el sur de la Florida. Después de tres años la Florida del sur española comenzó a cambiar el énfasis hacia el dominio norteño con el nombramiento de Santa Elena como nueva capital de la colonia. San Mateo y todos los otros fuertes y misiones en el sur de la Florida fueron abandonados. Las provincias se reorganizaron a lo largo de un eje norte-sur entre San Agustín y Santa Elena. Esta ruta fue afianzada en la Isla Cumberland

ported equipment to begin whaling from the port. Vineyards and wheat fields were planted, and the raising of hogs (pork being always vital in the Spanish diet) began. Using Indian labor, the Spaniards gathered and exported sassafras root, believed to be a cure for syphilis. Corn, brought in from Yucatán and from the Florida Indians, began to replace wheat, which did not immediately succeed. Sugarcane, planted in Guale (on the present Georgia coast), did not grow well, but squash, melons, and other vegetables thrived. Shipments of lumber and naval stores were made from Santa Elena and St. Augustine. Menéndez also built two small vessels in Florida. Noting how the French had established a bustling fur trade in Newfoundland, Menéndez began the commerce in furs and hides with the Florida Indians.

Relations with Indians Remain Hostile

Unfortunately for the Spanish settlements in Florida, Indian relations did not generally improve. While Menéndez was absent from Florida, serving as governor of Cuba and chief of the Royal Indies Armada, his Florida subordinates were often harsh, cruel, and venal in their dealings with the Indians. Hostilities at the Chesapeake outpost led to a massacre of the Jesuit missionaries and their final removal from Florida. The inland Carolina forts were abandoned. Indians on the seacoast often captured and killed shipwreck survivors and even seized small vessels.

In 1573, Menéndez asked the Crown to allow him to capture hostile Indians and sell them into Caribbean slavery. The king refused his request, a demand that exhibited the *adelantado's* basic failure as a colonizer. Neither the Spaniards nor their missionaries could evangelize or otherwise acculturate sufficient numbers of Indians to bring about the kind of order that they sought. This in turn made it impossible for Spanish settlers to penetrate to the more fertile inland areas.

Philip II ordered Menéndez to undertake the arming and direction of a mighty armada at Santander, in Spain, in 1574. Its purpose was similar to that of the "Invincible Armada" of 1588 — to support Spain's armies in Flanders and possibly seize a foothold in England. While engaged in this, Menéndez was stricken ill and died in September 1574.

Hernando de Miranda, another Menéndez son-in-law, took over as *adelantado* and governor of Florida, but he lacked the abilities of his father-in-law. After a major Indian uprising, Santa Elena fell, and Miranda fled Florida. When, in 1577, the king's Council of the Indies picked a successor, they chose Mendéndez's nephew Pedro Menéndez Marquéz. But Florida was no longer a proprietary government; rather, it had become a Crown colony. Despite great cost in blood and treasure by king and *adelantado* alike, the full vision of Pedro Menéndez de Avilés, that complex, powerful man, had failed to be realized. The Spanish settlement, evangelization, and exploitation of a continent had not en-

por una nueva fortaleza en San Pedro de Tacatacuru.

Menéndez inició entonces su mayor esfuerzo de colonización de la Florida. En 1568 envió a 225 colonos y familias que estaban bajo contrato con él. La mayoría de ellos fueron a Santa Elena. Para fines de 1569 había 327 personas en la ciudad y la misión jesuita se había mudado para allí. Se extendió el contrato real de Menéndez y el Rey prometió, aunque no comenzó de inmediato, una subvención real para la Florida.

Después de enviar a los colonos, los recursos de Menéndez resultaron menguados. Para 1570 el Rey aún no había establecido la subvención. Además, las altas autoridades de los jesuitas estaban descontentas por la falta de éxito en la Florida y por las restricciones impuestas a ellas por Menéndez. El Adelantado provocó una crisis al retirar casi todas sus tropas; y por ende cuatro consejos reales — el de Estado, el de Hacienda, el de Castilla y el de las Indias — se reunieron en Madrid con Menéndez y los líderes jesuitas para llevar a cabo deliberaciones de alto nivel sobre la Florida. El resultado fue que el Rey decretó que debía iniciarse el pago de la subvención. Por su parte, los jesuitas decidieron intentar por última vez establecer una misión y edificaron un puesto avanzado de misión en la bahía de Chesapeake.

Armado con la nueva ayuda real, Menéndez dio nuevo impulso a la colonialización. En 1571 llevó a su mujer y familia, al igual que valiosos efectos personales a Santa Elena. Como su hijo había perecido en alta mar, el Adelantado tuvo que confiar a sus yernos el gobierno de la Florida española. A uno de ellos, don Diego de Velasco, le dio un contrato de dote para persuadirle a servir como su lugarteniente y gobernar la Florida. Menéndez intentó así establecer su patrimonio y la concesión real de tierras en Guatari, cerca de la ciudad de Charlotte de hoy.

Había mucha actividad económica en Santa Elena. Menéndez importó equipo para empezar la caza de ballenas desde el puerto. Se plantaron viñas y trigales y se estableció la cría de cerdos (el puerco siempre ha sido vital en la dieta española). Empleando el trabajo de los indios los españoles cosecharon y exportaron raíz de sasafrás, que se creía eficaz en la cura de la sífilis. Traído de Yucatán y de los indios floridanos, el maíz empezó a reemplazar el trigo que no se dio inmediatamente. La caña de azúcar, que se sembró en Guale (en la costa de Georgia) tampoco creció bien, pero la calabaza, el melón y otros vegetales crecieron bien. Se hicieron envíos de madera y provisiones navales desde Santa Elena y San Agustín. Menéndez también construyó dos navíos pequeños en la Florida. Observando que los franceses habían establecido un activo comercio de pieles en Terranova, Menéndez inició el comercio de pieles con los indígenas floridanos.

Las relaciones con los indios siguen hostiles

Desgraciadamente para las colonias españolas en la Florida, las relaciones con los indios generalmente no mejoraron. Durante la aus-

dured, but a lasting mark had been left: the founding of St. Augustine, the first permanent European settlement in what is today the United States of America.

Note: A portion of the coffin of Pedro Menéndez de Avilés is stored in a vault in Gainesville, Florida. His sword may be seen at the Museo Naval, Montalban 2, Madrid. A copy is on display at the City Commission Chambers, St. Augustine, Florida.

For Further Reading

Bushnell, Amy. "The Menéndez Marquéz Cattle Barony at La Chua and the Determinants of Economic Expansion in Seventeenth-Century Florida." *Florida Historical Quarterly* 56, 4 (April 1978): 407-31.

Deagan, Kathleen. *Spanish St. Augustine*. New York: Academic Press, 1983.

Gannon, Michael V. *The Cross in the Sand*. Gainesville: University of Florida Press, 1965.

Hoffman, Paul E. "The Background and Development of Pedro Menéndez's Contributions to the Defense of the Spanish Indies." Master's thesis, University of Florida, 1965.

Lyon, Eugene. *The Enterprise of Florida: Pedro Menéndez de Avilés and the Spanish Conquest of 1565-1568*. Gainesville: University Presses of Florida, 1976.

___. "St. Augustine 1580: The Living Community." *El Escribano* (January 1978): 20-33.

___. *Santa Elena: A Brief History of the Colony*. Columbia: Institute of Archaeology and Anthropology, University of South Carolina, 1984.

___. "Spain's 16th-Century Settlement Attempts: A neglected aspect." *Florida Historical Quarterly* 59, 3 (January 1981):275-91.

Manucy, Albert C. *Florida's Menéndez*. St. Augustine: St. Augustine Historical Society, 1965.

Ribault, Jean. *The Whole and True Discovery of Terra Florida*. London: R. Hall, 1563. (Facsimile ed. Gainesville: University of Florida Press, 1964.)

Solís, de Merás, Gonzalo. *Pedro Menéndez de Avilés*. Translated by

encia de Menéndez de la Florida, mientras servía de Gobernador de Cuba y jefe de la Armada Real de las Indias, sus subordinados fueron a menudo duros, crueles y venales en sus tratos con los indígenas. Las hostilidades en el avanzado puesto de Chesapeake condujeron a una masacre de misioneros jesuitas y su retirada definitiva de la Florida. Las fortalezas en el interior de las Carolinas fueron abandonadas. Los indígenas en las costas a menudo capturaban y mataban a náufragos e incluso se apoderaban de navíos pequeños.

En 1573 Menéndez pidió a la Corona que le dejara capturar a los indios hostiles y venderlos como esclavos en el Caribe. El Rey denegó su petición, petición que demostraba una falla básica del Adelantado como colonizador. Ni los españoles ni los misioneros pudieron evangelizar o aculturar un número suficiente de indígenas para lograr el tipo de orden que procuraban. Esto, a su vez, les hizo imposible a los colonizadores españoles penetrar hasta las zonas interiores más fértiles.

Felipe II ordenó a Menéndez a hacerse cargo del abastecimiento y la dirección de una poderosa armada en Santander, España, en 1574. El propósito era similar al de la famosa Armada Invencible de 1588 — apoyar a las tropas españolas en Flandes y posiblemente hacerse de una base en Inglaterra. Durante esta empresa Menéndez enfermó y murió en septiembre de 1574.

Hernando de Miranda, otro yerno de Menéndez, tomó las riendas como Adelantado y Gobernador de la Florida pero carecía de las habilidades de su suegro. Después de una gran sublevación indígena Santa Elena cayó y Miranda huyó de la Florida. Cuando en 1577 el Real Consejo de Indias seleccionó un sucesor, nombró al sobrino de Menéndez, Pedro Menéndez Marquéz. Pero la Florida ya no era un gobierno propietario sino colonia de la Corona. A pesar de grandes costos en sangre y tesoro de parte del Adelantado y del Rey, la gran visión de Pedro Menéndez de Avilés, hombre poderoso y complejo, no se hizo realidad. La colonización española, la evangelización y la explotación de un continente no había perdurado, pero se había dejado una huella permanente — la fundación de San Agustín, la primera población europea en lo que es hoy Estados Unidos de América.

Nota: Parte del ataúd de Pedro Menéndez de Avilés está almacenado en una bóveda en Gainesville, Florida. Su espada se puede ver en el Museo Naval, Montalbán 2, Madrid. Una copia de ella se exhibe en la Cámara de la Comisión de la Ciudad de San Agustín, Florida.

Jeannette Thurber Conner. DeLand: Florida State Historical Society, 1922. (Facsimile ed. Gainesville: University of Florida Press, 1964.)

Eugene Lyon, Ph.D. — Director of the Center for Historic Research of the St. Augustine Foundation; adjunct associate professor of history at the University of Florida; author of The Enterprise of Florida *(Gainesville: University Presses of Florida, 1976),* The Search for the Atocha *(New York: Harper and Row, 1979),* The Spanish North American Conquest by Pedro Menéndez de Avilés, 1568-1577 *(forthcoming), and several articles for* National Geographic; *researcher on reconstruction of Columbus's ships.*

Eugene Lyon, Ph.D. — Director del Centro para Investigación Histórica de la Fundación San Agustín; profesor adjunto asociado de historia en la Universidad de la Florida; autor de The Enterprise of Florida *(Gainesville: University Presses of Florida, 1976),* The Search for the Atocha *(New York: Harper and Row, 1979)* The Spanish North American Conquest by Pedro Menéndez de Avilés, 1568-1577 *(próximo a salir), y de muchos artículos para* National Geographic; *investigador en la reconstrucción de los veleros de Colón.*

TOMÁS MENÉNDEZ MÁRQUEZ
Criollo, Cattleman, and Contador

Amy Turner Bushnell

 N AMERICAN LORE, CATTLEMEN AND COWBOYS ARE INVARI-
ably Westerners. But one of the earliest and largest
of North American cattle ranches was in Florida.
During the last half of the seventeenth century, the
La Chua ranch ranged from the St. Johns River
westward to the marshes of the Gulf and from Lake
George northward to the Santa Fé River. Its territory
contained what is now Ocala, Payne's Prairie, Alachua, Palatka, and
Gainesville. Over a third of Florida cattle and horses in the late seventeenth century wore the brand of La Chua.

This kingly ranch belonged to the *criollo* family of Menéndez Márquez, distant relatives of the *adelantado* Pedro Menéndez de Avilés,
founder of St. Augustine. In 1593 Florida governor Pedro Menéndez
Márquez, a nephew of the founder, arranged a marriage between two
relatives: his own alleged nephew, Juan Menéndez Márquez, and his
twelve-year-old niece, María Menéndez y Posada. The Menéndez Márquezes parlayed their connection to the *adelantado* — on the one side
through females for three generations, on the other through a grand-
nephew of doubtful legitimacy — into a power base strong enough to
last five generations.

María's dowry was her father Juan de Posada's title to the office of
royal treasurer (*tesorero*) in St. Augustine. Posada had drowned en route;
by assuming his position, his son-in-law agreed to support his family.
What family connections began, tenacious officeholding maintained. The
younger Juan was *tesorero* for twenty-seven years, then went to South

TOMÁS MENÉNDEZ MÁRQUEZ
Criollo, Ganadero y Contador Real

Amy Turner Bushnell

N EL FOLKLORE NORTEAMERICANO SON INVARIABLEMENTE del Oeste el ranchero y el vaquero. Empero, uno de los primeros y más grandes ranchos de ganado norteamericanos estaba en la Florida. Durante la segunda parte del siglo XVII el rancho La Chúa extendíase hacia el oeste desde el río St. Johns hasta las ciénagas del golfo de México, y hacia el norte desde el lago George hasta el río Santa Fe. Su territorio comprendía lo que hoy es Ocala, Payne's Prairie, Alachua, Palatka y Gainesville. Más de la tercera parte del ganado vacuno y caballar de la Florida en el siglo XVII llevaban el hierro de La Chúa.

Este majestuoso rancho perteneció a la familia criolla Menéndez Márquez, parientes lejanos del Adelantado Pedro Menéndez de Avilés, fundador de San Agustín. En 1593 el Gobernador de la Florida Pedro Menéndez Márquez, sobrino del fundador, concertó el matrimonio de dos parientes: un supuesto sobrino suyo, Juan Menéndez Márquez y su sobrina de doce años, María Menéndez y Posada. Aprovecharon los Menéndez Márquez el vínculo con el Adelantado — por un lado mediante hembras de tres generaciones y por el otro mediante un sobrino nieto de dudosa legitimidad — para hacerse de una base de poder lo suficientemente fuerte para durar cinco generaciones.

Constituyó la dote de María el título de real tesorero de San Agustín de su padre Juan de Posada. Este se había ahogado en la travesía. Asumiendo su posición, el yerno se obligó al sustento de la familia de Posada. Lo que se inició por vínculo familiar se mantuvo por medio de un

America for a term as governor of Popayán in present-day Colombia, leaving his son Francisco in charge of the Florida treasury. When Juan died in distant Popayán, the Council of the Indies upheld Francisco's right to succeed him: he held the office until his own death twenty-nine years later.

For the next twelve years Francisco's younger brother Alonso served in the treasury without a royal title. Family fortunes revived when Alonso's nephew Juan, eldest son of Francisco, was appointed *contador*, the other royal office at the treasury, one combining the functions of accountant and archivist. After serving the office for eleven years, Juan handed it to one of his brothers. Antonio was *contador* for twelve years, then passed it on to the youngest brother, Tomás, who served for twenty-one years. Tomás was followed by his son Francisco, who was *contador* for thirty-four years. From 1593 to 1743, someone from the Menéndez Márquez family stood ready at all times to watch the king's coffer.

The Perquisites of Office

A Crown-appointed official of the treasury earned 1,150 ducats a year in Florida, half as much as the royal governor and ten times as much as a soldier. A royal official was provided with a residence, but his access to information was even more valuable. He knew, for instance, when boats would be dispatched to trade with the beachcombing Indians of the coast and when to speculate in certificates for back wages.

Holding office "at the king's pleasure" rather than for the limited term of a governor, the two treasury officials, more often than not *criollos*, regarded themselves as *padres de la patria* (fathers of the country), representing local interests to the Crown. On behalf of the king, patron of the church, they saw to the religious needs of the colony, ensuring that divine worship proceeded with decency and that priests were paid and friars supplied. Traveling to the viceregal capital of Mexico City to collect the garrison subsidy, or *situado*, was a duty they shared in turn. The per diem nearly doubled their salaries, and while waiting in Mexico City or the port of Vera Cruz they made themselves loans from the king's money and bought goods to resell in St. Augustine.

Royal appointees in affluent, settled places operated under legal restrictions designed to prevent them from using their offices to become rich and powerful. They were forbidden to engage in trade, fit out ships, hold military offices, or introduce cattle. They could not ally themselves by marriage to other royal officials or treat their offices as property for relatives to inherit. But in a frontier like Florida, well known to be "a land of living war," the rules went by the board. For lack of other *hidalgos*, treasury officials in St. Augustine even doubled as city councilmen, and in the role of *regidores* they collected a cut of tavern profits, assigned lots, set prices, regulated markets, and enjoyed the patronage of lesser offices.

tenaz servicio oficial. El Juan más joven fue Tesorero durante veintisiete años, trasladándose luego a la América del Sur para ocupar la plaza de Gobernador de Popayán en lo que es hoy Colombia, dejando a su hijo Francisco a cargo de la tesorería de la Florida. Cuando Juan falleció en el distante Popayán, el Consejo de Indias sostuvo el derecho de sucesión de Francisco: él mantuvo su alto cargo hasta su propio fallecimiento veintinueve años más tarde.

Durante los próximos doce años Alonso, hermano más joven de Francisco, sirvió en la tesorería sin título real. La prosperidad de la familia resurgió cuando Juan, sobrino de Alonso e hijo mayor de Francisco, fue designado contador, el otro cargo real de la tesorería, que combinaba las funciones de contador y archivista. Después de servir en el cargo por once años, Juan lo cedió a uno de sus hermanos. Habiendo servido de contador por doce años, Antonio luego pasó el cargo a su hermano más joven Tomás, quien fue contador por veintiún años. A Tomás le siguió su hijo Francisco, quien fungió de contador por 34 años. Desde 1593 a 1743 siempre hubo alguien de la familia Menéndez Márquez vigilando la tesorería del Rey.

Los beneficios del cargo

En la Florida, el oficial de tesorería nombrado por la Corona devengaba 1,150 ducados por año, la mitad de lo que ganaba el real Gobernador y diez veces más que un soldado. Un oficial de la Corona era provisto de residencia, pero más valioso aún era el acceso a información. Sabía, por ejemplo, cuándo se despacharían embarcaciones para comerciar con los indios playeros de la costa y cuándo se podía especular con certificados de jornales atrasados.

Al mantener sus puestos indefinidamente "a merced del Rey" en vez del plazo limitado del Gobernador, los dos oficiales de la tesorería, casi siempre criollos, se consideraban padres de la patria en representación de los intereses locales ante la Corona. A nombre del Rey, protector de la iglesia, cuidaban de las necesidades religiosas de la colonia asegurándose que el culto se observase con propiedad y que a los sacerdotes se les pagase y que se les suministrase a los frailes. Se alternaban el deber de viajar a la capital virreinal de Ciudad México para cobrar el subsidio, o situado, de la guarnición militar. Los viáticos del viaje casi duplicaban sus sueldos, y mientras esperaban en México o en el puerto de Vera Cruz se hacían préstamos del dinero del Rey para comprar mercancías para la reventa en San Agustín.

En sitios colonizados y ricos los oficiales de la Corona funcionaban bajo restricciones encaminadas a evitar la utilización de su cargo para hacerse ricos y poderosos. Se les prohibía comerciar, ser armadores de barcos, ocupar cargos militares o introducir ganado. No se les permitía vincularse por vía matrimonial a otros oficiales de la Corona o tratar sus cargos como propiedad heredable por sus parientes. Pero en una frontera como la de

To the Menéndez Márquez family, their niche in the bureaucracy was a source of prestige and of profit.

But elite status demanded something more than offices and income. People "of quality" required a landed estate on which their sons could practice the peacetime occupation of a *caballero*: raising cattle and horses.

The best places for ranching were the grasslands of central Florida, but the Spanish hold on the interior provinces was uncertain until well into the seventeenth century. Between wars of conquest, uprisings, piracy, banditry, and foreign wars, large-scale ranching, always desirable, was only possible from 1645 to 1702 and only safe from 1656 to 1682. The golden age of Spanish ranching was necessarily brief, a bare life span. One man, Tomás Menéndez Márquez, was able to experience it from start to finish.

A *Criollo* Childhood

Tomás, born and baptized in Florida in 1643, was the sixth child of Treasurer Francisco Menéndez Márquez and his Cuban wife, Doña Antonia de Pedrosa. The family was well off by contemporary standards, owning at least eleven slaves, counting Doña Antonia's maid, María. Tomás's mother died young. By the time he was five he had a stepmother, Doña Juana de Uriza, and a little half sister, María Gerónima.

In the 1640s Florida *criollos* were full of optimism about the western provinces of Upper Timucua and Apalache, which had recently rendered obedience. In order to supply the new Franciscan missions, Governor Luís de Horruytiner had opened a port at San Marcos de Apalache on the Gulf of Mexico, one week's sail from Havana. Cuban trading vessels in search of deerskins and dried provisions were soon drawn to San Marcos and other Gulf ports.

The enterprising governor Benito Ruíz de Salazar y Vallecilla planted wheat in Upper Timucua near the Apalache border, opened a trade for deerskins with the Apalachicolas to the north, and started to breed mules and horses. Having no money with which to finance his appointment, Don Benito had contracted to build a galleon for the king of Spain. When after the allotted year the galleon was still not finished, the treasury officials, as instructed, deposed him and put themselves in charge.

It was while acting as governor that Francisco Menéndez Márquez acquired the capital to run cattle in central Florida. Repeated epidemics had depleted the mission population of the district of Potano in the province of Timucua, leaving "old fields" with no one to claim or cultivate them. Don Francisco did not have to buy the land outright. In the name of the king, the governor granted grazing rights within the public domain. Any person of quality, Indian or Spaniard, could petition the Crown for an *hato*, a roughly circular grazing area with a three- to four-league radius, making it eighteen to twenty-four miles across. Somewhere on the *hato* the rancher would erect a complex of cow pens and buildings to

la Florida, reconocida como zona de guerra constante, las reglas caían en saco roto. Por falta de otros hidalgos, los oficiales de la tesorería en San Agustín hasta actuaban como concejales, y como regidores participaban en las ganancias de las tabernas, asignaban propiedades, fijaban precios, regulaban el mercado y gozaban del derecho a repartir empleos oficiales menores. Para la familia Menéndez Márquez su nicho en la burocracia fue fuente de prestigio y ganancias.

Pero una posición selecta exigía más que cargos y rentas. La gente de prosapia precisaba de fundos donde sus hijos pudieran en tiempos de paz ser caballeros: criando ganado y caballos.

Los mejores sitios para ranchos fueron los prados en el centro de la Florida; mas el control español sobre las provincias del interior fue inseguro hasta bien entrado el siglo XVII. Entre las guerras de conquista, las sublevaciones, piratería, bandidaje y guerras extranjeras, sólo fue posible la siempre codiciada ganadería en gran escala entre 1645 y 1702 y sólo estuvo libre de peligros entre 1656 y 1682. La edad de oro de la ganadería española fue por necesidad breve, lo que cabe en una vida. Un hombre, Tomás Menéndez Márquez, pudo experimentarla desde el inicio hasta el fin.

Una niñez criolla

Nacido y bautizado en la Florida en 1643, Tomás fue el sexto hijo del Tesorero real Francisco Menéndez Márquez y su esposa cubana doña Antonia de Pedrosa. La familia era acomodada para la época, poseyendo por lo menos once esclavos, incluyendo a la criada de doña Antonia, María. Murió joven la madre de Tomás. A los cinco años ya tenía madrastra, doña Juana de Uriza, y una pequeña mediohermana, María Gerónima.

Los criollos de la Florida de los años 1640 se sentían muy optimistas respecto a las provincias occidentales del Alto Timucua y el Apalache, que acababan de someterse a la Corona. Para el suministro de las nuevas misiones franciscanas, el gobernador Luis de Horruytiner había abierto un puerto en San Marcos de Apalache en el Golfo de México, a una semana de navegación de La Habana. Muy pronto naves comerciales cubanas se acercaron a San Marcos y a otros puertos del golfo en busca de pieles de venado y comestibles secos.

El emprendedor gobernador Benito Ruiz de Salazar y Vallecilla sembró trigo en el Alto Timucua cerca de la frontera con Apalache, inició trueque en pieles de venado con los apalachicolas al norte e inició la cría de mulos y caballos. Sin fondos para subsidiar su nombramiento, Don Benito había contratado la construcción de un galeón para el Rey de España. Al no haberse terminado el galeón al cabo del año estipulado, los oficiales de la tesorería, bajo órdenes, lo destituyeron y se hicieron cargo de su gobernación.

Fue durante su actuación como Gobernador que Francisco Menéndez

be the *estancia*. In view of what roving cattle could do to growing crops, no *estancia* was supposed to fall within three leagues (nine miles) of any Indian settlement. A large ranch would need a number of *estancias*, for in Florida one's cattle browsed in the woods in winter, were rounded up and branded in the spring, and spent the summer on the grassy savannahs.

Between livestock and improvements, Don Francisco's spread was soon worth 8,000 pesos and showed an annual profit of 700 pesos. That he remained on good terms with the local chiefs of Potano is shown by the fact that they cooperated with him in 1647 to subdue a rebellion in Apalache. At that time, acting governor Francisco sentenced the Apalaches, rebel and loyal alike, to the labor draft. He explained to the Crown that this was necessary because the labor force from other provinces of Christians had been depleted by "pestilences and contagions."

Don Francisco himself died in a yellow fever epidemic in 1649, when Tomás was six. A royal auditor, finding the treasurer 20,000 pesos in debt to the treasury, tried to sell off the ranch assets, but Florida *criollos* presented a united front to the outsider and would not buy.

Alonso Menéndez y Posada, a younger brother of Francisco's, took charge of the orphans. Francisco had raised Alonso from the time their father took up his governorship in South America, employed him as steward of the royal warehouse, and trusted him with the treasury while he was absent in Timucua. In the Crown's eyes, however, Alonso was unfit to succeed his brother. He had been involved in suspicious free elections, smuggling, and retailing and was furthermore a seaman and a bachelor.

Tomás probably studied with a teacher of grammar at the Franciscan friary. To judge from their writing in reports and letters, *criollos* of the "better sort" were decently educated. They also received military training. Unless destined for the church, an *hidalgo*'s son took his place as ensign in one of the two companies of the garrison as soon as he was big enough to handle a musket. In the course of time he advanced in rank to lieutenant and then to captain before retiring to the reserves on the pay of a soldier.

Tomás was twelve, too young to be called to arms when the British captured Jamaica in 1655, throwing the Spanish Caribbean into a panic, or the following year, when the chiefs of Timucua took advantage of the crisis to mount an uprising. During these years it was his brothers Juan and Antonio and his uncle Alonso who, familiar with Florida waters, terrain, and languages, upheld the family's honor and fought to defend the colony.

The La Chua Ranch

On October 4, 1663, Tomás married María Ruíz Mejía de los Ángeles. For the next twenty years he lived the life of a country gentleman. He was not in St. Augustine in 1668 when Jamaican pirates attacked the

Since its founding in 1565, St. Augustine played a strategic role as a haven for Spanish vessels and a bulwark against English and French aggressors. Eight wooden forts guarded the harbor entrance, each falling victim to fire, climate, and attack. After defenses proved inadequate against pirates in 1586 and 1668, the Spanish crown proposed to refortify St. Augustine with a modern *castillo* (castle). In 1672, Ignacio Daza, a military engineer from Havana, arrived to design and oversee the construction of the fortress, christened Castillo de San Marcos.

Desde su fundación en 1565, San Agustín desempeño un papel estratégico como refugio de navíos españoles y baluarte contra agresores ingleses y franceses. Ocho fuertes de madera custodiaban la entrada al puerto, habiendo sido todos víctimas del fuego, el clima, y los ataques. Cuando las defensas resultaron inadecuadas contra los piratas en 1586 y 1668, la Corona española propuso refortificar San Agustín con un moderno castillo. En 1672, Ignacio Daza, un ingeniero militar de La Habana, llegó para diseñar y supervisar la construcción de la fortaleza que fue bautizada con el nombre de Castillo de San Marcos.

Laborers excavate coquina rock from a quarry at Anastasia Island. The coquina was used in the construction of the Castillo de San Marcos.

Obreros excavan roca coquina de una cantera en la Isla Anastasia. La coquina fue usada en la construcción del Castillo de San Marcos.

Márquez obtuvo el capital para tener ganado en el centro de la Florida. Las repetidas epidemias habían disminuido la población de la misión del distrito de Potano en la provincia de Timucua, dejando sin cultivo y sin nadie para reclamarlos a los viejos campos de siembra. Don Francisco no tuvo que comprar estas tierras. A nombre del Rey, el Gobernador otorgaba derecho de pasto dentro del dominio público. Cualquiera persona de categoría, fuera indio o español, podía solicitar de la Corona un hato, area de pasto más o menos circular con un radio de tres a cuatro leguas, que resultaba en dieciocho a veinticuatro millas de ancho. En algún sitio del hato construía el ranchero una serie de corrales y casas para constituir la estancia. Debido a lo que podía hacer el ganado suelto a los cultivos, ninguna estancia podía estar a menos de tres leguas (nueve millas) de cualquier poblado indio. Un rancho grande necesitaba varias estancias, ya que en la Florida el ganado pacía durante el invierno en los bosques, se acorralaba y se marcaba en la primavera, y pasaba el verano en las sabanas con hierba.

Entre el ganado y las mejoras, el patrimonio de don Francisco pronto alcanzó el valor de ocho mil pesos con una utilidad anual de setecientos. Es obvio que mantuvo relaciones amistosas con los jefes de Potano dado el hecho que cooperaron con él en 1647 para aplastar una rebelión en Apalache, al final de la cual el Gobernador en funciones, don Francisco, condenó a los apalaches, tanto los rebeldes como los leales, a la conscripción laboral. El explicó a la Corona que esto era ncesario por haberse reducido la fuerza laboral de otras provincias debido a "pestilencias y contagios".

El propio don Francisco falleció en una epidemia de fiebre amarilla en 1649, cuando Tomás tenía seis años. Al hallar un déficit de veinte mil pesos en la tesorería, el auditor real intentó vender los haberes del rancho, pero los criollos floridanos, presentando frente unido ante el extraño, no quisieron comprar.

Alonso Menéndez y Posada, un hermano menor de Francisco, se hizo cargo de los huérfanos. Francisco había criado a Alonso desde que su padre asumiera la gobernación en América del Sur, lo había colocado como administrador del almacén real y lo había encargado de la tesorería mientras él viajaba por el Timucua. A los ojos de la Corona, sin embargo, Alonso carecía de dotes para suceder a su hermano. El había estado involucrado en sospechosas elecciones libres, contrabando y comercio y además, era marinero y soltero.

Posiblemente Tomás estudiara con algún gramático del convento franciscano. A juzgar por lo escrito en sus informes y cartas, podemos entrever que los criollos de clase superior recibían una educación adecuada. También recibían entrenamiento militar. A menos que se le destinara para la carrera eclesiástica, al hijo de hidalgo se le colocaba de alférez en una de las dos compañías de la guarnición tan pronto como era capaz de manejar un mosquete. Al pasar el tiempo ascendía a teniente y

city and his brothers handed out muskets from the armory at the fort. He did not participate in the overt missions of diplomacy or the covert corsair raids with which the governors greeted the founding of Charleston. He did not travel to Mexico City for the *situado* and supplies. The parish register alone yields evidence of his activities: ten children of Don Tomás and Doña María, baptized.

When Tomás took it over, his father's ranch was probably in ruins. Bands of hungry Indians had slaughtered cattle and destroyed *estancias* throughout Potano during the 1656 rebellion. Gradually, Tomás restocked *hatos* and rebuilt *estancias*, establishing his headquarters at La Chua, a place whose Timucuan name means "jug" or "sinkhole." Conditions were at last favorable for a rancher. Construction on the Castillo de San Marcos was bringing money to St. Augustine and the population was growing, with more soldiers, slaves, convicts, and artisans in town, as well as many Indian construction workers. The demand for foodstuffs rose, and with it prices.

The town was supplied with fresh meat through a tithe on livestock. In the spring, when the cattle were counted and the calves branded, representatives from the treasury were there to collect the king's share. The cattle destined for St. Augustine were driven to the west bank of the St. Johns, ferried across the river on rafts or flatboats, and kept in cow pens on the other side. Once or twice a week a cow was slaughtered at the royal abattoir, and the tongue was delivered to the governor's kitchen. The hides went to Spain on the colony's yearly licensed ship, some of them already processed into leather by the local tannery.

The labor pool for central Florida ranches consisted of black slaves, Indians on yearly contract, *mestizos*, former convicts, shipwrecked foreigners, and Mexican recruits rejected by the garrison. Francisco Pérez de Castañeda, from Xochimilco, was the La Chua overseer. His marriage was celebrated in his patron's house in St. Augustine.

The La Chua headquarters was some 120 miles from the Florida capital at a location governed by the transportation network. By land, the *estancia* could be reached by a spur of the *camino real*, the road from St. Augustine to Apalache, along which the remaining mission towns of Timucua were strung. The two places closest to La Chua were San Francisco de Potano, near present-day Gainesville, and Santo Tomás de Santa Fé, also called Santa Fé de Teleco, where the road crossed the Santa Fé River on a natural bridge. At the nearby landing place of Pulibica, goods could be transferred from canoe to pack animal. From La Chua there was water access to the Atlantic by way of the St. Johns River and its tributary the Oklawaha. Two water routes led to the Gulf: the Santa Fé River, which fed into the Suwannee, and the Amajuro, which may have been the Withlacoochee.

Developing Trade

In the early 1670s, a port called San Martín was formally opened

luego a capitán antes de retirarse a la reserva con la paga de soldado raso.

Tenía Tomás doce años, demasiado joven para ser llamado a las armas cuando los ingleses capturaron Jamaica en 1655, sembrando el pánico en el Caribe español, o al año siguiente cuando los jefes de Timucua se aprovecharon de la crisis para rebelarse. Fue durante estos años que sus hermanos Juan y Antonio junto con su tío Alonso, ya familiarizados con el terreno, las aguas y los idiomas de la Florida, mantuvieron el honor de la familia y lucharon en defensa de la colonia.

El rancho La Chúa

El cuatro de octubre de 1663 casóse Tomás con María Ruíz Mejía de los Angeles. Vivió como caballero de hacienda los siguientes veinte años. No estaba en San Agustín cuando en 1668 piratas jamaicanos asaltaron la ciudad y sus hermanos repartieron mosquetes desde la armería de la fortaleza. No participó ni en las abiertas misiones de diplomacia ni en los ataques encubiertos de corsarios con que los gobernadores respondieron a la fundación de Charleston. Tampoco viajó a Ciudad México por el situado y los abastecimientos. Sólo el registro de la parroquia rinde evidencia de sus actividades: diez hijos de don Tomás y doña María, bautizados.

Al encargarse Tomás del rancho de su padre, la propiedad probablemente estaba en ruinas; bandas de voraces indios habían matado reses y destruido estancias por todo el Potano durante la sublevación de 1656. Gradualmente Tomás reabasteció los hatos y reconstruyó las estancias, estableciendo su centro de operaciones en La Chúa, nombre timucuano que significa jarro o estanque. Por fin las condiciones eran favorables para un ranchero. La construcción del castillo de San Marcos aportaba ingresos para el pueblo de San Agustín y crecía la población, con más militares, esclavos, presos y artesanos además de muchos indios obreros de construcción. Subió la demanda de comestibles y también el precio de los mismos.

El pueblo se surtía de carne fresca por medio de un diezmo sobre el ganado. En la primavera, cuando se contaba el ganado y se marcaban los terneros, acudían los representantes de tesorería para reclamar la parte del Rey. El ganado destinado para San Agustín se arreaba hasta la orilla izquierda del río St. Johns y se cruzaba en balsas o barcazas, depositándose en corrales en la otra orilla. Una o dos veces por semana se sacrificaba en el real matadero una vaca y la lengua se llevaba a la cocina del Gobernador. Anualmente embarcábanse para España los cueros en barco licenciado por la colonia, habiéndose ya procesado algunos de ellos en la tenería local.

La mano de obra para los ranchos de la Florida central consistía de esclavos negros, indios bajo contrata anual, mestizos, ex-presos, extranjeros náufragos y reclutas mejicanos rechazados por la guarnición.

upstream on the Suwannee, then called the Río de San Martín. Havana merchants began sending sloops and ketches to San Martín for loads of La Chua hides, dried meat, and tallow. Don Tomás had a larger boat, a frigate that when loaded carried too much draft for the sandbar at the river's mouth. He hired Tocobaga canoeists to do the lightering.

Although it was legal enough to export ranch products, any return cargo purchased for resale was supposed to pass through the St. Augustine customshouse and be subject to the appropriate duties. Don Tomás declared that his frigate brought nothing back from Havana but a few items for the use of his household. Havana harbor records show otherwise. Like other Florida shipowners, Don Tomás carried on a busy Gulf trade in Cuban rum, Mexican and Spanish trade goods, Apalache corn and beans, and Apalachicola deerskins, above and beyond the products of his ranch.

Unlike Spanish-owned ranches in the province of Apalache, La Chua did not displace native settlement. There were too few natives left in Timucua. A 1675 census showed the district of Potano to have only 170 inhabitants in its two towns — barely 1.5 percent of Florida's Christian Indian population. Central Florida was a demographic vacuum that was beginning to attract outlaws.

In an effort to repopulate the area, governors offered free corn, lower taxes, and reduced labor levies to Indians who would start new settlements. Generous *hato* concessions also encouraged *criollos* to move into the interior. One of those who did, giving up his commission in the garrison to take up a grant near San Francisco, was Captain Juan de Hita Salazar. ln 1681 he married Don Tomás and Doña María's fifteen-year-old daughter Antonia, linking his holdings to those of the Menéndez Márquezes in true dynastic fashion.

The black cattle of La Chua were multiplying rapidly; one estimate put them at 7,000 head. The ranch grew steadily larger, with many secondary *estancias*. According to a friar stationed in 1681 at San Antonio de Enacape on the upper St. Johns, Don Tomás and two other Spaniards had *haciendas* near Lake George and employed Yamassee refugees as ranch hands.

Pirate Raids Begin

Distant as it was from either coast, La Chua began to draw the attention of pirates. In the summer of 1682, French buccaneers returning from a raid on the Gulf port of San Marcos sent out a party to look for provisions. Guided by a captured soldier, they went up the Suwannee in *piraguas* (dugout canoes), then made their way forty-two miles overland to ranch headquarters. At two o'clock in the morning they attacked, setting the buildings on fire and seizing Don Tomás, his son-in-law Juan, and four servants, two of them women.

The pirates demanded a ransom of 150 head of cattle and a purse of

El mayoral de La Chúa era Francisco Pérez de Castañeda, de Xochimilco. Su matrimonio se celebró en casa de su patrón en San Agustín. La casa central de La Chúa quedaba a unas 120 millas de la capital floridana en un sitio dominado por una red de transportación. Por tierra se llegaba a la estancia por un ramal del camino real, la carretera de San Agustín a Apalache, a lo largo de la cual quedaban los pueblos restantes de las misiones del Timucua. Los dos lugares más cercanos a La Chúa eran San Francisco de Potano, cerca de lo que hoy es Gainesville, y Santo Tomás de Santa Fé, conocido también como Santa Fé de Teleco, donde el camino cruzaba el río Santa Fé sobre un puente natural. En el cercano embarcadero de Pulibica podíase trasladar mercancía desde las canoas a bestias de carga. Desde La Chúa había acceso por agua al Atlántico por medio del río St. Johns y su tributario el Oklawaha. Dos rutas fluviales conducían al golfo: el río Santa Fé, que desembocaba en el Suwannee, y el Amajuro, que puede haber sido el Withlacoochee.

El desarrollo comercial

A principios de los 1670 un puerto llamado San Martín se fundó aguas arriba en el Suwannee, conocido entonces como el río de San Martín. Mercaderes de La Habana emprendieron el despacho de balandras y queches a San Martín en busca de cargamentos de cueros, tasajo y sebo. Poseía don Tomás una embarcación mayor, una fragata, que al cargarse ocupaba excesivo calado para atravesar la barra en la boca del río. Para la estiba desde lanchones empleó piragüeros de Tocobaga.

Aunque se consideraba legal la exportación de productos rancheros, suponíase que cualquier carga traída de vuelta para la reventa había de pasar por la aduana de San Agustín, para el pago de los impuestos correspondientes. Don Tomás declaraba que su fragata regresaba de La Habana sólo con unas cuantas cosas para su uso doméstico. Los archivos de la bahía de La Habana demuestran lo contrario. Al igual que otros armadores floridanos, don Tomás llevaba a cabo un extenso comercio en el golfo en ron cubano, mercaderías mejicanas y españolas, maíz y frijoles de Apalache y cueros de venado de Apalachicola, además de los productos de su finca.

A diferencia de los ranchos de propiedad española de Apalache, La Chúa no desplazó ninguna población indígena, pues quedaban muy pocos indígenas en el Timucua. Un censo de habitantes del distrito de Potano de 1675 arroja sólo 170 habitantes en sus dos pueblos, apenas el 1.5 por ciento de los indios cristianizados de la Florida. La Florida central era un vacío demográfico que empezaba a atraer a forajidos.

En un esfuerzo para volver a poblar la zona los gobernadores ofrecían maíz gratis, impuestos más bajos y una reducción en las levas de trabajo a los indios que iniciaran nuevas poblaciones. Generosas concesiones de hatos estimulaban a los criollos a mudarse al interior. Uno de los que aceptó, renunciando a su puesto en la guarnición para ocupar una

money. Before it could be raised, and before a party of thirty soldiers under Captain Francisco Romo de Uriza could arrive, the chiefs of three Timucuan towns ambushed the French and rescued most of the captives. Governor Juan Marqués Cabrera, who wanted to close the Suwannee anyhow, ordered the channel barricaded with trees and brush, but the current washed them away. Pirates made another hit-and-run raid on the ranch in 1684.

Official efforts to repopulate the hollow interior of the peninsula were matched by attempts to reinforce the borders. Governors and religious orders cooperated to dispatch missionaries to the Calusas of Charlotte Harbor, the Apalachicolas of Alabama, Yamassee refugees at Lake George, and Chacato refugees in Apalache. At the same time, the Guales from the sea islands of Georgia were relocated on islands near the mouth of the St. Johns. The missions were short-lived and the high-handed relocations led to massive defections. All that Indians seemed to want, any longer, was a dependable source of firearms, and that the English were prepared to offer.

Ranching was not only more dangerous but also less profitable, as prices fell to earlier levels or below. Don Tomás left La Chua to the management of Juan de Hita and Francisco Pérez and retired to St. Augustine to begin a career in the treasury.

Keeping the King's Records

On May 8, 1684, Tomás Menéndez Márquez presented himself before Governor Juan Marqués Cabrera with a royal title allowing him to succeed his brother Antonio as *contador*. The governor refused to honor it, protesting to his superiors that the Crown should sell no more treasury offices to *criollos* locally born and wed. An indifferent clerk answered that the record showed Antonio to have paid 1,000 pesos in 1673 to succeed Juan, and another 500 pesos in 1682 so Tomás could succeed him. The governor was ordered to install the lawful officeholder forthwith, with retroactive salary.

A *contador* was a records specialist. He preserved and indexed royal orders, governors' decrees, and treasury resolutions and, as ordered, researched and interpreted them. It was his duty to maintain the personnel files, entering and erasing soldiers' *plazas* (billets) from the monthly muster, and to update the census of native tributaries. Upon request, he wrote reports on such topics as the whereabouts of firearms, the distance from mission to mission, the profit or loss on royal slaves, and the disposition of empty barrels.

Don Tomás and Marqués Cabrera disagreed on security. The governor wanted to keep the contents of service records secret, whereas the *contador* was willing to copy a soldier's entire file for him. The Crown sided with the governor, ruling that only the bare facts of dates and posts served could be released. After many similar experiences, Don Tomás

concesión cerca de San Francisco, fue el capitán Juan de Hita Salazar. En 1681 se casó con Antonia, hija de quince años de don Tomás y doña María, enlazando sus propiedades con las de los Menéndez Márquez en verdadera forma dinástica.

El ganado negro de La Chúa se multiplicaba rápidamente, dándose un cálculo de siete mil cabezas. El rancho se hacía cada vez más grande, incorporando muchas estancias secundarias. Según el testimonio de un fraile domiciliado en 1681 en San Antonio de Enacape del alto St. Johns, don Tomás y dos otros españoles tenían haciendas cerca del lago George y empleaban de peones a refugiados yamasí.

Comienzan incursions de piratas

Aunque estaba lejos de ambas costas, La Chúa atrajo la atención de los piratas. Volviendo de un asalto al puerto de San Marcos en el golfo en el verano de 1682, unos bucaneros franceses despacharon un grupo en busca de comestibles. Guiados por un soldado capturado subieron el río Suwannee en piraguas, marchando luego cuarenta y dos millas por tierra a la casa central del rancho. Atacaron a las dos de la mañana, prendiéndole fuego a los edificios y capturando a don Tomás, a su yerno Juan y a cuatro criados, entre ellos dos mujeres.

Los piratas exigieron un rescate de ciento cincuenta cabezas de ganado y una bolsa de dinero. Antes de que se pudiera obtener y antes de que pudiera llegar un pelotón de treinta soldados bajo el mando del capitán Francisco Romo de Uriza, los jefes de tres pueblos timucuanos emboscaron a los franceses y rescataron a la mayoría de los secuestrados. El gobernador Juan Marqués Cabrero, que de todos modos quería cerrar el Suwannee, mandó obstruir el canal del río con árboles y breñas pero la corriente los arrastró. Volvieron los piratas a hacer un asalto relámpago sobre el rancho en 1684.

Los esfuerzos oficiales por repoblar el abandonado interior de la península fueron igualados con tentativas para reforzar las fronteras. Los gobernadores y las órdenes religiosas cooperaron para despachar misioneros a los calusas de Charlotte Harbor, a los apalachicolas de Alabama, a los refugiados yamasí en el lago George y a los refugiados chacatos en Apalache. Al mismo tiempo los guales de las islas de Georgia fueron relocalizados en islas cerca de la boca del río St. Johns. Las misiones duraron poco y las relocalizaciones forzosas dieron lugar a masivas deserciones. Ya lo único que los indios parecían desear era un confiable abastecimiento de armas; y eso los ingleses estaban dispuestos a ofrecer.

Ahora la ganadería ranchera era no sólo más peligrosa sino menos lucrativa, ya que los precios cayeron a niveles anteriores o hasta más bajos. Don Tomás dejó La Chúa al manejo de Juan de Hita y Francisco Pérez y se trasladó a San Agustín a emprender carrera en la real tesorería.

participated in a cabal that ran the unpopular Marqués Cabrera out of town.

Royal orders and actions could be puzzling. When Don Tomás exposed Captain Juan de Ayala y Escobar's wartime profiteering, the Crown on the one hand reproved the *contador* for tolerating illicit activities and on the other thanked Ayala for keeping the city supplied.

The *contador* had two assistants. In 1688, after a third infantry company was formed, Don Tomás requested permission to hire a third clerk to handle the paperwork. Instead, the Crown ordered him to reduce the staff at the countinghouse from two to one. Chief clerk Juan de Pueyo's sister-in-law was a daughter-in-law of Don Tomás's, making him part of the family. Leaving Pueyo in charge, the *contador* went to New Spain.

It was the treasury officials' privilege to take turns traveling to Mexico City to collect the *situado*. Don Tomás's brother Juan had gone there in 1669, and his brother Antonio made the trip in 1678, 1681, and 1683. But Don Tomás stayed in Mexico City for four straight years, perhaps unwilling to risk a voyage while Spain and England were at war. When he finally reappeared in 1693, Governor Diego de Quiroga y Losada confined him in the Castillo de San Marcos for having ignored two direct orders to return and leaving St. Augustine without a supply shipment for a year.

For a treasury official to be arrested was fairly common. The *contador* knew that incoming governor Laureano Torres y Ayala would release him. The Menéndez Márquez family belonged to a clique of *criollos* controlling the Cuba–Florida trade, and Torres y Ayala was a Cuban. Besides, Don Tomás had had the foresight to make Torres y Ayala a two-year salary advance out of monies owed to Quiroga y Losada.

The name of Tomás Menéndez Márquez appears frequently in the 1690s on reports about ship buying, diplomacy, Indian raids and relocations, clerical salaries, parish fees, and church bells. But the *contador* missed Mexico City. He went back in 1702 and was there again in 1706.

The Ranch Left Defenseless

When Don Tomás began his second career, he did not forget La Chua. Juan de Hita looked after his father-in-law's interests from his nearby *estancia*, operated with Indian contract labor. The family's marriage alliances continued to be made with land in mind. In 1689 Don Tomás and Doña María's son Francisco married Antonia Basilia de León, daughter of a widow who owned *estancias* east of the St. Johns. Five years later their daughter María Isidora married Francisco Romo de Uriza, who in 1682 had tried to rescue her father from pirates. Romo de Uriza's ranch, named El Chicharro, could be seen from La Chua.

La Chua was still the largest spread in Florida. Its ranch hands were a mixture of black slaves, Mexicans, and Indians working on contract.

A cargo de los archivos del Rey

Presentóse Tomás Menéndez Márquez el 8 de mayo de 1684 ante el gobernador Juan Marqués Cabrera con título real que le permitía suceder como contador a su hermano Antonio. El Gobernador se negó a reconocer el título protestando a sus superiores de que la Corona no debía vender más puestos de la tesorería a los criollos nacidos y casados localmente. Un escribano indiferente respondió que la documentación mostraba que Antonio había pagado mil pesos en 1673 con el fin de suceder a Juan, y otros 500 pesos en 1682 para que Tomás le sucediera a él. Ordenósele al Gobernador la instalación inmediata del legítimo oficial, con sueldo retroactivo.

Un contador era especialista en archivos. Conservaba y clasificaba las órdenes reales, los decretos del Gobernador y las resoluciones de la tesorería y, cuando se le ordenaba, estudiaba los antecedentes y los interpretaba. Era su deber mantener los registros de personal, dando entrada así como cancelando las plazas de soldado en la planilla mensual, y también poner al día el censo de contribuyentes nativos. A petición escribía informes sobre temas tales como la ubicación de armas de fuego, la distancia entre misiones, la pérdida o ganancia en los esclavos de la Corona y la disposición de barriles vacíos.

Don Tomás y el gobernador Marqués Cabrera discreparon en cuanto a la seguridad. El Gobernador deseaba mantener en secreto el contenido de los registros militares, mientras que el contador estaba dispuesto a copiarle a cualquier soldado su expediente completo. La Corona se puso de parte del Gobernador, decretando que sólo los hechos escuetos de fechas y sitios de servicio podían ser recopilados. Tras varias experiencias semejantes, don Tomás participó en una intriga que sacó del pueblo al impopular Gobernador.

Los reales decretos y disposiciones podían dar lugar a confusiones. Cuando don Tomás denunció al capitán Juan de Ayala y Escobar por estraperlo en tiempo de guerra, la Corona por una parte reprobó al contador por tolerar actividades ilegales mientras por otra parte felicitaba a Ayala por mantener a la ciudad surtida.

Tenía el contador dos asistentes. Después que una tercera compañía se formara en 1688, don Tomás pidió permiso para colocar un tercer escribano que se ocupase del papeleo. En lugar de ello, la Corona le mandó rebajar el personal de la contaduría de dos empleados a uno. La cuñada del escribano mayor Juan de Pueyo era nuera de don Tomás, haciéndolo pariente. El contador partió para Nueva España, dejando a Pueyo de encargado.

Era privilegio de los oficiales de la tesorería turnarse en el viaje a Ciudad México para cobrar el situado. Juan el hermano de don Tomás había viajado allá en 1669 y su hermano Antonio hizo el viaje en 1678, 1681 y 1683. Mas don Tomás se quedó en Ciudad México cuatro años

On occasion the Menéndez Márquezes supplied fresh meat to the Apalache garrison as well as to St. Augustine. Yet to operate a ranch in central Florida was becoming increasingly dangerous.

When James Moore invaded the peninsula in 1702 with an army of Carolinians and Creeks, the ranch hands fled and the cattle became feral. Two or three years later a handful of soldiers was stationed in the vicinity of La Chua to salt and dry beef for St. Augustine and drive off the *indios cimarrones* (fugitives) who went there to hunt wild cattle. The soldiers built a blockhouse twelve miles from beleaguered San Francisco. In 1706, under pressure of enemy raiders, the soldiers were withdrawn and La Chua was abandoned for good.

Don Tomás died in New Spain the year his ranch was overrun. His son Francisco did what he could to carry on the family's dual tradition. He was one of Florida's first captains of cavalry and he served as *contador* for thirty-four years, longer than any of his predecessors. Francisco's will referred to the "hacienda de la chua" that had belonged to his fathers, a ranch of legendary proportions lost in the Indian wars.

In 1764, when Florida changed hands, incoming British authorities were presented with a map of Spanish-owned properties in the hands of Indians. Of eight former ranches depicted west of the St. Johns — improbably square ones, with straight-edge borders — five were divisions of La Chua.

It was Don Tomás, a cattleman with connections, who had put La Chua on the map. As a *criollo* taking advantage of a period of peace in a "land of living war," he had shown a vigor that was typically American.

For Further Reading

Bushnell, Amy Turner. "How to Fight a Pirate: Provincials, Royalists, and the Defense of Minor Ports During the Age of Buccaneers." *Gulf Coast Historical Review* 5,2 (Spring 1990): 18-35.

___. *The King's Coffer: Proprietors of the Spanish Florida Treasury, 1565-1702.* Gainesville: University Presses of Florida, 1981.

___. "The Menéndez Márquez Cattle Barony at La Chua and the Determinants of Economic Expansion in Seventeenth-Century Florida."

seguidos, tal vez por no arriesgarse en la travesía mientras estaban en guerra España e Inglaterra. Cuando por fin volvió a aparecer en 1693, el Gobernador Diego de Quiroga y Losada lo confinó al Castillo de San Marcos por haber desatendido dos órdenes directas de volver, dejando San Agustín sin embarque de provisiones por un año.

El arresto de un oficial de tesorería era bastante común. El contador sabía que el recién designado gobernador Laureano Torres y Ayala lo soltaría. La familia Menéndez Márquez pertenecía a un corrillo de criollos que controlaba el comercio entre Cuba y la Florida, y Torres y Ayala era cubano. Además, don Tomás había tenido la previsión de adelantarle a Torres y Ayala dos años de sueldo de los fondos que se debían a Quiroga y Losada.

Frecuentemente aparece durante la década de los 1690 el nombre de Tomás Menéndez Márquez en relaciones que versan sobre la compra de naves, la diplomacia, los asaltos de indios y las relocalizaciones, los sueldos de empleados, las gratificaciones parroquiales, y campanas de iglesia. Pero el contador extrañaba Ciudad México. Volvió allí en 1702 y nuevamente en 1706.

El rancho queda indefenso

Al emprender su segunda carrera, no se olvidó don Tomás de La Chúa. Juan de Hita cuidó los intereses de su suegro desde su cercana estancia, manejada con indios a contrata. Siguieron haciéndose alianzas matrimoniales manteniéndose presente el interés territorial. En 1689 casóse Francisco, el hijo de don Tomás y doña María, con Antonia Basilia de León, hija de una viuda propietaria de estancias al este del río St. Johns. Cinco años más tarde su hija María Isidora se casó con Francisco Romo de Uriza, que en 1682 había tratado de rescatar al padre de ella de los piratas. El rancho de Romo de Uriza, El Chicharro, podía verse desde La Chúa .

La Chúa seguía siendo el mayor latifundio de la Florida. Sus peones eran una mezcla de negros esclavos, mexicanos e indios a contrata. Ocasionalmente los Menéndez Márquez abastecían de carne fresca tanto a la guarnición de Apalache como a San Agustín. Con todo, la operación de un rancho en la Florida central hacíase cada vez más peligrosa.

Cuando James Moore invadió la península en 1702 con un ejército de carolinianos e indios *Creek*, los trabajadores del rancho huyeron y el ganado se volvió salvaje. Dos o tres años después, un puñado de soldados se encontraba destacado en la vecindad de La Chúa para hacer tasajo para San Agustín y espantar a los indios cimarrones que allí acudían a cazar ganado salvaje.

Los soldados edificaron un blocao a doce millas del asediado San Francisco. En 1706, ante la presión de incursiones enemigas, los soldados fueron retirados y La Chúa quedó permanentemente abandonada.

Murió don Tomás en Nueva España el mismo año de la invasión de su

Florida Historical Quarterly 56,4 (April 1978): 407-31.

___. "Patricio de Hinachuba: Defender of the Word of God, the Crown of the King, and the Little Children of Ivitachuco." *American Indian Culture and Research Journal* 3,3 (July 1979): 1-21.

Hann, John H. "Demographic Patterns and Changes in Mid-Seventeenth Century Timucua and Apalachee." *Florida Historical Quarterly* 64,4 (April 1986): 371-92.

Milanich, Jerald T. "The Western Timucua: Patterns of Acculturation and Change." In *Tacachale: Essays on the Indians of Florida and Southeastern Georgia During the Historic Period*, edited by Jerald T. Milanich and Samuel Proctor, 59-88. Gainesville: University Presses of Florida, 1978.

Seaberg, Lillian M. "The Zetrouer Site: Indian and Spaniard in Central Florida." Master's thesis, University of Florida, 1955.

Amy Turner Bushnell, Ph.D. — Lecturer in History, University of California at Irvine; formerly historian for the Historic St. Augustine Preservation Board; author of The King's Coffer: The Proprietors of the Spanish Florida Treasury, 1565-1702 *(University Presses of Florida, 1981) and* The Archaeology of Mission Santa Catalina de Guale: Crown Catholicism in a Maritime Periphery, *forthcoming from the American Museum of Natural History.*

rancho. Su hijo Francisco hizo lo que pudo para continuar la dual tradición familiar; estuvo entre los primeros capitanes de caballería de la Florida y sirvió de real contador por treinta y cuatro años, más tiempo que cualquiera de sus predecesores. El testamento de Francisco hace referencia a "la hacienda de La Chúa" que perteneciera a sus padres, un rancho de tamaño legendario perdido en las guerras con los indios.

Al traspasarse la Florida en 1764 a las nuevas autoridades británicas se les presentó un mapa de propiedades españolas en manos de los indios. De las ocho antiguas haciendas señaladas al oeste del St. Johns — inverosímilmente cuadradas, de lindes rectos — cinco eran subdivisiones de La Chúa.

Fue don Tomás, un ganadero con conexiones, el que hizo La Chúa una realidad. Como criollo que se aprovechaba de un período de paz dentro de una "tierra de guerra perenne", demostró un vigor que era típicamente norteamericano.

Amy Turner Bushnell, Ph.D. — Conferenciante en historia, Universidad de California en Irvine; anteriormente historiadora de la Junta de Preservación Histórica de San Agustín; autora de The King's Coffer: The Proprietors of the Spanish Florida Treasury, 1565-1702 *(University Presses of Florida, 1981) y* The Archaeology of Mission Santa Catalina de Guale: Crown Catholicism in a Maritime Periphery, *próximo a publicarse por el Museo Americano de Historia Natural.*

FATHER JUAN DE PAIVA
Spanish Friar of Colonial Florida

John H. Hann

NE OF THE BEST-KEPT SECRETS OF AMERICAN HISTORY IS that Spanish Florida held the earliest and largest chain of Christian missions within the present limits of the United States. David Hurst Thomas, a noted archaeologist who has explored the Santa Catalina de Guale mission site on Georgia's St. Catherine's Island, drew attention recently to the general unawareness about Florida's mission past in contrast to that of California. He observed that when he began work on St. Catherine's Island in 1974 on a prehistoric Indian site, he was surprised to learn that a Franciscan mission had once flourished among the island's natives as part of an extensive chain that stretched along the coast from the South Carolina border to well below St. Augustine and then westward across north Florida to the vicinity of Marianna. The total number of Florida's missions surpassed that of California; about 100 sites were occupied at one time or another between 1565 and 1705, although the number that operated simultaneously was less than California's, not having exceeded 40.

Florida's missions have had a low profile on the historical horizon because of the lack of records and the absence of visible monuments. No doubt Spanish Florida could boast of having friars of the stature of California's Junípero Serra, but the loss of records due to Florida's proximity to a hostile, expansive English colony and various accidents

EL PADRE JUAN DE PAIVA
Fraile Español de la
Florida Colonial

John H. Hann

NO DE LOS SECRETOS MEJOR GUARDADOS DE LA HISTORIA
norteamericana es que la Florida española mantenía
la primera y mayor cadena de misiones cristianas
dentro los límites actuales de los Estados Unidos.
David Hurst Thomas, un notable arqueólogo que ha
explorado el sitio de la misión de Santa Catalina de
Guale en la isla de St. Catherine en Georgia, llamó la
atención recientemente al desconocimiento general sobre el pasado de
las misiones de la Florida en contraste con el de California. El observó
que cuando comenzó a trabajar en la isla de St. Catherine en 1974 en un
sitio indígena prehistórico, se sorprendió al descubrir que una misión
franciscana había prosperado entre los nativos de la isla como parte de
una extensa cadena que se extendía por la costa desde el borde de
Carolina del Sur hasta bastante más abajo de San Agustín y hacia el
oeste a través del norte de la Florida hasta la vecindad de la Marianna.
El número total de las misiones en la Florida sobrepasaba al de California: alrededor de 100 misiones funcionaban en diferentes momentos
entre 1565 y 1705, aunque el número de las que operaban simultáneamente era menor al de California, nunca sobrepasando 40.

Las misiones de la Florida han mantenido un perfil bajo en el horizonte
histórico por la falta de archivos y la ausencia de monumentos visibles.
Sin duda la Florida española podría enorgullecerse de tener frailes de la
talla de Junípero Serra de California, pero la pérdida de los archivos

have hidden their identity. The fact that Florida's friars built with perishable wattle, daub, and palm straw rather than with stone, adobe, and tile, the favored materials of their counterparts in the Southwest, has hidden the architectural record as well.

Lack of continuity is also a factor. The Florida missions and the native peoples they served were swept away more than 100 years before Florida became U.S. territory. Few among territorial Florida's first settlers were conscious of their region's mission past. Neither were the resident Seminoles of that era, whose ancestors had moved into Florida after their fathers helped destroy the missions and eliminate the area's aboriginal inhabitants.

Jesuits made the initial unsuccessful efforts to Christianize Florida's natives between 1566 and 1572 at a few mission posts among the Calusa and Tequesta of south Florida and the Guale and Escamacu of the Georgia and South Carolina coasts. The Franciscans took up the work in 1573 on a very restricted scale, but it was late in the century before their efforts produced results, at first among the Timucua, who inhabited the region surrounding St. Augustine inland to the St. Johns River and northward along the coast through Cumberland Island, and then among the Guale of the Georgia coast farther north. The effort among the Guale had hardly begun, however, when five of the friars were killed in a native uprising — sparked by a friar's imprudent attempt to punish a newly converted native leader who persisted in maintaining the polygamous unions permitted under native customs. Despite that tragedy, various inland groups soon began to request friars to teach them the new religion. The mission territory, advancing inland, soon encompassed all the Timucuan territory westward to the Aucilla River and to the south of St. Augustine. In 1633 the friars crossed the Aucilla into Apalachee Province to begin their westernmost of their major missionary efforts.

An Exemplary Friar

Father Juan de Paiva is representative of the Spanish Franciscans who served the natives of Florida in those missions. As is the case with most of the friars who came to Florida, nothing is known about Paiva's life prior to his arrival in Florida in 1662, not even the place or date of his birth. (For many Florida friars we have at least those two details of their prior life.) Moreover, little is known about the details of the eighteen or so years that Paiva served in Florida. However, his experience as a pastor in Apalachee, his promotion of a peaceful settlement of the Chacato revolt of 1675, and above all, his authorship of the manuscript describing a summer sport that was a religious ritual and substitute for war make him a good model for a composite image of the Florida friar.

When Paiva composed the ball game manuscript in 1676 and launched a campaign for the abolition of the game, which is discussed in more detail later, he had spent fourteen years in Florida. For half of that period, he

debido a la proximidad de la Florida al territorio expansionista hostil de las colonias inglesas y varios accidentes han escondido sus identidades. El hecho de que los frailes de la Florida construían con perecederos zarzo, barro y paja de palma en vez de con piedra, adobe y loza, los materiales escogidos por sus contrapartes en el suroeste, ha ocultado el historial arquitectónico también.

La falta de continuidad también es otro factor. Las misiones de la Florida y los nativos a los que servían desaparecieron más de 100 años antes de que la Florida se convirtiera en territorio de los Estados Unidos. Pocos de los primeros pobladores de la Florida territorial tenían conocimiento del pasado misionero de la región. Tampoco tenían conocimiento los seminoles residentes de esa era, cuyos antecesores se habían mudado a la Florida después de que sus padres ayudaron a destruir las misiones y a eliminar a los habitantes aborígenes del área.

Los jesuitas hicieron los fallidos esfuerzos iniciales de cristianizar a los nativos entre 1566 y 1572 en algunas misiones entre los calusas y los tequestas del sur de la Florida y los guales y los escamacus de las costas de Carolina del Sur y Georgia. Los Franciscanos continuaron la labor en 1573 a una escala muy restringida, pero no fue hasta más tarde en el siglo que sus esfuerzos dieron resultados, al principio entre los timucuas, que habitaban la región que rodeaba San Agustín tierra adentro hasta el río St. Johns y hacia el norte por la costa por Cumberland Island, y luego entre los guales de la costa de Georgia más al norte. Sin embargo, los esfuerzos entre los guales apenas comenzaban cuando cinco frailes fueron muertos en una revuelta de los nativos, que comenzó cuando un fraile imprudente intentó castigar a un jefe nativo recién convertido que insistía en mantener las relaciones polígamas permitidas bajo las costumbres nativas. A pesar de esa tragedia, varios grupos de tierra adentro comenzaron a pedir frailes para que les enseñaran la nueva religión. El territorio de las misiones, avanzando hacia el interior, pronto comprendía todo el territorio timucua hacia el oeste hasta el río Aucilla y hacia el sur hasta San Agustín. En 1633 los frailes cruzaron el Aucilla adentrándose en la provincia Apalache para comenzar sus mayores esfuerzos misioneros hacia el oeste.

Un fraile ejemplar

El padre Juan de Paiva es el prototipo de los franciscanos españoles que sirvieron a los nativos de la Florida en esas misiones. Como es el caso de la mayoría de los frailes que vinieron a la Florida, nada se sabe sobre la vida de Paiva antes de su llegada a la Florida en 1662, ni siquiera el lugar o la fecha de su nacimiento. (Para muchos de los frailes de la Florida tenemos por lo menos esos dos datos de sus vidas.) Aún más, se sabe poco de los detalles de los más o menos dieciocho años que Paiva sirvió en la Florida. Sin embargo, sus experiencias como pastor en Apalache, su apoyo a una solución pacífica a la revuelta de los chacatos de 1675 y,

had labored at the headquarters mission of San Luis de Talimali, in present-day Tallahassee at the western edge of Apalachee Province. Except for a stint that Paiva served in St. Augustine beginning in 1671, he spent the remaining seven years in other Apalachee settlements. By 1680, the last time his presence in Florida was recorded, Paiva was again stationed in St. Augustine, this time on a three-year administrative assignment, with the title of minister.

When Father Paiva began his work in Apalachee, a generation of children had grown up under the friars' influence. The province had already experienced a baptism of fire fifteen years earlier in a typical nativist reaction in support of the old ways. Although three friars had been killed and all but one of the eight Apalachee missions then in existence had been destroyed, Spanish control was quickly restored, mainly through the efforts of a loyal element among the Christianized Apalachee. A decade after Paiva's arrival, a friar could report that all the natives westward from St. Augustine through Apalachee had been Christianized. Yet Apalachee was still a new enough mission area for many of the aboriginal beliefs and customs to have survived, especially among the older natives. In 1657, the friars in Apalachee complained that the governor's restriction of their authority to monitor and censor the natives' dances had led some of the Indians to return to customs associated with pre-Christian beliefs and practices that the friars had banned. Additionally, the frontier location of Paiva's San Luis mission and the influx into Apalachee of non-Christian natives belonging to other tribes gave Paiva a taste of the experiences of the friars who had established the first mission beachheads.

Confronted by Rebellion

The pioneer missionary's life was not one for the weak of heart. Jeering and ridicule and even some pushing and shoving and threats of more serious physical harm hounded the friar who challenged the old ways and beliefs. He also faced the hostility that was the legacy of Hernando de Soto's brutal passage through much of Florida. On occasion, too aggressive an approach by one of the friars provoked a violent reaction from the natives. Paiva experienced the danger firsthand when just such trouble erupted at the fledgling missions among the Chacato of the Marianna region, and he took prompt action to attempt to contain the resultant damage to the natives and to the friars' work.

The lone friar working among the Chacato in mid-1675 imprudently stripped Juan Fernández de Diocsali, an elderly former chief of the Chacato village of San Carlos de Yatcatanu, of three of the four women with whom he was living and insisted that the chief marry the remaining one in a Catholic ceremony. The former chief, who was half Chisca, had a following among the fearsome natives of that tribe who had a settlement nearby. The same friar had angered others by publicly reprehend-

sobre todo, su manuscrito describiendo un deporte de verano que era un ritual religioso y substituto de la guerra hacen de él un buen modelo para hacernos una idea sobre los frailes de la Florida.

Cuando Paiva compuso el manuscrito del juego de pelota en 1676 y lanzó una campaña para abolir ese juego, lo cual se discute en detalle más adelante, había pasado catorce años en la Florida. Durante la mitad de ese tiempo, trabajó en la misión sede en San Luis de Talimali, en el actual Tallahassee en la orilla oeste de la provincia de Apalache. A excepción de un trabajo que Paiva tuvo en San Agustín comenzando en 1671, él pasó los restantes siete años en otros poblados de Apalache. Para 1680, la última vez que se registra su presencia en la Florida, Paiva estaba otra vez asignado a San Agustín, esta vez por un termino de tres años en una posición administrativa, con título de ministro.

Cuando el padre Paiva comenzó su trabajo en Apalache, una generación de niños había crecido bajo la influencia de los frailes. La provincia ya había experimentado un bautismo de fuego quince años antes en una típica reacción nativa en apoyo de la viejas costumbres. Aunque habían muerto tres frailes y todas menos una de las ocho misiones que existían entonces en Apalache habían sido destruidas, el control español se restauró rápidamente mayormente gracias a los esfuerzos de un elemento leal entre los Apalaches cristianizados. Una década después de la llegada de Paiva, un fraile podía reportar que todos los nativos al oeste de San Agustín hasta Apalache habían sido cristianizados. Sin embargo Apalache seguía siendo una zona misionera lo suficientemente nueva para que muchas de las creencias y costumbres aborígenes hubieran sobrevivido, especialmente entre los nativos mayores. En 1657 los frailes en Apalache se quejaron de que las restricciones impuestas por el Gobernador sobre la autoridad de los frailes para observar y censurar bailes nativos habían llevado a muchos indios a regresar a costumbres asociadas con las creencias precristianas y a practicas que los frailes habían prohibido. Además, la posición fronteriza de la Misión de San Luis, asignada a Paiva, y el influjo dentro de Apalache de nativos no-cristianos pertenecientes a otras tribus le dio a Paiva una muestra de las experiencias de los frailes que habían establecido las misiones pioneras.

Enfrentado a una rebelión

La vida del misionero pionero no era para los débiles de corazón. La burla y el ridículo y aún empujones y amenazas de serios daños físicos acechaban a los frailes que desafiaban las viejas costumbres y creencias. Él también encaró la hostilidad que era el legado del brutal pasó de Hernando de Soto por muchas partes de la Florida. En ocasiones, un acercamiento muy agresivo por parte de algún fraile provocaba una reacción violenta de los nativos. Paiva experimentó el peligro en carne propia cuando ese mismo tipo de problema surgió en las misiones en

ing another leading man among the Chacato for adultery. The result was a widespread conspiracy to kill this troublesome friar and also the friar at the neighboring Savacola mission on the Apalachicola River, after which the conspirators and their followers planned to flee to a prearranged refuge in the distant territory of the Tawasa (near present-day Montgomery, Alabama). As a consequence, two young natives with hatchets assaulted the friar in Chacato, managing only to stun and wound him before the friar shot one of the assailants, at which point the other one fled. Fearing Spanish retaliation, most of the Chacato then fled to Tawasa.

To restore calm and to prevent an even more disruptive retaliation by the Spanish soldiery and their Apalachee allies, Father Paiva intervened. He persuaded the provincial lieutenant, Juan Fernández de Florencia, to attempt a peaceful resolution of the crisis by offering amnesty to all but the ringleaders and pledging that even the ringleaders' lives would be spared if they returned to answer for their crime. Santiago, the loyal second in command, at the Chacato mission of San Nicolás de Tolentino, went to Tawasa to make that overture in the name of the king, the governor, and Father Paiva. A number of Chacato, including several of the ringleaders, accepted the offer and returned. At the subsequent trial, Diocsali was sentenced to perpetual exile from his village and ordered to St. Augustine for what seems to have amounted to house arrest in respect for his age of eighty years. Two other ringleaders who returned received sentences of one year of unpaid forced labor in the royal works at St. Augustine and three more years of the same labor with pay. However, through Paiva's intercession, the sentence of one of them, who was the chief at San Nicolás, was commuted in less than a year. That pardoned chief apparently was to live under surveillance for a time in Paiva's San Luis parish. Permitted to go to Tawasa to bring back his townspeople who had remained there, the pardoned chief instead fled into west Florida to create trouble there for the Christian settlements, thereby thwarting Paiva's policy of conciliation.

In another respect as well Paiva's policy of conciliation had borne bitter fruit. Diocsali used his relative freedom of communication with natives who visited St. Augustine to induce the head chief of the Chisca in west Florida to make raids on the Christian settlements. The Chacato who remained loyal to the Spaniards or who returned to loyalty came under attack. In 1676 and 1677, even Apalachee itself as far east as Ivitachuco was troubled by frequent nighttime raids directed at the capture of women and children to be held as slaves or sold in the recently established English colony of South Carolina. In 1677, the raiders were identified finally as Chisca from a Choctawhatchee River settlement. A new inquiry revealed the role played by Diocsali in fomenting the latest troubles and indicated that the fugitive chief of San Nicolás had reestablished peaceful relations between the Chacato remaining in west Florida

ciernes entre los chacatos de la región de Marianna, y él reaccionó rápidamente para tratar de contener el daño resultante a los nativos y al trabajo de los frailes.

El solitario fraile que trabajaba entre los chacatos a mediados de 1675 imprudentemente le quitó a Juan Fernández de Diocsali, un viejo ex-jefe de la villa de San Carlos de Yatcatamu de los chacatos, tres de las cuatro mujeres con quienes vivía e insistió en que se casara con la restante en una ceremonia católica. El ex-jefe, quien era mitad chisca, tenía seguidores entre los valientes nativos de esa tribu que tenían un poblado cerca. El mismo fraile había enojado a otros al haber reprendido públicamente a otro notable hombre chacato por adulterio. El resultado fue una gran conspiración para matar a este fraile problemático y también al fraile de la vecina misión de Savacola en el río Apalachicola, después de lo cual los conspiradores y sus seguidores planeaban refugiarse en el distante territorio de los tawasas (cerca de la actual Montgomery, Alabama). Como consecuencia, dos jóvenes nativos con hachas atacaron al fraile en chacatos, alcanzando sólo a atontarlo y herirlo antes de que el fraile le disparara a uno de los asaltantes, en ese momento el otro escapó. Temiendo las represalias de los españoles, la mayoría de los chacatos huyeron a Tawasa.

Para restablecer la calma y prevenir una represalia más dañina por parte de la milicia española y sus aliados apalaches, el padre Paiva intervino. El persuadió al lugarteniente provincial, Juan Fernández de Florencia, para que intentara una solución pacífica de la crisis ofreciendo amnistía para todos menos los líderes y asegurando que la vida de los cabecillas sería perdonada si ellos regresaban a enfrentar sus crímenes. Santiago, el leal segundo al mando, en la misión chacato de San Nicolás de Tolentino, fue a Tawasa para hacer la oferta en nombre del Rey, del Gobernador y del padre Paiva. Muchos chacatos, incluyendo varios cabecillas, aceptaron la oferta y regresaron. En el juicio subsiguiente, Diocsali fue sentenciado al exilio perpetuo de su villa y ordenado a San Agustín a lo que parece haber sido un arresto domiciliario en respeto a su edad de ochenta años. Otros dos cabecillas que regresaron recibieron sentencias de un año de trabajo forzado sin paga y tres más con paga en los talleres reales de San Agustín. Sin embargo, con la intercesión de Paiva, la sentencia de uno de ellos, que era jefe en San Nicolás, se conmutada a menos de un año. Ese jefe perdonado aparentemente iba a vivir por un tiempo bajo vigilancia en la parroquia de Paiva, San Luis. Después de permitírsele ir a Tawasa a traer de regreso a la gente de su pueblo que se habían quedado allí, el jefe perdonado se escapó al oeste de la Florida para crear problemas a los poblados cristianos, frustrando así la política de conciliación de Paiva.

También en otra forma la política de conciliación de Paiva había dado frutos agrios. Diocsali uso su relativa libertad de comunicación con los nativos que visitaban San Agustín para convencer al jefe mayor de los

and the Chisca for the purpose of disturbing the Christian settlements. The pardoned Chacato chief was also suspected of seeking to persuade the Pansacola, who had been friendly toward the Spaniards, to participate in the raids on the Christian settlements. Spanish documents allude to a contemplated mission to the Pansacola by Father Paiva in order to counter that move and maintain good relations with the Pansacola.

A Retaliatory Raid

What is certain in this affair is that in September 1677 Apalachee warriors from Paiva's San Luis mission and many more from the nearby Cupaica mission, together with a few reluctant Christian Chacato living near San Luis, retaliated for the Chisca raids on Apalachee by destroying a settlement containing Chisca, Chacato, and Pansacola, located probably on the Choctawhatchee. Many of the Chisca settlement's inhabitants were killed during the surprise attack, launched by way of a trail from the coast to maintain the element of surprise.

Paiva's attitude toward that enterprise is not recorded, but his tacit approval might be inferred from the participation of his parish interpreter and from the warriors' use of a religious banner from the San Luis church as their battle standard. On the other hand, the fact that no chaplain is recorded as having accompanied the natives might indicate disapproval. The influence of the friars in general can probably be seen, however, in the native leaders' rejection of their warriors' request that they be permitted to scalp those whom they killed.

In the missionized areas, the friars were the Spaniards with whom the natives came in contact most frequently and were the strongest force for the controversial cultural change that the European presence brought about. Although Christianization of the natives was the primary objective of friars like Paiva, their role as agents of cultural change embraced much more than religion, influencing the natives' agriculture, dress, practice of curing, conduct of war, recreation, and mores in general. As has been noted in a recent article by Sabine MacCormack on the missionization of Peru's natives, although some missionaries relied on persuasion and built on the natives' pre-Christian beliefs, in general there was an "ever-increasing insistence on the authority, not only of Christianity, but of European concepts of culture, to the exclusion of their Andean equivalents. Conversion to Christianity thus came to entail not only the acceptance of a set of beliefs and religious observances, but also a broad acceptance of alien customs and values." Such acceptance led to the virtual destruction of much of the natives' aboriginal culture. That observation applies even more to the missionization efforts of colonial Florida.

One aspect of Apalachee culture threatened by the Christian missionaries was the ball game. As well as being a sport, playing of the ball game, which was confined to the summer, was an act of worship designed to

chiscas en el oeste de la Florida de que atacara los poblados cristianos. Los chacatos que quedaron leales a los españoles o que regresaron a la lealtad fueron atacados. En 1676 y 1677, aún Apalache tan al este como Ivitachuco tenía problemas con los frecuentes ataques nocturnos dirigidos a capturar mujeres y niños para mantenerlos como esclavos o venderlos en la recién establecida colonia inglesa de Carolina del Sur. En 1677, los atacantes fueron finalmente identificados como chiscas de un poblado del río Choctawhatchee. Una nueva pesquisa reveló el papel de Diocsali en fomentar los últimos problemas e indicó que el jefe fugitivo de San Nicolás había restablecido relaciones de paz entre los chacatos que quedaban en el oeste de la Florida y los chisca con el propósito de perturbar los poblados cristianos. También había sospechas de que el jefe chacato perdonado estaba tratando de persuadir a los pensacolas, quienes eran amistosos con los españoles, para participar en los ataques contra los poblados cristianos. Documentos españoles aluden a una contemplada misión a los pensacolas por parte del padre Paiva para contrarrestar aquellos intentos y mantener las buenas relaciones con los pensacolas.

Un ataque en represalia

Lo que es seguro de este hecho es que en septiembre de 1677 guerreros apalaches de la misión de Paiva, San Luis, y muchos más de la vecina misión de Cupaica, junto con algunos vacilantes chacatos cristianos que vivían cerca de San Luis, tomaron venganza por los ataques chiscas contra los apalaches destruyendo un poblado que contenía chiscas, chacatos y pensacolas, y que estaba probablemente localizado en el Choctwhatchee. Muchos de los habitantes del poblado chisca murieron en el sorpresivo ataque, que fue lanzado por un sendero desde la costa para mantener el elemento de sorpresa.

La actitud de Paiva sobre el incidente no se registró, pero su tácita aprobación se podría inferir por la participación del interprete de su parroquia y por el uso de parte de los guerreros de banderas religiosas de la iglesia de San Luis como sus estandartes de batalla. Por otro lado, el hecho de que no se registre a ningún capellán acompañando a los nativos podría indicar desaprobación. La influencia general de los frailes se puede ver, sin embargo, cuando los jefes nativos rechazan el pedido de los guerreros de permitirles escalpar a los que mataran.

En las zonas con misiones, los frailes eran los españoles con los que los nativos tenían contacto más frecuentemente y eran la mayor fuerza de los controversiales cambios culturales traídos por los europeos. Aunque el objetivo principal de frailes como Paiva era el de cristianizar a los nativos, su papel como agentes del cambio cultural comprendía mucho más que la religión, influenciando la agricultura nativa, el vestido, las prácticas de curación, la conducta en la guerra, la recreación y la moral en general. Como se menciona en un artículo reciente de Sabine

placate the deified forces of nature, such as the sun and thunder and rain, that were associated with the assurance of good crops. The religious content of the game found expression particularly in the ritual for the raising of the ball pole and for preparing for the game.

Father Paiva reflects both the accommodationalist and the ethnocentric approaches in his attitude toward the ball game and other native institutions. By accommodationalism, missiologists mean a general openness toward whatever aspects of native cultures are compatible with the gospel message, while ethnocentrists tend to regard the learned ways and values and socially shared ideas of their own society as the norm for all societies. From 1662 until 1676 Paiva held an accommodationalist attitude toward the game and many of the rituals associated with it. While some of the friars banned the game as soon as they became acquainted with it, Paiva and others rejected so drastic an approach, contenting themselves with pruning away aspects of the game and its associated ceremonies that were more obviously linked to the natives' traditional religious practice or to their superstitions, or, as Paiva phrased it, "We looked the other way and did not take them to task."

Indeed, so deep-rooted was Paiva's tolerance for such native customs that when Bishop Gabriel Díaz Vara Calderón banned the game upon seeing the violence that the game entailed during his 1675 pastoral visitation of the Florida missions, Paiva intervened to convince the prelate to suspend his order. He reminded the bishop of the Crown's admonition that "the natives of these regions should not be deprived of any of their dances as long as they were not contrary to the law of God Our Lord or to their education."

Paiva later described thus one aspect of the violence that disturbed the bishop: "And they fall upon one another at full tilt. And the last to arrive climb up over their bodies, using them as stairs. And, to enter, others [step on] their faces, heads, or bellies, as they encounter them, taking no notice [of them] and aiming kicks without any concern whether it is to the face or to the body, while in other places still others pull at arms or legs with no concern as to whether they may be dislocated or not." Paiva noted that when the pileup was untangled they would usually find "four or five stretched out like tuna," while others would be gasping for breath "because inasmuch as some are wont to swallow the ball, they are made to vomit it up by squeezing their windpipe or by kicks to the stomach. Over there lie others with an arm or leg broken." He added that over the years two players had died during games played at San Luis.

Fray Paiva Opposes the Ball Game

Father Paiva had expressed minor misgivings about the game but felt that his plea to the bishop was justified at that time. However, intervillage animosities growing out of the games in 1676 along with other considerations led him to doubt the stand he had taken and to examine

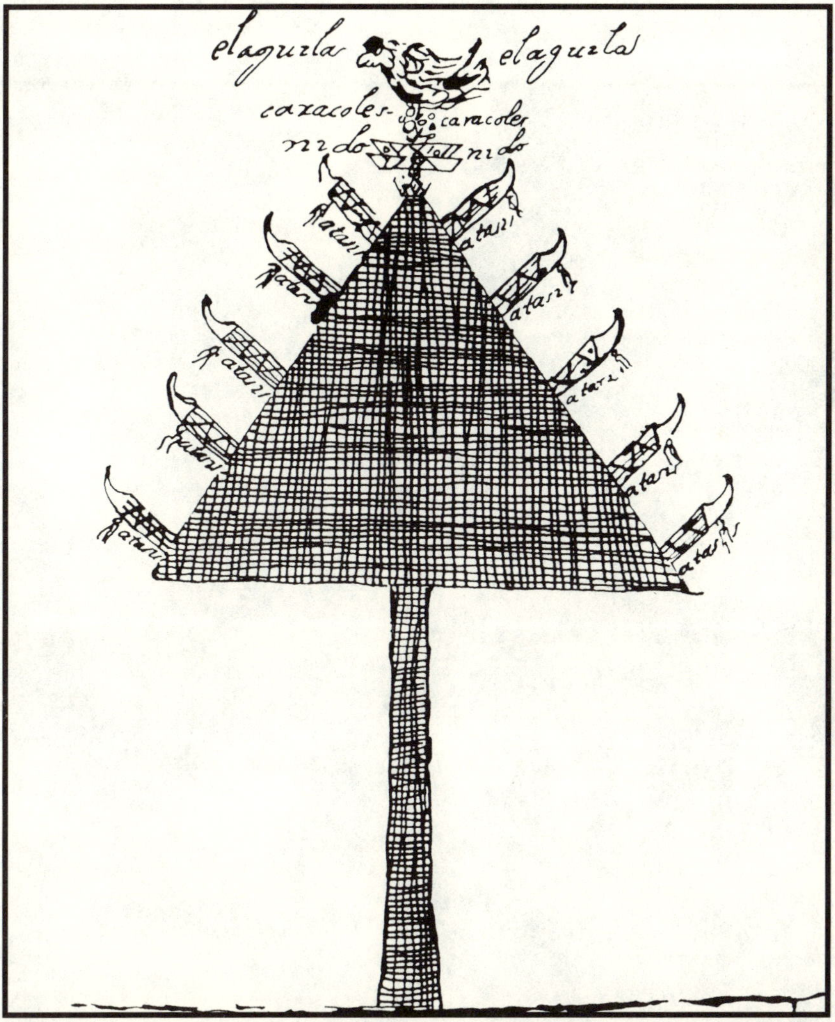

Florida's Apalachee Indians played a game of ball. The game's components included a tall goal post surmounted by an eagle's nest. The Indians dedicated the goal post to Nicoguadca, the thunder god. The game was played with a hard buckskin ball filled with dried mud. Two teams, numbering forty to fifty players, attempted to kick the ball against the goal post or into the eagle's nest. Victory went to the first team to achieve eleven strikes.

Los indios apalaches de la Florida jugaban un juego de pelota. Los componentes del juego incluían un poste alto de gol con un "nido de aguila" en el tope. Los indios dedicaban el gol a Nicoguadca, el dios del trueno. El juego contaba con una pelota de piel, dura, rellena de loco seco. Dos equipos, con unos cuarenta a cincuenta jugadores, trataban de patear la pelota contra el poste o de meterla dentro del "nido." La victoria iba para el equipo que primero lograse once golpes.

Artist's rendering of San Luis de Talimali, a
mission serving the Apalachee.

Concepción artística de San Luis de
Talimali, misión que servía a los apalaches.

An artist's rendering of San Luis de Talimali, a major Spanish-Apalachee Indian mission site near present-day Tallahassee.

Concepción artística de San Luis de Talimali, una importante misión española para los indios apalaches cerca de lo que es hoy Tallahassee.

MacCormack sobre la obra misionera con los nativos del Perú, aunque algunos misioneros dependieron de la persuasión y se basaron en las creencias nativas precristianas, en general había una "creciente insistencia en la autoridad, no solo de la cristiandad, sino del concepto europeo de la cultura, hasta excluir sus equivalentes andinos. La conversión a la cristiandad entonces comprendía no sólo la aceptación de un conjunto de creencias y prácticas religiosas, sino que también una amplia aceptación de valores y costumbres extranjeros". Esa aceptación llevó a la virtual destrucción de mucha de la cultura aborigen de los nativos. Esta observación se aplica aún más a los esfuerzos misioneros de la Florida colonial.

Un aspecto de la cultura apalache amenazado por los misioneros cristianos fue el juego de pelota. Además de ser un deporte, el juego de la pelota, que solo se hacía en el verano, era un acto de culto diseñado para apaciguar las deificadas fuerzas de la naturaleza, como el sol, el trueno y la lluvia, que también estaban asociadas a las buenas cosechas. El contenido religioso del juego se expresaba particularmente en el rito de levantar el poste para la pelota y en la preparación para el juego.

El padre Paiva refleja tanto el enfoque acomodaticio como el etnocéntrico en su actitud hacia el juego y otras instituciones nativas. Por acomodaticio, los misiólogos quieren decir la aceptación general de los aspectos de la cultura nativa que sean compatibles con el mensaje del evangelio, mientras el etnocéntrico tiende a referirse a las maneras aprendidas y los valores y las ideas compartidas socialmente de su propia sociedad como la norma para todas las sociedades. Desde 1662 hasta 1676 Paiva mantuvo una actitud acomodaticia hacia el juego y muchos de los ritos asociados a éste. Aunque muchos frailes prohibieron el juego tan pronto como lo conocieron, Paiva y otros rechazaron esa reacción tan drástica, se satisfacían eliminando algunos aspectos del juego y las ceremonias asociadas que tenían obvia conexión con las prácticas religiosas tradicionales nativas o sus supersticiones, o, como dijo Paiva, "mirábamos para otro lado y no los reprendíamos por ello".

Por cierto, la tolerancia de Paiva hacia esas costumbres nativas estaba tan arraigada que cuando el obispo Gabriel Díaz Vara Calderón prohibió el juego al ver la violencia que contenía durante su visita pastoral a las misiones de la Florida en 1675, Paiva intervino para convencer al prelado de que suspendiera su orden. El le recordó al Obispo la advertencia de la Corona que "a los nativos de esta región no se les deben prohibir sus bailes siempre que no sean contrarios a las leyes de Dios Nuestro Señor o su educación".

Paiva luego describe la violenta persecución de la pelota al comienzo del juego: "Y caen uno encima del otro con todas sus fuerzas. Y los últimos en llegar suben sobre todos sus cuerpos, usándolos como escalera. Y, para entrar, ellos les pisan las caras, las cabezas o las barrigas cuando los encuentran, sin fijarse en ellos y tirando patadas sin preocuparse que

the game more closely. He soon concluded that the game was indeed a barbarous one, replete with superstition and idolatry, and harmful to both the spiritual and the physical well-being of the natives.

To illustrate his belief in the evils associated with the game, Paiva recounted an anecdote told him by his parishioners on his return to San Luis from his 1671 assignment in St. Augustine. The Indians told Paiva that during his absence one of the parishioners, named Talpagana Luis, had died and that Talpagana was a devotee of the thunder-god, Nicoguadca, to whom the game's goalpost was dedicated. Talpagana had instructed the people that as soon as he died, they should cut up his body and place the pieces along with squashes and melons in pots over the fire so that he might leave them with the steam and be converted into mist to provide rain for their fields. "When you hear it thunder," the dying man had assured them, "it is a sign that I am coming." When the ball pole at San Luis was struck by lightning not long after Talpagana's death, the people were convinced that the dead warrior had kept his word and was identified with the thunder-god, prompting Paiva to comment, "And up to the present, they, and particularly the old ones, continue to believe that when it thundered, Nicoguadca was on his way to give them water."

In contrast to some of his confreres, who at times acted abruptly and sternly in dealing with such matters, Paiva moved firmly but gently, appealing to reason and filial affection in leading his parishioners to abandon such practices. Paiva saw the Christianized native and especially his parishioners at San Luis as his "children," to be guided and goaded lovingly into doing what he thought was most in their interest. Nonetheless, once Paiva made his decision that the ball game was "the work of the devil," he firmly pressed for its abolition, rejecting the argument raised by some Spaniards, lay and cleric, that such a move would lead to revolt or to the Indians refusing to labor for the Spaniards. Against such retreat Paiva expostulated: "What have we come to? I ask, to adjust ourselves to their laws and abuses in preaching the evangelical law to them, in correcting their vices, in teaching them virtue? Who would believe this! . . . God's church would have been in a fine fix, if out of fear, it had ceased to preach the holy gospel and to correct and chastise evil and to teach virtue. There is no other course to follow. Hence I am not worried that they will attack these walls. And for the last time I say . . . that this game was invented by the devil."

Modern scholars are grateful that Paiva researched the game as much as he did and that he recorded a substantial portion of what he was told. Although Paiva's work is not of the caliber or scope of that of friars like Bernardino de Sahagun or Motolinia, who wrote of the culture of Mexico's conquest-era Indians, Paiva's description of the ball game and of the rituals associated with it and his presentation of some of the legends about the game's origin provide a rare glimpse of the religious, cultural, and recreational routine of the Apalachee and the other native groups of

sea a la cara o al cuerpo, mientras en otras partes aun otros se tiran de brazos o piernas sin preocuparse si se dislocan o no". Paiva comenta que cuando se deshacía el montón usualmente encontraban "cuatro o cinco aplanados como el atún", mientras a otros les faltaba el aire "porque aunque algunos estaban acostumbrados a tragar la pelota, los hacían vomitarla apretándoles la tráquea o pateándoles el estómago. Allá estaban otros con un brazo o una pierna rota". El añadió que con los años dos jugadores habían muerto en juegos celebrados en San Luis.

Fray Paiva se opone al juego de pelota

El padre Paiva había expresado desaprobaciones menores sobre el juego pero sentía que su pedido al Obispo estaba justificado en aquel momento. Sin embargo, animosidades entre las villas que surgieron de los juegos en 1676 junto con otras consideraciones lo llevaron a dudar de la postura que había tomado y a examinar el juego más detalladamente. El rápidamente llegó a la conclusión de que el juego era ciertamente bárbaro, repleto de idolatría y supersticiones, y peligroso tanto para el bienestar espiritual como para el corporal de los nativos.

Para ilustrar su creencia en los males asociados con el juego, Paiva relata una anécdota que le contaron sus feligreses a su regreso a San Luis de su trabajo en San Agustín en 1671. Los indios le contaron a Paiva que durante su ausencia un parroquiano llamado Talpagana Luis había muerto y que Talpagana era devoto del dios trueno, Nicoguadca, a quien se le dedicó el poste del juego. Talpagana le había explicado a la gente que tan pronto muriera, le cortaran su cuerpo y pusieran los pedazos junto con melones y calabazas en ollas sobre el fuego para marcharse con el vapor y convertirse en lluvia para los campos. "Cuando oigan tronar", les aseguró el hombre moribundo, "es una señal de que yo vengo". Cuando le cayó un rayo al poste de San Luis no mucho después de la muerte de Talpagana, la gente se convenció que el guerrero muerto había cumplido su promesa y se le identificó con el dios trueno, haciendo que Paiva comentara, "Y hasta el presente, ellos, y en particular los viejos, continúan creyendo que cuando truena, Nicoguadca estaba en camino para darles agua".

A diferencia de algunos de sus camaradas, quienes a veces actuaron de una forma abrupta y severa con este tipo de cosas, Paiva actuó con firmeza pero suavemente, apelando a la razón y a la hermandad al guiar a sus feligreses a abandonar esas prácticas. Paiva veía a los nativos cristianizados y en especial a sus feligreses de San Luis como sus "hijos", para ser guiados e incitados amorosamente a hacer lo que él pensaba era lo mejor para ellos. Aún así, una vez que Paiva decidió que el juego de pelota era "obra del diablo", actuó firmemente para conseguir su abolición, rehusando el argumento presentado por algunos españoles, religiosos y laicos, que tal medida llevaría a una revuelta o a que los indios se negaran a trabajar para los españoles. En contra de esa forma de

north Florida with whom they shared this game. He enhanced the value of his manuscript by his inclusion of much material from an earlier document, written possibly at his behest, that detailed the legends and ceremonies. That document was composed by two literate Apalachee who served as interpreters, one for the San Luis parish and the other for the governor's lieutenant at San Luis.

Protective Advocacy between Soldiers and Natives

In 1675, the mission where Paiva and those two native interpreters and the deputy-governor served had a native population of over 1,400 spread over the principal village of San Luis de Talimali and at least three satellite settlements — San Francisco, San Bernardo, and San Augustín. San Luis was home also to a garrison of about twenty soldiers and the beginnings of a Spanish community of ranchers and merchants. Apalachee Province then contained thirteen other missions and a total of forty or more settlements administered by the lieutenant at San Luis. As a trading center, San Luis attracted visitors from tribes living to the west and northwest of Apalachee as well as merchants from Cuba.

The presence of the lay Spaniards probably gave Paiva ample opportunity to assume the friar's traditional role as spokesman for and protector of the native in cases of dispute, mistreatment, or exploitation involving the Indians. But the records do not reveal that Paiva engaged in any of the acrimonious confrontations with the authorities that troubled many of the friars. That he was bold enough to question the bishop's banning of the ball game suggests that he would not have hesitated to defend his parishioners against the usual abuses practiced by the Spanish soldiers and civilians. Paiva's mediation in the Chacato revolt is a muted example of such protective advocacy. Aware that some of his confreres baptized natives before the natives fully understood the obligations they were assuming and cognizant of the childlike fickleness of some among the natives, Paiva pleaded for amnesty for most and a lessening of the usual penalties for the guilty leaders who returned to obedience to the Crown's authorities.

Typical of the friars' behavior in such situations is the strong stand taken by a number of the friars in 1657 against the governor's planned expansion of the garrison at Apalachee. The friars called for the removal of all the troops lest the fears engendered by the soldiers' presence and the burden of feeding them without compensation spark a revolt in which, the friars alleged, their own lives might be at risk. Provoked by the friars' activity to stiffen the natives' resistance, the lieutenant at San Luis, in a letter to the governor, exploded in exasperation over the contrariness, as he put it, "of the damned priests to what the Spaniards, or to put it better to what your excellency does and purposes." To the governor's rejoinder that the chiefs had agreed earlier to the soldiers' presence, the friars replied that even though the chiefs might bow to the governor's

pensar Paiva expuso: "¿A qué hemos llegado? Pregunto, ¿a ajustarnos a sus leyes y abusos al predicarles la ley del evangelio a ellos, al corregirles los vicios, al enseñarles la virtud? ¡Quien lo creería! . . . La iglesia de Dios estaría en un buen aprieto, si por miedo, dejara de predicar el santo evangelio y de corregir y castigar el mal y enseñar virtud. Por lo tnato no me preocupa que ataquen estas paredes. No hay otro camino a seguir. Y por última vez digo . . . que este juego fue inventado por el diablo".

Lo estudiosos modernos están agradecidos que Paiva investigó el juego tanto como lo hizo y que anotó gran parte de lo que le dijeron. Aunque el trabajo de Paiva no es del calibre o del alcance del de los frailes como Bernardino de Sahagun o Motolinia, que escribieron de la cultura de los indios de México en tiempos de la conquista, la descripción que hace Paiva del juego de pelota y de los rituales asociados con él y su presentación de algunas leyendas sobre el origen del juego proveen una rara visión de la rutina religiosa, cultural y recreativa de los apalaches y de otros grupos nativos del norte de la Florida con los que ellos compartían este juego. El aumentó el valor de su manuscrito al incluir bastante material de un documento anterior, escrito probablemente a petición suya, que detallaba las leyendas y las ceremonias. Ese documento lo compusieron dos apalaches letrados que servían de interpretes, uno para la parroquia de San Luis y el otro para el teniente del gobernador en San Luis.

Función de protector entre soldados e indios

En 1675, la misión donde Paiva y esos dos interpretes nativos y el gobernador diputado servían tenía una población nativa de más de 1,400 esparcida por la villa principal de San Luis de Talimali y por lo menos tres poblados satélites — San Francisco, San Bernardo y San Agustín. San Luis también era el hogar de una guarnición de unos veinte soldados y los comienzos de una comunidad española de rancheros y comerciantes. La provincia de Apalache tenía entonces otras trece misiones y un total de cuarenta o más poblados administrados por el teniente de San Luis. Como centro de comercio, San Luis atraía visitantes de tribus que vivían al oeste y al noroeste de Apalache así como también a comerciantes de Cuba.

La presencia de españoles laicos probablemente le dio a Paiva la oportunidad de asumir la función tradicional del fraile como representante y protector de los nativos en casos de disputa, maltrato o explotación concernientes a los indios. Pero los archivos no revelan que Paiva se involucrase en ninguna acre confrontación con las autoridades que preocupaban a muchos de los frailes. El hecho de que él se atreviese a cuestionar la decisión del obispo de prohibir el juego de pelota sugiere que no hubiera vacilado en defender a sus feligreses de los abusos usuales de los soldados y civiles españoles. La mediación de Paiva en la revuelta de Chacato es un ejemplo mudo de esta función de protector. Consciente de que algunos de sus compañeros bautizaban a los nativos antes de que

will when pressed, it was the ordinary Indians, not the chiefs, who would bear the burden, and that once their Indians began to murmur, the distinction between chiefs and Indians disappeared and they all became Indians and were easily swayed. "In addition to which," the friars went on, "as they are so fickle, what pleases them today, they abhor tomorrow."

The friars then brought another issue to the governor's attention. "Sir, these Indians are very jealous and they are excited beyond measure when someone approaches their wives, daughters, or sisters. And the lieutenant and the soldiers who are there are men and by that fact weak. And it does not surprise us that some restlessness of this sort should be encountered among them (the Indians), but it does weigh on us because of the offense against God and because this conversion is new and also because of seeing them offended. And if their presence here continues, we do not doubt that their irritation will reach the point that is feared, for they did not have nearly as much reason for the rebellion that they staged some years past."

Warning of Revolt

The respect of most friars for the sensibilities of the Indians in matters that did not conflict with the laws of God as understood by the friars is reflected in the provincial chapter's arraignment of the governor in 1657 for precipitating a revolt by the natives of Timucua the preceding year. To strengthen St. Augustine against a feared English attack, the governor ordered Apalachee and Timucua leaders to come to St. Augustine with some of their men and that each Indian should carry sufficient food on his back for the trip and for a month's stay at St. Augustine. The governor maintained his order despite objections from the native leaders — and despite warnings from the friars that it was unheard of for the leaders to carry such burdens and that serious trouble threatened. The consequence was eight months of revolt in Timucua that led to the destruction and disappearance of many of that province's missions. The friars reported to the Crown that the native leaders "were deeply offended because of viewing themselves as natural lords in their lands and that they should be obliged to carry loads, something that they have never been accustomed to and which is done only by the plebeians among their vassals." The friars then observed that while they were well aware that orders pertaining to the royal service were to be obeyed without objection, the governor should have respected the natives' traditions and phrased his orders with an eye to their capacity. "It is a very different matter," the friars remarked, "to give orders to a Spaniard who knows what it is to obey than to one who does not know how to take such orders; and he should also have considered that it is a people that is obedient to your majesty only because of the preaching of the gospel."

At times such as that of the 1656 revolt, the friars' position as servants of the king as well as ministers of religion was a delicate and trying one

éstos entendieran completamente la obligaciones que asumían y reconociendo la inconstancia infantil de algunos de los nativos, Paiva pedía la amnistía para la mayoría y la reducción de la sentencias usuales para los líderes culpables que regresaban a la obediencia de la autoridad de La Corona.

Típico del comportamiento de los frailes en estas situaciones es la fuerte posición tomada por muchos frailes en 1657 contra los planes del gobernador de expandir la guarnición en Apalache. Los frailes pidieron que se removieran todas las tropas para disminuir el miedo infundido por la presencia de los soldados y porque el problema de alimentarlos sin compensación podría instigar una revuelta, en la cual, alegaban los frailes, sus propias vidas estarían en peligro. Provocado por las actividades de los frailes para alentar la resistencia de los nativos, el teniente en San Luis, en una carta al gobernador, explotó exasperado por la contradicción, como él lo expuso, "de los malditos sacerdotes a lo que los españoles, o para ponerlo mejor a lo que su excelencia hace y propone". Al reclamo del gobernador de que los jefes habían accedido anteriormente a la presencia de los soldados, los frailes respondieron que aunque los jefes hubieran aceptado los deseos del gobernador cuando se les presionó, eran los indios comunes, y no los jefes, los que llevarían el problema, y que una vez sus indios comenzacen a murmurar, la distinción entre jefes e indios desaparecía y todos se convertían en indios y se les convencía facilmente. "Además de que", continuaban los frailes, "como son tan inconstantes, lo que les agrada hoy, lo aborrecen mañana".

Los frailes entonces presentaron otro problema al gobernador. "Señor, estos indios son muy celosos y se excitan inmesurablemente cuando alguien se acerca a sus esposas, hijas o hermanas. Y el teniente y los soldados que están allí son hombres y por ende débiles. Y no nos sorprende que alguna inquietud de este tipo surja entre ellos (los indios), pero nos pesa a nosotros por la ofensa contra Dios y porque esta conversión es nueva y también por verlos ofendidos. Y si su presencia aquí continua, no dudamos que la irritación llegará al punto que se teme, porque ellos no tenían aún tanta razón para la rebelión que montaron hace algunos años."

Aviso de revuelta

El respeto de la mayoría de los frailes por las sensibilidades de los indios sobre cosas que no estabán en conflicto con las leyes de Dios como las entendían los frailes se refleja en la acusación del capítulo provincial al gobernador en 1657 por precipitar una revuelta de los nativos de Timucua el año anterior. Para reforzar a San Agustín contra un temido ataque inglés, el gobernador les ordenó a líderes apalaches y timucuas que fueran a San Agustín con algunos de sus hombres y que cada indio debía cargar suficiente comida para el viaje y un mes de estadía en San Agustín. El gobernador mantuvo sus ordenes sin importarle las ob-

as they sought to continue to minister to their flocks without becoming disloyal to the Crown or arousing the enmity of the natives. The friars grieved to see people whom they had labored to convert perish at the hands of their fellow Spaniards or turn away from the missions in disillusion. In the 1657 chapter meeting, the friars remarked on the afflictions and anxieties endured by their colleagues who remained at their posts in Timucua despite the troubles. "The greatest problem," the chapter noted, "consists in the continual bodily anguish that the religious suffered in finding themselves reviled by the greater part of the Indians, deprived of the necessary provisions, and many times alone and forsaken in their friaries because the Indians attended solely to their dances and preparations for war, to which they devoted their time, living like pagans during that period. This (Sire) was the greatest sorrow of the gospel ministers because they believed that the devil was prompting the Indians to every sort of perdition and to the defeat of the friars' efforts for the salvation of their souls. And because it was possible for the little ones to die without the benefit of the holy sacrament of baptism because the majority of the Indians were wandering through the woods with their wives." A number of epidemics that swept through Florida during this period enhanced that possibility.

In a parallel to Paiva's peace mission to the fugitive Chacato Tawasa, one of the senior chapter members, on learning of the outbreak of the 1656 revolt, set out in the dead of night with one companion to search for the head chief who led the revolt in order to impress on the rebels the gravity of their crime in murdering six soldiers, as well as the evil consequences for their people physically and spiritually if they continued on the path of rebellion. The friar sought to convince them to end the armed struggle and to seek redress in another fashion. The friar's plea to the rebel chiefs, whom he found at Mission Santa Helena de Machaba in Madison County, Florida, fell on deaf ears. The head chief responded that "he and the rest of the Indians were not abandoning the law of God, nor refusing to be obedient to the king, but attempting only to liberate themselves from continuous injuries and vexation and that they could not achieve this in any other way than by the one they had chosen."

Independent Volunteers

Although friars, like soldiers, were obliged to go wherever they were ordered to under their vow of obedience, all of the Franciscans who came to Florida appear to have volunteered. And although the friars, again like the soldiers, received a stipend from the Crown, they maintained an independence of spirit typified by Father Diego Delgado's rebuke to Bishop Juan de las Cabezas Altamirano in 1606 when the bishop told the Guale natives at Espogache that the friars were sent to them by the king. Delgado replied testily that the friars were sent by their religious superiors and not by the king.

jeciones de los jefes nativos — y a pesar de los avisos de los frailes que era inaudito que los jefes tuvieran esa carga y que amenazaban serios problemas. Las consecuencias fueron ocho meses de revueltas en Timucua que llevaron a la destrucción y la desaparición de muchas misiones de la provincia. Los frailes informaron a La Corona que los líderes nativos "estaban profundamente ofendidos porque se veían a sí mismos como líderes naturales de sus tierras y que fueran obligados a cargar pesos, algo que nunca acostumbraban a hacer y que sólo lo hacía la plebe entre sus vasallos". Los frailes entonces observaron que aunque estaban al tanto de que ordenes que tenían que ver con el servicio real tenían que obedecerse sin objeción, el gobernador debió haber respetado las tradiciones de los nativos y enunciado sus ordenes con vistas a sus capacidades. "Es algo muy diferente", los frailes comentaron, "dar ordenes a un español que sabe lo que es obedecer que a alguien que no sabe como recibir esas ordenes; y él también debió haber considerado que es gente que obedece a su majestad sólo por la predicación del evangelio."

En tiempos como los de la revuelta de 1656, la posición de los frailes como servidores del Rey y también como ministros de la religión era una muy delicada y molesta cuando trataban de continuar sirviendo a sus feligreses sin volverse desleales a La Corona o causando la enemistad de los nativos. A los frailes les dolía ver a la gente que ellos trabajaron para convertir morir a manos de compañeros españoles o alejarse de las misiones desilusionados. En la reunión del capítulo de 1657, los frailes comentaron sobre las aflicciones y ansiedades sufridas por sus colegas que permanecían en sus puestos en Timucua a pesar de los problemas. "El mayor problema", denotó el capítulo, "consiste en la continua angustia corporal que sufren los religiosos al encontrarse injuriados por gran parte de los indios, privados de las provisiones necesarias y en muchas ocasiones solos y olvidados en sus monasterios porque los indios atendían solamente a sus bailes y preparativos para la guerra, a los que dedicaban todo su tiempo, viviendo como paganos durante ese tiempo. Esto (señor) era la mayor pena de los ministros del evangelio porque ellos creían que el diablo impulsaba a los indios a toda clase de perdiciones y a vencer los esfuerzos de los frailes para la salvación de sus almas. Y porque era posible que los pequeños muriesen sin el beneficio del santo sacramento del bautismo porque la mayoría de los indios se paseaban por los bosques con sus mujeres". Un sinnúmero de epidemias que arrasaron por la Florida en este tiempo aumentaban esa posibilidad.

En un paralelo de la misión de paz de Paiva a los chacatos fugitivos en Tawasa, uno de los principales miembros del capítulo, al enterarse de la revuelta de 1656, emprendió en plena noche con un acompañante la busca del jefe principal que encabezaba la revuelta para hacerles comprender a los rebeldes la gravedad de su crimen al asesinar a seis soldados, como también las malas consecuencias para su gente física y espiritualmente si continuaban el camino de la rebelión. El fraile trató

As is typical of any human institution, not all the friars lived up to the ideals they had espoused on entering the religious life and on setting out to devote their lives to the natives of Florida. Strong criticism of the friars exists in the correspondence of several of the governors. Although many of the governors' complaints are suspect, the assessment made by Governor Laureano de Torres y Ayala in 1697 is probably a balanced one, having been made at a time Michael Gannon has characterized as one when "there seemed to be something lacking in the Franciscan spirit." Governor Torres reported to the king that in the matter of the friars maintaining the ideals of their institute, there were a few friars who were wanting in devotion to fulfilling the spiritual needs of their parishioners as they should or who were overly preoccupied with material concerns, using their positions at their missions to send out cargoes of bacon, lard, tobacco, deerskins, and other products of the land to their financial agents. Other complaints concerned those who employed their parishioners in the planting of maize and wheat for the benefit of the friars and to the detriment of the natives who planted it and cared for it and then carried it to market without any compensation. But even in this worst of times, the governor noted that the number of friars who behaved thus was very small, and that he considered all the rest to be exemplary pastors and good teachers and so detached from worldly concerns that they kept almost nothing for themselves from the stipend provided by the king, but instead distributed most of it among their parishioners as soon as they received it.

For Further Reading

Boyd, Mark F., Hale G. Smith, and John W. Griffin. *Here They Once Stood: The Tragic End of the Apalachee Missions.* Gainesville: University of Florida Press, 1951.

Gannon, Michael V. *The Cross in the Sand: The Early Catholic Church in Florida, 1513-1870.* 2d ed. Gainesville: University Presses of Florida, 1983.

Hann, John H. *Apalachee: The Land between the Rivers.* Gainesville: University Presses of Florida, 1988.

de convencerlos de terminar el conflicto armado y conseguir compensación de otra forma. La petición del fraile al jefe indio, al que encontró en la misión de Santa Helena de Machaba en el condado de Madison, Florida no tuvo efecto. El jefe indio respondió que "él y el resto de los indios no estaba abandonando la ley de Dios, ni negándose a obedecer al Rey, pero que solo trataban de liberarse de las continuas heridas y disgustos y que no podían lograrlo de ninguna otra manera mas que la que habían escogido".

Voluntarios independientes

Aunque los frailes, al igual que los soldados, estaban obligados a ir a donde se les ordenaba bajo sus votos de obediencia, todos los franciscanos que vinieron a la Florida parecen haberse ofrecido voluntariamente. Y aunque los frailes, otra vez al igual que los soldados, recibían paga de La Corona, ellos mantenían una independencia de espíritu demostrada por el reproche del Padre Diego Delgado al Obispo Juan de las Cabezas Altamirano en 1606 cuando el obispo les dijo a los nativos guale en Espogache que los frailes les habían sido mandados a ellos por el Rey. Delgado contestó desafiante que los frailes fueron mandados por sus superiores religiosos y no por el Rey.

Como es típico en cualquier institución humana, no todos los frailes cumplieron con los ideales que abrazaron al entrar a la vida religiosa y lanzarse a dedicar sus vidas a los nativos de la Florida. Existe una fuerte crítica de los frailes en la correspondencia de varios de los gobernadores. Aunque muchas de las quejas de los gobernadores son sospechosas, la observación hecha por el gobernador Laureano de Torres y Ayala en 1697 es probablemente equilibrada, hecha en un tiempo que Michael Gannon caracteriza como uno en que "parecía faltarle algo al espíritu franciscano". El gobernador Torres le informó al Rey que en la cuestión de los frailes manteniendo los ideales de su institución, había algunos frailes a los que les faltaba la devoción para llenar las necesidades espirituales de sus feligreses como debían o que estaban demasiado preocupados por la asuntos materiales, usando su posición en las misiones para enviar cargas de tocino, manteca, tabaco, pieles de venado y otros productos de la tierra a sus agentes financieros. Otras quejas tenían que ver con aquellos que usaban a sus feligreses en el cultivo de maíz y trigo para beneficio de los frailes y en perjuicio de los nativos que los plantaban, los cuidaban y los cargaban al mercado sin ninguna compensación. Pero aún en los peores tiempos, el gobernador anotó que el número de frailes que actuaba de esta forma era muy pequeño y que él consideraba al resto como pastores ejemplares y buenos maestros y tan separados de las cuestiones mundanas que casi no se quedaban con nada de la paga que recibían del rey para sí, sino que la distribuían casi toda entre sus feligreses tan pronto como la recibían.

___. "Church Furnishings, Sacred Vessels and Vestments Held by the Missions of Florida: Translation of Two Inventories." *Florida Archaeology* no. 2. (1986): 147-64.

___. "Demographic Patterns and Changes in Mid-Seventeenth Century Timucua and Apalachee." *Florida Historical Quarterly* 64 (April 1986): 371-92.

___. *Missions to the Calusa.* Gainesville: University Presses of Florida. Forthcoming.

Lanning, John Tate. *The Spanish Missions of Georgia.* Chapel Hill: University of North Carolina Press, 1935.

Luzbetak, Louis J. "If Junípero Serra Were Alive: Missiological-Anthropological Theory Today." *The Americas* 41 (April 1985): 513-14.

MacCormack, Sabine. " 'The Heart Has Its Reasons': Predicaments of Missionary Christianity in Early Colonial Peru." *Hispanic American Historical Review,* 65 (August 1985).

Milanich, Jerald T., and Samuel Proctor, eds. *Tacachale: Essays on the Indians of Florida and Southeastern Georgia During the Historic Period.* Gainesville: University Presses of Florida, 1978.

Thomas, David Hurst. "The Archaeology of Mission Santa Catalina de Guale." 63 *Anthropological Papers of the American Museum of Natural History.* New York: American Museum of Natural History, 1987.

John H. Hann, Ph.D. — Historian for the San Luis Archaeological and Historical Site, Bureau of Archaeological Research, Florida Department of State; author of Apalachee: The Land between the Rivers *(University Presses of Florida, 1988),* Missions to the Calusa *(forthcoming), and "Demographic Patterns and Changes in Mid-Seventeenth Century Timucua and Apalachee,"* Florida Historical Quarterly *(vol. 64, April 1986), which received the Florida Historical Society's Arthur W. Thompson Memorial Prize for best article.*

John H. Hann, Ph.D. — Historiador del San Luis Archaelogical and Historical Site, Bureau of Archaeological Research, Departamento de Estado de la Florida; autor de Apalachee: The Land between the Rivers *(University Presses of Florida, 1988), Missions to the Calusa (a publicarse proximamente) y "Demographic Patterns and Changes in Mid-Seventeenth Century Timucua and Apalachee",* Florida Historical Quarterly *(vol. 64, abril 1986), el cual recibió el premio Arthur W. Thompson Memorial de la Sociedad Histórica de la Florida por mejor artículo.*

FRANCISCO XAVIER SÁNCHEZ
Floridano Planter

Jane G. Landers

ORN IN 1736, FRANCISCO XAVIER SÁNCHEZ WAS A *Floridano*, or "old Floridian." Sánchez began his life's work under the first Spanish regime (1565-1763), stayed on through the British interregnum, and became one of the most important planters in second period Spanish Florida (1784-1821). His vast cattle ranches on the Diego Plains, at the head of the Tolomato River, supplied fresh meat that sustained the residents of St. Augustine. He was the official beef and firewood contractor for the Spanish government, and often its creditor. Sánchez also plied an important trade with Cuba, was an associate in a major merchant house in Florida, owned retail stores in St. Augustine, and supplied the government with Indian trade goods.

Sánchez's landholdings and wealth made him a respected and influential member of the Spanish community, but they also made him the target of Spain's numerous enemies, and he was embroiled in the periodic violence that plagued Florida in the second Spanish period. In spite of the chaos, Sánchez managed to build an empire consisting of ten separate

FRANCISCO XAVIER SÁNCHEZ
Hacendado Floridano

Jane G. Landers

ACIDO EN 1736, FRANCISCO XAVIER SÁNCHEZ ERA DE ARRAIGO floridano. Inicia su obra durante el primer período español (1565-1763), permanece durante el interregno británico y se hace uno de los más importantes hacendados en el segundo período español (1784-1821). Sus vastas ganaderías en los llanos de Diego (Diego Plains), en el nacimiento del río Tolomato, abastecían de carne fresca a los residentes de San Agustín. Fue el contratista oficial para carne de res y leña del gobierno español y a menudo su acreedor. También mantuvo Sánchez importante comercio con Cuba, fue socio de una de las mayores casas mercantiles floridanas, dueño de tiendas de venta al detalle en San Agustín y proveedor del gobierno de mercancías para el comercio con los indios.

La propiedad inmueble y la riqueza de Sánchez le hicieron miembro muy influyente de la comunidad española, mas también lo convirtieron en blanco de los numerosos enemigos de España y se vio embrollado en la periódica violencia que hizo epidemia en la Florida durante el segundo período de dominio español. A pesar del caos, Sánchez logró crear un

plantations and many thousands of acres of valuable land before his death in 1807. He left behind two large families — one white and one mulatto — and they and their descendants played significant roles in Florida's territorial development and early statehood.

Rise to Affluence

Francisco's father, Joseph Sánchez de Ortigosa, was born in Ronda, Spain. His family emigrated to Cuba and finally relocated to St. Augustine at the beginning of the eighteenth century. There Joseph Sánchez married Juana Theodora Pérez, whose family had been residents of St. Augustine since the middle of the seventeenth century. Joseph and Juana had six daughters and four sons, the youngest of whom was Francisco Xavier. Joseph Sánchez petitioned for a royal land grant on which to support his sizable family, and this grant became the nucleus of the Sánchez estates.

All Spanish territories were considered part of the royal patrimony, and the king, through his representatives, made donations of lands to reward service or further royal policy. Recipients were expected to live on and improve the land or forfeit it. Although early Florida governors had been reluctant to create a landed elite among the *criollos* (persons of Spanish descent born in the New World), by the seventeenth century Spain's sovereignty in Florida was challenged, and the Crown knew that in order to hold the colony, it would have to populate it. During this period about a dozen local families rose to prominence in Florida, dominating the bureaucracy, acquiring huge tracts of cattle land, and building upon them vast cattle ranches, or *haciendas*.

A sizable *hacienda* encompassed the main estate, assorted ranch buildings such as cook houses, stables, granaries, storehouses, houses for the ranch and field hands, carpentry and ironworking shops, and a slaughterhouse. The *haciendas* were largely self-sufficient operations, and *hacendados* raised horses, oxen, and fowl in addition to cattle, as well as corn and other garden crops. By the eighteenth century, cattle cost only about 3 pesos a head, but a prime cattle hand or skilled slave might cost between 300 and 500 pesos. Although cattle and slaves constituted his major expenses, an owner also had to invest in tools, equipment, gristmills, tack, and the clothing and necessities of the slave population that provided the labor on the large ranches. In addition, he faced the costs of transporting the cattle or dried meat, hides, and tallow to markets in St. Augustine, Havana, and Spain. A large rancher like Sánchez owned a variety of watercraft ranging in size from *piraguas* (Indian canoes) to brigantines.

The disastrous Indian wars of the late seventeenth century and raids by Colonel James Moore of Carolina from 1702 to 1706 destroyed the ranches of the interior grasslands of north-central Florida, but the cattle industry remained critical to the colony. As a military outpost Florida

imperio de diez sendas haciendas y miles de acres de valiosos terrenos antes de su fallecimiento en 1807. Dejó dos numerosas familias — una blanca y la otra mulata — y ellos y sus descendientes desempeñaron importantes papeles en el desarrollo territorial de la Florida y sus primeros años como estado.

Ascenso a la opulencia

El padre de Francisco, José Sánchez de Ortigosa, nació en Ronda, España. Emigró su familia a Cuba y se relocalizó en San Agustín a inicios del siglo XVIII.

Allí se casó José Sánchez con Juana Theodora Pérez, de familia oriunda de San Agustín desde mediados del siglo XVII. Tuvieron José y Juana seis hembras y cuatro varones, de los cuales fue Francisco Xavier el más joven. José Sánchez peticionó una real merced de tierra para el sostén de su numerosa prole y esta merced formó el núcleo del patrimonio Sánchez.

Considerábanse todos los territorios españoles cuales partes del real patrimonio, y el Rey, mediante sus representantes, otorgaba tierras como premio por servicios o para promover la política del trono. Suponíase que los que recibían tales mercedes vivirían en las tierras, haciendo mejoras y de lo contrario, perderíanlas. Aunque los primeros gobernadores de la Florida se sintieron renuentes a crear una élite agraria entre los criollos, ya para el siglo XVII la soberanía de España se disputaba y la Corona sabía que para mantener posesión tendría que poblar la colonia. Durante este período una docena de familias locales llegaron a la prominencia en la Florida, dominando la burocracia, adquiriendo enormes extensiones de tierra para ganado y formando en ellas vastos ranchos o haciendas.

La hacienda de buen tamaño comprendía la propiedad principal en la cual tenían asiento las múltiples edificaciones rancheras, como las cocinas, los establos, graneros, almacenes y casas para la mano de obra, los talleres de carpintería y fundiciones, y un matadero. Eran mayormente operaciones autosuficientes y las haciendas y los hacendados criaban caballos, bueyes y aves de corral además de ganado vacuno, así como maíz y productos de hortaliza. Ya para el siglo XVIII una res costaba sólo tres pesos, mientras un vaquero o esclavo de primera categoría valía entre 300 y 500 pesos. Aunque el ganado y los esclavos constituían el mayor gasto, también tenía el hacendado que hacer inversión en herramientas, equipos, molinos, clavos, así como la ropa y las necesidades de la población esclava que suministraba la mano de obra de los ranchos grandes. Además, había que costear el transporte del ganado o el tasajo, los cueros y el sebo para los mercados de San Agustín, La Habana y España. Un hacendado de gran escala como Sánchez poseía una variedad de embarcaciones desde piraguas a bergantines.

Las desastrosas guerras indias a fines del siglo XVII y las incursiones del coronel James Moore de la Carolina entre 1702 y 1706 destruyeron

depended on a government subsidy, called the *situado*. Many times the *situado* was intercepted, diverted, or lost, and Florida was forced to fend for itself. In this context the cattle industry and the people who fed the hard-pressed colony took on added significance. In the middle of the eighteenth century, a beneficial marriage linked the Sánchez family to one of Florida's surviving cattle dynasties. The marriage of Francisco's brother Joseph to Diego Espinosa's daughter Antonia was critical to the Sánchez family fortunes, for Diego Espinosa owned the largest cattle ranch north of St. Augustine and enjoyed considerable influence with the government. The merger of the Sánchez and Espinosa families enabled them to pool their resources and practice economies of scale, thereby increasing their wealth. The Sánchez family continued its ascent.

The British Interregnum

In 1763 the Seven Years' War ended, and in order to reclaim Havana, Spain ceded Florida to England. In the evacuation that followed, most Spaniards departed with their government, but Francisco Xavier Sánchez retained title to his lands and remained, as permitted by treaty. During the British occupation Sánchez managed his cattle ranch in the Diego Plains and provided the English with meat and firewood, as he had the Spanish. Sánchez made the most of these government contracts and used his profits to acquire more land from Florida's new rulers. He gained title to over 1,000 acres in the Diego Plains during the brief twenty years the English held the colony. But in 1779, Spain and England were once more at war, and the British governor, Patrick Tonyn, began to distrust Sánchez's Spanish heritage. Sánchez made his loyalties clear when he aided a group of Spanish soldiers held prisoner in St. Augustine. These unfortunates had been part of an expedition sent from Cuba to capture the Bahama Islands. They were captured by British corsairs, endured a shipwreck, and were finally taken to St. Augustine in pitiable condition. Sánchez provided them with food and clothes and at war's end shipped them back to Havana in his brigantine.

Toward the end of the American Revolution, Florida became a haven for loyalist planters from Charleston and Savannah who attempted to transfer their operations southward. The planters brought as much property and as many slaves as they could evacuate from cities taken by the patriot forces. This rapid influx of population and capital created a boom in Florida, from which Sánchez undoubtedly prospered, but it also destabilized the colony, which was unprepared for such rapid growth. The boom, however, was short-lived, for once again the fortunes of European war dictated Florida's history.

The Treaty of Paris that ended the American Revolution returned Florida to Spanish control. On hearing the happy news in 1783, Francisco Sánchez went to Cuba. Before leaving Florida, he placed his trusted slave and the skilled butcher of his cattle, Felipe Edimborough, in charge of

los ranchos de las sabanas interiores del centro-norte de la Florida; sin embargo la ganadería siguió como factor crítico a la colonia. Como avanzada militar la Florida dependía de la subvención gubernamental, el situado. A menudo se interceptaba, se desviaba o se perdía el situado, y la Florida se veía obligada a mantenerse de por sí. Dentro de esta circunstancia la industria ganadera y las gentes que producían comestibles para la sufrida colonia aumentaron en significación. A mediados del siglo XVIII un beneficioso matrimonio vinculó a la familia Sánchez con una de las supervivientes dinastías ganaderas. El casamiento de José el hermano de Francisco con Antonia la hija de Diego Espinosa fue fundamental para el porvenir de los Sánchez, puesto que Diego Espinosa era dueño del mayor rancho ganadero al norte de San Agustín y gozaba de considerable influencia con el gobierno. La unión de las familias Sánchez y Espinosa permitió la fusión de recursos y la práctica de sus economías a mayor escala para el aumento de su riqueza. Continuó la familia Sánchez su ascenso.

El interregno británico

Acabó la guerra de los siete años en 1763 y con el fin de reclamar La Habana, España cedió la Florida a Inglaterra. En la subsiguiente evacuación la mayoría de los españoles fuéronse con su gobierno, pero Francisco Xavier Sánchez retuvo el título de sus tierras y permaneció, como lo permitía el tratado. Durante la ocupación británica Sánchez administró su finca de ganado en Diego Plains, suministrando a los ingleses carne y leña, igual que a los españoles antes. Sánchez aprovechó en lo máximo estos contratos de gobierno y usó las utilidades para conseguir más tierras de los nuevos gobernantes. Obtuvo título a más de mil acres en Diego Plains durante los veinte breves años que los ingleses gobernaron la colonia. Mas en 1779 España e Inglaterra volvían a la guerra y el gobernador británico Patrick Tonyn se puso a desconfiar del ancestro español de Sánchez. Hizo Sánchez patente su lealtad al socorrer un grupo de militares españoles presos en San Agustín. Estos infelices habían formado parte de una expedición enviada desde Cuba para capturar las islas Bahamas. Fueron capturados por corsarios ingleses, naufragaron, y por fin se les llevó a San Agustín en lastimosas condiciones. Sánchez les suministró ropa y comestibles y al final de la guerra los embarcó a La Habana en su bergantín.

Hacia finales de la revolución norteamericana la Florida se volvió refugio de hacendados de Charleston y Savannah leales a la Corona inglesa, los cuales trataron de trasladar sus operaciones hacia el sur. Trajeron consigo cuanta propiedad y cuantos esclavos podían evacuar de las ciudades tomadas por las fuerzas patrióticas. Este rápido influjo de población y capital crearon una súbita prosperidad en la Florida de la cual Sánchez sin duda ganó, pero también ella desestabilizó la colonia, mal preparada para una expansión tan rápida. Poco duró la prosperidad,

the ranch. In Havana Sánchez offered his services (and his cattle) to the next Spanish governor of Florida, Manuel Vicente de Zéspedes.

Meanwhile, however, law and order had broken down in Florida. White, black, and Indian renegades — many of them displaced by the American Revolution — took advantage of the political turmoil of the transition to raid outlying properties and cart away slaves, cattle and other movable property. While Sánchez was in Havana, a band of 700 "banditti" camped on his property and killed over 400 head of his cattle. Only one person was punished for this crime. Realizing protection would not be forthcoming, Sánchez withheld his meat from the British government and began to deal instead with the effective power on the frontier, Daniel McGirtt. McGirtt was perhaps the most notorious of the "banditti" and owned a farm on the St. Johns River where many of the Anglo renegades gathered.

Sánchez's business arrangement infuriated Governor Tonyn, who charged that the Spaniard owed "everything he possesses to the indulgence of the British government, under which he rose from a state of obscure poverty to a degree of wealth seldom attained." When Governor Zéspedes and his entourage arrived to take possession of St. Augustine the following year, Tonyn attempted unsuccessfully to force Sánchez's arrest, charging that he had received stolen slaves from McGirtt. The changes in sovereignty and populations in Florida led to many acrid and tangled property disputes, but Sánchez maintained that his dealings with McGirtt and others unpopular with the British regime were legitimate.

Governor Tonyn was not alone in accusing Sánchez of misdeeds. Benjamin Guerard, the governor of South Carolina, informed the governor of Cuba that Sánchez and McGirtt were shipping stolen slaves to that island for sale. He charged that a schooner belonging to Sánchez had taken over 100 African-Americans from the St. Johns River plantations to Havana in June 1783. He wanted the Spanish government to put a stop to the practice and to condemn and return the slaves already sold in Havana, but there is no evidence that Cuba's governor acted upon Guerard's request. Despite the charges of Anglo governors, Zéspedes recognized Sánchez's value to the province and pragmatically took a charitable view of his enterprises. He ignored Tonyn's demand for Sánchez's arrest and instead initiated a government meat contract with the accused. Zéspedes eventually deported McGirtt to Havana, but Sánchez became McGirtt's agent in Florida. McGirtt later migrated to Providence in the Bahamas, from where he and Sánchez continued their partnership in the slave trade.

The Second Spanish Period

Governor Zéspedes made an official inspection tour of Florida shortly after arriving in the province and found a colony in decay. Anticipating

The site of the "oldest house" in St. Augustine has been occupied since the early 1600s. Fires, piracy, and sieges destroyed the early structures. The home believed to be the oldest home in St. Augustine was built prior to 1727 by Thomas Gonzalez y Hernandez. Artist Felix de Crano was born in France and came to St. Augustine as one of the artists lured by Henry Flagler. In 1908 de Crano painted the "Oldest House."

El lugar de la "casa más antigua" en San Agustín ha estado ocupado desde principios de los años 1600. Fuegos, piratería y sitios destruyeron las primeras estructuras. La casa, que se cree es la más antigua en San Agustín, fue construida antes de 1727 por Tomás González y Hernández. El pintor Félix de Crano nación en Francia y vino a San Agustín formando parte de los artistas atraídos por Henry Flagler. En 1908 de Crano pintó "La Casa más Antigua."

The City Gates of St. Augustine have stood
for over 200 years, a familiar symbol of the
"Ancient City." Originally the gates served as
a defensive barrier, a guardian against
invasion. In 1738, St. Augustine modernized
its defenses, constructing new gates in the
process. The City Gates have remained in
the same place ever since. In 1804
masonry and stone replaced the
two wooden structures.

Las Puertas de la Ciudad de San Agustín
tienen más de doscientos años, un símbolo
bien conocido de la "Ciudad Vieja."
Originalmente las puertas servían como
barrera defensiva, de guardianes contra una
invasión. En 1738, San Agustín modernizó
sus defensas construyendo nuevas entradas
en ese proceso. Las Puertas han quedado
en el mismo lugar desde entonces. En 1804
piedra y mampostería sustituyeron a las dos
estructuras de madera.

The architecture of St. Augustine serves as a historic barometer of Spanish, English, and American Florida. This 19th-century photograph depicts St. George Street.

La arquitectura de San Agustín sirve de barómetro histórico de la Florida española, inglesa, y americana. Esta fotografía del Siglo 19 muestra la Calle San Jorge.

sin embargo, pues nuevamente la fortuna de guerra europea dictó la historia de la Florida. El tratado de París que terminó la revolución norteamericana devolvió la Florida al control español. Al saber las felices nuevas en 1783, Francisco Sánchez viajó a Cuba. Antes de salir de la Florida encargó a su esclavo de confianza y el diestro matarife de su ganado, Felipe Edimborough, de la hacienda. En la Habana Sánchez ofreció sus servicios (y su ganado) al próximo gobernador español de la Florida Manuel Vicente de Zéspedes.

Mientras tanto, sin embargo, se había quebrantado el orden público en la Florida. Renegados blancos, negros e indios, muchos de ellos desplazados por la revolución norteamericana, se aprovecharon de la inquietud de la transición para asaltar las propiedades de extrarradio, llevándose esclavos, ganado y muebles. Mientras Sánchez estaba en La Habana, una banda de 700 bandoleros acamparon en su propiedad y mataron 400 reses. Sólo una persona recibió castigo por este crimen. Cayendo en cuenta que no habría protección, Sánchez retuvo su carne del gobierno británico y en su lugar inició tratos con el poder efectivo en la frontera, Daniel McGirtt. Era éste tal vez el más notorio de los bandoleros, dueño de una finca en el río St. Johns donde se congregaban muchos de los renegados anglos.

El nuevo arreglo comercial de Sánchez enfureció al gobernador Tonyn, que acusó al español de deber "todo lo que posee a la indulgencia del gobierno británico, bajo del cual subió de un estado de oscura pobreza a un grado de riqueza rara vez alcanzada". Cuando al año siguiente el gobernador Zéspedes y su séquito llegaron a tomar posesión de San Agustín, Tonyn trató sin éxito de forzar la detención de Sánchez, acusándole de haber recibido esclavos robados de McGirtt. Los cambios de soberanía y de población en la Florida dieron lugar a gran número de amargas e intrincadas disputas sobre propiedades, pero Sánchez mantuvo que fueron legítimos sus negocios con McGirtt y otros individuos mal vistos por el régimen británico.

El gobernador Tonyn no era el único que acusaba a Sánchez de fechorías. Benjamín Guerard, Gobernador de la Carolina del Sur, informó al Gobernador de Cuba que Sánchez y McGirtt embarcaban esclavos robados para vender en esa isla. Alegó que una goleta había transportado a más de cien afroamericanos desde las plantaciones del río St. Johns a La Habana en junio de 1783. Quería que el gobierno español pusiese coto a la práctica y que condenase y devolviese los esclavos ya vendidos en La Habana; pero no existe evidencia que el Gobernador de Cuba actuase respecto a la petición de Guerard.

A pesar de las acusaciones de los gobernadores anglos, Zéspedes reconoció el valor de Sánchez para la provincia y pragmáticamente asumió una actitud caritativa. Pasó por alto la exigencia de Tonyn de prender a Sánchez y en su lugar inició con el acusado un contrato de

their departure, the British had neglected town properties and left plantations unplanted. Sánchez's cattle ranch was one of only two still operating in 1784. It encompassed over 1,000 acres, on which Sánchez kept a herd of 800 to 900 cattle, 30 to 40 horses, and 34 slaves. Governor Zéspedes quickly posted soldiers on the property to protect the valuable estate from further vandalism.

Sánchez lived on this ranch, known as the San Diego plantation, with his common-law wife, María Beatriz Stone (Piedra), a free mulatto born in Charleston. Sánchez and Beatriz lived together for almost twenty years and had three sons and five daughters. All these children were recognized by their father and baptized in the Catholic church. By 1790, Sánchez had moved the children into town, and they lived in St. Augustine attended by slaves of their own. They may have lived in the two-story stone house on St. Charles Street, for which Sánchez traded his schooner and a slave. Sánchez's mulatto sons attended the public school in St. Augustine. His daughters also received an education, perhaps from a home tutor, for they were literate. Two of Sánchez's mulatto sons, Antonio and Francisco Mateo Sánchez, died suddenly on the same day in 1804, perhaps of an epidemic illness. Sánchez's surviving son, Joseph, named after his paternal grandfather, eventually married the free mulatto daughter of St. Augustine's royal treasurer. With their father's blessings and official dispensation, three of Sánchez's mulatto daughters married white peninsular Spaniards. Another daughter died and the last remained unmarried.

In 1787, the fifty-one-year-old Sánchez married María del Carmen Hill, the seventeen-year-old daughter of a wealthy South Carolina family. María Beatriz Stone died three years later, leaving no property "due to her poverty." Sánchez's marriage to María del Carmen produced four sons and six daughters, the last of whom was born days before her father's death in 1807. María del Carmen and her children apparently enjoyed a close relationship with the children of Sánchez's first union and served as godparents for his quadroon grandchildren.

Meanwhile Sánchez's fortunes kept pace with his burgeoning family obligations. His government meat contract was renewed many times, despite the rise in his prices over time. Sánchez also contracted to cut thousands of cords of cedar and oak of specified dimensions for the needs of the presidio. Sánchez harvested the wood from royal lands and had only to transport it to the Tolomato River. From that point it was the government's responsibility to get the wood to St. Augustine. Sánchez was obviously an astute businessman. In this venture the only expense he accrued was in the maintenance of his own slaves and equipment.

By 1786 Sánchez owned a total of 63 slaves, the San Diego plantation, an additional 500 acres on the St. Johns River, the house on St. Charles Street, and another house on Marina Street. He opened a general store on the lower floor of the house on St. Charles Street that offered a wide

carne. Eventualmente Zéspedes deportó a McGirtt a La Habana, pero Sánchez se hizo el agente de McGirtt en la Florida. McGirtt luego emigró a Providence en las Bahamas, desde donde él y Sánchez siguieron de socios en la trata de esclavos.

El segundo período español

A poco de llegar a la provincia el gobernador Zéspedes hizo un recorrido de inspección oficial de la Florida y halló una colonia en decadencia. Sabiendo que se iban, los británicos se descuidaron de las propiedades urbanas y dejaron las plantaciones sin plantar. La ganadería de Sánchez era una de dos haciendas que aún operaban en 1784. Cubría más de 1,000 acres, en los cuales Sánchez mantenía una manada de 800 a 900 reses, de 30 a 40 caballos y 34 esclavos. Pronto el gobernador Zéspedes apostó soldados en la propiedad para proteger el valioso inmueble del vandalismo continuado.

Sánchez vivió en ese rancho, conocido como la plantación San Diego, en matrimonio consensual con María Beatriz Stone (Piedra), mulata horra nacida en Charleston. Vivieron juntos por casi veinte años Sánchez y Beatriz y tuvieron tres varones y cinco hembras. Todos estos hijos fueron reconocidos por su padre y bautizados en la iglesia católica. Para 1790 Sánchez había trasladado la prole al pueblo y vivían en San Agustín servidos por esclavos propios. Podrían haber vivido en la casa de piedra de dos plantas en la calle St. Charles que Sánchez permutó por su goleta y un esclavo. Los varones mulatos de Sánchez asistieron a la escuela pública en San Agustín. También recibieron educación sus hijas, tal vez por una tutora, pues sabían leer. Dos de los varones mulatos, Antonio y Francisco Mateo, fallecieron de repente el mismo día en 1804, tal vez de una epidemia. El varón sobreviviente de Sánchez, José, del mismo nombre que su abuelo, al cabo del tiempo se casó con la mulata horra hija del real tesorero de San Agustín. Con la avenencia del padre y con dispensación oficial, tres de las hijas mulatas de Sánchez se casaron con españoles blancos peninsulares. Otra hija murió y la última quedó soltera.

En 1787, de cincuenta y un años, Sánchez se casó con María del Carmen Hill, de diecisiete años, hija de una rica familia de la Carolina del Sur. Tres años luego murió María Beatriz Stone sin dejar propiedad "debido a su pobreza". El matrimonio de Sánchez con María del Carmen produjo cuatro varones y seis hembras, la última de las cuales nació unos días antes del fallecimiento de su padre en 1807. Aparentemente María del Carmen y sus hijos gozaron de una estrecha relación con los hijos de la primera unión de Sánchez y apadrinaron sus nietos cuarterones.

Mientras tanto la fortuna de Sánchez se mantenía al nivel de sus crecientes obligaciones de familia. Varias veces fue renovado su contrato de carne con el gobierno a pesar del aumento de sus precios a través del tiempo. Sánchez también hizo contratas para el corte de miles de cuerdas

array of merchandise. Laudanum, gunflints, hyson tea, ladies' shoes, Jamaican rum, and cloths of various kinds were only a few of the items available at Sánchez's store.

French-Inspired Raids

If Sánchez prospered in peacetime, he did even better in times of war. In 1793, the minister of the new French republic, Citizen Edmund Charles Genet, arrived in Charleston and began to instigate plots to revolutionize North America. An army of backwoodsmen was raised with promises of land, money, and titles, and Spanish Florida prepared for the expected invasion. In the face of the French-inspired threat, Governor Juan Nepomuceno de Quesada, who succeeded Zéspedes, raised and posted new militias on the northern frontier to protect St. Augustine from invasion. Sánchez grandly offered twenty armed black slaves for government service and pledged to provide their maintenance, but when slave militias were actually organized in 1794, he reneged, claiming his slaves were too busy planting corn. The disgusted governor condemned Sánchez's behavior in his military reports, but the planter's corn was indeed important to the well-being of the province. It fed the townspeople and the Indians whose friendship the Spanish had to retain.

Governor Quesada recognized that despite the organization of the new militias, his troop strength was insufficient to protect the vast colony. In a most unpopular move, Quesada ordered the northern settlements evacuated and all the homes north of the St. Johns River burned. Quesada's war council voted to arm all the free African-Americans in the province and Spain also dispatched regular army reinforcements from Catalonia, Havana, and Mexico to shore up Florida's defenses.

These war preparations increased the number of dependents employed in government business and entitled to government rations, as well as increasing Sánchez's profits. His beef fed the new recruits, but in view of the crisis, Lieutenant Colonel Carlos Howard was incensed that Sánchez insisted on charging the same price on the frontier as he did for cattle herded all the way to St. Augustine. Although Howard protested what he viewed as Sánchez's greed, he had no option but to buy his beef.

In the summer of 1795, the plotters who hoped to liberate Florida from monarchical rule began their attacks and seized several of the colony's northern outposts. The Spaniards and their black and Indian allies engaged the enemy in several land and naval battles and eventually were able to dislodge the invaders. Although the invasion plot failed, several of Florida's Anglo planters had taken part, and the Spanish government embargoed their property as punishment. When these goods were sold at public auction, Sánchez was able to buy land, slaves, and other property at rock-bottom prices. Other Anglo planters, not involved in sedition, nevertheless decided it wise to leave the province, and Sánchez obligingly bought them out.

de cedro y roble de dimensiones específicas para las necesidades del presidio. Extractaba Sánchez la madera de las tierras de la Corona y sólo tenía que acarrearla al río Tolomato. Quedaba como responsabilidad del gobierno transportarla desde ese punto. Obviamente era Sánchez un astuto hombre de negocios; en esta empresa el único gasto que ocasionaba era el mantenimiento de sus esclavos y del equipo.

Para 1786 Sánchez era amo de 63 esclavos, de la plantación San Diego, de otros 500 acres en el río St. Johns, de la casa en la calle St. Charles y de otra casa en la calle Marina. Abrió una tienda de abarrotes en la planta baja de la casa en la calle St. Charles, que ofrecía toda una gama de mercaderías. Entre los muchos artículos disponibles en la tienda de Sánchez había láudano, pedernales, té verde, zapatos de señora, ron de Jamaica y telas de diversas clases.

Incursiones de inspiración francesa

Si prosperó Sánchez en tiempos de paz, mejoraba aún más su situación en tiempos de guerra. En 1793 el ministro de la nueva república francesa, el ciudadano Edmund Charles Genet, arribó en Charleston y empezó a instigar complots, para revolucionar la América del Norte. Formóse un ejército de gente fronteriza bajo promesas de tierras, dinero y títulos, y la Florida española se preparó para la anticipada invasión. Enfrentándose a la amenaza de inspiración francesa, el gobernador Juan Nepomuceno de Quesada, sucesor de Zéspedes, reclutó y apostó nuevas milicias en la frontera norte para proteger San Agustín de invasión. En un gesto grandilocuente Sánchez ofreció veinte esclavos negros armados para el servicio del gobierno y prometió mantenerlos, pero cuando las milicias de esclavos se organizaron de veras en 1794, renegó de su promesa so pretexto que sus esclavos se encontraban demasiado ocupados sembrando maíz. Condenó a Sánchez el disgustado Gobernador en sus informes militares, mas efectivamente el maíz del hacendado muy importante era para el bienestar provincial, pues era el sustento de la gente de los pueblos y de los indios cuya amistad deseaban retener los españoles.

Reconocía el gobernador Quesada que a pesar de la organización de nuevas milicias era insuficiente su fuerza militar para la protección de la extensísima colonia. En un paso impopular Quesada mandó evacuar los poblados del norte e incendiar todas las casas al norte del St. Johns. Votó el concejo de guerra armar a todo afroamericano libre en la provincia y España despachó también fuerzas regulares del ejército desde Cataluña, La Habana y México para reforzar las defensas floridanas.

Aumentaron estos preparativos de guerra el número de dependientes empleados en asuntos oficiales con derecho a raciones del gobierno tanto como aumentaron las ganancias de Sánchez. Su carne de res alimentaba a los reclutas nuevos mas, considerando la crisis, el teniente coronel Carlos Howard se enfureció que Sánchez insistiese en cobrar el mismo

The numerous political transitions, intrigues, and episodes of violence in second period Spanish Florida — the British exodus, the exile of the "banditti," the French plot of 1795, and Indian raids instigated by Augustus Bowles in the early 1800s — resulted in depressed prices and desperate sellers. Moreover, the *situado* arrived very irregularly and belatedly after 1800. There were few solvent buyers within the colony, and fewer without, who would risk an investment in the turbulent area. It was Sánchez's market and he made the most of it. His entrepreneurial talents generated badly needed capital for the depressed colony.

Francisco Xavier Sánchez died intestate on November 30, 1807, and was buried in the Catholic cemetery in St. Augustine. He had instructed María del Carmen to see that his five mulatto children, all adults, were provided for, and she complied with his wishes. His illegitimate children inherited houses and slaves valued at over 6,000 pesos. María and her eight young children could afford to be generous. When Sánchez's estate was probated, it comprised ten plantations including the San Diego, the San José, the Ashley which adjoined the San José, the Capuaca, the Araguey (also known as the Santa Barbara), the Royal Palm, the Laurel de Sánchez, the Swamp, the Consejera, and the Sabana General. In addition Sánchez owned grazing lands, slaves, cattle, nine town houses and lots, and commercial interests. His holdings were valued at over $30,000.

The empire that Francisco Xavier Sánchez built was a cornerstone of colonial Florida's economic development. Sánchez weathered the political storms that buffeted Florida and in the most adverse conditions made himself prosperous. His cattle sustained three separate administrations, and his varied commercial interests buoyed Florida's fragile economy.

Sánchez's vast holdings on the Diego Plains remained within the family when the colony became a territory of the United States. His descendants became citizens, and their Spanish heritage enlivened the rich history of the new state.

For Further Reading

Arnade, Charles W. "Cattle Raising in Spanish Florida, 1513-1763." *Agricultural History* 35 (July 1961).

precio en la frontera como cobraba por ganado arreado hasta San Agustín. Aunque Howard protestó lo que él consideraba la codicia de Sánchez, no le quedó más remedio que comprarle la carne.

En el verano de 1795 los complotados que aspiraban a libertar la Florida del gobierno monárquico iniciaron sus ataques y apoderáronse de varias avanzadas en el norte. Junto con sus aliados negros e indios los españoles libraron combate en varios encuentros terrestres y navales, siendo capaces eventualmente de rechazar a los invasores. Fracasada la invasión, el gobierno español como castigo embargó las propiedades de varios hacendados anglos de la Florida participantes en el complot. Al venderse sus bienes en subasta pública, Sánchez pudo comprar tierras, esclavos y otras pertenencias a precios irrisorios. Aunque no involucrados en la sedición, otros hacendados anglos decidieron que era prudente abandonar la provincia, y Sánchez muy amablemente les compró también.

Las numerosas transiciones políticas, intrigas y episodios de violencia durante el segundo período de la Florida española, como el éxodo británico, el exilio de los bandoleros, el complot francés de 1795, y las incursiones de indios instigados por Augustus Bowles en los primeros años de los 1800, resultaron en bajas de precios y vendedores desesperados. Además el situado llegaba irregular y morosamente después de 1800. Pocos compradores solventes quedaban dentro de la colonia y menos fuera de ella dispuestos a arriesgar inversiones en tierras turbulentas. Pertenecía a Sánchez el mercado y él se aprovechó en lo óptimo. Sus talentos empresariales produjeron el capital que tanta falta hacía a la empobrecida colonia.

El 30 de noviembre de 1807 falleció Francisco Xavier Sánchez y fue sepultado en el cementerio católico de San Agustín. Habíale encargado a María del Carmen el cuidado de sus cinco hijos mulatos, todos adultos, y ella cumplió con sus deseos. Heredaron sus hijos naturales casas y esclavos con valor de más de 6,000 pesos. Bien podían María y sus ocho hijos ser generosos, pues al pasar por testamentaría su testamento, éste comprendía diez haciendas que incluían las de San Diego, San José, Ashley, adyacente a la San José, Capuaca, Aragüey (también conocida como Santa Bárbara), Palma Real, Laurel de Sánchez, la del Pantano, Consejera, y Sabana General. Además, Sánchez era dueño de potreros, esclavos, ganado, nueve propiedades urbanas y terrenos, e intereses comerciales. Estimaban el valor de sus bienes en más de 30,000 pesos.

El imperio que erigió Francisco Xavier Sánchez fue piedra angular del desarrollo económico de la Florida. Supo resistir las tormentas que acecharon a la Florida y bajo las condiciones más funestas hacerse rico. Su ganado fue el sostén de tres sendos gobiernos y sus variados intereses comerciales mantuvieron a flote la frágil economía de la Florida.

Las inmensas propiedades de Sánchez en Diego Plains permanecieron en la familia cuando la colonia pasó a territorio de los Estados Unidos.

Chappell, Bruce. *A Report on Documentation Relating to the History of the Diego Plains Region in Second Spanish Period Florida.* Gainesville: P. K. Yonge Library of Florida History, 1976.

Hebel, I. B. *The Sánchez Family of St. Augustine, Florida.* Daytona Beach: 1957.

Landers, Jane. "Black Society in Spanish St. Augustine, 1784-1821." Ph.D. dissertation, University of Florida, 1988.

Parker, Susan R. "'I am neither your subject nor your subordinate.'" In *Clash between Cultures: Spanish East Florida, 1784-1821,* edited by Jacqueline K. Fretwell and Susan R. Parker. St. Augustine: St. Augustine Historical Society, 1988.

Phillips, U. B., and J. D. Glunt, eds. *Florida Plantation Records.* St. Louis: Missouri Historical Society, 1927.

Tanner, Helen Hornbeck. *Zéspedes in East Florida, 1784-1790.* Jacksonville: University of North Florida Press, 1989 ed.

Jane G. Landers, Ph.D. — Assistant professor, Department of History, University of Florida (Gainesville); national director of the History Teaching Alliance; writer and lecturer on a variety of aspects of Florida and Spanish colonial history; winner of the Florida Historical Society President's Prize (1988) and the Spain–Florida Alliance Travel and Research Grant (1984).

Sus descendientes se hicieron ciudadanos, y su herencia española le dio vida a la caudalosa historia del nuevo estado.

Jane G. Landers, Ph.D. — Profesora asistente, departamento de historia, Universidad de la Florida (Gainesville); Directora Nacional de History Teaching Alliance; escritora y conferenciante sobre varios aspectos de la historia de la Florida y la historia colonial española; ganadora del premio presidencial (1988) de la Sociedad Histórica de la Florida y la Spain-Florida Alliance Travel and Research Grant (1984).

FORT MOSE
America's First Free Black Community

Kathleen A. Deagan

ORT MOSE (PRONOUNCED "MOH-SAY"), THOUGH NOT A
familiar name in Florida's history, was the first free
black community in North America and provided the
setting for a remarkable chapter in the history of
Florida and the United States. Much of what we know
about Mose and its inhabitants (as well as much of
what is included in this discussion) comes from the
research of historian Jane Landers. She has done much of the primary
documentary research on Mose, working in conjunction with
archaelogists at the Florida Museum of Natural History, who conducted
two years of excavation at the site of the fort.

Fort Mose was officially established in 1738. It served as St.
Augustine's defensive outpost, protecting it from possible invasions by

EL FUERTE MOSÉ
Primera Comunidad
Negra Libre

Kathleen A. Deagan

UNQUE NO ES UN NOMBRE MUY CONOCIDO EN LA HISTORIA de la Florida, el Fuerte Mosé fue la primera comunidad negra libre en la América del Norte, sirviendo de escenario para un extraordinario capítulo en la historia de la Florida y de los Estados Unidos. Gran parte de lo que se sabe de Mosé y sus habitantes (incluyendo mucho de lo que aquí se trata) proviene de los estudios hechos por la historiadora Jane Landers. Ella ha hecho el estudio documental primordial sobre Mosé trabajando en conjunto con arqueólogos del Museo de Historia Natural de la Florida, quienes llevaron a cabo dos años de excavaciones en el sitio del fuerte.

Oficialmente establecido en 1738, el Fuerte Mosé sirvió de avanzada defensiva de San Agustín, protegiendo la ciudad de posibles invasiones

the British. Its full name was Gracia Real de Santa Teresa de Mose, but it was often referred to simply as Mose. Nearly 100 free black men, women, and children inhabited the village at the fort, farmed nearby fields, and manned the defenses.

In order to understand the circumstances and significance of the establishment of Mose, we must go back some 250 years earlier and examine the Spanish attitudes toward nonwhite peoples — especially slaves — that evolved after Columbus claimed the New World for Spain.

In Spanish lands, slavery was governed by the "Siete Partidas del Rey Don Alfonso El Sabio." Based on the Code of Justinian, a body of Roman law dating from the sixth century, it was incorporated into Spanish law in the thirteenth century by Alfonso X. The "Siete Partidas" held that slavery was against natural law, for God had created all people free. Slavery originated in an accident of war, when victors enslaved rather than killed their vanquished enemies. Slavery was therefore not a natural or preordained condition for anyone regardless of race, and because of this, Spanish slaves had specific legal rights and protections. These included the right to hold and transfer property, sue in the courts, buy their freedom, take legal recourse against cruel masters, and be protected from the separation of family members.

Catholic theology, which recognized the sanctity of the family and the brotherhood in Christ of all men, slave and free, also influenced the circumstances of Spanish-held slaves. The formation of black religious brotherhoods was encouraged. Masters regularly served as godparents and marriage sponsors for their slaves; in this way the church sanctioned kinship ties (very much like in-laws relationships) between slave and master. Catholic doctrine also led to a flexible attitude toward emancipation.

Early Black Presence

The first African to arrive in the New World was Juan las Canaries, a crewman on Columbus's 1492 flagship, the *Santa María*. After 1517, with the Indian population being decimated by European diseases, large numbers of Africans were brought to the Spanish colonies as slaves. These slaves provided much of the labor for Spanish mines and plantations; however, there were always some free black colonists. Some were craftspeople or laborers. Many were soldiers.

Black soldiers were incorporated into Spanish militia companies from the sixteenth century onward. A black militia was present in Florida by the seventeenth century, in which both free and slave men served as soldiers and officers.

Other free black persons in the colonies were escaped slaves. They formed Maroon (fugitive slave) communities in nearly all Spanish colonies, including Florida.

One consistent feature of early African-American colonial experience

británicas. Su nombre completo fue el de Gracia Real de Santa Teresa de Mosé, aunque a menudo se le citaba sencillamente como Mosé. Casi cien negros libres, negras y niños habitaban la villa del fuerte, labrando los campos cercanos amén de guarnecer las defensas.

Para entender las circunstancias y el significado de la fundación de Mosé tenemos que retrotraernos 250 años y examinar las actitudes españolas hacia gentes que no fueran blancas — particularmente los esclavos — que surgieron después de que Colón reclamó el Nuevo Mundo para España.

En las tierras de España la esclavitud se gobernaba por Las Siete Partidas del rey Don Alfonso el Sabio. Basadas en el código de Justiniano, cuerpo de leyes romanas del siglo VI, fueron incorporadas a las leyes españolas por Alfonso X en el siglo XIII. Las Siete Partidas mantenían que la esclavitud iba en contra de la ley natural puesto que Dios había creado a toda la humanidad libre. La esclavitud se originó como accidente de guerra, cuando los victoriosos esclavizaban antes que matar a sus enemigos vencidos. Por ende, no era la esclavitud una condición natural o preordenada para nadie, no importando la raza, y por eso los esclavos de españoles gozaban de específicos derechos y protecciones legales. Aquéllos incluían el derecho a poseer y a transferir propiedades, a entablar pleitos en las cortes, a comprar su libertad, a iniciar recursos legales contra amos crueles y a ser protegidos contra la separación de miembros de una misma familia.

La teología de la iglesia católica, que reconocía la santidad de la familia y la hermandad en Cristo de todos los hombres, esclavos y libres, también influenció las circunstancias de los esclavos de españoles. Se alentó la formación de cofradías religiosas negras. Los amos servían regularmente de padrinos de niños y de bodas de esclavos. De esta manera la iglesia sancionaba los lazos de parentesco (muy parecidos a las relaciones políticas) entre amos y esclavos. La doctrina católica también conducía a una actitud más flexible hacia la emancipación.

La temprana presencia negra

El primer africano en llegar al Nuevo Mundo fue Juan las Canarias, tripulante del buque insignia de Colón en 1492, la Santa María. Después de 1517, habiéndose diezmado la población indígena por enfermedades europeas, trajeron grandes cantidades de africanos a las colonias españolas como esclavos. Suministraron estos esclavos gran parte de la mano de obra de las minas y plantaciones españolas. Siempre existieron, sin embargo, algunos colonos negros libres. Algunos eran artesanos u obreros; muchos eran soldados.

Desde el siglo XVI en adelante se incorporan soldados negros a las compañías de milicias españolas. Ya para el siglo XVII hubo presente en la Florida una milicia negra en la que tanto esclavos como negros libres servían de soldados y oficiales.

was the interaction between black and Indian peoples, frequently leading to alliances. Edicts prohibiting such alliances were put forth in Hispaniola within ten years of the arrival of the first black slaves. The 1526 Vázquez de Allyón settlement at San Miguel de Gualdape (in southern South Carolina) was one of the earliest colonial ventures in what was then *La Florida*. A large number of black slaves were included in the expedition and colony. Their rebellions, along with Indian aggression, were instrumental in the colony's demise.

By the late seventeenth century, the advantages of being in Spanish lands created a movement of fugitive blacks south from British Georgia. The first of these fugitives arrived in St. Augustine in 1687. Eight men, three women, and a three-year-old child escaped in a boat to Florida, where they were given work and instruction in Catholicism. A year later, British claims were made for their return. Governor Quiroga of St. Augustine, however, refused to release them since they had gainful employment and were Catholic converts, and some had married.

In 1693, Charles II of Spain made sanctuary official. He issued an edict that the Spanish policy toward runaways was that of "giving liberty to all . . . the men as well as the women . . . so that by their example and by my liberality others will do the same." The invitation was out: come south to freedom. Many blacks accepted the invitation over the next three decades, frequently with the assistance of Indians.

The British did not appreciate this Spanish policy. In 1728, the frustrated British launched an unsuccessful retaliatory attack against St. Augustine. Black soldiers fought so bravely in defense of the town that the governor abolished the slave market and freed those slaves who were soldiers.

A Town for Freed Men

In 1738, Governor Montiano decreed that all fugitives from South Carolina would be given unconditional freedom. Gracia Real de Santa Teresa de Mose was established for these freed men. The village and fort were located about two miles north of the Castillo de San Marcos, in view of St. Augustine. Mose was connected to the town by a tidal creek.

Initially thirty-eight men and their families took up residence there. They were expected to farm the area and to provide a northern defense line against possible British attack. Who better than escaped slaves to fight against their former masters? They were given rations of food from the royal storehouse to supplement the food they were able to farm or forage. The town had a church, and a priest was assigned to give the sacraments and provide instruction in Catholicism to newly escaped slaves.

A small fort was constructed at the village. It was a square earth-berm structure with a flanker at each corner. The earth walls were surrounded by a moat filled with cactus (*opuntia* sp.). Inside the walls stood at least

Otros negros libres en la colonia eran esclavos fugitivos. Formaron comunidades de cimarrones en casi todas las colonias españolas, incluso en la Florida.

Un aspecto fijo en la temprana experiencia colonial afroamericana fue la interacción entre negros e indios, frecuentemente terminando en alianzas. Decretos que prohibían tales alianzas se promulgaron en la isla Española [hoy Haití y República Dominicana] a los diez años de la llegada de los primeros esclavos negros. La colonia de Vázquez de Allyón de 1526 en San Miguel de Gualdape (en la parte sur de la Carolina del Sur) fue una de las más tempranas aventuras coloniales en lo que entonces era la Florida. Un gran número de esclavos negros fueron incluidos en la expedición y en la colonia. Sus insurrecciones, junto con agresiones indias, contribuyeron a la extinción de la colonia.

En las postrimerías del siglo XVII, las ventajas de hallarse en tierras españolas crearon movimientos de fugitivos negros hacia el sur desde la Georgia británica. Los primeros de estos fugitivos llegaron a San Agustín en 1687. Ocho hombres, tres mujeres y un niño de tres años escaparon en una embarcación a la Florida, donde se les suministró trabajo e instrucción en la fe católica. Un año después se hicieron gestiones británicas para su devolución. Sin embargo, el gobernador Quiroga de San Agustín rehusó entregarlos ya que tenían trabajo provechoso, eran conversos al catolicismo y algunos se habían casado.

En 1693 Carlos II de España hizo oficial el derecho de asilo, expidiendo un edicto de que la política española hacia los fugitivos sería la de "dar libertad a todos ... tanto hombres como mujeres ... para que por su ejemplo y por mi liberalidad otros harán lo mismo". Fue como una invitación: vengan al sur por libertad. En las próximas tres décadas muchos negros se aprovecharon de la invitación, frecuentemente con la ayuda de los indios.

Esta política española no fue del agrado de los ingleses. En 1728 los frustrados británicos emprendieron un fracasado ataque de represalia contra San Agustín. Los soldados negros lucharon tan valientemente en defensa de la villa que el Gobernador abolió el mercado de esclavos y libertó a los que eran soldados.

Un pueblo para hombres libres

En 1738 el gobernador Montiano decretó que a todo fugitivo de la Carolina del Sur se le daría libertad incondicional. La Gracia Real de Santa Teresa de Mosé fue establecida por estos libertos. La villa y el fuerte se ubicaron unas dos millas al norte del castillo de San Marcos, y a vista de San Agustín. Conectábase Mosé con el pueblo por una caleta.

Inicialmente se establecieron allí treinta y ocho hombres y sus familias. Se esperaba que labrasen la tierra y que proveyesen una línea defensiva norte contra todo posible ataque británico. ¿Quiénes mejor que los esclavos escapados para luchar contra sus antiguos amos? Se les

one large house, a lookout tower, and a well. Documents indicate that some parts of these structures may have been constructed with stone, but their primary material was wood.

This first fort and town at Mose existed for less than two years. In 1740, the English governor of Georgia, General James Oglethorpe, attacked St. Augustine. At Oglethorpe's approach, the Spaniards evacuated the people of Mose to the safety of the Castillo. One of Oglethorpe's officers, Colonel John Palmer, and his men occupied Fort Mose for the British.

During the attack Oglethorpe laid siege to St. Augustine. Spanish troops — including about twenty free black soldiers — surprised Palmer, routed the British from Mose, and destroyed what was left of the fort. Twenty-seven days after he arrived, Oglethorpe withdrew his troops in the face of a Spanish relief force.

Mose lay abandoned for the next twelve years during which the free blacks lived in St. Augustine among the other townspeople. Slaves continued to escape from South Carolina to St. Augustine during this time.

Finally, in 1752, Fort Mose was rebuilt and the town reestablished. The new fort was located about one-quarter league farther north than the first fort, on the banks of what is now Robinson Creek. It was a larger, three-sided structure, with the side facing the river open and unprotected. The walls were of earth, probably planted on top with cactus, and featured bastions at the northwest and southwest corners. Archaeological evidence indicates that the earthen walls were at least partially faced with clay.

The fort was surrounded by a shallow moat, about three feet wide and two feet deep, also planted with cactus. The fort had two 3-pounder cannons and four iron half-pound stone-throwers as artillery, in addition to twenty-four muskets for the soldiers.

A map from 1764 shows seven structures within the fort. By 1762, a defense line of earth and yucca had been constructed, extending between Mose and the San Sebastian River to the west. No maps show the precise location of the village, but it is highly probable that the people lived quite close to the fort, if not immediately around and in it. Archaeological research has located and verified this rebuilt fort and the defense line extending outward from it. The fort lay on a small marsh island north of the Castillo de San Marcos. Portions of the moat, earth wall, and interior structures have been excavated.

Much of what we know of the settlement comes from the description made by its parish priest, Father Solana, in 1759. In addition, a 1759 census has been discovered recently in the Archive of the Indies in Spain. There were at that time twenty-two houses or "huts" in the community, which according to Solana were made of thatch. The details of these houses have yet to be determined archaeologically; however, one oval-

| Fort Mose was not unique. Free black militia existed throughout the Spanish colonies in the Americas. A drawing of free black soldiers in Havana, 1795. | El Fuerte Mose no era único. La milicia de negros libres existí en todas las colonias españolas en las Américas. Dibujo de soldados negros libres en La Habana, 1795. |

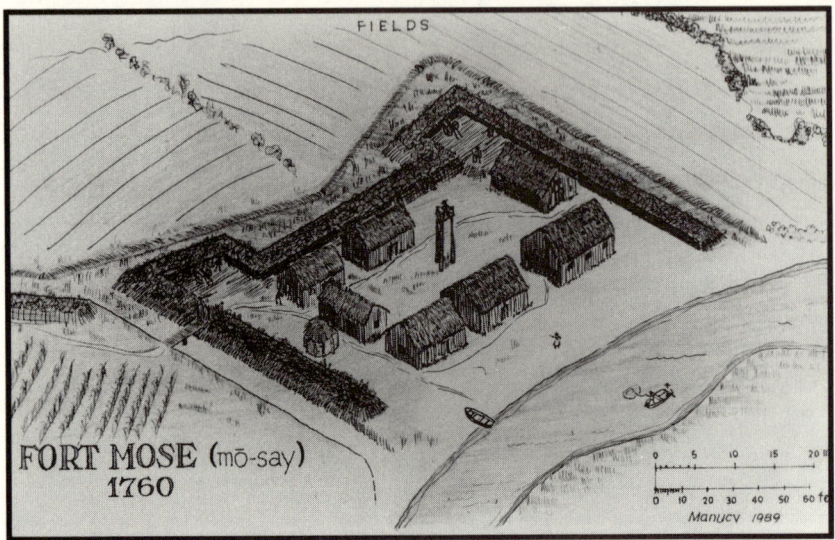

FIELDS

FORT MOSE (mō-say)
1760

Manucy 1989

In 1738 the Spanish Governor of Florida authorized the establishment of Gracia Real de Santa Theresa de Mose. Located two miles north of St. Augustine, Fort Mose became the first free black, legally sanctioned settlement in North America. This is an artist's rendering of the fort.

En 1738, el Gobernador Español de la Florida autorizó el establecimiento de la Gracia Real de Santa Teresa de Mose. Situado dos millas al norte de San Agustín, el Fuerte Mose se convirtió en el primer asentamiento de negros libres legalmente autorizado en Norteamérica. Encabeza, una concepción artística del fuerte.

suministraron raciones del real almacén para suplementar la comida que ellos cosechaban o forrajeaban. El pueblo tenía iglesia y se le asignó un sacerdote para dar los sacramentos y proveer de instrucción católica a los esclavos recién escapados.

Construyóse un fortín en el pueblo. Era una estructura cuadrada con berma de tierra y un flanco en cada esquina. Rodeando las murallas de tierra había un foso lleno de cactos (*opuntia* sp.). Dentro de las murallas se hallaba por lo menos una casa grande, una torre de vigía y un pozo. Según documentos, algunas partes de estas estructuras pueden haber sido construidas de piedra, pero su material principal era madera.

Este primer fuerte y pueblo en Mosé existió menos de dos años. En 1740 el Gobernador inglés de Georgia, General James Oglethorpe, atacó San Agustín. Al acercarse Oglethorpe, los españoles evacuaron a la gente de Mosé a la seguridad del castillo. Uno de los oficiales de Oglethorpe, el coronel John Palmer, ocupó con sus hombres el fuerte Mosé para los británicos.

En el ataque Oglethorpe le puso sitio a San Agustín. Tropas españolas — que incluían unos veinte soldados negros libres — sorprendieron a Palmer, desalojaron a los británicos de Mosé y destruyeron lo que quedaba del fuerte. A los veinte y siete días de haber llegado, Oglethorpe retiró sus tropas ante una fuerza española de relevo.

Mosé quedó abandonado por los próximos doce años durante los cuales convivieron los negros libres con los vecinos de San Agustín. En todo este tiempo siguieron fugándose esclavos de la Carolina del Sur a San Agustín. Por fin, en 1752 el Fuerte Mosé fue reconstruido y el pueblo restablecido. El nuevo fuerte se ubicó a un cuarto de legua al norte del primero en las orillas de lo que hoy se conoce como Robinson Creek. Era una estructura mayor de tres costados, con la parte que daba al río abierta y sin proteger. Las murallas eran de tierra, probablemente sembradas de cactos por arriba, con baluartes en las esquinas noroeste y suroeste. Los indicios arqueológicos señalan que esas murallas de tierra se revestían, por lo menos parcialmente, con arcilla.

Rodeaba el fuerte un foso poco profundo, más o menos de tres pies de ancho por dos de profundidad también sembrado de cactos. Tenía el fuerte dos cañones de a tres libras y cuatro lanzadores de piedras de a media libra, más veinte y cuatro mosquetes para los soldados.

Un mapa de 1764 muestra siete estructuras dentro del fuerte. Para 1762 se había construido una línea defensiva de tierra y yuca extendiéndose entre Mosé y el río San Sebastián al oeste. No hay mapas que indiquen la ubicación precisa de la aldea pero es muy probable que los vecinos vivían bien cerca del fuerte, si no a sus alrededores y dentro de él. Nuestras investigaciones arqueológicas han localizado y verificado este fuerte reconstruido y la línea defensiva que se extendía fuera de él. Descansaba el fuerte en un islote de una ciénaga al norte del castillo de

shaped hut made of posts and thatch, with a diameter of about twelve feet, has been located. Researchers hope also to learn the degree to which African building traditions were retained by the residents and to what degree American Indian and European traditions were adopted.

Sixty-seven people lived at Mose in 1759: thirty-seven men, fifteen women, seven boys, and eight girls. Most of the households consisted of married couples and their children, although several contained three or more single men. There was a large church, measuring about thirty by sixteen feet, made of boards and thatch. All of the Mose residents were Catholic, probably converted after their arrival in Florida. It is possible, however, that some may have been converted by Portuguese missionaries before they left Africa.

Undoubtedly the round of religious festivals and feast days, along with the ceremonies for baptism, marriage, and death, provided the important social events for the community. Although no religious confraternity is specifically recorded for Mose, there were a very large number of such brotherhoods in St. Augustine. The frequency of black religious brotherhoods in other parts of the New World makes it likely that there was one at Mose also.

The people of Mose farmed, although crop yield was insufficient for their needs and continuous raids by English-allied Indians made farming dangerous. Mose received a ration of corn, cassava, and beef from the Crown, and archaeological studies show that the residents supplemented their diet with products gathered and hunted from the land, particularly fish and shellfish.

Francisco Menéndez: An Early Black Leader

One of the most interesting of Mose's residents was Francisco Menéndez, captain of the black regiment. He was the acknowledged leader of the Mose community. The Spanish referred to the town's residents as the "subjects" of Menéndez.

Menéndez was forty-five years old in 1759. He was married to María de Escovar, from the Carolinas, and they had at least one child. A Mandingo from West Africa, he had escaped from English slavery and had fought with Yamassee Indians in the Carolinas for about three years. In return, one of the Yamassee chiefs agreed to help Menéndez get to St. Augustine. But Menéndez and his ally were betrayed by another Indian named Mad Dog and sold into Spanish slavery. Menéndez became an officer in the regiment while still a slave. In 1738, Menéndez was freed after a more powerful Yamassee chief petitioned the Spanish governor on his behalf.

Menéndez assumed command of the original Mose regiment of 1738. He held that position until 1763, when Florida became a British colony and the inhabitants of Mose and St. Augustine were evacuated to Cuba.

The free African-Americans at Mose were part of a larger population

San Marcos. Han sido excavadas partes del foso de la muralla y de las estructuras interiores.

Gran parte de lo que sabemos de esta colonia proviene de la descripción hecha por el cura de la parroquia, el padre Solana, en 1759. Además, recientemente se ha descubierto en el Archivo de Indias en España un censo de 1759. En la comunidad en ese momento existían veintidós casas o chozas con tejados de paja, según Solana. Los detalles de estas casas aún se han de determinar arqueológicamente. No obstante, sí ha sido localizada una choza ovalada hecha de postes y paja, con un diámetro de doce pies. Los investigadores también esperan averiguar hasta qué grado fueron retenidas por los residentes las tradiciones africanas de construcción y hasta qué grado habían adoptado las tradiciones indoamericanas y europeas.

En 1759 moraban en Mosé sesenta y siete vecinos: treinta y siete hombres, quince mujeres, siete niños y ocho niñas. La mayoría de las casas consistían de matrimonios con sus hijos, aunque varias tenían hasta tres o cuatro hombres solteros. Había una iglesia grande que medía aproximadamente treinta por dieciséis pies hecha de tablas y paja. Todos los residentes de Mosé eran católicos, probablemente convertidos después de su llegada a la Florida. Es posible, sin embargo, que algunos hubiesen sido convertidos por misioneros portugueses antes de salir de Africa.

Indudablemente la secuencia de festivales y días de fiesta religiosos junto con las ceremonias bautismales, de casamiento y de muerte proporcionaban los acontecimientos sociales importantes de la comunidad. Aunque no existe huella escrita de alguna cofradía religiosa en Mosé, existía un gran número de tales sociedades en San Agustín. La frecuencia de cofradías religiosas negras en otras partes del Nuevo Mundo hace probable que existiera una también en Mosé.

Los vecinos de Mosé labraban la tierra pese a que las cosechas no cubrían sus necesidades y las incursiones continuas de indios aliados con los ingleses hacía peligrosa la labranza. Mosé recibía de la Corona raciones de maíz, casabe y carne de res. Los estudios arqueológicos indican que los vecinos suplementaban su dieta con productos recogidos de la tierra y de la caza, pescado y mariscos en particular.

Francisco Menéndez: de los primeros líderes negros

Entre los más interesantes residentes de Mosé estuvo Francisco Menéndez, capitán del regimiento negro. El era el líder reconocido de la comunidad. Referíanse los españoles a los vecinos de la villa como los "súbditos" de Menéndez.

Tenía Menéndez cuarenta y cinco años de edad en 1759. Estaba casado con María de Escovar, de las Carolinas, y tenían por lo menos un hijo. De origen mandingo del oeste de Africa se había escapado de la esclavitud inglesa y por unos tres años había peleado al servicio de los indios yamasí en las Carolinas. Para compensar este servicio uno de los jefes yamasí

of free and slave black persons in and around St. Augustine, composing some 15 to 20 percent of the total population. Black people in St. Augustine held a variety of jobs. Records indicate they worked as cattlemen, shopkeepers, bakers, soldiers, blacksmiths, and carpenters. The parish records reveal that St. Augustine's black population was drawn from many parts of Africa and Latin America, as well as from Florida and the Carolinas.

About 15 percent of the area's black population was free. The people of Mose often intermarried with inhabitants of St. Augustine. Some of the free black soldiers married slave women, and there were at least two marriages between Mose residents and Indian women — one of them from the Carolinas who probably came to Florida in the company of her soon-to-be husband.

The people who settled Mose were fierce guerrilla fighters who risked (and sometimes lost) their lives for freedom. From them we are learning a more balanced and accurate version of colonial history, one that provides an alternative to the scenario of slavery and defeat for early black Floridians. Blacks in Florida made astute political alliances with both Indians and Spaniards in pursuit of their freedom.

Mose was abandoned by the Spanish in 1763, when Florida was ceded to England. All of the residents went to Cuba with the other inhabitants of St. Augustine. Because of its strategic position, the fort itself was occupied intermittently by military forces until 1812. But never again was Mose a black community.

For Further Reading

Arana, Luis. "The Mose Site." *El Escribano* 10, no. 2 (1973): 50-63.

Candler, Allen, comp. *The Colonial Records of Georgia.* Vol. 22, parts 1-2; vol. 23. Atlanta: Legislature of Georgia, 1913.

Chatelain, Verne E. *The Defenses of Spanish Florida, 1565-1763.* Carnegie Institution Publications 511. Washington, D.C., 1941.

Ivers, Larry. "The Battle of Ft. Mose." *Georgia Historical Quarterly* 51 (1967): 135-53.

___. *British Drums on the Spanish Frontier.* Chapel Hill: University

estuvo de acuerdo en ayudar a Menéndez a llegar a San Agustín. Pero Menéndez y su aliado fueron traicionados por otro indio llamado Mad Dog (Perro Rabioso) y él fue vendido a los españoles como esclavo, y todavía como esclavo Menéndez llegó a ser oficial del regimiento. En 1738 Menéndez fue libertado después que un jefe yamasí más poderoso le pidió al Gobernador español su libertad.

En 1738 tomó Menéndez el mando del regimiento original de Mosé. El mantuvo esa posición hasta 1763, cuando la Florida pasó a ser colonia británica y los habitantes de Mosé y San Agustín fueron evacuados a Cuba.

Los afroamericanos libres de Mosé formaban parte de una mayor población de negros libres y esclavos de San Agustín y sus inmediaciones, formando del 15 al 20 por ciento de la población total. Los vecinos negros de San Agustín se empleaban en diversos oficios. Los archivos indican que trabajaban de vaqueros, dependientes, panaderos, de soldados, herreros y carpinteros. Los documentos de la parroquia revelan que la población negra de San Agustín provenía de muchas partes de Africa y de Iberoamérica, así como de la Florida y las Carolinas.

Era libre alrededor del quince por ciento de la población negra de la comarca. A menudo los vecinos de Mosé se casaban con habitantes de San Agustín. Algunos de los soldados negros libres se casaban con esclavas y hubo por lo menos dos matrimonios entre residentes de Mosé y mujeres indias, una de ellas oriunda de las Carolinas que probablemente viniera a la Florida con su futuro esposo.

La gente que colonizó Mosé fueron feroces guerrilleros que se jugaban (y a veces perdían) la vida por la libertad. De ellos aprendemos una más equilibrada y correcta versión de la historia colonial que nos da una alternativa al escenario de esclavitud y derrota para los primeros negros floridanos. Los negros de la Florida hicieron astutas alianzas políticas tanto con los indios como con los españoles en la búsqueda de su libertad.

Mosé fue abandonado por los españoles en 1763 al cederse la Florida a Inglaterra. Todos los residentes se trasladaron a Cuba en compañía de los otros habitantes de San Agustín. Por su posición estratégica el fuerte mismo fue ocupado intermitentemente por fuerzas militares hasta 1812. Pero nunca más volvió a ser Mosé una comunidad negra.

of North Carolina Press, 1974.

Kruger, Larry, and Robert Hall. "Fort Mose: A Black Fort in Spanish Florida." *The Groit* 6, no. 1 (1987): 39-48.

Landers, Jane. "Historical Report on Fort Mose." Parts 1 and 2. Historian's project report on file. Florida State Museum Anthropology Department, 1987. (Typescript.)

___. "Spanish Sanctuary-Fugitives in Florida, 1784-1790." *Florida Historical Quarterly* 63 (January 1984): 296-314.

Marron, John V. "Field Report on Excavations at Ft. Mose, Spring 1987." Project report on file. Florida State Museum Anthropology Department, 1987. (Typescript.)

Siebert, W. H. "Slavery and White Servitude in East Florida, 1726-1776." *Florida Historical Quarterly* 10, no. 1 (1931): 3-23. South Carolina, Colonial Records. *The St. Augustine Expedition* of 1740. A report to the South Carolina General Assembly. Reprinted from the Colonial Records of South Carolina. Columbia: South Carolina Archives Department, 1954.

TePaske, John. "The Fugitive Slave: Intercolonial Rivalry and Spanish Slave Policy, 1687-1764." In *Eighteenth Century Florida and its Borderlands*, edited by S. Proctor. Gainesville: University Presses of Florida, 1975.

___. *The Governorship of Spanish Florida, 1700-1763*. Durham: Duke University Press, 1964.

Wright, Irene A. "Documents: Dispatches of Spanish Officials Bearing on a Free Negro Settlement of Gracia Real de Santa Teresa de Mose, Florida." *The Journal of Negro History* 9 (1924): 144-97.

Kathleen A. Deagan, Ph.D. — Curator and chair, Department of Anthropology, Florida Museum of Natural History, University of Florida (Gainesville); author of Artifacts of the Spanish Colonies of Florida and the Caribbean, 1500-1800 *(Washington D.C.: Smithsonian Institution Press, 1987) and* Spanish St. Augustine: The Archaeology of a Colonial Creole Community *(New York: Academic Press, 1983).*

Kathleen A. Deagan, Ph.D. — Conservadora y presidente de la junta del departamento de antropología, Museo de Historia Natural, Universidad de la Florida (Gainesville), autora de Artifacts of the Spanish Colonies of Florida and the Caribbean, 1500-1800 *(Washington D.C.: Smithsonian Institution Press, 1987)* y Spanish St. Augustine: The Archaeology of a Colonial Creole Community *(New York: Academic Press, 1983).*

BETTER THAN GOLD
Plants of the New World

Charlotte M. Porter

HRISTOPHER COLUMBUS RECORDED THE FOLLOWING OB-
servations in his diary on Monday, October 15, 1942:
  These islands are very green and fertile, and
of very sweet airs, and they may have many
things which I do not know, since I do not wish
to delay in discovering and traveling to many islands in order to find gold.
  The appealing vistas Columbus described in his diary were to affect
profoundly the natural resources available to Europeans for the next
century. Seeking gold, explorers also found plants and animals that
would profoundly change world economics, diets, and health.

MEJOR QUE EL ORO
Las Plantas del Nuevo Mundo

Charlotte M. Porter

RISTÓBAL COLÓN ANOTÓ LAS SIGUIENTES OBSERVACIONES en su diario el lunes, 15 de octubre de 1492:
Estas islas son muy verdes y fértiles, y de aires muy dulces, y deben tener muchas cosas que no conozco, como no deseo demorarme en descubrir y viajar a muchas islas para encontrar oro.

Las placenteras vistas que Colón describió en su diario afectarían profundamente los recursos naturales disponibles a los europeos por el próximo siglo. En busca de oro, los exploradores también encontraron plantas y animales que cambiaron profundamente la economía, la dieta y la salud del mundo.

Columbus hardly knew how to describe the many novelties he noted in his diary:

And the trees, all as different from ours as the day is from the night, and thus also the fruits and thus grasses and the stones, all things.

He noted, while visiting the islands of the West Indies, "there is no gold mine here." Yet some of the things he was seeing would have an impact more lasting than gold.

First Treasures

Columbus returned to Barcelona, Spain, in late April 1493. He paid tribute to Ferdinand and Isabella with a cargo of Caribbean treasures. He wrote:

I am very certain that they all are things of value, and I bring a sample of them, and also of the vegetation.

Columbus's gifts included:

a serpent [an iguana] which we killed, and I bring Your Highnesses the skin . . . it is seven palms [57.75 inches Roman] long . . . I have recognized the linaloe here, and tomorrow I have determined to have a thousand pounds brought to the ship, because they tell me that it is very valuable.

In his enthusiasm to please his royal sponsors, Columbus made some interesting errors. The "linaloe," Columbus's name for aloe, was actually agave, the fibers of century plant, which the islanders used for making hammocks. Thirty years later, another New World observer, Gonzalo Fernández de Oviedo, elaborated upon these novel swings:

The beds in which they sleep are called *hamacas*, which are pieces of well-woven cotton cloth and of good and pretty tapestry . . . They tie each end to a tree, with cotton cords or rope . . . This bed hangs 4 or 5 palms from the ground like a sling or a swing. These beds are very clean and one can sleep quite comfortably in them." Clean, swinging hammocks would eventually become the seaman's customary bed in European sailing vessels.

On Tuesday, October 23, 1492, Columbus wrote:

It is my understanding that this [island] may be very profitable in spices, but I do not recognize them, which causes me the greatest sorrow in the world.

Columbus hoped his beautiful New Spain to the west would prove as rich in spices as the Portuguese East Indies. In 1492, Columbus knew that black pepper was hot business. For the past twenty-five years, people in Lisbon had lived by the pepper trade. Each new expedition to the east brought back shiploads of this lucrative commodity. Hard, dry peppercorns were ideal merchandise. As Columbus set sail, pepper was literally worth its weight in silver. Customs duties, rents, taxes, and even court fines were being paid in pepper. Pepper purchased land, paid off mortgages, and bought its vendors prestigious coats of arms.

Colón casi no sabía cómo describir las muchas novedades que anotaba en su diario:

Y los árboles, todos tan diferentes a los nuestros como lo es el día de la noche, y por ende las frutas y las hierbas y las piedras, todas las cosas.

El comentó, mientras visitaba las islas de Las Indias Occidentales, "no hay mina de oro aquí". Sin embargo algunas de las cosas que veía tendrían un impacto más duradero que el oro.

Los primeros tesoros

Colón regresó a Barcelona, España, a fines de abril de 1493. El presentó sus tributos a Fernando e Isabel con un cargamento de tesoros del Caribe. Escribió él:

Estoy seguro que todas son cosas de valor, y traigo ejemplares de ellas, y también de la vegetación.

Los regalos de Colón incluían:

una serpiente [una iguana] la que matamos, y le traemos a Vuestras Majestades la piel . . . mide siete palmas [57.75 pulgadas romanas] de largo . . . he reconocido el linaloe aquí, y mañana traeré mil libras al barco, porque me dicen que es muy valioso.

En su entusiasmo para complacer a sus patrocinadores reales, Colón cometió algunos errores interesantes. El *"linaloe"*, nombre que Colón le dio al áloe, era en realidad agave, las fibras de pita, que los nativos usaban para construir hamacas. Treinta años después, otro observador del Nuevo Mundo, Gonzalo Fernández de Oviedo, elaboró sobre estos novedosos columpios:

Las camas en las que duermen se llaman hamacas, que son pedazos de algodón bien tejido y de buenos y hermoso tapices . . . . Atan cada cabo a un árbol, con cordones de algodón o soga . . . Estas camas cuelgan a 4 o 5 palmos del suelo como un columpio. Estas camas están muy limpias y uno puede dormir muy cómodamente en ellas". Limpias hamacas columpiándose llegarían a ser eventualmente las camas usuales de los marinos en naves de vela europeas.

El martes, 23 de octubre de 1492, Colón escribió:

Entiendo que esta [isla] puede ser muy productiva en especies, pero no las reconozco, lo que me causa la mayor pena del mundo.

Colón esperaba que su bella Nueva España del oeste fuera tan rica como las Indias Orientales Portuguesas. En 1492, Colón supo que la pimienta negra tenía un mercado importante. Durante los veinticinco años anteriores, la gente de Lisboa habían vivido del comercio de la pimienta. Cada nueva expedición al este regresaba con barcos cargados de la lucrativa especie. Los duros y secos granos de la pimienta eran la mercancía ideal. Cuando Colón izó velas, la pimienta valía literalmente su peso en plata. Derechos de aduanas, rentas, impuestos y aun multas

Since that time, the price of pepper had fallen steadily. Already by 1498, the year of Columbus's third voyage, people of ordinary means could pepper their meat. Those with a sweet tooth enjoyed a popular supper dish of toast sprinkled with a bracing mixture of pepper and another novelty, cane sugar.

In medieval Europe, honey, beets, and sorghum had provided sweeteners. In the late fifteenth century, sugarcane grown in the Canary Islands vastly increased the supply. By 1514, sugarcane was flourishing in the New World, and ships loaded with sugar of "very good quality" were taking their cargoes to Spain.

New Flavors

Sugar sweetened the traditional recipes of Europe and made palatable some important taste sensations. Once sweetened, flavors from two American plants — cacao and the vanilla orchid — conquered the kitchens of Europe.

Our word *chocolate* is based on two Nahuatl Indian words, *xococ* and *atl*, meaning "bitter drink." Montezuma served Hernán Cortés this potent mixture of cacao, chili peppers, and water. Native Americans also added vanilla to their cacao drinks. Cortes, in turn, introduced the beverage to Spain, where it was made more palatable by the addition of sugar. Unsweetened chocolate is made by roasting partly fermented seeds from the beans of the cacao tree. Wild vanilla (*Vanilla planifola*) is an orchid widely distributed throughout south Florida and tropical America. The fragrant flavor is extracted by soaking the vanilla "bean" or fruit pod in a mixture of water and grain alcohol.

These flavors and aromas, as well as those of other native American species, were so new to the European senses that others after Columbus struggled with their descriptions. Consider the pineapple. Ferdinand Magellan dropped anchor in the bay of Rio de Janeiro on December 13, 1519. By Christmas Day, he and his crew had tasted a strange fruit that looked like "large round pine-cones" or *piñas*. The Brazilians called these *ananas*, bromeliads originally native to the Bahamas.

One Englishman described his first taste of this new fruit: "It falls short of those ravishing varieties of deliciousness yet it has a grateful acidity." A more sophisticated gourmand found the goodness of pineapple to resemble a blend of the better-known flavors of "strawberye, claret wine, rose water, and sugar."

The learned John Locke, more serious philosopher than food critic, was at a loss for words when the subject was pineapple. In a treatise on scientific knowledge, Locke wrote that if a child were only allowed to see black and white, he would have no more an idea of red than he who has "never tasted a pineapple has of that peculiar relish."

New Habits

As Columbus's ships passed from Santa María de la Concepción (Rum

de la corte eran pagadas con pimienta. La pimienta compraba tierras, saldaba hipotecas y les compró a sus vendedores prestigiosos escudos de armas.

Desde ese tiempo, el precio de la pimienta había decaído consistentemente. Ya para 1498, el año del tercer viaje de Colón, la gente de recursos corrientes podían ponerle pimienta a sus carnes. Aquellos con gusto para los dulces disfrutaban de un popular platillo de cenar que consistía de tostadas rociadas con una fuerte mezcla de pimienta y otra novedad, azúcar de caña.

En la Europa medieval, la miel, la remolacha y la zahína habían provisto los endulzadores. A fines del siglo XV, la caña de azúcar cultivada en las Islas Canarias aumentó considerablemente el abastecimiento. Para 1514, la caña de azúcar prosperaba en el Nuevo Mundo, y los barcos cargados de azúcar de "muy buena calidad" llevaban su cargamento a España.

Los nuevos sabores

El azúcar endulzaba las recetas tradicionales de España y hacía agradables algunas importantes sensaciones de gusto. Una vez endulzados, los sabores de dos plantas americanas — el cacao y la flor de la vainilla — conquistaron las cocinas de Europa.

Nuestra palabra chocolate está basada en dos palabras indias Nahuatl, **xococ** y **atl**, que significan "bebida amarga". Montezuma le sirvió a Hernán Cortés esta potente mezcla de cacao, chiles y agua. Los nativos de América también le agregaban vainilla a sus bebidas de cacao. Cortés, por su parte, introdujo la bebida en España, donde se hizo más agradable al añadirle azúcar. El chocolate sin endulzar se hace tostando las semillas del árbol de cacao parcialmente fermentadas. La vainilla silvestre (**Vanilla planifola**) es una orquídea esparcida ampliamente por el sur de la Florida y la América tropical. El sabor fragante se extrae al remojar las semillas o las vainas de frutas de vainilla en una mezcla de agua y alcohol de grano.

Estos sabores y aromas, así como otros de especies nativas americanas, eran tan nuevos para los sentidos europeos que otros después de Colón tenían dificultad para describirlos. Consideremos la piña. Fernando de Magallanes ancló en la bahía de Río de Janeiro el 13 de diciembre de 1519. Para el día de Navidad, él y su tripulación habían probado una fruta extraña que se parecía a "un cono de pino grande" o piñas. Los brasileños las llamaban **ananás**, bromelias oriundas de las Bahamas.

Un inglés describe su primera prueba de esta nueva fruta: "Queda corta de esas encantadoras variedades de lo delicioso pero tiene una agradable acidez". Un goloso más sofisticado encontró que el gusto de la piña se parecía a una mezcla de los conocidos sabores de "fresas, vino clarete, agua de rosas y azúcar".

Cay, Bahamas) to Fernandina (Long Island in the Bahamas), they were met by a man in a canoe. Columbus observed that the man was carrying

> a little of his bread, about a handful, and a guord of water and a piece of red earth powdered and then kneaded; and some dried leaves, which must be a very valued thing among them. Were those valued leaves tobacco?

Widely distributed throughout the New World, the use of tobacco and other inhaled stimulants was totally unknown to Columbus and his contemporaries. The Taino people of Hispaniola introduced him to rolled cigars, which they smoked. They also prepared a snuff called cahoba from the yopo tree (*Andenanthera peregrina*). Dark seedpods were gathered in January and February, made into a paste, then roasted and pulverized.

Little did Columbus dream what the world would make of all this heady stuff. Tobacco has profoundly affected modern life. Other American plants that have left their legacy include maize, potatoes, and the sapodilla tree, the source of chicle. Popcorn, potato chips, and chewing gum are all native American resources.

Initiating Change

On Sunday, October 21, 1492, Columbus wrote:

> And here and in the whole island they are all green and the vegetation is as in April in Andalusia.

Columbus regarded the climate of his islands as benign. Again and again in his diary he mentions the fertility and greenness of New Spain, which he compares favorably with the cultivated European landscape. He was trying to generate wonder and excitement, and he knew he was initiating change. One of his sailors, Francisco Pizarro, went on to explore South America. Pizarro destroyed the Inca for stores of gold and silver. In the process, this conquistador laid bare a treasury of another sort, useful plants. Galleons and sailing caravels returning from Central and South America suddenly presented Europe with a wealth of new fruits, nuts, and vegetables — the traditional foods of the Aztec, Maya, Inca, and other New World peoples. Some of the earliest candidates were unlikely choices — the fibrous agave plant and prickly pear cactus, for example. These were followed by cotton and sweet potatoes from the Caribbean, white potatoes from Peru, pineapples from the Antilles, and peanuts from Brazil. By 1543, European gardeners were testing their green thumbs with chili peppers, tomatoes, sunflowers, pumpkins, and squash.

New Plants Invade the Old World

At first, the Europeans resisted some of these exotic vegetables. The tomato, or "love apple," was denounced as toxic. The homely potato was

El conocedor John Locke, más filósofo serio que crítico de comida, se encontró sin palabras para hablar de la piña. En un tratado de conocimientos científicos, Locke escribió que si se le permitía a un niño sólo ver blanco y negro, no tendría más idea del rojo que aquél que "nunca haya probado un piña tendría de ese peculiar deleite".

Los nuevos hábitos

Cuando los barcos de Colón pasaban de Santa María de la Concepción (Rum Cay, Bahamas) a Fernandina (Long Island en las Bahamas), los encontró un hombre en una canoa. Colón observó que el hombre cargaba poco de su pan, como un puñado, y una calabaza de agua y un pedazo de tierra roja pulverizada y amasada; y algunas hojas secas, que deben ser muy valiosas entre ellos.

¿Serían esas valiosas hojas tabaco?

Ampliamente propagado por el Nuevo Mundo, el uso del tabaco y otros estimulantes inhalados era completamente desconocido para Colón y sus contemporáneos. Los taínos de La Española, le presentaron cigarros enrollados que ellos fumaban. También preparaban un rapé llamado cahoba del árbol de yopo (**Andenanthera peregrina**). Vainas oscuras de semillas se recogían en enero y febrero, se hacían una pasta, entonces se tostaban y se pulverizaban.

Poco imaginaría Colón lo que el mundo haría de estas cosas embriagadoras. El tabaco ha afectado profundamente la vida moderna. Otras plantas americanas que han dejado su legado son el maíz, la patata y el zapote, árbol del cual se saca el chicle. Las palomitas de maíz, las patatas fritas y la goma de mascar son todos recursos nativos de América.

Iniciando un cambio

El domingo, 21 de octubre de 1492, Colón escribió:

Y aquí y en toda la isla todo es verde y la vegetación es como en abril en Andalucía.

Colón se refirió al clima de sus islas como benigno. Una y otra vez en su diario menciona la fertilidad y el verdor de Nueva España, que él compara favorablemente con el paisaje cultivado de Europa. El estaba tratando de generar entusiasmo y asombro, y él sabía que estaba iniciando un cambio.

Uno de sus marinos, Francisco Pizarro, pasó a explorar Sudamérica. Pizarro destruyó a los incas por sus abastos de oro y plata. En el proceso, este conquistador descubrió un tesoro de otra clase, plantas útiles. Galeones y carabelas que regresaban de Centro y Suramérica súbitamente presentaron a Europa una riqueza de nuevas frutas, nueces y vegetales — las comidas tradicionales de los aztecas, mayas, incas y otras gentes del Nuevo Mundo.

Algunos de los primeros candidatos fueron malas selecciones — por ejemplo la fibrosa planta de agave y el espinoso cactus de pera. A éstos

shunned because of fears that it caused dreaded leprosy and other diseases.

The flavor of these foods eventually triumphed, however, and fully a dozen New World foods were under regular European cultivation 100 years after Columbus sailed west. As a result, many New World plants have become Old World staples. Some European nations have even put their names on crops that originally came from the Americas: Irish potatoes, Italian plum tomatos, Dutch cocoa, Hungarian peppers, and French beans.

In the gardens of pre-Columbian Europe, there were no nasturtiums, zinnias, or four o'clocks, and no cosmos, morning glories, or petunias. These beauties — some fragrant, some useful — began their European journey as wildflowers from the New World. Some were so easily acclimated to European gardens that their New World origin was forgotten under names as misleading as turkey, a venerable New World fowl.

The common North American sunflower (*Helianthus annus*) was still a novelty in Europe's gardens when the Spanish physician Nicolas Monardes wrote about it in 1565. A century later the "indian golde sonne" was naturalized throughout Europe under various names — chrysanthemum, tromba d'amore (trumpet of love), gigante, groote somme blome, and Peruvianum maius. Perhaps its strangest appellation is the Jerusalem artichoke.

New Medicines

On Friday, October 19, 1492, Columbus recorded:

And I even believe that there are . . . many herbs and many trees which are very valuable in Spain for dyes and for medicines.

Columbus wrote with reason, but he was not skilled in plant lore. Sixty years later, Europeans were provided with a different authority. In 1552, two Aztecs produced the first herbal or illustrated notebook of plants to be compiled in the New World. The authors were Martín de la Cruz, a physician who by his own confession was "not theoretically learned, but taught only by experience," and Juannes Badianus, who provided the Latin annotation. The pages of their manuscript are filled with brightly colored drawings of nearly 180 medicinal plants. Aboriginal names are given with Latin notes about specific applications, such as this remedy for earaches:

When instilled into discharging ears the root of Macayelli, the seeds of Xoxouhquipahtli and some leaves of Tlaquilin with a pinch of salt in hot water are very helpful.

At this time European scholars were not using standard scientific names for plants and animals. Although Badianus clearly knew the value of Macayelli and Tlaquilin, their exact identity has been lost to science.

les siguieron el algodón y las batatas del Caribe, patatas blancas del Perú, piñas de las Antillas y maníes del Brasil. Para 1543, los jardineros europeos probaban su destreza con pimientos chiles, tomates, girasoles y calabazas.

Las nuevas plantas invaden al Nuevo Mundo

Al principio, los europeos se resistieron a algunos de estos vegetales exóticos. Al tomate, o "manzana del amor", se le acusó de tóxico. La patata se descartó por miedo a que causara la temible lepra y otras enfermedades.

Sin embargo, el sabor de estas comidas eventualmente triunfó y se estaba cultivando una docena completa de comidas del Nuevo Mundo 100 años después de que Colón navegara al oeste. Como resultado, muchas plantas del Nuevo Mundo se han convertido en productos de primera necesidad del Viejo Mundo. Algunas naciones europeas inclusive han puesto su nombre en cosechas que vinieron de las Américas: las patatas irlandesas, tomates italianos, cocoa holandesa, pimientos húngaros y habichuelas francesas.

En los jardines de la Europa pre-colombina, no había capuchinas, zinnias o Dondiego de noche, ni tampoco cosmos, maravillas o petunias. Estas bellezas — algunas fragantes, algunas útiles — comenzaron su travesía europea como flores silvestres del Nuevo Mundo. Algunas se aclimataron tan fácilmente a los jardines europeos que su origen del Nuevo Mundo se ha olvidado bajo nombres tan engañosos como el pavo, una venerable ave del Nuevo Mundo.

El girasol común de Norteamérica (**Helianthus annus**) era todavía una novedad en los jardines europeos cuando el médico español Nicolas Monardes escribió sobre él en 1565. Un siglo más tarde el "sol dorado indio" se naturalizó a través de Europa bajo varios nombres — crisantemo, tromba d'amore (trompeta de amor), gigante, groote somme blome y Peruvianum maius. Quizás su más extraño nombre es el de alcachofa de Jerusalén.

Nuevas medicinas

El viernes, 19 de octubre de 1492, Colón anotó:
Y hasta creo que hay . . . muchas hierbas y muchos árboles
que son muy valiosos en España para tintes y medicinas.

Colón escribió con razón, pero él no tenía conocimientos sobre las plantas. Sesenta años más tarde, se les proporcionó a los europeos una fuente diferente. En 1522, dos aztecas produjeron el primer herbario o libro ilustrado de plantas que se recopilara en el Nuevo Mundo. Los autores fueron Martín de la Cruz, un médico que, por confesión propia "no conocedor de la teoría, sino que ilustrado sólo por la experiencia", y Juannes Badianus, que proporcionó las anotaciones en latín. Las páginas de su manuscrito están llenas de dibujos de colores brillantes de cerca de

Far from their hometown druggists, barber surgeons, and bleeders, European explorers found themselves dependent on native medicines to treat their ills. Many believed that local ailments had local cures, so they looked to the environment at hand as a pathway to health. Several American tree tonics entered the medical vernacular and proved to be of lasting economic significance.

The decorative northern white cedar (*Thuja occidentalis*) is said to have been the first American tree introduced into Europe. It crossed the Atlantic with sailors who used a potion made from the pungent leaves to treat scurvy.

The sassafras tree (*Sasafras albidum*) was another early introduction. Imported to Spain from Florida in 1585, it became known as *lignum florida*, or Florida wood, in Germany. Sassafras products enjoyed a dual career in European hands. In North America, colonists distilled the oil from the bark, roots, and twigs for "spring tonic," flavoring, and scent. On the other side of the ocean, root beer was invented in Italy in the nineteenth century.

Forest remedies from southern North America include:
- Fever tree (*Pinkneya pubens*) — closely related to the Peruvian cinchard tree, from which commercial quinine is derived.
- Southern witchhazel (*Hamamelis macrophylla*) — the inner bark of the twigs was used as an astringent for hemorrhage.
- Slippery elm (*Ulmus rubra* — takes its name from the slippery inner bark used as a thirst quencher, appetite suppressant, and poultice.
- Black willow (*Salix nigra*) — valued for its bark, a source of salicin, the active component of aspirin.
- Toothache tree (*Zanthoxylum clavaherculis*) — possesses an analgesic bark used to ease toothaches and rheumatism.

The Profit of the Wilderness

In 1606, the British counselor Francis Bacon drew up his ideas about North American settlements for King James. As early advocate of experimental science and ardent gardener, he warned against greed for gold:

> But moile not too much under Ground: For the Hope of Mines is very Uncertaine . . . above all, let Men make that Profit of being in the Wilderness.

In Bacon's 1623 essay "Of Plantations" he envisioned the "Profit of being in the Wilderness" as agricultural success. He advocated that New World crops be introduced to the English colonies of Virginia. "Pine-Apples," he advised, do as well as Artichokes of Hierusalem, Maiz and the like."

Often hailed as the philosopher of the English scientific revolution, Bacon celebrated the gardens of the New World and the plants known to native Americans for thousands of years. As Bacon also argued for new

A pineapple, in Oviedo's *La Historia generale de las Indias*, 1547.

Una piña, en *La Historia generale de las Indias*, 1574 de Oviedo.

An illustration of a sassafras tree from "Joyful Newes," in the *Newe Founde Worlde* (1577).

Ilustración de un árbol de sasafrás en "Joyful Newes," en el *Newe Founde Worlde* (1577).

This 1563 illustration shows an Indian sleeping in a hammock. Hammock is one of many native American words which are familiar to English speakers.

Esta ilustración de 1563 muestra a un indio durmiendo en una hamaca. Hamaca es una de las muchas palabras aborígenes americanas que son familiares a los que hablan ingles.

180 plantas medicinales. Se proporcionan los nombres aborígenes con notas en latín sobre las aplicaciones específicas, como este remedio para el dolor de oídos:

> Cuando se hecha en oídos supurantes, la raíz de Macayelli, las semillas de Xoxouhquipahtli y algunas hojas de Tlaquilin con una pizca de sal en agua caliente son muy beneficiosas.

En ese momento los estudiosos europeos no utilizaban nombres científicos uniformes para plantas y animales. Aunque Badianius sabía claramente el valor del Macyelli y el Tlaquilin, su identidad exacta se ha perdido para la ciencia.

Lejos del boticario de su pueblo, el barbero cirujano y los sangradores, los exploradores europeos se encontraron dependiendo de medicinas nativas para tratar sus enfermedades. Muchos creían que los males locales tenían curas locales, así que buscaban en el ambiente que les rodeaba cómo conseguir la salud. Varios tónicos de árboles americanos entraron a la medicina vernácula y demostraron una duradera importancia económica.

El decorativo cedro blanco del norte (**Thuja occidentalis**) se dice que fue el primer árbol americano introducido en Europa. Cruzó el Atlántico con marinos que usaban una poción hecha de las hojas de acre olor para tratar el escorbuto.

El árbol de sasafrás (**Sasafras albidum**) fue otra introducción temprana. Importado a España desde la Florida en 1585, se le conocía como **lignum florida**, o madera de la Florida, en Alemania. Los productos del sasafrás gozaron de una doble carrera en manos europeas. En Norteamérica, los colonos destilaban el aceite de la corteza, raíces y ramas para hacer "tónico de primavera", sabor y aroma. Al otro lado del océano, la cerveza de raíz se inventó en Italia en el siglo XIX.

Remedios forestales del sur de Norteamérica incluyen:

* El árbol de la fiebre (**Pinkneya pubens**) — pariente cercano del cinchona peruano, de donde se deriva la quinina comercial.
* Olmo escocés (**Hamamelis macrophylla**) — la corteza interior de las ramas se usaba como astringente para las hemorragias.
* Olmo resbaladizo (**Ulmus rubra**) — toma su nombre de la resbaladiza corteza interior usada para apaciguar la sed, el hambre y como cataplasma.
* Sauce negro (**Salix nigra**) — valioso por su corteza, como fuente de salicina, el ingrediente activo en la aspirina.
* El árbol de dolor de dientes (**Zanthoxylum clavaherculis**) — posee una corteza analgésica usada para aliviar los dolores de dientes y el reumatismo.

Las ganancias de lo no cultivado

En 1606, el consejero británico Francis Bacon describió sus ideas sobre los poblados de Norteamérica para el Rey Jaime. Como temprano

tools of knowledge, new science, the fruits, grasses, and trees that awed Columbus became symbols of the modern era.

For Further Reading

Bianchini, Francesco, Francesco Corbetta, and Marilena Pistoia. *The Complete Book of Fruits and Vegetables*. New York: Crown Publishers, 1976.

Crosby, Alfred W. *The Columbian Exchange: Biological and Cultural Consequences of 1492*. New York: Greenwood Press, 1973.

Davnie, Mary Alice, and Mary Hamilton. *"and some brought flowers": Plants in a New World*. Toronto: University of Toronto Press, 1980.

Desmore, Frances. *How Indians Use Wild Plants for Food, Medicine, and Crafts*. New York: Dover, 1974. Hermann, Paul. *The Great Age of Discovery*. Translated by Arnold J. Panercas. New York: Harper and Brothers, 1958.

Honour, Hugh. *The New Golden Land: European Images of America from the Discoveries to the Present Time*. New York: Pantheon Books, 1975.

Lewis, Walter H., and Memory P. F. Elvin-Lewis. *Medical Botany: Plants Affecting Man's Health*. New York: John Wiley and Sons, 1977.

Stone, Davis, ed. *Pre-Columbian Plant Migration*. Papers of the Peabody Museum of Archaeology and Ethnology, vol. 76. Cambridge: Harvard University Press, 1984.

Young, Gordon. "Chocolate: Food of the Gods." *National Geographic*, November 1984, pp. 664-86.

Charlotte M. Porter, Ph.D. — Associate curator, Florida Museum of Natural History; associate professor of history and faculty member of the Program in History of Science, Medicine, and Technology, University of Florida (Gainesville); member of the Board of Directors of the Florida Endowment for the Humanities; author of The Eagle's Nest: Natural History and American Ideas, 1812-1842 *(University of Alabama Press, 1986).*

partidario de la ciencia experimental y ardiente jardinero, él advirtió contra la ambición por el oro:

> Pero no trabajen tanto bajo la tierra: Porque la esperanza de las minas es muy insegura . . . sobre todo, dejen que los hombres hagan sus ganancias de lo no cultivado.

En su ensayo "Of Plantations" de 1623 Bacon imaginó "la ganancia de estar en lo no cultivado" como un triunfo agrícola. El propugnó que las cosechas del Nuevo Mundo fueran introducidas a las colonias inglesas de Virginia. "Las piñas", aconsejó,"se producen tan bien como las Alcachofas de Hierusalem, Maíz y otros".

A menudo aclamado como el filósofo de la revolución científica inglesa, Bacon celebró los jardines del Nuevo Mundo y las plantas que los nativos americanos conocían por miles de años. Como Bacon también abogó por nuevas herramientas del conocimiento, nueva ciencia, las frutas, hierbas y árboles que asombraron a Colón se convirtieron en símbolos de la era moderna.

Charlotte M. Porter, Ph.D. — Conservadora asociada del Museo de Historia Natural de la Florida; profesora asociada de historia y miembro del profesorado del Programa en Historia de la Ciencia, la Medicina y la Tecnología, Universidad de la Florida (Gainesville); miembro de la Junta de Directores del Florida Endowment for the Humanities; autora de The Eagle's Nest: Natural History and American Ideas, 1812-1842.

THE MORENO FAMILY
OF THE GULF COAST

William S. Coker

ODAY'S DESCENDANTS OF THE COLONIAL SPANISH SETTLERS of the Gulf coast can scarcely be distinguished from the descendants of other early immigrants such as the English, Irish, Scottish, and Greek. The offspring of the early Spaniards have been thoroughly Americanized. They all speak English, many are Protestant, and few know Spanish or identify with Spanish culture. Most, however, are proud to be able to trace their lineage to those Spaniards who arrived on the Gulf coast during the colonial era.

In particular, the name of one of those early Spanish immigrants stands out in Gulf coast history. Many present-day residents of Pensacola and other Gulf coast cities are the direct descendants of Francisco Moreno of Málaga, Spain. But you could not tell that from their family names today: Blount, Byrne, Crary, Diamond, Fisher, Fordham, Garnett, Hall, Hosch, Hubbard, Jones, Jordan, Kennedy, Kirchoff, Mallory, Saltmarsh, Scarritt, Smith, Sublette, and Whitfield, to name a few.

The Moreno family that came from Málaga to New Orleans in 1778 may have descended from Lucio Murena. Descendants of that Roman

LA FAMILIA MORENO
DE LA
COSTA DEL GOLFO

William S. Coker

 OY DÍA LOS DESCENDIENTES DE LOS COLONIZADORES españoles de la costa del golfo apenas pueden distinguirse de los descendientes de otros remotos inmigrantes tales como los ingleses, irlandeses, escoceses y griegos. Los hijos de los primeros españoles se han norteamericanizado completamente. Todos hablan inglés, muchos son protestantes y pocos saben español o se identifican con la cultura española. La mayoría, sin embargo, se siente orgullosa de trazar su linaje a aquellos españoles que llegaron a la costa del golfo durante la época colonial.

En particular, el apellido de uno de esos primeros inmigrantes españoles se distingue en la historia de la costa del golfo. Muchos de los actuales residentes de Pensacola y otras ciudades de la costa del golfo son descendientes directos de Francisco Moreno, de Málaga, España. Pero no se podría determinar esto de sus apellidos de hoy: Blount, Byrne, Crary, Diamond, Fisher, Fordham, Garnett, Hall, Hosch, Hubbard, Jones, Jordan, Kennedy, Kirchoff, Mallory, Saltmarsh, Scarritt, Smith, Sublette y Whitfield, para sólo nombrar a algunos.

gentleman settled in various parts of Spain, including the Granada area. But just where and how the family of Francisco Moreno (1732-1778), a farmer of Málaga, province of Granada, fits into better-known Spanish Moreno families is unknown.

Spain acquired Louisiana from France in 1763 and planned to settle its new colony with immigrants from Spain, the Canary Islands, and elsewhere. The Spanish king Charles III commissioned Don Joseph de Ortega, among others, to recruit families from the Granada coast area. Among those who contracted to make the voyage were Francisco Moreno and his wife, Ana Lorenza Mancebo, and their five children. In 1777, Francisco was a forty-six-year-old farmer from the city of Málaga. Ana was also forty-six years old and was born in Málaga.

The contract for the new colonists provided that transportation would be furnished to Louisiana as well as food and lodging. After their arrival — they were destined for the city of New Iberia — they would be granted land, a house, livestock, utensils, farming implements, and necessities until the first crop was harvested. After that, they would be on their own and would repay the Crown for the expenses of their travel from the produce of their lands, which would be theirs in perpetuity.

Francisco and his family left Cádiz on the brig *St. Joseph* on July 21, 1778. En route some of the passengers became ill and died at sea. The ship reached Puerto Rico on August 20 but soon continued its voyage, arriving in Havana on September 9. The passengers stayed there for a month before departing on October 10 and arrived in New Orleans before November 11. Francisco died shortly afterwards, but the cause of his death is not recorded. Because there was no man in the family old enough to work, Ana remained in New Orleans where she received a small pension to support herself and her five children: Ana (eighteen years old), Josefa (fourteen), Francisco (twelve), María (ten), and Fernando (eight). The mother, Ana, died in New Orleans on June 9, 1801. While we know nothing about what happened to daughter Ana and sons Josefa and Francisco, we do have a little information about María and a great deal is known about Fernando.

Colonial Medical Education

The Pensacola census of 1784 indicates that María, now sixteen, had married Gabriel de Rivas, age twenty-six. By the time of Gabriel's death on April 29, 1805, they had seven children. And, with one exception, that is about all that we know about María's family.

There is much speculation about what her brother Fernando did during the Anglo-Spanish war on the Gulf coast from 1779 to 1781. Some note that he served as a midshipman in the Spanish navy, but left that post to study medicine about 1783. No hard evidence has been found to support his service as a midshipman. But we do know that on January 1, 1783, Fernando became a medical trainee with the Spanish army.

La familia Moreno que vino de Málaga a Nueva Orleans en 1778 puede haber descendido de Lucio Murena. Los descendientes de ese caballero romano se establecieron en varias partes de España, incluyendo la zona de Granada. Pero no se conoce con exactitud dónde y cómo la familia de Francisco Moreno (1732-1778), un campesino de Málaga, provincia de Granada, se entronca con las más conocidas ramas españolas del apellido Moreno.

España adquirió la Luisiana de Francia en 1763 y se propuso poblar su nueva colonia con inmigrantes de España, las Islas Canarias y de otras partes. El rey español Carlos III comisionó a don José de Ortega, entre otros, para reclutar familias de la zona de la costa de Granada. Entre aquellos que se contrataron para hacer el viaje estaban Francisco Moreno y su esposa, Ana Lorenza Mancebo, y sus cinco hijos. En 1777 Francisco era un campesino de cuarenta y seis años residente en la ciudad de Málaga. Ana también tenía cuarenta y seis años y había nacido en Málaga.

El contrato de los nuevos colonos les proporcionaba el transporte a la Luisiana además de la alimentación y el albergue. Después de su llegada — se dirigían a la ciudad de Nueva Iberia — recibirían tierras, una casa, ganado, utensilios, implementos agrícolas y las necesidades hasta que se recogiera la primera cosecha. Después de eso, ellos tendrían que valerse por sí mismos y le resembolsarían a la Corona los gastos de viaje del producto de sus tierras, las cuales serían de ellos a perpetuidad.

Francisco y su familia salieron de Cádiz en el bergantín *San José* el 21 de julio de 1778. En ruta algunos de los pasajeros se enfermaron y murieron en alta mar. El barco llegó a Puerto Rico el 20 de agosto pero pronto continuó el viaje, arribando a La Habana el 9 de septiembre. Los pasajeros se quedaron allí un mes hasta que zarparon el 10 de octubre y llegaron a Nueva Orleans antes del 11 de noviembre. Francisco murió poco después, pero no hay noticias de la causa de su muerte. Debido a que no había un hombre en la familia lo suficientemente mayor para trabajar, Ana se quedó en Nueva Orleans donde recibió una pequeña pensión para vivir con sus hijos: Ana (dieciocho años), Josefa (catorce), Francisco (doce), María (diez) y Fernando (ocho). La madre, Ana, murió en Nueva Orleans el 9 de julio de 1801. Aunque no sabemos nada de lo que le sucedió a la hija Ana, y a los hijos Josefa y Francisco, sí tenemos un poco de información acerca de María y sabemos bastante de Fernando.

La enseñanza médica colonial

El censo de Pensacola de 1784 indica que María, ahora de dieciséis años, se había casado con Gabriel de Rivas, de veinte y seis años. Cuando Gabriel murió el 29 de abril de 1805, tenían siete hijos. Y, con una excepción, eso es todo lo que sabemos de la familia de María.

Hay mucha especulación en cuanto a lo que su hermano Fernando hizo durante la Guerra Anglo-Española en la costa del golfo entre 1779 a 1781.

Three years and nine months later, on September 1, 1786, he became an intern. On December 6, 1806, he was advanced to the rank of surgeon. For the most part he divided his time during those years between Louisiana and West Florida.

Fernando seems to have spent from 1783 to 1795 in the army hospital at Panzacola, then the capital of Spanish West Florida. *Panzacola*, the Spanish spelling for Pensacola, is Choctaw and means long-haired people, referring to the Indian men and women who all wore their hair long.

Fernando left Pensacola long enough to marry Florentina Sénac in New Orleans in 1788. The couple came to Pensacola, where Fernando continued his internship in the army hospital. Three of their sons were born in Pensacola: Fernando Jr. in 1789, Arthur in 1791, and Francisco in 1792. Fernando bought and sold several lots in Pensacola between 1786 and 1795, which tends to confirm his continued presence there until the latter year.

In 1795, Fernando accompanied the Spanish expedition against Belize, British Honduras, where he spent three months. He next appears at Fort San Felipe de Placaminas, located south of New Orleans, where he succeeded Pedro Revoil as surgeon on August 11, 1796. After approximately a year there, he moved to New Orleans, where he was appointed assistant pharmacist in the San Carlos Charity Hospital. In 1797, Florentina gave birth to their fourth son, Andres María Rufino, who was baptized in St. Louis Cathedral, New Orleans, on December 18, 1797. Florentina died in 1800. Fernando apparently remained in New Orleans until 1805, when as a surgeon he accompanied the Marquis de Casa-Calvo and the Boundary Commission to western Louisiana and eastern Texas. This expedition lasted six months. By November 1806, Fernando had returned to Pensacola, where he replaced Don Rafael Savadie as medical practitioner. By this time, the Spaniards had built a new fort opposite the entrance to Pensacola Bay.

Construction of the new brick fort, called Fort San Carlos de Barrancas, began in 1797 on the site of the old British naval redoubt. The new fort had an adjacent water battery named San Antonio. Although the brick fort has since been redesigned and rebuilt, the battery San Antonio is still intact and is now a part of the American Fort Barrancas. In 1806, the Spanish army hospital where Dr. Moreno worked was located in the village, the *población* as the Spaniards called it, situated just east of Fort San Carlos de Barrancas. When the soldiers were not on duty in the fort, they lived in the village as did their dependents and others.

On July 31, 1807, the Council of the Royal Treasury in Pensacola granted Fernando's request for the *ración de armada*, which increased his monthly salary by five pesos and included a daily ration. The council also awarded him the title of *practicante meritorio*, worthy practitioner of the royal hospital. Two years later, on September 1, 1809, Fernando

Algunos señalan que Fernando sirvió como guardiamarina en la armada española, pero dejó el puesto para estudiar medicina alrededor de 1783. No hay pruebas fehacientes de su servicio como guardiamarina, pero sí sabemos que el 1 de enero de 1783 Fernando comenzó su entrenamiento médico con el ejército español. Tres años y nueve meses después, el 1 de septiembre de 1786, asumió el cargo de practicante de hospital. El 6 de diciembre de 1806 recibió la promoción a cirujano. Durante esos años en general él compartía el tiempo entre la Luisiana y la Florida Occidental.

Parece que Fernando estuvo entre 1783 y 1795 en el hospital de Pensacola, entonces la capital española de la Florida Occidental. *Panzacola*, la ortografía española de Pensacola, es de origen *Choctaw* y significa "gente de pelo largo", refiriéndose a los hombres y las mujeres indígenas que llevaban el pelo largo.

Fernando dejó Pensacola lo suficiente para casarse con Florentina Sénac en Nueva Orleans en 1788. La pareja vino a Pensacola, donde Fernando continuó su internado en el hospital del ejército. Tres de sus hijos nacieron en Pensacola: Fernando, hijo, en 1789, Arturo en 1791 y Francisco en 1792. Fernando compró y vendió varias parcelas en Pensacola entre 1786 y 1795, lo que tiende a confirmar su continua presencia allí hasta este último año.

En 1795 Fernando acompañó la expedición española contra Belize, Honduras Británicas, donde estuvo tres meses. Después aparece en el Fuerte San Felipe de Placaminas, ubicado al sur de Nueva Orleans, donde reemplazó a Pedro Revoil como cirujano el 11 de agosto de 1796. Después de aproximadamente un año allí se trasladó a Nueva Orleans, donde se le nombró farmacéutico asistente en el Hospital de Caridad San Carlos. En 1797, Florentina dio a luz a su cuarto hijo, Andrés María Rufino, quien fue bautizado en la catedral de San Luis, Nueva Orleans, el 18 de diciembre de 1797. Florentina murió en 1800. Fernando al parecer permaneció en Nueva Orleans hasta 1805, cuando en calidad de cirujano acompañó al marqués de Casa-Calvo y la Comisión de Fronteras a Luisiana occidental y Tejas oriental. Esta expedición duró seis meses. Para noviembre de 1806, Fernando había regresado a Pensacola, donde reemplazó a don Rafael Savadie como médico practicante. Para esta fecha los españoles habían construido un fuerte nuevo frente a la entrada de la bahía de Pensacola.

La construcción del nuevo fuerte de ladrillos, denominado fuerte de San Carlos de Barrancas, comenzó en 1797 sobre el lugar del antiguo reducto naval británico. El nuevo fuerte tenía una "batería naval" adyacente nombrada San Antonio. Aunque el fuerte de ladrillos ha sido rediseñado y reconstruido desde entonces, la batería San Antonio todavía se conserva intacta y ahora es parte del fuerte norteamericano Barrancas. En 1806, el hospital del ejército español donde el Dr. Moreno trabajaba estaba en la aldea, la "población" tal como la llamaban los españoles, situada un poco al este del fuerte San Carlos de Barrancas.

was appointed surgeon for Fort San Carlos. He remained there until April 1813.

Military Conflict with the United States

During the period from 1813 to 1818, Fernando came face-to-face with the U.S. Army on three different occasions. On April 4, 1813, he replaced Dr. Juan Gallegos as surgeon at Fort Carlota in Mobile. Eight days later, General James Wilkinson landed a force of some 600 soldiers near the Spanish fort. The Spanish garrison at Fort Carlota was far outmanned, and its commanding officer, Captain Cayetano Pérez, surrendered the fort to the Americans on April 13 without a shot fired. A few days later, the Spanish troops sailed for Pensacola. Fernando's stay at Mobile had lasted only eleven days before he was forced to return to Fort San Carlos de Barrancas.

Although Spain and Great Britain were allies in the Peninsular War in Europe, the Spanish Floridas had remained neutral in the War of 1812 between the United States and Great Britain. However, British forces occupied Pensacola in August 1814, in spite of remonstrances from Governor Mateo González Manrique, who feared the British presence might lead to war with the United States. Spanish troops at Pensacola and Fort San Carlos de Barrancas did not join their European ally in the unsuccessful attack on Fort Bowyer on Mobile Point that September. General Andrew Jackson, who had arrived in Mobile in August, was determined to force the British out of Pensacola, especially after the British attempted to take Fort Bowyer. In November 1814, Jackson led the U.S. Army into Spanish territory and captured Pensacola. The British elected to evacuate the town rather than face Jackson's army. But in retaliation the British blew up Fort San Carlos de Barrancas and its powder magazine and leveled the village near the fort. Dr. Moreno and his family were living in the village at the time — he had owned a house and lot there since 1806 — but there were no reports of casualties or injuries to the Spanish troops or residents of the fort or village.

Fernando and his family continued to reside either in Pensacola or at the fort for the next several years. In fact, on April 30, 1817, Fernando requested to be retired from the Spanish army. At the time he had thirty-four years and five months service in the medical profession. His request was denied, however, and thus Fernando was still on active duty when General Jackson captured Pensacola in May 1818. Jackson believed that the Spaniards at Pensacola were harboring and supplying the hostile Indians who were raiding into U.S. territory north of the thirty-first parallel. The Spanish governor, now Colonel José Masot, elected not to defend Pensacola but took refuge instead at Fort San Carlos de Barrancas, which the Spaniards had rebuilt in 1817.

Jackson lost no time in following the Spaniards to the fort, where they fought a brief battle before Masot surrendered. First, however, the

Cuando los soldados no estaban de guardia en el fuerte, vivían en la aldea al igual que sus familiares y otros.

El 31 de julio el Concejo de la Real Tesorería de Pensacola aceptó la petición de Fernando a una ración de armada, lo que aumentó su salario mensual en cinco pesos e incluía una ración diaria. El concejo también le concedió el título de practicante meritorio del hospital real. Dos años más tarde, el 1 de septiembre de 1809, Fernando fue nombrado cirujano del fuerte San Carlos. Allí se quedó hasta abril de 1813.

Conflicto militar con los Estados Unidos

Durante el período de 1813 a 1818 Fernando se enfrentó con el ejército de EEUU. en tres diferentes ocasiones. El 4 de abril de 1813 reemplazó al Dr. Juan Gallegos como cirujano del fuerte Carlota en Mobile. Ocho días después, el general James Wilkinson desembarcó una fuerza de unos 600 soldados cerca del fuerte español. Las fuerzas españolas del fuerte Carlota estaban en desventaja numérica y su oficial en jefe, el capitán Cayetano Pérez, rindió el fuerte a los norteamericanos sin hacer un solo disparo. Pocos días después, las tropas españolas navegaron hacia Pensacola. La estancia de Fernando en Mobile había durado sólo once días antes de verse obligado a regresar al fuerte San Carlos de Barrancas.

Aunque España y Gran Bretaña eran aliadas en la Guerra Peninsular, [Guerra de Independencia (española)] en Europa, las Floridas españolas se habían mantenido neutrales en la Guerra de 1812 entre los Estados Unidos y Gran Bretaña. Sin embargo, las fuerzas británicas ocuparon Pensacola en agosto de 1814, a pesar de las advertencias del gobernador Mateo González Manrique, quien temía que la presencia británica podría llevar a la guerra con los Estados Unidos. Las tropas españolas en Pensacola y en el fuerte San Carlos de Barrancas no se unieron aquel septiembre a su aliado europeo en el ataque sin éxito a Fort Bowyer en Mobile Point. El general Andrew Jackson, que había llegado a Mobile en agosto, estaba decidido a sacar la fuerza británica de Pensacola, especialmente después del intento británico de tomar Fort Bowyer. En noviembre de 1814 Jackson dirigió el ejército de EEUU. hacia el interior del territorio español y capturó Pensacola. Los británicos decidieron evacuar el pueblo en vez de enfrentarse al ejército de Jackson. Pero en represalia los británicos volaron el fuerte San Carlos de Barrancas y su polvorín y arrasaron con la aldea cerca del fuerte. El Dr. Moreno y su familia vivían en la aldea en esa época — él había sido propietario de una casa y solar desde 1806 — pero no hubo informes de bajas o lesiones a las tropas españolas o a los residentes del fuerte o de la aldea.

Fernando y su familia continuaron residiendo ya en Pensacola ya en el fuerte por varios años más. En efecto, el 30 de abril de 1817 Fernando pidió su retiro del ejército español. En aquella época él tenía treinta y cuatro años y cinco meses de servicio en la profesión médica. Su petición le fue denegada, sin embargo, y de aquí que Fernando todavía estaba de

American soldiers captured the nearby village; among their prisoners were the Spanish surgeon José Madera and two patients in the hospital. If Fernando was in the hospital at that time, the reports fail to mention him. A bloody battle ensued between the Americans and the Spaniards in the fort, but Masot soon surrendered. Sixty-one wounded American soldiers received treatment in the Spanish hospital following the fight, but there is still no mention of Fernando in the records. He was, however, among the Spanish officers and men whom Jackson soon shipped to Havana; Fernando's sons remained in Pensacola. On the way to Cuba the ship was captured by pirates, but none of the Spaniards were injured or killed.

Jackson's capture of Pensacola in 1814, and again in 1818, convinced the Spaniards that Pensacola and the Floridas in general were an economic and military liability. Following the more than twenty years of war in Europe (1794-1815), which had drained the country financially, Spain was in no position to maintain a strong military presence in the Floridas. In addition, revolutions against Spain were already under way in other parts of Latin America. Therefore, King Ferdinand VII reluctantly authorized Luis de Onís, the Spanish minister to the United States, to enter into negotiations with U.S. Secretary of State John Quincy Adams regarding the cession of the Floridas to the United States. The resulting Adams-Onís Treaty, approved in 1821, enabled the United States to add East and West Florida to its domain.

Fernando made his new home in Havana with his second wife, María Gertrude Commyns. Three daughters were born, but we know nothing more about this second family of Dr. Moreno's. He died in Havana about 1830. But what of the sons, Fernando Jr., Arthur, Francisco, and Andres, whom he had left in Pensacola?

Sons Become Americanized

Sons Fernando and Francisco had been employed in the royal hospital at Fort San Carlos de Barrancas. Fernando worked there from 1806 to 1810, and Francisco for only two years, 1808 to 1810. They both may have been medical trainees. In 1810, they applied for a Spanish land grant of 800 arpents (680 acres) near Fort San Carlos. In their request for the grant, they wrote that they had left the service to find another occupation more congenial to their social position and tastes and one that was more profitable. They complained that their father's salary was inadequate to support his family. Further, they carefully explained that their grandfather had come to Louisiana to help populate the colony but had died before he could receive his expected benefits. Thus they requested the 800 arpents, which they intended to farm. The acting governor of the province, Don Francisco Maximilian de St. Maxent, approved the grant. Although the details are lacking, apparently Fernando and Francisco farmed part of the land for the next several years.

In 1816, Fernando married his cousin Aqueda Rivas, daughter of

servicio cuando el general Jackson capturó Pensacola en mayo de 1818. Jackson creía que los españoles de Pensacola albergaban y abastecían a los indios que hostilizaban el territorio de EEUU. al norte del paralelo treinta y uno. El Gobernador español, que era el coronel José Masot, decidió no defender Pensacola, refugiándose en el fuerte San Carlos de Barrancas, que los españoles habían reconstruido en 1817.

Jackson no perdió tiempo en seguir a los españoles hasta el fuerte, donde se efectuó una breve batalla antes de que Masot se rindiera. Primero, sin embargo, los soldados norteamericanos capturaron la aldea cercana; entre cuyos prisioneros estaba el cirujano español José Madera y dos pacientes del hospital. Si Fernando estaba en el hospital en aquella época, los informes no lo mencionan. Los norteamericanos y los españoles libraron una batalla sangrienta en el fuerte, pero Masot pronto se rindió. Después de la batalla sesenta y un heridos norteamericanos recibieron tratamiento en el hospital español, pero aún no hay ninguna mención histórica de Fernando. Sin embargo, él se encontraba entre los hombres y los oficiales españoles que Jackson embarcó poco después hacia La Habana. Los hijos de Fernando permanecieron en Pensacola. Camino de La Habana, el barco fue capturado por piratas, pero ninguno de los españoles fue lesionado o muerto.

La captura de Pensacola por Jackson en 1814, y de nuevo en 1818, convenció a los españoles de que Pensacola y las Floridas en general eran cargas económicas y militares. Después de más de veinte años de guerras en Europa (1794-1815), que habían desangrado económicamente el país, España no estaba en condiciones de mantener una fuerte presencia militar en las Floridas. Por añadidura, ya estaban en marcha revoluciones contra España en otras partes de Hispanoamérica. Por lo tanto, el rey Fernando VII autorizó, muy a su pesar, a Luis de Onís, ministro español ante los Estados Unidos, a entrar en negociaciones con el Secretario de Estado de EEUU., John Quincy Adams para ceder las Floridas a los Estados Unidos. El resultante Tratado Adams-Onís, aprobado en 1821, permitió a los Estados Unidos agregar a su dominio las Floridas Orientales y Occidentales.

Fernando se instaló en La Habana con su segunda esposa, María Gertrude Commyns. Tres niñas nacieron del matrimonio, pero no sabemos más nada de esta segunda familia del Dr. Moreno. El murió en La Habana en 1830. ¿Pero qué de los hijos Fernando, Arthur, Francisco y Andrés, que él había dejado en Pensacola?

Los hijos se norteamericanizan

Los hijos Fernando y Francisco habían sido empleados en el hospital real de San Carlos de Barrancas. Fernando trabajó allí desde 1806 hasta 1810 y Francisco por sólo dos años, de 1808 a 1810. Ambos podrían haber recibido entrenamiento médico. En 1810, ellos solicitaron una concesión de tierra de 800 arpendes (680 acres) cerca del fuerte San Carlos. En su

Gabriel de Rivas and María Moreno, his father's sister. In the 1820 Spanish census of Pensacola, Fernando is listed as a civil servant; it appears that he had returned to the medical profession. He is also identified as single, suggesting that his wife had probably died before the census was taken. Fernando owned considerable property in and around Pensacola and became involved in the sale of several large tracts of land, one of which will be discussed shortly. In 1824, Fernando was recommended to serve as an alderman for Pensacola but instead was appointed to the board of health. Three years later, in 1827, he reported on the sickness in Pensacola. He moved to Mobile for a time — he was a member and director of the Spanish Benevolent Society there in 1838 — but later returned to Pensacola, where there are references to Dr. Moreno as late as 1845. His library of about 100 volumes is now located in the John C. Pace Library at the University of West Florida, a gift of the estate of Miss B. A. Murphy.

Arthur, born in 1791, must have died young as there are no references to him after that date.

Virtually nothing is known of Andres after his birth in 1797 until the 1920 census of Pensacola. The census lists him as single and a civil servant, like his brother Fernando.

Fernando, Arthur, and Andres apparently had no offspring; at least we have no record of any. But Francisco, born November 25, 1792, more than made up for all of them.

Growth of Pensacola

Since Fernando and his sons spent most of their lives in Pensacola, it might be well to say a few words about their hometown. Following the British evacuation of Pensacola in the summer of 1781, Pensacola became a Spanish-French city. The new residents — they numbered some 500 to 600 until about 1803 — occupied the houses left by the British, which consisted of two basic types: the galleried multi-room house and simple modest cottages. The latter were primarily single-story wooden structures with porches facing the street. The structure which frequently replaced the old British house, the Creole cottage, typified Gulf coast architecture of the day. Three considerations dictated the construction of this vernacular housing: the weather, the economy, and the large number of Frenchmen from the Gulf coast and Caribbean living in Pensacola. Commonplace features of these homes included fireplaces, recessed railed verandas, and gabled roofs. Even at the city's peak from 1810 to 1821, Pensacola's houses numbered only about 180 to 210; many of them were multi-family dwellings. The Moreno family owned several of these cottages.

With the sale of Louisiana to the United States in 1803, Pensacola swelled to a reported population of between 1,000 and 3,000 in 1813. The population then declined to 600 or 700 in 1820, not including several

Born in Pensacola in 1815, Angela Moreno Mallory was the eldest of 26 children. In 1838, she married Stephen Mallory, a rising lawyer, later elected U.S. Senator and Confederate Secretary of the Navy. She lived in Key West, Pensacola, Washington, and Richmond.

Nacida en Pensacola en 1815, Angela Moreno Mallory fue la mayor de 26 hijos. En 1838 se casó con Stephen Mallory, un prometedor abogado que más tarde fue electo Senador de los EE.UU. y Secretario Confederado de la Marina. Ella vivió en Cayo Hueso, Pensacola, Washington, y Richmond.

A mid-eighteenth-century sketch of Pensacola, published in the *Universal Magazine*, London, January 1746.

Boceto de Pensacola de mediados del Siglo 18, publicado en el *Universal Magazine*, Londres, enero 1746.

solicitud de esta concesión ellos consignaron que habían dejado el servicio para encontrar otra ocupación más conforme a su posición social y gustos y más lucrativa. Se quejaban de que el salario del padre era insuficiente para mantener a la familia. Además, ellos explicaban cuidadosamente que su abuelo había venido a Luisiana para ayudar a poblar la colonia, pero había muerto antes de poder recibir los beneficios esperados. De aquí que pidieran 800 arpendes que ellos pensaban trabajar. El Gobernador en funciones de la provincia, don Francisco Maximiliano de St. Maxent, aprobó la concesión. Aunque faltan detalles, parece que Fernando y Francisco trabajaron parte de la tierra durante varios años después.

En 1816 Fernando se casó con su prima Agueda Rivas, hija de Gabriel de Rivas y María Moreno, la hermana de su padre. En el censo español de 1820 de Pensacola, Fernando está enumerado como empleado público; parece que regresó a la profesión médica. También se le identifica como soltero, sugiriendo que su esposa probablemente había muerto antes de que se tomara el censo. Fernando era dueño de bastante propiedad dentro y en los alrededores de Pensacola y se vio relacionado en la venta de varios grandes terrenos, uno de los cuales examinaremos en breve. En 1824 Fernando fue recomendado para servir de regidor de Pensacola, pero en cambio se le nombró a la junta de salubridad. Tres años después, en 1827, él informó acerca de la enfermedad en Pensacola. Se mudó a Mobile por algún tiempo — era miembro y director de la Sociedad Española de Beneficencia allí en 1838 — pero más tarde regresó a Pensacola, donde existen referencias al Dr. Moreno hasta 1845. Su biblioteca de cerca de 100 tomos se encuentra ahora en la Biblioteca John C, Pace de la Universidad de la Florida Occidental, regalo del patrimonio de la Srta. B. A. Murphy.

Arthur, nacido en 1791, debió de morir joven ya que no hay referencias de él después de esa fecha.

Casi nada se sabe de Andrés después de su nacimiento en 1797 hasta el censo de 1820 de Pensacola. El censo lo incluye como soltero y empleado público, igual que su hermano Fernando.

Fernando, Arthur y Andrés aparentemente no tuvieron hijos; al menos no tenemos datos al respecto. Pero Francisco, nacido el 25 de noviembre de 1792, compensó esto con creces.

Crecimiento de Pensacola

Debido a que Fernando y sus hijos vivieron casi toda la vida en Pensacola, sería apropiado decir algunas palabras acerca de su "pueblo natal". Después de la evacuación británica en el verano de 1781, Pensacola se convirtió en una ciudad hispano-francesa. Los nuevos residentes — alcanzaban un número entre 500 y 600 hasta eso de 1803 — ocuparon las casas abandonadas por los británicos. Sin embargo, hacia finales del siglo, huracanes, fuegos y el deterioro habían destruido casi todas las

hundred or more slaves. Taverns, billiard parlors, barbershops, butcher shops, and stores dominated the commercial establishments in town, while several sawmills, a brickyard, and a tannery existed on the city's periphery.

The most popular sport for the men was billiards. Dancing and gambling were also popular pastimes. The Tivoli dance hall — later the Hotel de Paris owned by Francisco Moreno — also had rooms for card-playing and gaming. From all accounts, Pensacolans loved to gamble. This was the Pensacola in which Francisco Moreno lived and raised his families.

For several years, Francisco apparently farmed the large tract of land given to him and Fernando in 1810. In 1815, he married Doña Josefa López, the legitimate daughter of Don Joseph Anthony López, by then deceased, and Doña María Victoria Calder. In the same year, Josefa gave birth to a daughter, Angela. In 1817, a son, Francisco Jr. was born and the following year a daughter, Josefa, appeared. Unfortunately, both Francisco's wife and daughter, the two Josefas, died in 1820. Thus only two of Francisco's children, who were born before July 17, 1821 (the date Andrew Jackson accepted the transfer of Spanish West Florida to the United States), survived the Spanish era in Pensacola history. However, Francisco married twice after his first wife's death. He married her sister, Margarita Eleutaria, who bore twelve children between 1822 and 1851, when she died. He then married seventeen-year-old Mentoria González in 1852, and she gave birth to twelve more children between 1853 and 1873. Eight of Francisco's twenty-seven children died young. That left nineteen of them to reach adulthood.

It is difficult to separate fact from fiction about Don Francisco. It is said that about 1828, Francisco and his brother Fernando sold their 800 arpents of land near Fort San Carlos de Barrancas to the U.S. government for $3,000. The land became a part of the U.S. Navy Yard and is a part of the Pensacola Naval Air Station to this day. Francisco apparently used his share of the money to become Pensacola's first banker. He kept his money in a chest that he hid under his bed. When he made a loan, the money — supposedly only gold — came from this chest. The chest is now on display in the Moreno room of the Walton House in Pensacola. He also bought and sold large amounts of land in and around Pensacola. He may have opened the first hotel in the city, the Hotel de Paris. In 1836, he became the Spanish consul for Pensacola, a post he held until the end of the Civil War. He also owned a number of slaves: in 1850, he owned twenty-one slaves; in 1860, he owned thirty slaves. After emancipation, three of the slaves elected to remain with the Moreno family — Old Mose, Uncle Dick, and Teresa. Francisco's social and financial status was such that he was often referred to as the King of Pensacola.

Thirteen of Francisco's sons, sons-in-law, and grandsons served the Confederate cause. Two were killed in combat: Lieutenant Francisco

casas viejas. Aún durante el apogeo de la ciudad entre 1810 y 1821, las casas de Pensacola sumaban sólo entre 180 y 210, muchas de las cuales eran viviendas multifamiliares. La familia Moreno era propietaria de varias de estas casas.

Durante el Segundo Período Español (1783-1821) los españoles utilizaron casas construidas por los británicos, que consistían de dos tipos básicos: el hogar con muchas habitaciones y corredores, y las casas simples y modestas. Estas eran principalmente estructuras de madera de una sola planta con portales de frente a la calle. La estructura que reemplazó con frecuencia la antigua casa británica, la "quinta criolla", era típica de la arquitectura de la costa del golfo de entonces. Tres consideraciones dictaban la construcción de esta casa vernácula: el clima, la economía y el gran número de franceses de la costa del golfo y del Caribe que vivían en Pensacola. Las características en común de estas casas incluían hogares, verandas empotradas con barandillas y tejados a dos aguas.

Con la venta de Luisiana a los Estados Unidos en 1803, Pensacola, según informes, creció en población entre 1,000 y 3,000 en 1813. Después disminuyó a 600 o 700 en 1820, sin incluir varios cientos o más de esclavos. Las tabernas, los salones de billar, las barberías, las carnicerías y las tiendas dominaban los establecimientos comerciales del pueblo, mientras que varios aserraderos, un ladrillal y una tenería existían en la periferia de la ciudad.

El más popular de los deportes para los hombres era el billar. El baile y los juegos de azar también eran pasatiempos populares. El salón de baile Tívoli-más tarde el Hotel de París, propiedad de Francisco Moreno — también tenía salones para juegos de naipes y de apuestas. Según muchas fuentes, a los pensacolanos les gustaba jugar al azar. Esta era la Pensacola en donde Francisco Moreno vivió y crió a su familia.

Por varios años Francisco aparentemente trabajó el gran tramo de tierra que recibieran él y Fernando en 1810. En 1815, casó con doña Josefa López, la hija legítima de don Joseph Anthony López, para entonces difunto, y de doña María Victoria Calder. En el mismo año, Josefa dio a luz a una hija, Angela. En 1817 nació un hijo, Francisco, y al año siguiente una hija, Josefa. Desafortunadamente, ambas Josefas, la esposa de Francisco y la hija, murieron en 1820. Así es que sólo dos de los hijos de Francisco, que nacieron antes del 17 de julio de 1821 (la fecha en que Andrew Jackson aceptó el pase de la Florida Occidental a los Estados Unidos), sobrevivieron la era española en la historia de Pensacola. Sin embargo, Francisco casó en dos ocasiones después de la muerte de su primera esposa. El casó con la hermana de ella, Margarita Eleutaria, que le dio doce hijos entre 1822 y 1851, cuando ella murió. Entonces él casó con Mentoria González de diecisiete años de edad en 1852, y ella dio a luz doce hijos más entre 1853 y 1873. Ocho de los veinte y siete hijos

Moreno, Jr., wounded at Shiloh, died May 4, 1862, and Lieutenant Celestino Moreno, leading a charge at Columbia, Tennessee, was killed on November 30, 1864. Daughter Angela's husband, Stephen R. Mallory, a U.S. senator from Florida, became the Confederate secretary of the navy. Their son, Stephen Jr., was a midshipman in the Confederate States Naval Academy. He followed in his father's footsteps and also became a U.S. senator. One son, Stephen, attended the U.S. Military Academy at West Point, but he resigned to enter the Confederate service as an officer. Of those who served in the war, all but one became commissioned officers ranging in rank from second lieutenant to colonel. Colonel Joseph Pickett Jones, Sr., the husband of Victoria Moreno, was the family's ranking Civil War officer. After the war, he returned to Pensacola and opened a law office that is still in business today.

All of Francisco's daughters married well. When Francisco died in 1883, he had 75 grandchildren and 127 great-grandchildren. His descendants today, which number in the hundreds, represent many outstanding Southern families. Although the Spanish influence has largely disappeared, they can all be traced back to Fernando, the young Spaniard who emigrated from Spain when he was only eight years old.

For Further Reading

Coker, William S. "The Moreno Family of Pensacola and the Civil War." *Gulf Coast Historical Review* 4 (Spring 1989): 100-125.

___. "Religious Censuses of Pensacola, 1796-1801." *Florida Historical Quarterly* 66 (July 1982): 54-63.

___. "Tom Moreno: A Pensacola Creole." *Florida Historical Quarterly* 67 (January 1989): 329-39.

___. "The Village on the Red Cliffs." 1 *Pensacola History* (1984): 22-26.

Coker, William S. and G. Douglas Inglis. *The Spanish Censuses of Pensacola, 1784-1820. A Genealogical Guide to Spanish Pensacola.* Pensacola: Perdido Bay Press, 1980.

Crary, John Williamson, Sr. *Reminiscences of the Old South, 1834-1866.* Pensacola: Perdido Bay Press, 1984.

Durkin, Joseph T., S. J. *Stephen R. Mallory: Confederate Navy Chief.*

de Francisco murieron jóvenes, quedando diecinueve que llegaron a ser adultos.

Es difícil separar la historia de la ficción acerca de don Francisco. Se dice que alrededor de 1828 Francisco y su hermano Fernando vendieron sus 800 arpendes de tierra cerca del fuerte San Carlos de Barrancas al gobierno de EEUU. por $3,000. El terreno se convirtió en parte de las instalaciones de la marina de EEUU. y es parte de la Estación Naval Aérea de Pensacola hoy día. Francisco parece que usó su parte del dinero para convertirse en el primer banquero de Pensacola. Guardaba su dinero en un baúl que escondía debajo de la cama. Cuando hacía un préstamo, el dinero — al parecer únicamente oro — salía del baúl. El baúl está ahora en exhibición en la habitación Moreno de la Walton House de Pensacola. El también compró y vendió gran cantidad de terrenos en y alrededor de Pensacola. El pudiera haber abierto el primer hotel de la ciudad, el Hotel de París. En 1836 llegó a ser cónsul español para Pensacola, cargo que desempeñó hasta el final de la Guerra Civil. También era dueño de un número de esclavos: en 1850 tenía veintiún esclavos; en 1860, treinta esclavos. Después de la emancipación, tres de los esclavos eligieron quedarse con la familia Moreno — Old Mose, Uncle Dick y Teresa. La posición social y el estado financiero de Francisco eran tales que con frecuencia se le llamaba el "rey de Pensacola".

Trece de los hijos de Francisco, yernos y nietos sirvieron la causa confederada. Dos murieron en combate: el teniente Francisco Moreno, Jr., herido en Shiloh, murió el 4 de mayo de 1862 y el teniente Celestino Moreno, al frente de una carga sobre Columbia, Tennessee, fue muerto el 30 de mayo de 1864. El esposo de su hija Angela, Stephen R. Mallory, senador de EEUU. por la Florida, fue el secretario de la marina confederada. El hijo de ambos, Stephen Jr., fue guardiamarina en la academia naval confederada. Siguió los pasos de su padre y también llegó a ser senador de los EEUU. Un hijo, Stephen, ingresó en la Academia Militar de los EEUU. en West Point, pero renunció para entrar en el servicio confederado como oficial. De aquellos que sirvieron en la guerra, todos menos uno alcanzaron rangos oficiales de segundo teniente a coronel. El coronel Joseph Pickett Jones, Sr., el esposo de Victoria Moreno, fue el de más alto rango de la familia durante la Guerra Civil. Después de la guerra, regresó a Pensacola y abrió un bufete que todavía funciona hoy.

Todas las hijas de Francisco hicieron buenos matrimonios. Cuando Francisco murió en 1883, tenía 75 nietos y 127 biznietos. Sus descendientes hoy, los cuales suman cientos, representan muchas distinguidas familias sureñas. Aunque la influencia española ha desaparecido casi por completo, todos descienden de Fernando, el joven español que emigró de España cuando sólo tenía ocho años de edad.

238 THE MORENO FAMILY OF THE GULF COAST

Chapel Hill: University of North Carolina Press, 1954.

Garnett, James Mercer. *Genealogy of the Mercer-Garnett Family*. Richmond: Whittet and Shepperson, 1910.

Kilduff, Eleanor M. "Charles LeBaron's Family." *Deep South Genealogical Quarterly* 1, no. 1 (August 1963): 13-15.

Mandrell, Regina Moreno Kirchoff, in collaboration with William S. Coker and Hazel P. Coker. *Our Family: Fact and Fancies. The Moreno and Related Families*. Pensacola: Perdido Bay Press, 1988.

Don Francisco Moreno. *The Echo, Pensacola Historical Society Quarterly* 1, no. 1 (Winter 1980): 18-20.

Rapier, Regina. "Felix Sénac: Saga of Felix Sénac." *Bulletin of Art and History* 11, no. 1 (1972): 1-260.

Robinson, Celia Myrover. *The Crown Jewel: Fabulous Families of Old Pensacola*. Pensacola: Pensacola Printing Company, 1948.

Sutton, Leora. The Morenos. In *The Walton House*, 39-40. Pensacola: privately printed, 1968.

William S. Coker, Ph.D. — Chair and professor, Department of History, University of West Florida (Pensacola); member of the Board of Directors of the Florida Historical Society; collaborator with Regina Moreno Kirchoff Mandrell on Our Family: Facts and Fancies. The Moreno and Related Families *(Perdido Bay Press, 1988); coauthored with Thomas D. Watson,* Indian Traders of the Southeastern Spanish Borderlands: Panton, Leslie & Company and John & Company, 1783-1847 *(University Presses of Florida, 1986).*

William S. Coker, Ph.D. — Jefe y profesor, Departamento de Historia, Universidad de la Florida Occidental [U. of West Florida] (Pensacola); miembro de la Junta Directiva de la Sociedad Histórica de la Florida, colaborador junto con Regina Moreno Kirchoff Mandrell en Our Family: Facts and Fancies. The Moreno and Related Families *(Perdido Bay Press, 1988); autor junto con Thomas D. Watson de* Indian Traders of the Southeastern Spanish Borderlands: Panton, Leslie & Company and John & Company, 1783-1847 *(University Presses of Florida, 1986).*

JOSÉ MARTÍ
Context and Consciousness

Louis A. Pérez, Jr.

ARTÍ IS KILLED," THE *TAMPA TRIBUNE* HEADLINE ANNOUNCED on May 23, 1895 — killed in action, the accompanying story reported. The news story sent shock waves through the Cuban community in Tampa. Disbelief was the initial response. It simply was not true, expatriate Cubans reassured each other. It was not reasonable to think that José Martí would be permitted to participate in combat. Cubans on the island, one local spokesman insisted, understood "the value of his services too well to allow him to be exposed in battle."

But all too soon, definitive word came from the New York headquarters of the Cuban Revolutionary Party (PRC); Martí was dead, killed in battle on May 19.

Nowhere did Martí's death have greater impact than in the cigar workers' communities of Florida, for nowhere else did the impact of Martí's life have a greater effect. He had transformed the Cuban émigrés into a unified constituency for *Cuba Libre*, and in so doing he changed fundamentally their outlook on their expatriation. For the better part of the 1890s, the cigar workers derived new purpose and occupied a new place in the movement for Cuban independence.

But it is also true that Martí was changed by his association with Cuban cigar workers, and through that relationship the very character of Cuban independence was transformed. An inexorable reciprocity bound Martí to the cigar workers. He organized them politically, they shaped him ideologically; he provided the means, they defined the ends.

Martí's collaboration with the cigar workers in Florida had two immediate and far-reaching effects. First, it broadened the social base of the separatist movement, which, in turn and secondly, obliged Martí to

JOSÉ MARTÍ
Contexto y Sentido

Luis A. Pérez, Jr.

ARTÍ HA MUERTO", PROCLAMÓ EL TITULAR DEL *TAMPA TRI-bune* el 23 de mayo de 1895 — muerto en combate, reveló la noticia que acompañaba, causando fuerte conmoción en la comunidad cubana de Tampa. No podía ser verdad, asegurábanse los expatriados cubanos. No era razonable pensar que a José Martí se le permitiera tomar parte en combate. Los cubanos en la isla, insistió un vocero local, comprendían "el valor de sus servicios demasiado bien para permitirle exponerse en el campo de batalla".

Pero bien pronto, demasiado pronto, la noticia definitiva llegó de la sede del Partido Revolucionario Cubano (PRC) en New York: Martí fue muerto en combate el 19 de mayo.

En ninguna otra parte tuvo mayor impacto la muerte de Martí que en las comunidades de obreros tabaqueros de la Florida, pues en ninguna otra parte tuvo mayor efecto el impacto de la vida de Martí. Había él transformado a los emigrados cubanos en un gremio unido a favor de Cuba Libre y al hacerlo cambió fundamentalmente la perspectiva de ellos hacia su expatriación. Durante casi toda la década de los 1890 los tabaqueros derivaron un nuevo propósito y ocuparon un nuevo sitio en el movimiento cubano de independencia. Mas también es verdad que su asociación con los tabaqueros cubanos cambió a Martí y por medio de esa relación el carácter mismo de la independencia cubana se transformó. Una reciprocidad inexorable ató a Martí a los tabaqueros. El los organizó políticamente, ellos lo formaron ideológicamente; él suministró los medios, ellos definieron los fines.

La colaboración de Martí con los tabaqueros en la Florida surtió dos efectos inmediatos y de largo alcance. Primeramente se amplió la base social del movimiento separatista, lo que a la vez, secundariamente,

expand the social content of separatist ideology. Martí discovered in the Cuban communities of Florida the promise of the new republic: entire townships of Cubans, of all classes, black and white, united in their defense of *patria* (fatherland), governed equitably by officials chosen from their own ranks. Here was evidence, Martí realized, that Cubans were capable of sustaining a democratic sovereign republic.

Exile from the Movement

José Martí was born in Havana in January 1853 and enrolled early into the ranks of *Cuba Libre*. His anti-Spanish statements during the first war for Cuban independence, known as the Ten Years' War (1868-1878), led to his arrest and subsequent deportation to Spain in 1871. For much of the next decade, Martí traveled throughout Europe, Latin America, and the United States. He arrived in New York in January 1880, at the moment a new separatist war was under way in Cuba, and immediately volunteered his services to the Cuban Revolutionary Committee. Irresistible in his rhetoric, compelling in his prose, Martí quickly distinguished himself as the outstanding propagandist of *la guerra chiquita*, the 1879-1880 war. Even before the war had come to an end, Martí had assumed the interim presidency of the Cuban Revolutionary Committee and emerged as a rising force in expatriate circles.

Martí drew a number of lessons from the failure of Cuban arms in 1868-1878 and 1879-1880. He was convinced that the sources of Cuban difficulties were to be found within the separatist movement itself, most notably in the lack of political organization through which to promote the objectives of the patriotic movement. A "war of massive effort," Martí wrote in retrospect about the Ten Years' War, was "lost only through a lack of preparation and unity."

Martí also criticized military ascendancy within the separatist polity. Too much was in the hands of too few, he protested. The generals wielded undue influence and exercised excessive control over the conduct of separatist affairs. The councils deliberating on the fate of *Cuba Libre* had become the exclusive domain of the veterans of 1868. Access to these councils was largely a perquisite of participation in the previous wars. Martí stressed the need to coordinate all sectors of Cuban society — civil and military, in and out of the island — and warned against depending exclusively on a military solution to the question of independence.

Martí's views also highlighted generational conflict. A generation of Cubans too young to have responded to previous calls to arms had found few opportunities to participate in debates of the 1880s. A new political organization, Martí hoped, would allow the incorporation of this new generation of patriots within an institutional framework devoted to *Cuba Libre*.

Such ideas brought Martí immediate scorn and censure. He was a relative newcomer to separatist circles, something of an outsider without

obligó a Martí a expansionar el contenido social de la ideología separatista. En las comunidades cubanas de la Florida, Martí descubrió la promesa de la nueva república: municipios enteros de cubanos de todas las clases, blancos y negros unidos en defensa de la patria, gobernados equitativamente por funcionarios elegidos dentro de sus propias filas. Esto era prueba, Martí se percató, de que los cubanos eran capaces de mantener una república democrática y soberana.

Exiliado del movimiento

José Martí nació en La Habana en enero de 1853 y desde temprano se unió a la causa de Cuba Libre. Sus pronunciamientos contra España durante la primera guerra cubana de independencia, la Guerra de los Diez Años (1868-1878), causaron su detención y subsiguiente deportación a España en 1871. Durante gran parte de la siguiente década Martí viajó por Europa, la América Latina y los Estados Unidos. Llegó a New York en enero de 1880 en el momento que una nueva guerra separatista se propagaba en Cuba y de inmediato ofreció sus servicios al Comité Revolucionario Cubano. Irresistible en la oratoria, convincente en la prosa, Martí rápidamente se distinguió como el máximo propagandista de la Guerra Chiquita de 1879-1880. Ya antes de terminar la guerra, Martí había asumido la presidencia interina del Comité Revolucionario Cubano y había surgido como fuerza ascendente en círculos expatriados.

Martí aprendió del fracaso de las armas cubanas en 1868-1878 y 1879-1880, convenciéndose de que la raíz de las dificultades cubanas hallábase dentro del propio movimiento separatista, más notablemente en la falta de una organización política con la cual poder promover los objetivos del movimiento patriótico. Una "guerra de esfuerzo masivo", escribió Martí luego con respecto a la Guerra de los Diez Años, se perdió "solamente por falta de preparación y unidad".

Martí también criticó la ascendencia de los militares dentro de la organización separatista: había demasiado poder en manos de los pocos, protestó él; los generales esgrimían indebida influencia y ejercían control excesivo sobre cuestiones separatistas. Los concejos que deliberaban sobre el porvenir de Cuba Libre se habían vuelto el dominio exclusivo de los veteranos del 68. El acceso a estos concejos era mayormente privilegio de los que participaran en las pasadas guerras. Martí subrayó la necesidad de coordinar todos los sectores de la comunidad cubana tanto civil como militar, dentro y fuera de la isla, y advirtió en contra de depender exclusivamente de una solución militar en la cuestión de la independencia.

Los puntos de vista de Martí ponían de relieve el conflicto entre las generaciones. Una generación de cubanos demasiado jóvenes para haber acudido a previas llamadas a las armas hallaron pocas oportunidades de participar en los debates de los 1880. Una nueva organización política,

much of a history of revolutionary affiliation. He had not participated directly in either the Ten Years' War or *la guerra chiquita*, and he lacked the credentials and credibility to challenge the leadership establishment. He was viewed as an upstart — sincere, perhaps, and well-meaning, but without either an appreciation for or an understanding of the problems associated with making war.

Rebuked and all but formally banished from separatist forums, Martí turned away from the exile leadership and toward the expatriate constitutency. Ideas rejected by the old guard were taken directly to the émigré population at large. By the late 1880s, Martí had turned his attention away from attempts to unite the leadership to efforts to organize the rank and file.

An Invitation to Tampa

The opportunity came in 1891, when the Ignacio Agramonte Patriotic Club in Tampa invited Martí to participate in fund-raising activities. He arrived in Tampa on November 25, his first visit to Florida, and delivered two speeches on November 26 and 27.

Martí reiterated a familiar theme: the need for unity and organization. Unanimity of purpose and unity of action, he stressed, were essential to guarantee the success of Cuban arms. He concluded with a stirring invocation: "Let us rise up so that freedom will not be endangered by confusion or apathy or impatience in preparing it. Let us rise up too for the true republic, those of us who, with our passion for right and our habit of hard work, will know how to preserve it. . . . And let us place around the star of our new flag this formula of love triumphant: 'With all, and for the good of all.' "

Martí's speech had an electrifying effect. "It was as if the call to action had been an order for actual mobilization," wrote Martí's biographer Jorge Mañach. "The front rows of the audience advanced towards the stage, where Martí found himself choked by embraces. Women, standing on chairs, waved hats, gloves, handkerchiefs. People cried, laughed. Shouts of *Viva* multiplied."

On the following evening, on the occasion of the second scheduled speech, a standing-room-only audience filled the Liceo Cubano. The speech was especially memorable, for it gave allegorical form to the generational conflict within the separatist movement. Martí told of the sights of his trip to Tampa, of the bland landscape of scrub oaks and palmettos. He recalled seeing a burned patch in a Florida pine forest, then continued: "The sun suddenly broke through a clearing in the forest and there, in the dazzling of unexpected light, I saw above the yellowish grass around the black trunks of fallen pines, the flourishing branches of new pines. That is what we are: new pines!" The metaphor took hold, then and thereafter, and each subsequent generation of Cubans freely appropriated the designation *pinos nuevos* to signify their nonconformity with established norms.

In the full flush of his triumph in Tampa, Martí moved immediately

pensó Martí, permitiría la incorporación de esta nueva generación de patriotas dentro de un marco institucional dedicado a Cuba Libre.

Tales ideas acarrearon a Martí desprecio y censura de inmediato, pues era relativamente un recién llegado a los círculos separatistas, casi un extraño, sin historial de afiliación revolucionaria. No había participado directamente ni en la Guerra de los Diez Años ni en la Guerra Chiquita; le faltaban las credenciales y la credibilidad para desafiar la jefatura establecida. Considerábasele un advenedizo — tal vez sincero y bien intencionado, pero sin apreciación ni entendimiento de los problemas relacionados con hacer la guerra.

Rechazado y punto menos que expulsado de los foros separatistas, Martí se alejó del liderato del exilio, dirigiéndose hacia la comunidad expatriada. Las ideas rechazadas por la vieja guardia las llevó al pueblo emigrado en general. Ya para fines de la década de los 80 Martí había desviado su mirada de los intentos de unir la dirección hacia los esfuerzos por la organización de la masa.

Una invitación a Tampa

Llegó la oportunidad en 1891 cuando el Club Patriótico Ignacio Agramonte de Tampa invitó a Martí a participar en su campaña de solicitud de fondos. El 25 de noviembre llegó a Tampa, su primera visita a la Florida, y pronunció dos discursos, el 26 y el 27 de noviembre.

Reiteró Martí un conocido tema: la necesidad de unidad y organización. Hizo énfasis en que la unanimidad de propósito y la unidad de acción eran esenciales para garantizar el éxito de las armas cubanas. Finalizó con una invocación conmovedora: " . . . alcémonos de manera que no corra peligro la libertad en el triunfo, por el desorden o por la torpeza o por la impaciencia en prepararla; alcémonos, para la república verdadera, los que por nuestra pasión por el derecho y por nuestro hábito del trabajo sabremos mantenerla . . . Y pongamos alrededor de la estrella, en la bandera nueva, esta fórmula del amor triunfante: 'con todos, y para el bien de todos'".

Tuvo el discurso de Martí un efecto electrizante. El biógrafo de Martí, Jorge Mañach, escribió "Tal parecía que esta llamada a la acción fuera orden de verdadera mobilización. Los concurrentes en las filas delanteras avanzaron hacia la tribuna, donde Martí se halló colmado de abrazos. De pie en sillas, las mujeres agitaron sombreros, guantes, pañuelos. La gente lloró, rió. Multiplicáronse los gritos de ¡Viva!"

A la noche siguiente en ocasión del segundo discurso programado, no cabía la gente en el Liceo Cubano. El discurso fue particularmente memorable, pues revistió de forma alegórica el conflicto generacional dentro del movimiento separatista. Contó Martí lo que había visto en su viaje a Tampa, del suave paisaje de chaparral y palmas. Recordó ver un espacio quemado en un bosque floridano de pinos y continuó: "Rompió de pronto el sol sobre un claro del bosque, y allí al centelleo de la luz súbita, vi por sobre la hierba amarillenta erguirse, en torno al tronco negro de

to give institutional form to his political ideas. On November 28, in collaboration with Tampa Cuban leaders, Martí drafted two documents: the "Tampa Resolutions" and "The Bases of the Cuban Revolutionary Party." Approved by all the Tampa patriotic clubs, the documents established the bases of unity and organization. The "Resolutions" outlined a general set of principles calling for the unification of all revolutionary clubs, renewal of armed struggle to liberate the island, and the "creation of a just and frank republic — unified in territory, laws, work, and cordiality, built by all for the benefit of all." "The Bases of the Cuban Revolutionary Party" detailed the structural organization of a proposed political party. The party, it said, will "assemble the revolutionary elements in existence today, and will unite . . . all additional elements possible, resolving to establish in Cuba, by means of a war waged with republican methods and spirit, a nation capable of assuring a durable happiness to its children." The revolutionary party would strive to eliminate an "authoritarian spirit and the bureaucratic composition of the colony" and establish in free Cuba a "sincerely democratic nation" through a war that would be "fought for the integrity and welfare of all Cubans and to give all Cubans a free country."

The following month, Martí traveled to Key West, where local patriotic clubs were also considering the adoption of "The Bases of the Cuban Revolutionary Party." After weeks of debate and discussion, in January 1892 at the San Carlos Club the "Bases" were adopted as the guiding principles for the formation of the Cuban Revolutionary Party (PRC).

The "Bases" were subsequently ratified in 1892 among a total of seventy-five revolutionary clubs in Florida, representing an estimated 10,000 Cubans in exile. Martí was elected a chief delegate, a position he held until departing for Cuba in 1895.

The cigar workers not only provided the political support to launch the PRC but subsequently supplied the financial base to sustain its activities through the full six years of its existence. Through contributions from factories, revolutionary clubs, and individuals, the PRC received the funds necessary to underwrite the publication of the weekly newspaper *Patria*, support propaganda activity, and purchase the material necessary for the war effort.

Cigar workers in the Vanguard

By the early 1890s everything had changed. For the better part of three decades, the idea of *Cuba Libre* had not moved much beyond an essentially undefined and wholly ambiguous sentiment. Outside a loosely shared notion that *Cuba Libre* involved, at the very least, separation from Spain, the final structure of free Cuba had remained vaguely and incompletely defined by various sectors of the separatist movement. But in 1891, Martí made the first tentative steps toward giving ideological substance and political structure to *Cuba Libre*. In choosing cigar work-

los pinos caídos, los racimos gozosos de los pinos nuevos: ¡Eso somos nosotros: pinos nuevos!" La metáfora cundió en ese momento y luego cada subsiguiente generación de cubanos libremente se ha apropiado de la designación *pinos nuevos* para simbolizar su inconformidad con las normas establecidas.

En plena euforia de su triunfo en Tampa Martí procedió inmediatamente a dar forma institucional a sus ideas políticas. En colaboración con dirigentes cubanos de Tampa, Martí redactó dos documentos el 28 de noviembre: las "Resoluciones de Tampa" y "Las Bases del Partido Revolucionario Cubano". Aprobados por todas las asociaciones patrióticas de Tampa, los documentos establecieron las bases de unidad y organización. Las "Resoluciones" esbozaban un cuerpo general de principios requiriendo la unificación de todas las agrupaciones revolucionarias, la renovación del conflicto armado para la liberación de la isla y la "creación de una justa y franca república, unida en su territorio, sus leyes, su trabajo y en la cordialidad, hecha por todos y para el bien de todos". "Las Bases del Partido Revolucionario Cubano" detallaban la organización estructural de un propuesto partido político. Este "reunirá los elementos revolucionarios hoy existentes y allegará ... cuantos elementos nuevos pueda, a fin de fundar en Cuba por una guerra de espíritu y métodos republicanos, una nación capaz de asegurar la dicha durable de sus hijos". El partido revolucionario se esforzaría en eliminar "el espíritu autoritario y la composición burocrática de la colonia" y establecería en la Cuba libre una "nación sinceramente democrática" por medio de "la guerra que se ha de hacer para el decoro y bien de todos los cubanos, y entregar a todo el país la patria libre".

Al siguiente mes Martí viajó a Cayo Hueso, donde las asociaciones patrióticas locales también estaban en vías de considerar la adopción de "Las Bases del Partido Revolucionario Cubano". Tras semanas de debates y discusiones las "Bases" fueron adoptadas en enero de 1892 en el club San Carlos como guías para la formación del Partido Revolucionario Cubano (PRC).

Las "Bases" luego fueron ratificadas en 1892 entre una totalidad de setenta y cinco asociaciones revolucionarias de la Florida en representación de unos 10,000 cubanos en el exilio. Martí fue electo Delegado, función que sustentaría hasta partir para Cuba en 1895.

Los tabaqueros proveyeron tanto el apoyo político para iniciar el PRC como luego la base económica para apoyar sus actividades durante los seis años completos de su existencia. Por medio de contribuciones de las fábricas, las agrupaciones revolucionarias e individuos, el PRC recibió los fondos necesarios para subvencionar la publicación del semanario *Patria*, contribuir a la actividad de propaganda y comprar el equipo bélico necesario para la guerra.

Los tabaqueros a la vanguardia

Para principios de los 90 todo había cambiado. Durante la mayor parte

ers as a constituency around which to organize politically, Martí selected the most progressive sector of the expatriate population. Cigar workers had long been in the vanguard of the trade union movement in Cuba. They were heir to socialist traditions, veterans of political battles with Spanish colonial authorities, and exponents of the most exalted view of free Cuba.

As a result, during the next four years, Cuban separatism evolved increasingly into a populist mass-based movement. Martí's intellectual development, no less than the ideological orientation of Cuban separatism, came increasingly to reflect the issues and concerns derived from collaboration with cigar workers. More and more, Martí occupied himself with class questions, the future of property relationships, and a wide range of social issues. This is not to suggest that these were entirely new issues for Martí. He had previously, if only irregularly, addressed social issues. What was different after 1891 was a matter of degree, and eventually the difference in degree was sufficiently great to make it a distinction in kind. The effect of Martí's collaboration with the cigar workers — "the working people," he proclaimed, "the backbone of our coalition" — was telling. He collaborated in Key West with Diego Vicente Tejera (1848-1903), who in 1901 organized the Cuban Socialist Party. He worked closely with Carlos Baliño (1848-1925), one of the cofounders of the PRC in Tampa and later an organizer of the Cuban Communist Party (PCC).

Martí expanded the scope of separatism to incorporate the working class within its ranks. He brought a social imperative into the struggle for national liberation, and in so doing he transfigured the very character of separatism. Henceforth the struggle for *Cuba Libre* signified more than the pursuit of independence. Nationhood was only one aspect of Cuban fulfillment. Martí committed himself to a movement that promised not only to free Cubans from the old oppression but to give them a new place in society and a new country to belong to.

The appeal was directed to the most exploited sectors of Cuban society. Indeed, the Cuban enterprise was now as much committed to ending exploitive relationships within the colony as it was determined to end the colonial relationship with Spain. "Our goal is not so much a mere political change," Martí vowed, "as a good, sound, and just and equitable social system without demagogic fawning or arrogance of authority. And let us never forget that the greater the suffering the greater the right to justice." For Martí, the goal of the war of independence was "not a change in forms but a change of spirit." Toward this end, it was "necessary to make common cause with the oppressed, to secure the system opposed to the interests and habits of the oppressors."

The Problem of Economic Inequities

After 1891, Martí also sought to give these general formulations

A 19th-century portrait of José Martí, the Apostle of Cuban Liberty.

Retrato del Siglo 19 de José Martí, el Apóstol de la Libertad de Cuba.

Cigar makers plying their craft in a late
19th-century factory in Tampa. Note the
polyglot work force — Cubans,
African-Cubans, women, Spaniards,
and Italians.

Tabaqueros ocupados en su trabajo en una
fábrica de Tampa a fines del Siglo 19.
Obsérvese la variedad de la fuerza de
laboral — cubanos, afrocubanos, mujeres,
españoles, e italianos.

The auditorium of Key West's San Carlos Institute served as a social club, a political base, and organizing forum for Cubans in *"Cayo Hueso."* | El auditorio del Instituto San Carlos de Cayo Hueso servía como club social, una base política, un foro organizador para los cubanos en Cayo Hueso.

de las tres décadas anteriores, la idea de Cuba Libre no había pasado más allá de un sentimiento enteramente ambiguo y esencialmente indefinido. Fuera de una noción más o menos compartida de que Cuba Libre suponía como mínimo la separación de España, la estructura final de una Cuba independiente permaneció vaga e incompletamente definida por varios sectores del movimiento separatista. Mas en 1891 Martí intentó los primeros pasos para darle substancia ideológica y estructura política a Cuba Libre. Al escoger a los obreros tabaqueros como el gremio alrededor del cual se organizaría políticamente, Martí seleccionó el sector más progresivo del pueblo expatriado. Ya por mucho tiempo los tabaqueros se habían situado a la vanguardia del movimiento sindical en Cuba. Eran herederos de las tradiciones socialistas, veteranos de batallas políticas con las autoridades coloniales españolas y exponentes del criterio más elevado sobre una Cuba libre.

Como resultado, durante los cuatro años que siguieron, el separatismo cubano evolucionó cada vez más hacia un movimiento populista basado en las masas. El desarrollo intelectual de Martí, al igual que la orientación ideológica del separatismo cubano, vino a reflejar cada vez más los puntos polémicos y las preocupaciones derivadas de su colaboración con los tabaqueros. Más y más vino Martí a ocuparse de cuestiones de clase, el futuro de los conceptos de propiedad y una amplia gama de cuestiones sociales. Esto no quiere decir que fueran problemas nuevos para Martí; ya anteriormente, aunque en forma irregular, se había ocupado de la problemática social. La diferencia después de 1891 fue cuestión de grado, y eventualmente la diferencia de grado resultó suficientemente grande para crear una distinción en el modo. El efecto de la colaboración con los tabaqueros — la clase obrera, según él, "la columna vertebral de nuestra coalición" — surtió su efecto. Colaboró él en Cayo Hueso con Diego Vicente Tejera (1848-1903), quien en 1901 organizó el Partido Socialista Cubano; laboró estrechamente con Carlos Baliño (1848-1925), uno de los cofundadores del PRC en Tampa y luego organizador del Partido Comunista Cubano (PCC).

Martí amplió el alcance del separatismo para incorporar la clase obrera dentro de sus filas. Trajo un imperativo social a la lucha por la liberación nacional, transformando así el carácter mismo del separatismo. De ahí en adelante la lucha por Cuba Libre significaba más que procurar la independencia; el hecho de hacerse una nación era sólo un aspecto del logro cubano. Martí se comprometió a un movimiento que no sólo prometía libertar a los cubanos de su antigua opresión, sino darles un nuevo sitio en la sociedad y un país nuevo al cual pertenecer.

Dirigióse la llamada a los sectores más explotados del cuerpo social. Efectivamente, el cometido cubano érase ahora tanto el poner punto final a las relaciones de explotación dentro de la colonia como el poner fin a la relación colonial con España. Martí prometió que la meta no era tan sólo un sencillo cambio político, sino un sistema social bueno, cabal, justo y

programmatic context. "A mere change of form would not warrant the sacrifice to which we are lending ourselves," he asserted in March 1892. He committed the new Cuba to racial justice. The "revolution in which all Cubans are involved, regardless of their color, will be equally just." He categorized the armed struggle as a war of redemption and redistribution: "The war is being planned . . . for the redemption and benefit of all Cubans." He spoke of a "holy revolution" and the "redemptive virtue of just wars that would join all Cubans around one burning idea of decent redemption." But social justice was not possible within a system of economic inequities, Martí came to understand. His vision of the new republic included a commitment to equitable agricultural development based on an economy of small independent farmers. "Cuba has vast expanses of uncultivated land," he wrote in 1893, "and it is obviously just to make it available to anyone eager to put it to use and to deny it to those who will not use it." With such agrarian structures, Martí predicted confidently, Cuba would "balance . . . its social problems" and provide "stability for a republic that should be one of work and enterprise."

Martí mobilized support from those sectors of Cuban society most susceptible to appeals for a new order, and in the process he too was transformed. So it was that the dispossessed and disinherited on both sides of the Florida Straits responded to this summons. An expatriate proletariat, a dispossessed peasantry, blacks and whites, the landless and the poor — all ratified Martí's vision of free Cuba: "with all and for the good of all." Martí was not merely attempting to overthrow Spanish rule. He aspired to nothing less than a fundamental change in Cuban politics by creating new ways of mobilizing and sharing power. Independence was to produce a new republic, and the new republic stood for political democracy, social justice, and economic freedom. He added a social agenda to the historic program of national liberation and converted a movement devoted to the establishment of a new nation into a force dedicated to shaping a new society. Martí transformed rebellion into revolution. His revolutionary formula was a conglomeration of national pride, social theory, anti-imperialism, and personal intuition. He rationalized it all into a single revolutionary metaphysic and institutionalized it into a single revolutionary party. Like a master weaver, Martí pulled together all the separate threads of Cuban discontent — social, economic, political, racial, historical — and wove them into a radical movement of enormous force.

It was for these reasons that the effects of Martí's death were incalculable. The cigar workers understood immediately the magnitude of their loss because they understood the breadth of his vision. They understood, too, that things would be different thereafter, and the difference would not be for the better.

equitativo sin servilismo demagógico ni arrogancia de la autoridad. "Y no nos olvidemos que cuanto mayor el sufrimiento, mayor el derecho a la justicia". Para Martí la meta de la guerra de independencia era "no un cambio de formas, sino un cambio de espíritu". Hacia este fin había que "hacer causa común con los oprimidos para asegurar el sistema contrario a los intereses y los hábitos de los opresores".

El problema de las desigualdades económicas

Después de 1891 Martí trató de imprimirles a estas formulaciones generales un contexto programático. Según Martí en marzo de 1892, un simple cambio de forma "no justificaría el sacrificio al que nos prestamos." Comprometió la nueva Cuba a la justicia racial. La "revolución en que todos los cubanos están envueltos, sin distinción de color, ha de ser igualmente justa". Caracterizó la lucha armada como guerra de redención y redistribución: "La guerra se planea . . . para la redención y beneficio de todos los cubanos". Habló de guerra santa y de la virtud redentora de las guerras justas que unirían a los cubanos todos alrededor de la abrasadora idea de una redención honesta. Mas la justicia social no era posible en un sistema de desigualdades económicas y así lo comprendió Martí. Su visión de la nueva república comprendía la promesa de un desarrollo agrícola equitativo basado en una economía de pequeños agricultores independientes. "Cuba tiene grandes extensiones de tierra sin cultivar", escribió él en 1893 "y es evidentemente justo ponerlas a disposición de quienes están dispuestos a cultivarlas y negárselas a quienes no quieran . . . " Con tales estructuras agrarias, vaticinó Martí con confianza, Cuba "equilibraría sus problemas sociales" y proporcionaría la "estabilidad para una república de trabajo y empresa".

Martí movilizó el apoyo de aquellos sectores de la estructura social cubana más susceptibles a sus llamamientos a favor de un nuevo orden, y en el proceso también él se transformó. Así fue que los desposeídos y los desheredados a cada lado del estrecho de la Florida respondieron a este llamamiento. Un proletariado expatriado, un campesinado desposeído, negros y blancos, los pobres y los sin tierras — todos ratificaron la visión martiana de una Cuba libre, "con todos y para el bien de todos". Martí no trataba meramente de derrocar el régimen español. Aspiraba nada menos que a un cambio fundamental en la política cubana, creando nuevas pautas para mobilizar y compartir el poder. La independencia produciría una nueva república y la nueva república significaría democracia política, justicia social e independencia económica. El le añadió una agenda social al histórico programa de liberación nacional y convirtió un movimiento dedicado al establecimiento de una nueva nación en una fuerza dedicada a dar forma a una nueva sociedad. Martí transformó la rebelión en revolución. Su fórmula revolucionaria fue una mezcla de orgullo nacional, teoría social,

For Further Reading

Abel, Christopher, and Nissa Torrents, eds. *José Martí, Revolutionary Democrat*. Durham: Duke University Press, 1986.
González, Manuel Pedro. *José Martí, Epic Chronicler of the U.S. in the Eighties*. Chapel Hill: University of North Carolina Press, 1986.
Gray, Richard Butler. *José Martí: Cuban Patriot*. Gainesville: University of Florida Press, 1962.
Infiesta, Ramón. *Martí the Statesman*. Coral Gables: University of Miami Press, 1953.
Kirk, John M. *José Martí, Mentor of the Cuban Nation*. Gainesville: University of Florida Press, 1983.
Lizaso, Félix. *Martí, Martyr of Cuban Independence*. Westport, Conn.: 1974.
Mañach, Jorge. *Martí, Apostle of Freedom*. New York: 1953.
Martí, José. *The America of José Martí: Selected Writings*. Edited by Juan de Onis. New York: Noonday, 1953.
___. *Inside the Monster. Writings on the United States and American Imperialism*. Edited by Philip S. Foner. New York: Monthly Review, 1975.
___. *Martí on the U.S.A.* Edited by Luis A. Baralt. Carbondale, IL: 1966.
___. *Our America: Writings on Latin America and the Struggle for Cuban Independence*. Edited by Philip S. Foner. New York: Monthly Review, 1977.
Poyo, Gerald E. *"With All, and for the Good of All": The Emergence of Popular Nationalism in Cuban Communities of the United States, 1848-1898*. Durham: Duke University Press, 1989.
Turton, Peter. *José Martí, Architect of Cuba's Freedom*. London: Zed, 1986.

Louis A. Pérez, Jr., Ph.D. — Graduate research professor, Department of History, University of South Florida (Tampa); author of Cuba Between Empires, 1878-1902 *(University of Pittsburgh Press, 1983) and* Cuba *(Oxford University Press, 1989); recipient of the Sturgis Leavitt Award, 1980 Southeastern Conference on Latin American Studies, for best article of the year: "La Chambelona: Political Protest, Sugar, and Social Banditry in Cuba, 1914-1917."*

anti-imperialismo e intuición personal. Lo razonó todo en una única metafísica revolucionaria y le dio carácter institucional por medio de un partido revolucionario único. Cual maestro tejedor supo atar los hilos separados del descontento cubano — sociales, económicos, políticos, raciales e históricos — y los entrelazó, produciendo un movimiento radical de enorme fuerza.

Por eso, los efectos de la muerte de Martí fueron incalculables. Los tabaqueros entendieron inmediatamente la magnitud de su pérdida porque comprendían la amplitud de su visión. Comprendieron también que después de eso las cosas serían diferentes y la diferencia no sería para mejorar.

Louis A. Pérez, Jr., Ph.D. — Profesor de estudios graduados, departamento de historia, Universidad de South Florida(Tampa); autor de Cuba Between Empires 1878-1902 *(University of Pittsburgh Press, 1983)* y Cuba *(Oxford University Press,1989); premiado con el Sturgis Leavitt Award, 1980 Southeastern Conference on Latin American Studies, por el mejor artículo del año: "La Chambelona: Political Protest, Sugar, and Social Banditry in Cuba, 1914-1917".*

PAULINA PEDROSO
AND LAS PATRIOTAS
OF TAMPA

Nancy A. Hewitt

HE SIGNAL THAT THE CUBAN WAR FOR INDEPENDENCE WAS to begin was sent to the island's rebel forces from Tampa in February 1895, wrapped in a hand-rolled cigar. It was an appropriate symbol of the importance of émigré Cubans in Florida to the cause of *Cuba Libre*.

José Martí, the father of Cuban independence, called Tampa's cigar districts the "civilian camps of the revolution." The efforts of local émigrés were both individual and collective, dependent on personal sacrifice and community cohesion. African-Cubans and white Cubans, women and men, offered their skills, wages, homes, and lives to the struggle for independence from Spain.

Paulina Pedroso was among those who offered the most. Pedroso was

PAULINA PEDROSO Y LAS PATRIOTAS DE TAMPA

Nancy A. Hewitt

A SEÑAL DE QUE LA GUERRA DE INDEPENDENCIA CUBANA debía comenzar fue enviada a las fuerzas rebeldes de la isla desde Tampa en febrero de 1895, envuelta en un cigarro hecho a mano. Fue un símbolo apropiado de la importancia de los emigrados cubanos en la Florida para la causa de Cuba Libre.

José Martí, el padre de la independencia cubana, llamó a los distritos cigarreros de Tampa "los campamentos civiles de la revolución". Los esfuerzos de los emigrantes locales fueron tanto individuales como colectivos, dependientes del sacrificio personal y de la unión comunal. Afrocubanos y blancos, mujeres y hombres, ofrecieron sus conocimientos, salarios, casas y vidas a la lucha por la independencia de la dominación española.

an African-Cuban working-class woman whose moves from Cuba to Key West to Tampa and back to Cuba between the 1870s and 1910 followed the vicissitudes of anticolonial wars and cigar strikes. She has been called a second mother to Martí, and her labors on behalf of *Cuba Libre*, along with those of her husband Ruperto, were recognized by political leaders in both Havana and Tampa. Martí stayed with the Pedrosos on his visits to Tampa and walked about town arm in arm with his hostess to display his concern for incorporating African-Cubans into the struggle for a free Cuba. Yet Paulina Pedroso was more than a symbol of Martí's enlightened racial attitudes. She was an active participant in the heroic efforts of African-Cubans and women to help gain their homeland's freedom from Spanish rule.

Fleeing Cuba

During the 1860s, Paulina and Ruperto Pedroso lived in Pinar del Rio, one of the richest tobacco-growing regions of Cuba. It was also one of the areas hardest hit by rebel forces during the Ten Years' War (1868-1878). This among other factors led the Pedrosos to resettle in Havana. Like many of their countrymen and women, they fled the island entirely when it became clear that the rebellion would be suppressed by superior Spanish military forces. Along with hundreds of other political exiles, the Pedrosos took refuge in Key West, Florida. The émigré community included peasants, housewives, cigar workers, artisans, and manufacturers, the last of whom hoped to rebuild their fortunes in southern Florida.

Sometime in the late 1880s, Paulina and Ruperto migrated again, this time to Tampa. Cubans had begun resettling there after a series of strikes encouraged manufacturers like Vicente Martínez Ybor to relocate as a means of escaping labor militancy in the Keys. Ironically, Martínez Ybor's troubles followed him to Tampa. A crazy-quilt pattern of radical ideologies, ethnic rivalries, political agendas, and establishment vigilantism characterized labor relations in Tampa from the 1880s to the 1930s. "People dated their lives from various strikes," recalls José Yglesias, a native of Ybor City.

In Ybor City, Ruperto found work rolling cigars while Paulina managed a boardinghouse on the corner of 12th Street and 8th Avenue, one of many such establishments providing food and housing for the large contingent of young, single men who sought work in the cigar factories. Ruperto's sister and brother operated a second boardinghouse a block away, and several kinfolk were among the residents of the two houses. Other African-Cubans, including many who had been involved in revolutionary activities in Cuba and political and cultural efforts in Key West, lived nearby. It was this circle of community leaders that attracted Martí's attention on his first visit to Ybor City in 1891 and that became the core of his efforts to create an interracial coalition on behalf of *Cuba Libre*.

In the five years between the founding of Tampa's first cigar factory

Paulina Pedroso fue una de esos que ofreció más. Pedroso era una mujer cubana negra de clase trabajadora cuyas mudanzas de Cuba a Cayo Hueso a Tampa y de regreso a Cuba entre los 1870 y 1910 siguieron las vicisitudes de las guerras anti-coloniales y las huelgas del tabaqueras. Se ha dicho que ella como una segunda madre para Martí, y sus labores en favor de una Cuba Libre, con las de su esposo Ruperto, fueron reconocidas por líderes políticos tanto en La Habana como en Tampa. Martí se quedaba con los Pedroso durante sus visitas a Tampa y caminaba del brazo con su anfitriona por la ciudad para demostrar su preocupación por incorporar a los afrocubanos a la lucha por una Cuba libre. Sin embargo, Paulina Pedroso era más que un símbolo de las claras actitudes raciales de Martí. Ella fue una participante activa en los heroicos esfuerzos de los afrocubanos y de las mujeres para ayudar a liberar a su patria de la dominación española.

Escapando de Cuba

Durante los años 1860, Paulina y Ruperto Pedroso vivían en Pinar del Río, una de las más ricas regiones tabacaleras de Cuba. También fue una de las regiones atacadas más fuertemente por las fuerzas rebeldes durante la Guerra de los Diez Años (1868-1878). Este entre otros factores llevó a los Pedroso a relocalizarse en La Habana. Como muchos de sus compatriotas, escaparon de la isla cuando se hizo claro que la rebelión sería suprimida por las superiores fuerzas militares españolas. Junto a cientos de otros exiliados políticos, los Pedroso se refugiaron en Cayo Hueso, Florida. La comunidad de emigrantes incluía campesinos, tabaqueros, amas de casa, artesanos y maufactureros, los últimos queriendo reconstruir sus fortunas en el sur de la Florida.

En algún momento a fines de los 1880, Paulina y Ruperto emigraron otra vez, esta vez a Tampa. Los cubanos habían comenzado a reestablecerse allí después que una serie de huelgas impulsaron a manufactureros como Vicente Martínez Ybor a relocalizarse como forma de escapar de la militancia laboral en los Cayos. Irónicamente, los problemas de Martínez Ybor lo siguieron hasta Tampa. Un alocado patrón de ideologías radicales, rivalidades étnicas, agendas políticas y vigilancia del sector dirigente caracterizaron las relaciones laborales en Tampa desde los 1880 hasta 1930. "La gente le ponía fecha a su vida desde las varias huelgas", recuerda José Yglesias, un nativo de Ybor City.

En Ybor City , Ruperto encontró trabajo haciendo puros mientras que Paulina administraba una pensión en la esquina de la calle Octava y la avenida Octava, uno de los muchos establecimientos que proveían comida y habitación para el gran grupo de jóvenes solteros que buscaban trabajo en las fábricas de tabaco. La hermana y el hermano de Ruperto administraban una segunda pensión a una cuadra y varios parientes vivían entre los residentes de las dos casas. Otros afrocubanos, incluyendo a muchos que habían estado envueltos en actividades revolucionarias en

and Martí's inaugural visit, Ybor City grew with astonishing rapidity, carrying the surrounding area along in its wake. In 1880, only 721 residents inhabited the village of Tampa. A decade later, the population passed 5,500 persons in Tampa and Ybor City combined, a figure that nearly tripled by 1900 when a significant number of Italians joined Spaniards and Cubans in local Latin enclaves. A second cigar center was established in West Tampa, across the Hillsborough River from Ybor City. It housed some 2,300 Latin residents by the start of the new century. Over one-third of the Tampa area's population was by then foreign-born, including some 3,500 Cubans. Of these, perhaps 15 percent were of African descent.

Most families made their living either directly through cigar work, finding employment in one of the city's 150 or so factories, or indirectly by opening coffee shops, restaurants, bars, boardinghouses, or other businesses to supply workers' material wants. The residents also established clubs, mutual aid societies, Spanish-and Italian-language newspapers, and similar institutions to fulfill residents' social and cultural aspirations.

African-Cubans Organize

African-Cubans joined in many activities of the larger community but also founded organizations to meet their own distinctive needs. The Pedrosos along with Cornelio Brito, Bruno Roig, and a number of other African-Cubans formed one of the most important of these institutions, La Liga de Instrucción de Tampa, at the urging of Martí in 1891. Modeled after the New York La Liga, the Tampa association served as an educational center for local African-Cubans. In 1900, a meeting at the Pedrosos's home resulted in the formation of La Sociedad Libres Pensadored Martí-Maceo, named in honor of Martí and African-Cuban rebel leader Antonio Maceo. This formed the basis for the African-Cubans' local mutual aid society, La Unión Martí-Maceo.

During the 1890s, African-Cubans served as delegates to the Cuban Revolutionary Party (PRC), offered their restaurants and barbershops as meeting places for white and black *patriotas*, wrote for and assisted in the publication of revolutionary newspapers, collected dues and donations for the cause, and fought with insurgent forces in Cuba. Ruperto and Paulina Pedroso were central figures in these efforts. When Martí stayed with them, a Cuban flag flew over their home, and crowds gathered in hopes of catching a glimpse of *El Maestro*. After an attempt on the revolutionary's life by a Spanish saboteur, Ruperto always slept on the floor in front of Martí's room. Paulina nursed Martí back to health when he fell ill from exhaustion during one of his southern tours for the PRC.

According to Emilio del Rio, an activist and émigré intellectual in Ybor City, Martí had "great respect and consideration for persons of 'color'

Cuba y en los esfuerzos políticos y culturales en Cayo Hueso, vivían cerca. Este círculo de líderes comunitarios fue lo que atrajo la atención de Martí en su primera visita a Ybor City en 1891 y lo que se convirtió en el centro de su esfuerzo para crear una coalición interracial en pro de una Cuba Libre.

En los cinco primeros años transcurridos entre la fundación de la primera fábrica de puros de Tampa y la visita inaugural de Martí, Ybor City creció con una rapidez sorprendente, levantando a las regiones vecinas en su despertar. En 1880, sólo 721 residentes habitaban en la villa de Tampa. Una década más tarde, la población sobrepasaba las 5,500 personas en Tampa y en Ybor City juntos, una cifra que casi se triplicó para 1900 cuando un importante número de italianos se unieron a los españoles y cubanos en los enclaves latinos. Un segundo centro tabacalero fue establecido en la región occidental de Tampa (West Tampa) al cruzar el río Hillsborough desde Ybor City. Allí vivían Le dio casa a unos 2,300 residentes latinos al comienzo del nuevo siglo. Más de una tercera parte de la población de Tampa era entonces nacida en el extranjero, incluyendo unos 3,500 cubanos. De éstos, quizás un 15 por ciento eran descendientes de africanos.

La mayoría de las familia obtenían su sustento ya fuese directamente del trabajo de tabaco, encontrando trabajo en una de las cerca de 150 fábricas, o indirectamente abriendo una cafetería, restaurante, barra, pensión o algún otro negocio para llenar las necesidades materiales de los trabajadores. Los residentes también establecieron clubes, sociedades de ayuda mutua, periódicos en español e italiano, e instituciones similares para satisfacer las aspiraciones sociales y culturales de los residentes.

Los afrocubanos se organizan

Los afrocubanos se unieron a muchas de las actividades de la comunidad mayoritaria, pero también fundaron organizaciones para llenar sus necesidades particulares. Los Pedroso junto con Cornelio Brito, Bruno Roig y un número de otros afrocubanos formaron una de las más importantes de estas instituciones, la Liga de Instrucción de Tampa, a petición de Martí en 1891. Usando como modelo La Liga de Nueva York, la asociación de Tampa servía como centro de educación para los afrocubanos locales. En 1900, una reunión en la residencia de los Pedroso resultó en la formación de La sociedad Libres Pensadores Martí-Maceo, nombrada en honor a Martí y a un líder rebelde afro-cubano llamado Antonio Maceo. Esta formó la base para la sociedad de ayuda mutua local de los afrocubanos, La Unión Martí-Maceo.

Durante los 1890, los afrocubanos sirvieron como delegados al Partido Revolucionario Cubano (PRC), ofrecieron sus restaurantes y barberías como sitios de reunión para patriotas blancos y negros, escribieron y ayudaron en la publicación de periódicos revolucionarios, recogieron

from his country" and "felt love for one woman of the Negro race," Paulina Pedroso.

White Cuban as well as African-Cuban women followed the revolutionary path traced by Paulina Pedroso. Carolina Rodriguez, for instance, popularly known as *La Patriota*, had risked her life as a courier between separated insurgent forces in Las Villas during the Ten Years' War. At age 53, in 1879, she fled Cuba for Key West. Single, she supported herself stripping tobacco while at the same time collecting funds to assist needy émigrés and to renew the fight for independence. By the early 1890s she had resettled in West Tampa, where she continued her revolutionary activities, serving as a role model for younger women. In October 1894 she was the honored guest at a West Tampa fund-raiser. Feeling old and tired the morning of the event, she stepped to the podium and "felt rejuvenated, thanks to the support of everyone." She offered her "mite" to *"la Patria"* and asked that it not be counted separately, but become part of the great collection for the cause. She returned to Cuba in 1899, settling in Cienfuegos, where she died the same year.

The Prominent Role of Women

Paulina Pedroso and Carolina Rodríguez were part of a mass migration to Ybor City and West Tampa which, though dominated by men, also included many women. The first fifty cigar makers who arrived in spring 1886 came with spouses and children, and among the political exiles, entire families typically migrated. Women as well as men labored in the cigar factories, though initially women held the less-skilled jobs such as tobacco strippers. Female émigrés also labored in a variety of other occupations, working as seamstresses, cooks, laundresses, milliners, midwives, peddlers, boardinghouse keepers, and grocers.

Women's unpaid domestic labor contributed further to family and community maintenance. Dólores Rio recalls the scope and significance of "housework" in boomtown Tampa: "Husbands say their wives don't work, but women always work. Like my mother. She raised eight children. Grandma and two cousins also lived in the house . . . My mother, she took care of children of women who work in factories, three or four at a time . . . She did laundry, so much laundry, and cooking, of course. She even kept a vegetable garden to help out." And women also participated in the founding, and especially the funding, of mutual aid societies.

Women's labor also had important political consequences. Factory workers gained significant experience in strike activity in the years just before the struggle for independence was renewed. Between 1887 and 1893, there were at least fourteen strikes in Tampa cigar factories; in half, women and men walked out together, with female workers representing 12 to 22 percent of the disaffected, reflecting their proportion in the cigar industry as a whole. Many non-wage-earning women were fully

cuotas y donaciones para la causa, y lucharon con las fuerzas insurgentes de Cuba. Ruperto y Paulina Pedroso eran figuras centrales de estos esfuerzos. Cuando Martí se quedaba en su casa, una bandera cubana ondeaba sobre la casa y multitud de personas se reunían esperando ver al Maestro. Después de un atentado contra la vida del revolucionario por parte de un español saboteador, Ruperto siempre dormía en el suelo frente a la habitación de Martí. Paulina cuidó de la salud de Martí cuando cayó enfermo del agotamiento durante una de sus giras por el sur para el PRC.

Según Emilio del Río, un activista e intelectual emigrado en Ybor City, Martí tenía "mucho respeto y consideración para las personas de color de su país" y "sentía amor por una mujer de la raza negra", Paulina Pedroso.

Mujeres blancas así como afrocubanas siguieron el camino revolucionario que marcó Paulina Pedroso. Carolina Rodríguez, por ejemplo, conocida popularmente como La Patriota, arriesgó su vida sirviendo de mensajera entre las fuerzas insurgentes separadas en Las Villas durante la Guerra de los Diez Años. A la edad de 53 años, en 1879, escapó de Cuba hacia Cayo Hueso. Soltera, ella se sostenía despalillando tabaco mientras recolectaba fondos para ayudar a emigrados necesitados y para renovar la lucha por la independencia. A principios de los 1890 ella se había reestablecido en el sector occidental de Tampa, donde continuó sus actividades revolucionarias, sirviendo como modelo para mujeres más jóvenes. En octubre de 1894 ella fue la invitada de honor en una actividad para recaudar fondos en West Tampa. Sintiéndose vieja y cansada la mañana del acto ella se subió al podio y "se sintió rejuvenecida, gracias al apoyo de todo el mundo". Ella le ofreció su "óbolo" a la Patria y pidió que no se contara separado, sino que se hiciera parte de una gran colecta para la causa. Ella regresó a Cuba en 1899, estableciéndose en Cienfuegos, donde murió ese mismo año.

El papel prominente de la mujer

Paulina Pedroso y Carolina Rodríguez formaron parte de una migración masiva a Ybor City y a West Tampa que, aunque dominadas por hombres, también incluía a muchas mujeres. Los primeros cincuenta tabaqueros que llegaron la primavera de 1886 vinieron con sus esposas e hijos, y entre los exiliados políticos, se acostumbraba que emigrasen familias enteras. Las mujeres tanto como los hombres trabajaban en las fábricas de tabaco, aunque al principio las mujeres puestos que requerían menos destreza como despalilladoras. Las emigrantes femeninas también trabajaban en una variedad de otras ocupaciones, como costureras, cocineras, lavanderas, sombrereras, parteras, buhoneras, encargadas de pensión y abarroteras.

El trabajo doméstico sin paga de las mujeres contribuía al mantenimiento de la familia y al cuidado de la comunidad. Dolores Río recuerda el alcance y la importancia del trabajo doméstico en la creciente

aware of, if not direct participants in, political agitation. Strikes in the first decade of settlement left anywhere from 200 to 800 breadwinners jobless at any one time. It was the wives who were expected to find ways to stretch the family resources until work resumed.

In addition, Tampa neighborhoods housed dozens of rebels of the Ten Years' War, including such heroes as Martín Herrera, Nestor Carbonell, Serafín Sánchez, Federico Sánchez, Fernando Figueredo, Guillermo Sorondo, Ramón Rivero, and Justo Carrillo as well as Carolina Rodríguez. From 1891 on, Martí and other leaders of the PRC regularly visited the cigar cities of Florida, calling on these local leaders to form a united front against Spanish tyranny in their homeland. Indeed, the principles of the PRC were originally written and approved of at a meeting of Tampa exiles.

Women were well represented in revolutionary activity from the beginning. The daughters and wives of political exiles, including African-Cubans Juan Gualberto Gómez and Señor de Palacios, as well as white Cubans and María Luisa Sánchez and Juana de Figueredo, were among the local organizers of revolutionary clubs in the cigar cities. Once war was declared, women's activities increased in both intensity and scope. On February 24, 1895, when Cubans met in front of O'Halloran's factory to celebrate the start of the Cuban war for independence, ten-year old Pennsylvania Herrera stepped up to speak in place of her father Martín. She stunned the crowd with a twenty-minute extemporaneous oration. This "little girl pleading with the earnestness of a prince and the eloquence of a sage," as a *Tampa Tribune* reporter described her, was only one of hundreds of patriotic females who helped pack the Cuban Club a few months later when fifteen-year-old María Luisa Sánchez, daughter of Federico, brought down the house with her passionate speech on behalf of *Cuba Libre*.

The battle for Cuban independence opened up new spaces for female activity in the workplace and meeting hall and placed new demands on women beyond their traditional domestic responsibilities. Female émigrés of all class and racial backgrounds employed their economic resources and domestic skills in the cause of *Cuba Libre*. They increased their efforts as the war dragged on, as more men joined insurgent forces in their homeland, as strikes depleted revolutionary coffers, and as refugees from the island strained émigré resources.

First Women's Revolutionary Club

In March 1892, the first issue of *Patria*, the journal of the PRC, appeared. Five months later, *Patria* announced the formation of Ybor City's first female revolutionary club, *Obreras de la Independencia*. By 1897, more than 200 Cuban women would find their way into print as leaders of one of the city's fifteen female, six mixed, and four youth PRC affiliates. Of the fourteen officers of the city's first female club, most were

Paulina Pedroso, a remarkable Afro-Cuban woman, advanced the cause of Cuban independence through her organizing efforts. Today in Ybor City's Martí Park, a plaque preserves her memory on a site marking her homestead.

Paulina Pedroso, notable mujer afrocubana, ayudó a la causa de la independencia cubana con sus esfuerzos organizativos. Hoy, en el Parque Martí de Ybor City, una placa la recuerda marcando el sitio de su nacimiento.

"*Cuba Libre*" served as a rallying cry for expatriate Cubans living in Key West, Tampa, and Martí City. This late 19th-century cigar label illustrates the popularity of the expression.

"*Cuba Libre*" era el grito de unión de los expatriados cubanos que vivían en Cayo Hueso, Tampa, y Ciudad Martí. Esta etiqueta de puros del Siglo 19 ilustra la popularidad de la expresión.

Spaniards, Cubans, and Italians left a lasting legacy in their mutual aid societies which served the social and medical needs of the immigrants. *Centro Asturiano de la Tampa*, erected in 1916, continues to be a source of pride in Tampa's Spanish community.	Españoles, cubanos, e italianos dejaron un duradero legado en su asociaciones de auxilio muto que servían las necesidades médicas y sociales de los inmigrantes. *El Centro Asturiano de Tampa*, erigido en 1916, sigue siendo motivo de orgullo en la comunidad española de Tampa.

TRADE MARK

Cigar makers delighted in hearing the works of authors like Victor Hugo read to them, and labelled cigars in their honor.

Los tabaqueros se deleitaban oyendo las obras de autores tales como Víctor Hugo que les leían, y bautizaban los puros en su honor.

ciudad de Tampa: "Los maridos dicen que sus mujeres no trabajan, pero las mujeres siempre trabajan. Como mi madre. Ella crió a ocho hijos. Mi abuela y dos primos también vivían en la casa . . . Mi madre cuidaba los niños de otras mujeres que trabajaban en las fábricas, tres o cuatro a la vez . . . ella lavaba ropa, tanta ropa y cocinaba, por supuesto. Ella hasta mantenía un huerto de vegetales para ayudar". Y las mujeres también participaron en la fundación, y especialmente en el apoyo monetario, de las sociedades de ayuda mutua.

El trabajo de la mujer también tuvo importantes consecuencias políticas. Los trabajadores de las fábricas adquirieron significativa experiencia en huelgas durante los años anteriores a que la lucha por la independencia se renovara. Entre 1887 y 1893, hubo por lo menos catorce huelgas en las fábricas de tabaco de Tampa; a partes iguales, hombres y mujeres dejaron el trabajo juntos, con las trabajadoras femeninas representando del 12 al 22 por ciento de los descontentos, reflejando así su proporción en la industria tabacalera en general. Muchas de las mujeres que no trabajaban estaban completamente al tanto, cuando no participaban directamente, de la agitación política. Las huelgas de la primera década del asentamiento dejaron entre 200 a 800 jefes de familia sin trabajo en un momento dado. Eran las esposas las que se suponía tenían que encontrar maneras de extender los recursos de la familia hasta que regresaran al trabajo.

Además, los vecindarios de Tampa albergaban a docenas de rebeldes de la Guerra de los Diez Años, incluyendo a héroes como Martín Herrera, Néstor Carbonell, Serafín Sánchez, Federico Sánchez, Fernando Figueredo, Guillermo Sorondo, Ramón Rivero y Justo Carrillo así como también a Carolina Rodríguez. De 1891 en adelante, Martí y otros líderes del PRC visitaban regularmente las ciudades tabacaleras de la Florida, llamando a estos líderes locales a formar un frente unido contra la tiranía española en su patria. En efecto, los postulados del PRC se redactaron originalmente y fueron aprobados en una reunión de exiliados en Tampa.

Las mujeres estaban bien representadas en las actividades revolucionarias desde el principio. Las hijas y las esposas de los políticos exiliados, incluyendo los afrocubanos Juan Gualberto Gómez y el Señor de Palacios, así como también las de cubanos blancos y María Luisa Sánchez y Juana de Figueredo, estaban entre los organizadores locales de los clubes revolucionarios en las ciudades tabacaleras. Una vez declarada la guerra, las actividades de las mujeres aumentaron tanto en intensidad como en alcance. El 24 de febrero de 1895, cuando los cubanos se reunieron enfrente de la fábrica de O'Halloran para celebrar el comienzo de la guerra por la independencia, Pennsylvania Herrera, de diez años, se presentó a hablar en lugar de su padre Martín. Ella asombró a la muchedumbre con un discurso extemporáneo de veinte minutos. Esta "pequeña niña pidiendo con el ardor de un príncipe y la elocuencia de un sabio", como la describiera un reportero del *Tampa Tribune*, fue sólo una

the wives, widows, or daughters of cigar makers, though a few were married to businessmen or professionals. At least two of the early leaders were married to heroes of the Ten Years' War, and at least five had husbands active in local PRC efforts. Only one of the founders worked for a living, as a teacher, and all were white. These patterns reflected the general character of local club officers. Few women leaders seem to have worked for wages; most of those who did were teachers.

In part it was the non-wage-earning status of these leaders that allowed them to devote significant time to *Cuba Libre*. Between 1892 and 1898, émigré women labored voluntarily for long hours, contributed large sums of money to the PRC, outfitted and entertained Cuban and Anglo volunteers, and aided refugees. Through fiestas, picnics, *verbenas*, parades, and raffles, club women employed their skills as cooks, seamstresses, singers, dancers, and musicians to raise funds and consciousness. They donated everything from silver and china to homemade doilies to be auctioned for the cause and devoted uncounted hours to organizing and hosting fund-raising events and decorating halls and floats for parades and celebrations. Raising from under $100 to over $1,000 per event, the Cuban women of Tampa were applauded by *Patria* in 1898 for "being always disposed to work in behalf of the cause of Cuba, and to benefit their brothers."

The clubs not only drew on women's traditional skills but also opened new areas of endeavor. Female oratory, such as that of Pennsylvania Herrera and María Luisa Sánchez, became a great attraction at revolutionary celebrations. The latter's sister, Fredisvinda, was one of the most sought-after bookkeepers among the clubs and was the only local woman to have a club named in her honor. Other club women offered Spanish classes to the daughters of the city's Anglo elite, developed skills as actors, writers, and poets, and used their ingenuity to design banners, floats, and stage sets. One local woman, Clemencia Arango, became editor of the newspaper *Revista de Cuba Libre*, published by the club Justo Carrillo.

Clubs were only one vehicle, however, through which Cuban women supported the cause. Some women hosted visiting members of the PRC or rebel officers. Others offered their homes for the storage of medical supplies, weapons, and even ammunition. Women staffed soup kitchens in the last year of the war as refugees, along with striking cigar workers, sought food and shelter. In this last effort, Cuban women gained the assistance of their Spanish and Anglo counterparts, such as Mrs. Vicente Ybor, wife of the city's first factory owner, and Mrs. William B. Henderson, president of the local children's home.

It was émigré women of the working class who most often had to stretch family resources when more money was needed for the cause. In addition to accommodating factory donations, housewives were asked to

de los cientos de patrióticas mujeres que ayudaron a llenar a capacidad el Club Cubano unos meses después cuando María Luisa Sánchez de quince años, hija de Federico, movió al aplauso con su apasionado discurso en apoyó a Cuba Libre.

La batalla por la independencia de Cuba abrió nuevos espacios para las actividades de las mujeres en el trabajo y en las salas de reuniones y creo nuevas exigencias de las mujeres más allá sus responsabilidades domésticas tradicionales. Las féminas emigradas de todas las clases y grupos raciales empleaban sus recursos económicos y sus habilidades domésticas por la causa de Cuba Libre. Ellas aumentaron sus esfuerzos según se alargaba la guerra, mientras más hombres se unían a las fuerzas insurgentes en su tierra natal, mientras las huelgas acababan con las arcas revolucionarias, y mientras los refugiados de la isla agotaban los recursos de los emigrantes.

El primer Club Revolucionario de mujeres

En marzo de 1892, apareció el primer ejemplar de *Patria*, el periódico del PRC. Cinco meses después, *Patria* anunció la formación del primer club revolucionario de mujeres en Ybor City, Obreras de la Independencia. Para 1897, más de doscientas mujeres cubanas aparecían en la prensa como líderes de una de las filiales al PRC, quince de mujeres, seis mixtas y cuatro de jóvenes. De las catorce funcionarias del primer club femenino de la ciudad, la mayoría eran esposas, viudas o hijas de tabaqueros, aunque había algunas casadas con hombres de negocios o profesionales. Por lo menos dos de las líderes primeras estaban casadas con héroes de la Guerra de los Diez Años, y por lo menos cinco tenían a sus maridos activos en los esfuerzos locales del PRC. Sólo una de las fundadoras trabajaba para mantenerse, como maestra y todas eran blancas. Estos patrones reflejaban el carácter general de las funcionarias del club local. Pocas de las líderes femeninas parece que trabajaban por jornal; la mayoría de las que lo hacían eran maestras.

En parte, lo que les permitió a estas mujeres dedicar devotamente el tiempo a la Cuba Libre fue su estatus de no trabajar a sueldo. Entre 1892 y 1898, las mujeres emigradas trabajaban voluntariamente por largas horas, contribuían grandes sumas de dinero para el PRC, equipaban y entretenían a voluntarios cubanos y anglos y ayudaban a los refugiados. Por medio de fiestas, pasadías, verbenas, desfiles y rifas, las mujeres del club utilizaban sus dotes como cocineras, costureras, cantantes, bailarinas y músicos para recaudar fondos y hacer conciencia. Ellas donaron todo, desde plata y loza, hasta tapetes hechos en casa para ser subastados para la causa y dedicaron innumerables horas a organizar y a ofrecer actos para recaudar fondos y a decorar salones y carrozas para los desfiles y celebraciones. Recaudando desde menos de $100 hasta sobre $1,000 por acto, las mujeres cubanas de Tampa fueron aplaudidas en

donate goods for bazaars and auctions and to provide home-cooked food for picnics and festivals.

Other women contributed directly as workers. Female as well as male cigar workers donated their day's wage to the PRC and participated in workplace celebrations of the cause. In many local factories, women emerged as visible and vocal participants in events honoring the architects of a free Cuba.

Class Differences in Contributions

Though émigré women worked collectively for *Cuba Libre*, the forms of their contributions varied by class and race. The wives and daughters of insurgent generals, factory owners, and professionals, who did not work for wages themselves, were most likely to labor within clubs that hosted plays, bazaars, and musical entertainments. Young girls from these families were the ones selected to present flowers to Martí or speeches or songs to the audience at festivals and fund-raisers; their mothers offered up the family finery to be auctioned for the PRC. Working-class women were involved in factory-based associations and, like their brother workers, donated a portion of their pay to these organizations. They also joined revolutionary clubs, contributed home-made goods to sell for the cause, and stretched family budgets to accommodate both factory and club activities.

Among workers and the well-to-do, African-Cuban women often found themselves isolated from their white Cuban counterparts. Though less discriminated against and less segregated in the Cuban community than they were in the Anglo community, blacks still clustered together in Ybor City and West Tampa as they sought to advance their own interests along with those of Cuban independence. Women's revolutionary clubs included few black members, though by 1897 African-Cubans such as Señora Adela G. de Costa, vice-treasurer of the Evangeline Cossio Cisneros Club, and Mrs. Angelo Segundo, who represented Club Pedro Díaz in a citywide parade, had achieved leadership positions. In the factories, African-Cuban women were likely to dominate the lowest-paid jobs as tobacco strippers, limiting the amount they could give to worker collections. Yet these women, like their male kin, gave unsparingly of what little they had.

Perhaps the most striking example of the different sacrifices of black and white, working-class and well-to-do *patriotas* is provided by comparing the activities of America Herrera, wife of PRC leader Martín Herrera, with those of Paulina Pedroso. America Herrera participated in fund-raisers and other club activities alongside the wives of other veterans of the Ten Years' War and of physicians, factory owners, editors, and insurgent military leaders. She and her daughters were involved in an endless string of public projects to aid the PRC, while privately she hosted the many rebel heroes brought home by her husband. Public and private

Patria en 1898 por "estar siempre dispuestas a trabajar en nombre de la causa de Cuba, y a beneficio de sus hermanos".

Los clubes no sólo utilizaron las dotes tradicionales de la mujer sinoo que también abrieron nuevas áreas de empeño. La oratoria femenina, como la de Pennsylvania Herrera y María Luisa Sánchez, se convirtió en gran atracción de las celebraciones revolucionarias. Las hermana de esta última, Fredisvinda, era una de las más buscadas contables entre los clubes y fue la única mujer local en cuyo honor se nombró un club. Otras mujeres de los clubes ofrecían clases de español a las hijas de la élite anglo de la ciudad, desarrollaron sus habilidades como actrices, escritoras y poetas, y usaron su ingenio para diseñar estandartes, carrozas y escenografías. Una mujer local, Clemencia Arango, llegó a ser editora del periódico *Revista de Cuba Libre*, publicado por el club Justo Carrillo.

Sin embargo, los clubes eran solo un vehículo por el cual las mujeres cubanas apoyaron la causa. Algunas mujeres eran anfitrionas de miembros visitantes del PRC o de oficiales rebeldes. Otras ofrecían sus casas como almacén de suministros médicos, armas y hasta municiones. Las mujeres trabajaban las cocinas de sopa el último año de la guerra cuando los refugiados, junto a los tabaqueros en huelga buscaban albergue y comida. En este último esfuerzo, las mujeres cubanas recibieron la ayuda de sus contrapartes españolas y anglos, tales como la señora de Vicente Ybor, esposa del primer dueño de fábrica de la ciudad, y la señora de William B. Henderson, presidenta del hogar local para niños.

Fueron la mujeres emigradas de la clase obrera las que más a menudo tenían que estirar los recursos familiares cuando se necesitaba más dinero para la causa. Además de proporcionar donaciones de la fábrica, se les pedía a las amas de casa que donaran cosas para los bazares y subastas y que brindaran comida casera para los pasadías y los festivales.

Otras mujeres contribuyeron directamente como obreras. Tabaqueros, tanto hombres como mujeres, donaban su salario diario para el PRC y participaban en la celebraciones en el trabajo para la causa. En muchas fábricas locales, las mujeres sobresalieron como participantes visibles y vociferosas en actos en honor de los arquitectos de Cuba Libre.

Diferencias de clase en las contribuciones

Aunque las mujeres emigradas trabajaban colectivamente por Cuba Libre, las formas de sus contribuciones variaba de acuerdo con su clase y raza. Las esposas y las hijas de los generales insurgentes, dueños de fábricas y profesionales que no trabajaban para mantenerse, comúnmente trabajaban en los clubes como anfitrionas de las obras teatrales, bazares y distracciones musicales. Las jóvenes de estas familias eran las escogidas para presentarle flores a Martí o para ofrecer discursos o canciones a los oyentes en festivales y recaudaciones de fondos; sus madres ofrecían las joyas de la familia para que fueran subastadas para el PRC. La mujeres de clase obrera, donaban parte de

efforts overlapped when America donated her silver table service to be auctioned for the cause.

If Paulina Pedroso belonged to a revolutionary club, no record of her involvement has remained. Yet on a personal basis, she was one of the most well-known émigré figures in the city. Not only did Martí stay at her home, but she and her husband donated time, money, medical care, and nearly all their worldly goods to the battle for independence. Sometime in the mid-1890s, as battles in Cuba intensified and funds for continuing the fight ran low, they made a difficult and dramatic decision. Paulina and Ruperto Pedroso, who obtained, at the cost of many hardships and privations, a small house, agreed to sell it, the proceeds to be used to answer the urgent and necessary demand of *la Patria*. They stayed on in Tampa for many years thereafter, struggling to regain financial security once Cuba's independence from Spain was achieved.

In 1910, as a lengthy cigar strike brought factory work in Tampa to a standstill, the Pedrosos returned to Cuba. They were honored by the island republic's government, which gave them a house rent free and provided Ruperto with a job as a doorman at a Havana police station. In the 1950s, Tampa leaders decided to honor the Pedrosos by placing a commemorative plaque at 8th Avenue and 13th Street, behind the lot where their home once stood. The inscription acknowledged that "Paulina Pedroso was one of the great women patriots of Cuba" and, it might have added, of Tampa.

For Further Reading

Casasus, Juan J. E. *La Emigración Cubana y la Independencia de la Patria*. Havana: Asociación de Emigrados, 1953.

Del Rio, Emilio. *Yo Fui Uno de Los Fundadores de Ybor City*. Tampa: published by the author, 1972.

Greenbaum, Susan. *Afro-Cubans in Ybor City: A Centennial History*. Tampa: Tampa Printing Co., 1986.

Hewitt, Nancy A. "Varieties of Voluntarism: Class, Ethnicity and Women's Activism in Tampa." In *Women, Politics and Change*, edited by Louise Tilly and Patricia Gurin. New York: Russell Sage Foundation, 1990.

su sueldo a estas organizaciones. Ellas también se unieron a los clubes revolucionarios, contribuían con cosas hechas en casa para vender para la causa y estiraban el presupuesto familiar para permitir las actividades de la fábrica y del club.

Entre las trabajadoras y las de clase acomodada, las mujeres afrocubanas se encontraron aisladas de sus contrapartes cubanas. Aunque se discriminaba menos entre la comunidad cubana que en la comunidad anglo, los negros aún se agrupaban en Ybor City y en West Tampa mientras trataban adelantar sus propios intereses con los de la independencia de Cuba. Los clubes revolucionarios de mujeres tenían pocos miembros negras, aunque para 1897 afrocubanas como la señora Adela G. de Costa, vice-tesorera del club Evangeline Cossio Cisneros, y la señora de Angelo Segundo, que representó al Club Pedro Díaz en un desfile por toda la ciudad, habían alcanzado posiciones de liderato. En las fábricas, las mujeres afrocubanas comúnmente dominaban los trabajos peor pagados como los de despalillar el tabaco, limitando así la cantidad que podían dar a las colectas de los trabajadores. Sin embargo estas mujeres, como sus parientes hombres, daban desinteresadamente de lo poco que tenían.

Quizás el ejemplo más notable de los diferentes sacrificios de las patriotas blancas y negras, trabajadoras y de buena posición lo podemos ver comparando las actividades de América Herrera, esposa de Martín Herrera, líder del PRC, con las de Paulina Pedroso. América Herrera participaba en la recaudación de fondos y otras actividades del club a lado de las esposas de otros veteranos de la Guerra de los Diez Años y de médicos, dueños de fábricas, editores y líderes militares insurgentes. Ella y sus hijas estaban envueltas en una interminable cadena de proyectos públicos para ayudar al PRC, mientras que privadamente ella servía de anfitriona a los muchos héroes de la revolución que su esposo llevaba a su casa. Los esfuerzos públicos y privados se mezclaron cuando ella donó su juego de té de plata para ser subastado por la causa.

Si Paulina Pedroso perteneció a algún club revolucionario, no ha quedado prueba alguna de ello. Sin embargo, de manera personal, ella era una de las figuras emigradas más conocida en la ciudad. No sólo Martí paraba en su casa, sino que ella y su esposo donaron tiempo, dinero, cuidados médicos y casi todos sus bienes materiales para la lucha por la independencia. En algún momento a mediados de los 1890, cuando las batallas en Cuba se intensificaban y los fondos para continuar la lucha escaseaban, ellos tomaron una difícil y dramática decisión. Paulina y Ruperto Pedroso, que obtuvieron, con muchos sufrimientos y privaciones, una pequeña casa, aceptaron venderla, las ganancias serían usadas para responder a la urgente llamada de *Patria*. Ellos se quedaron en Tampa por muchos años después, sacrificándose para conseguir seguridad financiera una vez lograda la independencia de Cuba.

En 1910, cuando una larga huelga tabacalera paralizó completamente

___. " 'The Voice of Virile Labor': Labor Militancy, Community Solidarity, and Gender Identity Among Tampa Latins." In *Work Engendered: Toward a New Understanding of Men, Women, and Work.* Edited by Ava Baron. Ithaca: Cornell University Press, 1991.

Mormino, Gary R., and George E. Pozzetta. *The Immigrant World of Ybor City: Italians and Their Latin Neighbors in Tampa, 1885-1985.* Urbana: University of Illinois Press, 1987.

Muñiz, José Rivero. *The Ybor City Story.* Tampa: Tampa Tribune Press, 1969.

Sarausa, Fermin Paraza. *Diccionario Biográfico Cubano.* Vol. 5 Havana: Anuario Bibliográfico Cubano, 1955.

Steffy, Joan Marie. "The Cuban Immigrants of Tampa, Florida, 1886-1898." thesis: University of South Florida, 1975.

"Ybor City Centennial Issue." *Tampa Bay History,* 1986.

Zéndegui, Guillermo de. *Ambito de Martí.* Havana: n.p., 1953.

Nancy A. Hewitt, Ph.D. — Associate professor of history, University of South Florida (Tampa), recipient of the National Endowment for the Humanities Fellowship for College Teachers (1987-88), author of Women's Activism and Social Change: Rochester, New York, 1822-1872 *(Ithaca, NY: Cornell University Press, 1984); and* Women, Work, and Politics in Tampa, Florida, 1885-1945 *(forthcoming).*

el trabajo en las fábricas de Tampa, los Pedroso regresaron a Cuba. El gobierno republicano los honró con una casa de alquiler gratis y a Ruperto con un trabajo de portero en una estación de policía en La Habana. En los años 1950, los líderes de Tampa decidieron honrar a los Pedroso poniendo una placa conmemorativa en la esquinas de la calle Trece y la avenida Octava, detrás del solar donde estuvo su casa. La inscripción reconoce que "Paulina Pedroso fue una de las grandes patriótas de Cuba" y, podría añadirse, de Tampa.

Nancy A. Hewitt, Ph.D. — Profesora asociada de Historia, Universidad del Sur de la Florida (Tampa), recibió la beca para profesores universitarios de Humanidades del National Endowment for the Humanities (1987-88), autora de Women's Activism and Social Change: Rochester, New York, 1822-1872 *(Ithica, NY: Cornell University Press, 1984); y* Women, Work, and Politics in Tampa, Florida, 1885-1945 *(próximo a publicarse).*

MARIO SÁNCHEZ
Folk Artist of Key West and Tampa

Diane Lesko

 INCE 1930, WHEN MARIO SÁNCHEZ CRAFTED HIS FIRST PIC-
ture by carving and then painting on a piece of wood,
his art has commemorated Latin life in Key West and
Ybor City, Florida. Born in Key West in 1908 to a
family that left Cuba in the 1860s, Sánchez today
divides his time between his birthplace and Tampa,
where he first moved in 1925.

Sánchez's art is accessible to everyone: he makes simple scenes of
streets lined with houses and stores, yards filled with trees and flowers,
and people occupied with the pleasures of daily life. Local families are
depicted, and a strong sense of close-knit community pride prevails.
Humor is a strong component: the amusing depictions of children,
animals, and adults elicit smiles from the viewer, while the buildings
with their gaily painted exteriors add to the holiday atmosphere. Occasionally the pictures contain subtle references to social and political
issues; what is always evident, however, is a blend of historical accuracy
and creative whimsy, reminiscent of the folk art of Grandma Moses,
Clementine Hunter, and Ralph Fasanella.

Mario Sánchez is an untrained artist; therefore colors, shapes, and
perspective do not always adhere to the optical look of the actual world.
Buildings are seen only from the front, and shading is absent. People
appear either in full frontal or profile pose, and trees and shrubbery form
their green masses from equally exact repetitive shapes.

Working outside the mainstream of the traditional art world, Sánchez
can be characterized as a "naive" or "folk" artist. "What I do is primitive.

MARIO SÁNCHEZ
Artista Folklórico de Cayo Hueso y Tampa

Diane Lesko

ESDE 1930, CUANDO MARIO SÁNCHEZ CREÓ SU PRIMER cuadro al tallar un pedazo de madera y después pintarlo, su arte ha conmemorado la vida latina de Cayo Hueso y de Ybor City, en la Florida. Nacido en Cayo Hueso en 1908 de una familia que salió de Cuba en la década de los 1860, Sánchez divide hoy día su tiempo entre la ciudad que le vio nacer y Tampa, hacia donde se mudó por primera vez en 1925.

El arte de Sánchez es accesible a todos: crea simples imágenes de calles con casas y tiendas en fila, de patios llenos de árboles y flores y de gente que se ocupan de los placeres de la vida diaria. Se muestran las familias locales y prevalece el orgullo de una comunidad estrechamente vinculada. El humor es un componente importante: las graciosas pinturas de niños, animales y adultos hacen sonreír al espectador, mientras los edificios con sus alegres exteriores añaden un ambiente festivo. A veces, los cuadros contienen referencias sutiles a cuestiones sociales y políticas; lo que es siempre evidente, sin embargo, es una mezcla de fidelidad histórica y de vuelo creativo que nos recuerda el arte folklórico de Grandma Moses, Clementine Hunter y Ralph Fasanella.

Mario Sánchez no es un artista de escuela; por lo tanto, los colores, las formas y la perspectiva no son siempre fieles al mundo real. Los edificios sólo se ven de frente y no hay sombras. La gente aparece de frente o de perfil completos y los árboles y los arbustos forman masas verdes de idénticas formas repetidas.

Al trabajar fuera del cauce principal del mundo tradicional artístico,

Nobody taught me," he explains. "I don't know so much about what other people do, how they paint. I don't read art books, either. . . . They might influence my style." His motto, written in Spanish on a cement block wall near his workshop — *Se que mi modesto arte no es bueno, pero gusta* (I know that my modest art isn't good, but it pleases)—suggests his shy, unassuming nature.

The largest Sánchez collection (seventy artworks) can be seen at the Key West Art and Historical Society, where pictures, paper-bag drawings, and kites are displayed. Although Sánchez is now honored in the cities in which he lives and in the world of collectors who prize the works of self-taught artists, he has never sought recognition; in fact, like many naive artists, he continues to produce his unique visions to please only himself.

Sánchez is considered a master carver, yet his technique is unorthodox. After drawing on a grocery-store bag, he uses carbon paper to transfer the composition to wood — white pine, cypress, or cedar. Chisels, a wooden mallet, razor blades, and broken glass are used to cut away the background and define the outlines of objects. Crushed rock and fresh kitty litter are sometimes added to the paint to create the textures of sidewalks and streets; clear glue, painted over the delineations of windows, makes them appear like real glass. Castor oil, rather than turpentine or linseed oil, is used as a paint thinner. In choosing to use materials from the everyday world — paper bags, wooden planks, castor oil, kitty litter — Sánchez affirms the belief held by many modern artists that art should not be separated from real life and that it draws its strength from interaction of the two.

Although the folk, or naive, artist often possesses a distinct, personal style, certain underlying characteristics are present and cross all geographic, nationalistic, and chronological boundaries. "Folk art can be . . . clumsily inventive," observes the authority Taeng Yu-Ho Ecke. "It can make the rustic elegant and the awkward sweet. . . . Folk art affords the display of mature craftsmanship, yet is touched with child-like honesty. Folk art projects an instinctive sensitivity without intellectual elaboration."

Sánchez's Work Reflects His Heritage

In the United States, interest in folk art has been closely related to the rediscovery of our national past and the diverse cultural currents that have formed its complex watershed, from the itinerant painters and carvers of the Northeast and the Southeast to the weavers and potters of the American West. "We like to talk about our heritage," Sánchez observes. "We were taught to appreciate our ancestors. Every generation should tell the next one about its ancestors."

Sánchez's family has its roots in the history of Key West and Ybor City. His great-grandfather, Francisco López, and his grandfather, An-

a Sánchez se le puede caracterizar de artista "ingenuo" o "folklórico". "Lo que yo hago es primitivo. Nadie me enseñó", explica él. "No sé mucho de lo que otras personas hacen, cómo pintan. No leo libros de arte tampoco. . . . Podrían influenciar mi estilo". Su lema, escrito en español en una pared de bloques de cemento cerca de su taller — "Sé que mi modesto arte no es bueno, pero gusta" — sugiere que es tímido, de naturaleza modesta.

La más grande de las colecciones de Sánchez (setenta obras de arte) puede verse en la Sociedad de Arte e Historia de Cayo Hueso, donde se exhiben cuadros, dibujos sobre papel de estraza y cometas. Aunque Sánchez ahora recibe honores de las ciudades en que vive y en el mundo de los coleccionistas que precian las obras de los artistas autodidactas, él nunca ha buscado la fama; de hecho, como muchos de los artistas ingenuos, continúa produciendo imágenes originales para su propio deleite.

A Sánchez se le considera un maestro tallador, sin embargo su técnica no es ortodoxa. Después de dibujar sobre papel de bolsas del mercado, él emplea papel carbón para transferir la composición a madera — pino blanco, ciprés o cedro. Usa trinchas, martillo de madera, hojas de afeitar y vidrio roto para recortar el fondo y definir los contornos de los objetos. A veces emplea piedra triturada y el material arenoso, limpio que se usa para el aseo de los gatos (kitty litter), para crear la textura de las aceras y calles; pinta sobre la delineación de las ventanas con pegamento transparente para hacerlas lucir como vidrio real. Usa aceite de ricino para diluir la pintura en vez de aguarrás o aceite de linaza. Empleando objetos del uso diario — papel de estraza, tablas de madera, aceite de ricino, arenilla para gatos — Sánchez reafirma la creencia de muchos artistas modernos que el arte no debe separarse de la vida real y que recibe su vitalidad de la interacción de los dos.

Aunque el artista folklórico, o ingenuo, con frecuencia posee un estilo distinto, personal, existen ciertas características que atraviesan las barreras geográficas, nacionalistas y cronológicas. "El arte folklórico puede ser . . . torpemente creativo", observa con autoridad Taeng Yu-Ho Ecke, "puede hacer lo rústico elegante y lo torpe gracioso. . . . El arte folklórico permite el despliegue de la artesanía madura, aunque impregnado de la honestidad infantil. El arte folklórico proyecta sensibilidad instintiva sin elaboración intelectual".

El arte de Sánchez refleja su herencia cultural

En los Estados Unidos el interés en el arte folklórico se ha relacionado muy de cerca con el redescubrimiento de nuestro pasado nacional y de las diversas corrientes culturales que han dado forma a su compleja mecánica, desde los pintores y talladores ambulantes del Nordeste y el Sudeste hasta los tejedores y alfareros del Oeste norteamericano. "Nos gusta hablar de nuestra herencia cultural", observa Sánchez. "Nos

tonio Sánchez, emigrated to Key West from Cuba in 1869 during Cuba's Ten Years' War (1868-1878). They were cigar makers who had joined thousands of other workers who produced handcrafted cigars from Cuban tobacco to be shipped to world markets. The neighborhood in which Mario was born, Gato's Village, was named for Eduardo Hidalgo Gato, a *patrón* with factories in New York and Key West. By 1888 there were more than 100 cigar factories in Key West. By 1890 Ybor City in Tampa, named after another Key West manufacturer, Vicente Martínez Ybor, had become a second major residence for Cuban families who had worked in Key West factories.

Tobacco workers are paid tribute in a number of Sánchez pictures, including *The Reader and the Cigar Makers* (1963). The scene shows a long room with six large windows and tables of workers who shape and cut tobacco leaves. A large sign hanging above the activity identifies the "Eduardo Hidalgo Gato/Cigar Company/A Pioneer of Key West, Fla." On each side of the sign are paintings of cigars and a cigar band advertising the popular cigar called "1871." There are also signs on the walls, one of which begins with the admonition to observe "silence." At the tables, fair and dark-skinned workers of Cuban and Afro-Cuban descent sit in rigid profile; all wear hats, ties, and starched white or striped shirts. Some smile as they work; others puff cigars; spittoons can be seen beside each chair. To the left of the tables women sit at large wooden barrels and separate tobacco leaves. Next to them a platform (*la tribuna*) holds the reader (*el lector*) who stands above the employees and reads to them as they work.

Sánchez's father, Pedro, was a reader. Sanchez explains, "My father was chosen for his voice, diction, and interpretation." The job of *lector* was considered a distinguished and well-paid position, funded by weekly contributions from each worker. In the morning, from 8:30 to 11:30, the reader read aloud local and national news which he translated from the local newspapers. He read international news directly from Cuban newspapers which were brought daily by boat from Havana to Key West. From noon to 3:00 in the afternoon he read from a book, usually a famous novel, this time in two sessions.

A good voice and good diction were not enough to qualify for the reader's job. The reader had to be a kind of actor, too. He was expected to interpret the characters in the cast by imitating their voices. When the reading of a novel was finished, in two weeks or so, an election would be held among the cigar makers. The men themselves chose the next book to be read from a list prepared by the reader.

It was an education for the cigar makers, an instructive and cultural entertainment. There were writers, poets, artists, and musicians among them, such as Louis Salazar, still-life painter, and Joaquin Barroso, muralist. Many sons of cigar makers became well-known politicians and judges. Few cigar makers ever left Key West, but most of them could talk

enseñaron a apreciar a nuestros antepasados. Cada generación debe contarle a la próxima sobre sus antepasados".

La familia de Sánchez tiene sus raíces en la historia de Cayo Hueso y de Ybor City. Su bisabuelo, Francisco López, y su abuelo, Antonio Sánchez, emigraron a Cayo Hueso de Cuba en 1869 durante la Guerra de los Diez Años (1868-1878) en Cuba. Eran tabaqueros que se unieron a los miles de otros trabajadores que producían puros elaborados a mano de tabaco cubano para ser enviados a los mercados mundiales. La barriada en que Mario nació, el barrio de Gato (Gato's Village), tenía el nombre de Eduardo Hidalgo Gato, patrón de fábricas en Nueva York y Cayo Hueso. Para 1888 había más de 100 fábricas de tabaco en Cayo Hueso. Para 1890 la Ybor City de Tampa, con el nombre de otro manufacturero de Cayo Hueso, Vicente Martínez Ybor, se había convertido en un segundo centro importante de residencia para las familias cubanas que habían trabajado en las fábricas de Cayo Hueso.

A los tabaqueros se les rinde tributo en un cierto número de cuadros de Sánchez, incluyendo *The Reader and the Cigar Makers* (1963). La escena muestra un salón largo con seis ventanas y mesas grandes de trabajadores que dan forma y cortan hojas de tabaco. Un gran letrero colgado sobre la escena dice (en inglés) que es la "Eduardo Hidalgo Gato/Compañía Tabacalera/Pionera de Cayo Hueso, Florida". A cada lado del aviso hay cuadros de puros y un anillo de puro anunciando el popular puro llamado "1871". También hay avisos sobre las paredes, uno de los cuales comienza con la advertencia de observar "silencio". En las mesas están sentados, de rígido perfil, los trabajadores de piel clara y oscura de ascendencia cubana o afrocubana; todos llevan sombreros, corbatas y almidonadas camisas blancas o de rayas. Algunos se sonríen mientras trabajan; otros fuman puros, se ven escupideras al lado de cada mesa. A la izquierda de las mesas las mujeres están sentadas en grandes barriles de madera y separan las hojas de tabaco. Al lado de ellas una tribuna acoge al lector que está por encima de los empleados y les lee mientras ellos trabajan.

El padre de Sánchez, Pedro, fue lector. Sánchez explica, "A mi padre lo escogieron por su voz, dicción e interpretación". El trabajo de lector se consideraba una posición bien pagada y distinguida, costeada con las contribuciones semanales de cada trabajador. En las mañanas, de las 8:30 a las 11:30, el lector leía en voz alta las noticias locales y nacionales que él traducía de los periódicos locales. Leía noticias internacionales de periódicos cubanos que llegaban diariamente en barco de La Habana a Cayo Hueso. Del mediodía a las 3:00 de la tarde él les leía de un libro, frecuentemente de una novela famosa, esta vez en dos sesiones.

Buena voz y buena dicción no eran suficientes para asegurarle a uno el trabajo de lector. El lector también tenía que ser algo de actor. Se esperaba que él pudiera interpretar a los personajes del reparto imitando sus voces. Cuando terminaba la lectura de la novela, en una o dos

about Europe and other faraway places they learned about from the books that were read to them.

Re-creating Childhood

Sánchez's childhood memories are acute, and the children who appear in his art re-create the activities and adventures of his youth. He was born October 7, 1908, in a house on the corner of Duval and Louisa streets. Today his family still lives close together, as do other Cuban-Americans who reside in Gato's Village, the area bounded by Truman Avenue and Whitehead, and South and Simonton streets. In *Mario's Birthplace in Gato's Village* (1979) is the white house of Sánchez's birth. Today the ground floor is a grocery store. At the right are two small green cigar makers' homes, no longer standing today. In keeping with the picture's subject, five individual vignettes of children's games are shown, including playing baseball, jumping rope, rolling a hoop, and flying kites, an activity that Sánchez describes in detail:

We used to make kites out of tissue paper of all colors and thin slats of scrap wood from the box factory. With a nickel we made five kites. We called black kites "widows." They were trimmed with white fringe, like the old-time carriages. The four-colored ones we called "cuatro vientos" (four winds). We also made box kites. We flew them at night over the beach, over the ocean with candles in them. We had good times flying kites, shooting marbles, playing baseball, watching parades in the streets, and spinning tops.

Young Sánchez attended a small neighborhood school, then went on to St. Joseph's College for boys, also in Gato's Village, and to Harris Elementary School in Old Conch Town, the area named for the first permanent Key West settlers, English-speaking "Conchs" who came in 1822 from the Bahama Islands.

Historic Conch homes are illustrated in Sánchez's art, as, for example, in the 1978 picture *Southernmost House*, the title of a Victorian mansion built at the turn of the century for Judge J. Vining Harris. This beautiful home still stands at 1400 Duval Street, which leads to Mallory Square on the Gulf of Mexico, approximately one and a half miles away.

In the picture the house and its surrounding stone wall sit at the end of a street that begins back at the horizon line. A large dock in the foreground acts as an extension of that street and leads the viewer's eye over the brilliant blue water that extends to the bottom edge of the picture. At the right is a sandy beach where children swim and dive from the dock, while at the left Manuel López's fishing boat is returning with its catch. On board, the fish are divided into baskets, but the catch of the day, a magnificent large sailfish, is hung in the prow as a proud trophy.

Fish from Key West and Tampa Bay's waters were Sánchez's first subjects: yellowtail, snapper, porgy, grunts, and trout. At that time he

semanas, se celebraba una elección entre los tabaqueros. Ellos mismos elegían el próximo libro de una lista preparada por el lector.

Era enseñanza para los tabaqueros, un entretenimiento instructivo y cultural. Entre ellos había escritores, poetas, artistas y músicos, tales como Louis Salazar, pintor de naturalezas muertas y Joaquín Barroso, muralista. Muchos hijos de los tabaqueros llegaron a ser políticos y jueces muy conocidos. Pocos de los tabaqueros salían de Cayo Hueso, pero casi todos ellos podían hablar de Europa y otros lugares remotos conocidos por los libros que se les había leído.

Recreando la infancia

Los recuerdos de la niñez de Sánchez están claros y los niños que aparecen en su arte recrean las actividades y aventuras de su niñez. Nació el 7 de octubre de 1908 en una casa en la esquina de las calles Duval y Louisa. Hoy día su familia todavía vive cerca unos de otros, tal como otros cubanoamericanos que residen en el barrio de Gato, la zona limitada por la avenida Truman y Whitehead y las calles South y Simonton. La casa blanca en *Mario's Birthplace in Gato's Village* (1979) es donde nació Sánchez. Hoy día la planta baja es una tienda de víveres. A la derecha hay dos pequeñas casas verdes de tabaqueros que ya no existen. De acuerdo con el tema del cuadro, aparecen cinco viñetas individuales de juegos de niños que incluyen jugando al béisbol, saltando la suiza, rodando el aro y empinando papalotes, una actividad que Sánchez describe en detalle:

Hacíamos papalotes con papel de china en todos los colores y varillas del desperdicio de madera de la fábrica de cajas. Con cinco centavos hacíamos cinco papalotes. Llamábamos "viudas" a las cometas negras. Les poníamos un borde blanco, como los coches antiguos. Los de cuatro colores los llamábamos "cuatro vientos". También hacíamos papalotes en forma de caja. Los empinábamos por la noche sobre la playa, sobre el océano con velas dentro de ellos. Nos divertíamos empinando papalotes, jugando a las bolitas, jugando al béisbol, mirando los desfiles en las calles y bailando trompos.

El joven Sánchez asistió a una pequeña escuela de barrio, pasando luego al Colegio San José para niños, también en el barrio de Gato, y a la Escuela Primaria Harris en Old Conch Town, el primer asentamiento residencial en Cayo Hueso, realizado por los angloparlantes "Conchs", quienes arribaron en 1822 de las Bahamas.

Las obras de Sánchez muestran las históricas casas de los "Conchs", como por ejemplo, en cuadro de 1978 *Southernmost House*, el nombre de una mansión victoriana construida a fin de siglo por el juez J. Vining Harris. Esta bella mansión todavía existe en la calle Duval 1400, que lleva a Mallory Square en el Golfo de México, aproximadamente a milla y media de distancia.

En el cuadro, la casa y su tapia de piedra están al final de una calle

was twenty-two years old and newly married. He had graduated from business school in Key West in 1925, then moved to Tampa where he took a position as an office clerk. In Tampa he met Rosa de Armas, whom he married in 1929. The next year the couple moved back to Key West where Sánchez became secretary for a local historian and a pitcher for the Key West Pirates baseball team. It was Sánchez's mother-in-law who suggested he expand his artistic repertoire to include scenes of Key West and its people.

Sánchez's love for the theater can be seen to have influenced his art. In the 1930s he wrote, directed, and acted in skits presented to the Spanish-speaking community at the San Carlos Institute and Theater. His wife and mother-in-law made many of the costumes. In the composition of many of his pictures a theater stage is suggested. There are also a number of characters who reappear often in his art; although these are depictions of actual Key West and Ybor City personalities, their roles as comic stereotypes recall similar types in vaudeville and burlesque: Black Jack, The Knife Sharpener, The Chicken Thief, The Pee-roo-lee Man, Mongo the milkman, and the Blind Sharks (Cuban men who hid their eyes under dark glasses to watch undetected the activities of attractive women in Gato's Village).

Burlesque Characters

The Pee-roo-lee Man (1974) depicts a candy vendor whose cone-shaped caramels are skewered on toothpicks and mounted on a pine board, a custom that originated in Cuba. Sánchez shows him in profile on a vertical wood panel, a lean, comical figure holding aloft his brightly colored candies and walking with a whistle in his mouth. At first the composition appears simple: the figure occupies no space but exists as a silhouette superimposed on a flat background. However, a number of carefully composed design elements work to produce a sophisticated and clever image. The vendor's brown cap, a shade darker than the background, has circular seams that move downward and visually combine with a rope that encircles his neck and holds the whistle. With a stylized ear formed from two commas, a round eye seen frontally on a profile face, and the downward pull of a heavy mustache and eyebrow, a continuous visual motion highlights the face. The background of the picture is densely filled with a flat patterned design of abstract shapes: triangles, circles, rectangles, and parallel lines that overlap and intersect in a modern interlace. Taken together, the background and the expression on the vendor's face subtly work to suggest the shrill, exciting sound of the whistle: "pee-roo-lee." In Key West, the vendor lived on Callejon de Poyo, named after the Cuban patriot José Dolores Poyo, who lived in Key West and Tampa. Since *Poyo* sounds like *pollo* (Spanish for "chicken"), the English-speaking natives anglicized his street into "Chicken Alley."

Two favorite Sánchez subjects, parades and funerals, are customs

The family of Mario Sánchez typified the Cuban exodus to Florida in the 19th century. His great- grandfather and grandfather left Cuba in 1869, arriving in Key West to work at the cigar factories. Born in 1908, Mario Sanchez became a self-trained master of the woodcut, and in his art he has left many indelible etchings of life in Key West and Ybor City.

La familia de Mario Sánchez era típica del éxodo cubano a la Florida en el Siglo 19. Su bisabuelo y su abuelo salieron de Cuba en 1869, llegando a Cayo Hueso para trabajar en las fábricas de puros. Nacido en 1908, Mario Sánchez se convirtió en un autodidacta maestro grabador en mader y con su arte ha dejado muchos grabados indelebles de la vida en Cayo Hueso e Ybor City.

Key West exuded its Spanish and Caribbean
roots in the 1940s, evident in the colorful
street scene.

Cayo Hueso rezumaba sus raíces
españolas y caribeñas en los años 40, algo
que es evidente en esta colorida escena
callejera.

In *The Reader and the Cigar Makers* (1963), Mario Sánchez lovingly portrays his father, Pedro Sanchez, reading a novel to the tabaqueros of the Eduardo Gato factory in Key West. Cigar makers hired *lectores* to read to them while they rolled cigars. Revered for his intellect and oratory, the reader read newspapers and novels such as *Diario de la Marina*, *Don Quixote*, and *Les Miserables* to the cigar workers.

En *El Lector y los Tabaqueros* (1963), Mario Sánchez amorosamente muestra a su padre, Pedro Sánchez, leyendo una novela a los tabaqueros de la fábrica de Eduardo Gato en Cayo Hueso. Los tabaqueros contrataban lectores para que les leyeran mientras enrollaban la hoja de los puros. Siendo reverenciado por su intelecto y su oratoria, el lector leía periódicos y novelas tales como *Diario de la Marina*, *Don Quijote*, y *Los Miserables* a los tabaqueros.

que comienza atrás desde la línea del horizonte. Un largo muelle al frente actúa como una extensión de esa calle y dirige la vista del espectador hacia la brillante agua azul que se extiende hasta el borde inferior del cuadro. A la derecha hay una playa arenosa donde nadan los niños y hacen clavados desde el muelle, mientras que a la izquierda el bote de Manuel López regresa con su pesca del día. En la cubierta el pescado se divide en cestas, pero lo más importante de la pesca, un magnífico pez espada grande, está colgado de la proa como un trofeo enorgullecedor.

El pescado de Cayo Hueso y de la bahía de Tampa fueron los primeros temas de Sánchez: rabirubias, chernas, pargos y roncos. Para entonces él tenía veintidós años y estaba recién casado. Se había graduado de la escuela de comercio en Cayo Hueso en 1925, entonces se mudó a Tampa donde tomó empleo de oficinista. En Tampa conoció a Rosa de Armas con la que se casó en 1929. El próximo año la pareja regresó a Cayo Hueso donde Sánchez se hizo secretario de un historiador local y lanzador del equipo de béisbol los Piratas de Cayo Hueso. Fue la suegra de Sánchez la que le sugirió que ampliara su repertorio artístico incluyendo escenas de Cayo Hueso y de su gente.

Se ve que el amor de Sánchez por el teatro ha influenciado su arte. En los años treinta escribió, dirigió y actuó en comedias que se representaban para la comunidad hispana en el Instituto y Teatro San Carlos. Su esposa y su suegra hacían gran parte del vestuario. Existe la sugerencia de un entablado escénico dentro de la composición de muchos de sus cuadros. Hay también personajes que reaparecen a menudo en su arte; aunque éstos representan personalidades reales de Cayo Hueso y de Ybor City, sus papeles como estereotipos cómicos recuerdan tipos similares en el teatro de vodevil y burlesco: el Tolete, el Afilador, el Ladrón de Gallinas, el Pirulero, Mongo el Lechero y Los Tiburones Ciegos (cubanos que escondían los ojos bajo lentes oscuros para observar sin ser vistos las actividades de mujeres bonitas en el barrio de Gato).

Personajes de burlescos

The Pee-roo-lee Man (1974) muestra un vendedor de dulces (el pirulero) cuyos caramelos cónicos tienen un palillo de dientes en el centro y están montados en un tabla de pino, una costumbre que se originó en Cuba. Sánchez lo enseña de perfil en un panel vertical de madera, una figura delgada, cómica que sostiene en alto los llamativos caramelos y que camina con un silbato en la boca. A primera vista la composición parece simple: la figura no ocupa espacio pero existe como silueta sobrepuesta en un fondo liso. Sin embargo, una cantidad de elementos de diseño cuidadosamente compuestos obran para crear una visión compleja e ingeniosa. La gorra marrón del vendedor, un matiz más oscuro que el fondo, tiene costuras circulares que se mueven hacia abajo y se combinan visualmente con una soga que rodea su cuello y sostiene el silbato. Con una estilizada oreja formada por dos comas, un ojo redondo

linked to the theater through musical and processional performance. *Manungo's Diablito Dancers* (1946), a picture made from pieces of to-bacco-leaf crates, re-creates a scene of dancers performing in the street that the artist remembers from 1919; this painting was Sánchez's first sale. *Boza's Comparsa Dancers* (1973) depicts a 1930 parade on Duval Street during *La Semana Alegre* (the Week of Joy) festival sponsored by the Works Progress Administration. Behind the Comparsa dancers is the San Carlos Club. The original San Carlos Institute and Theater was wooden: it was built by cigar makers in 1871 and destroyed by fire in 1889. A second wooden building was demolished for the present stone building erected in 1924. Located on bustling Duval Street, the structure is presently being refurbished with a $2.8 million state grant. The first building was erected through popular subscription by Cubans who wanted one building that would provide space for entertainment, educa-tion, and cultural activities. The spacious first floor held the theater with its elevated stage and seating for the audience on the ground level and in two-tiered box seats. Sánchez depicted the colorful interior, complete with stage production and audience, in *San Carlos Opera House* (1978). The second floor of the building held classrooms, and according to Sánchez it offered the first integrated school in the United States.

Reverence for Martí

Two pictures showing the San Carlos building contain references to the beloved Cuban hero José Martí. A poet and expatriate political organizer, Martí was killed in 1895 fighting for *Cuba Libre*, Cuban independence from Spain. For Cuban cigar workers in Key West and Tampa, Martí's death meant an incalculable loss. He had visited Key West to raise money for the war, and the workers had supported his belief in the necessity for a new republic in Cuba and for a new society based on social justice and economic freedom.

San Carlos 1871 represents a view of three buildings, the San Carlos, a barbershop, and a general store. On the sidewalk outside, two figures, a black woman and a white man, stroll past the buildings. The San Carlos appears at the left with the inscription "San Carlos 1871" in a lunette at the top. On the first floor, an open window reveals in miniature the huge interior of the theater, illustrating how perspective can be used in clever, nontraditional ways to provide the viewer with additional information. (For a trained artist, such artistic license would not be possible.) At the far right is the two-story Theodore Holtzberg department store, with the Holtzberg name at the top of the building. Holtzberg typified the Jewish immigrant merchants from eastern and central Europe who had arrived in the late nineteenth century. Mannequins pose in the store windows, and inside the open door a salesclerk helps a customer. Wedged into a narrow space between two buildings is a small, white, single-story barbershop. The door is open and the barber can be seen cutting a

visto de frente en una cara de perfil, y la caída vertical del espeso bigote y la ceja, un continuo movimiento visual destaca la cara. El fondo del cuadro está densamente lleno de un diseño liso de formas abstractas: triángulos, círculos, rectángulos y líneas paralelas que se entreveran y se cruzan en un moderno bordado. En conjunto, el fondo y la expresión en la cara del vendedor sutilmente obran para sugerir el chillante, emocionante sonido del sibato: "pirulí". En Cayo Hueso, el vendedor vivía en el callejón de Poyo, en el nombre del patriota cubano José Dolores Poyo, que vivió en Cayo Hueso y Tampa. Ya que Poyo suena como *pollo* (*chicken*), los nativos angloparlantes anglizaron la calle con el nombre de "Chicken Alley".

Dos temas favoritos de Sánchez, desfiles y funerales, son costumbres ligadas al teatro por las presentaciones musicales y procesionales. *Manungo's Diablito Dancers* (1946), un cuadro hecho de pedazos de huacales de tabaco en rama, recrea una escena de danzantes que bailan en una calle de 1919 que el artista recuerda; este cuadro fue la primera venta de Sánchez. *Boza's Comparsa Dancers* (1973) muestra un desfile de 1930 en la calle Duval durante el Festival de la Semana Alegre patrocinado por la Administración de Trabajos para el Progreso (Works Progress Administration). Detrás de los bailadores de la comparsa está el club social San Carlos. El Instituto y Teatro San Carlos original era de madera: fue construido por los tabaqueros en 1871 y fue destruido por el fuego en 1889. Un segundo edificio de madera fue demolido en favor del actual edificio que se erigió en 1924. Ubicado en la bulliciosa calle Duval, el inmueble está siendo restaurado con $2.8 millones en fondos estatales. El primer edificio fue erigido gracias a la subscripción popular de los cubanos que querían un local que les proporcionara el debido espacio para entretenimiento, enseñanza y actividades culturales. El amplio primer piso incluía el teatro con su escenario elevado y los asientos para el público a nivel del piso y palcos en dos niveles. Sánchez pinta el colorido interior, completo con producción escénica y el público, en *San Carlos Opera House* (1978). El segundo piso del edificio tenía aulas, y según Sánchez tenía el primer colegio integrado de los Estados Unidos.

Reverencia por Martí

Dos cuadros que muestran el edificio San Carlos contienen referencias al venerado héroe cubano José Martí. Poeta y organizador político expatriado, Martí murió en 1895 peleando por Cuba Libre, por su independencia de España. Para los tabaqueros cubanos en Cayo Hueso y Tampa, la muerte de Martí significó una pérdida incalculable. Había visitado Cayo Hueso para recaudar fondos para la guerra y los trabajadores habían apoyado sus ideas sobre la necesidad de una nueva república en Cuba y de una nueva sociedad basada en la justicia social y en la libertad económica.

San Carlos 1871, es una vista de tres edificios, el San Carlos, una

customer's hair. On the far wall is a portrait of José Martí, documenting the reverence that Key West's Cuban community continued to bestow upon Martí's memory decades after his death. This picture within a picture also affirms the freedom in America to proclaim one's revolutionary political beliefs.

The image of Martí also appears in *San Carlos Parade*. This painting shows Professor Abreu, who taught Spanish on the second floor of the San Carlos, leaving the building with his students. In the sky above, a large cloud contains at its center a portrait of Martí; surrounding his face are written the names of other patriots of the Cuban revolution, including Máximo Gómez, Gil Gárcia, and Manuel Lott. In his pictures Sánchez often shows clouds that contain within their forms secondary images of fish, birds, and flowers. Usually they add a whimsical touch, recalling a child's delight at finding such associations in the sky. They also suggest the value of developing one's creative imagination. Here, however, the implication is serious: Martí's presence and the names of other leaders in the cloud provide a spiritual link with Professor Abreu, who teaches Spanish, and therefore keeps that language and Hispanic history and traditions alive in America's Key West.

For Sánchez, a remarkable memory enables him to provide details in his art that are not only visually stimulating but historically accurate. A telling example of his determination to show the truth concerns a commission to paint a black funeral scene. Sánchez's client specified his desire for the procession to pass the Cuban Club on Duval Street. In Sánchez's words: "He said he liked the Cuban Club building. I told him everybody likes the Cuban Club. It's part of our heritage, but I couldn't do it for him. . . . The black funeral procession never did pass the Cuban Club down Duval. . . . City Cemetery is in another direction from that part of town. If it would have passed there, I would have done it for him. But you just can't invent history."

Katheryn Hall Proby, who has written a fine biography of Sánchez, verifies the importance of his art as historical documentation: "The streets, historic public buildings, and neighborhoods where the artist places his subjects are authentic. All of them are wedded to Mario's remarkable memory. His memory is precise in details and vigorous about what can and cannot be re-created. While some of the buildings have been burned, moved to other locations, or demolished before establishment of the preservation board in 1972, Mario puts them back where they were. His accuracy has been tested by his peers who also remember them." This observation holds true not only for Key West but for Sánchez's depictions of Ybor City and West Tampa as well.

Re-creations of Ybor City

Ybor City's distinctive Latin community, a mix of Spanish, Cuban, and Italian immigrants, grew with the cigar industry established in

barbería y una tienda. En la acera afuera, dos figuras, una negra y un blanco, pasean por frente de los edificios. El San Carlos aparece en la izquierda con la inscripción "San Carlos 1871" en un luneto en lo alto. En el primer piso, una ventana abierta revela en miniatura el enorme interior del teatro, demostrando cómo la perspectiva puede emplearse en forma astuta y original para ofrecerle al espectador información adicional. (Para un artista de escuela, tal licencia artística no sería posible.) A la extrema derecha están los almacenes Theodore Holtzberg de dos pisos, con el nombre de Holtzberg arriba del edificio. Holtzberg era el típico comerciante inmigrante judío de Europa oriental y central que había llegado durante el siglo XIX. Los maniquíes posan en los escaparates de la tienda y más allá de la puerta abierta un vendedor atiende a un cliente. Insertada en reducido espacio entre dos edificios está una barbería pequeña, blanca y de un piso. La puerta está abierta y puede verse el barbero cortándole el pelo a un cliente. En la pared más alejada hay un cuadro de José Martí, lo que atestigua la reverencia que la comunidad cubana de Cayo Hueso continuaba otorgando a la memoria de Martí décadas después de su muerte. Este cuadro dentro de un cuadro también afirma la libertad que uno tiene en los Estados Unidos para proclamar sus creencias revolucionarias y políticas.

La imagen de Martí también aparece en *San Carlos Parade*. Este cuadro muestra al profesor Abreu, que enseñaba español en el segundo piso del San Carlos, saliendo del edificio con sus alumnos. Arriba, en el cielo, una nube grande contiene en el centro un retrato de Martí; rodeando su cara están escritos los nombres de otros patriotas de la insurrección cubana, incluyendo Máximo Gómez, Gil García y Manuel Lott. En sus cuadros Sánchez con frecuencia pinta nubes que contienen dentro de sus formas imágenes secundarias de peces, aves y flores. Por lo regular añaden un toque de fantasía, recordando el deleite de un niño que descubre tales asociaciones en el cielo. También sugieren el valor de desarrollar cada uno su imaginación creativa. Aquí, sin embargo, la implicación es seria: la presencia de Martí y los nombres de otros dirigentes en la nube extienden un eslabón espiritual con el profesor Abreu, que enseña español, y que por lo tanto mantiene vivas esa lengua y la historia y las tradiciones hispanas en el Cayo Hueso de los Estados Unidos.

La extraordinaria memoria de Sánchez le permite ofrecer detalles en su arte que no sólo son visualmente estimulantes sino también históricamente fieles. Un encargo de pintar un entierro de negros sirve de buen ejemplo de su compromiso con la verdad. El cliente de Sánchez especificó su deseo de que la procesión pasara por el Club Cubano en la calle Duval. En palabras de Sánchez: "Dijo que le gustaba el edificio del Club Cubano. Le dije que a todos les gusta el Club Cubano. Es parte de nuestra herencia, pero yo no podía hacérselo. . . . La procesión del entierro de negros nunca pasó por Duval delante del Club Cubano. . . . El cementerio de la ciudad está en otra dirección desde esa parte del pueblo.

1885. In the 1920s, more than 12,000 workers held jobs. Urban renewal, which began in 1960 with government programs that razed thousands of small workers' homes, has destroyed much of the look and atmosphere of the neighborhoods. In 1974, an interstate highway was built through an entire section of the city, thus necessitating further demolition.

In their book *The Immigrant World of Ybor City: Italians and Their Latin Neighbors in Tampa, 1885-1985*, Gary Mormino and George Pozzetta describe the city's resemblance to "America's older walking cities . . . [with] their musty, abandoned cigar factories. . . . ubiquitous wrought-iron balconies . . . now rusted and forlorn . . . wooden houses . . . and numerous small groceries." In the beginning Ybor City was a planned community: 111 acres of land, grid-patterned streets, brick factories with courtyards, and hundreds of simple wooden structures — an architectural staple of the South called "shotgun cottages."

Seventh and Eighth avenues serve as the heart of Ybor City, and when Sánchez met his future wife, Rosa, and her family, they lived on Twelfth Avenue. The painting *Ybor City's Wonderful Years* (1981) shows the huge three-story Ybor and Company brick cigar factory with Señor Ybor waving from the steps. The view is of the corner of Ninth Avenue and Fourteenth Street (also called Republica de Cuba). Across from the factory, the old Cherokee Club can be seen. The nightclub, which has been faithfully restored, and the cigar factory, which still retains its distinctive wrought iron, has been transformed into an antiques mall. Visitors to the Ybor City State Museum are introduced to the old Ybor City and to the cigar industry through photographs, displays of the cigar-making process, and the popular imagery of the day: posters, cigar boxes and bands, and other colorful memorabilia.

West Tampa, conceived in 1892 by a Scotsman named Hugh Campbell Macfarlane, also became a factory town with a large Cuban constituency. Modeled after Ybor City, by 1895 the town contained ten cigar factories, an opera house, and streetcars. Unlike Ybor City, however, West Tampa remained independent of Tampa and fought annexation until 1925. The painting *Colorful West Tampa* (1985) pays tribute to that city as it appeared in the 1920s. On a street containing the Bustillo and Díaz Cigar Company, Lola Mondoza's Grocery Store, and Santana's Photo Studio, a yellow ice cream truck carries the sign "The Smile Follows the Spoon." At the corner of an intersecting street stands one of the city's streetcars.

As a visual record of early twentieth-century life in working-class Latin communities, Mario Sánchez's art is a unique contribution to our understanding of Hispanic influences in Florida. His memories are positive, and so is his view of history: there is no poverty; there is no crime, only petty thefts and practical jokes; tragedy, with the exception of funeral processions, is never suggested. Through Sánchez's personality and artistic style, humor is ever present. In a quiet, unassuming way, the artist reminds us that the average person is the hero of the street.

Si hubiera pasado por allí, lo habría hecho por él. Pero uno no puede inventar la historia".

Katheryn Hall Proby, que ha escrito una excelente biografía de Sánchez, verifica la importancia de su arte como documento histórico: "Las calles, los edificios públicos históricos y los barrios donde el artista coloca sus temas son auténticos. Todos están fundidos a la extraordinaria memoria de Sánchez. Su memoria es precisa en detalles y vigorosa en cuanto a lo que se puede y lo que no se puede recrear. Aunque algunos de los edificios se han quemado, se han trasladado a otros lugares o se han demolido antes del establecimiento de la junta de preservación en 1972, Mario los coloca otra vez donde estuvieron. Su fidelidad ha sido comprobada por sus contemporáneos que también los recuerdan". Esta observación es cierta no sólo para Cayo Hueso sino también para las imágenes de Ybor City y de West Tampa de Sánchez.

Recreaciones de Ybor City

La muy original comunidad latina de Ybor City, mezcla de inmigrantes españoles, cubanos e italianos, creció con la industria tabaquera establecida allí en 1885. En los años de 1920 más de 12,000 trabajadores tenían empleo. La renovación urbana, que comenzó en 1960 con programas gubernamentales que arrasaron con miles de casas de trabajadores, ha destruido mucho de la apariencia y la atmósfera de los barrios. En 1974 se construyó una autopista a través de parte de la ciudad, de hecho obligando a una más extensa demolición.

En su libro *The Immigrant World of Ybor City: Italians and Their Latin Neighbors in Tampa, 1885-1985*, Gary Mormino y George Pozzetta describen el parecido de la ciudad a "las ciudades antiguas para pasear de los Estados Unidos . . . con el tufillo de abandono de sus fábricas de tabacos . . . los siempre presentes balcones de hierro forjado . . . ahora oxidados y tristes . . . las casas de madera . . . y numerosas pequeñas tiendas de víveres". En un principio Ybor City fue una comunidad planificada: 111 acres de tierra, calles rectangulares, fábricas de ladrillos con patios interiores y cientos de viviendas simples de madera — un definido estilo arquitectónico sureño llamado la "casa de cañón de escopeta".

Las avenidas Séptima y la Octava servían de corazón a Ybor City y cuando Sánchez conoció a su futura esposa, Rosa, y a su familia, ellos vivían en la avenida Doce. El cuadro *Ybor City's Wonderful Years* (1981) muestra la enorme fábrica de puros de tres pisos de ladrillo, Ybor and Company, con el señor Ybor saludando desde la escalinata. La vista es de la esquina de la avenida Novena y la calle Catorce (también llamada República de Cuba). Al frente de la fábrica puede verse el antiguo Cherokee Club. El centro nocturno, que ha sido fielmente restaurado, y la fábrica de puros, que todavía retiene su característico hierro forjado, ha sido transformada en un centro comercial de antigüedades. Los

Thus Sánchez's actors have important roles; never perceived as bit players, they perform as active participants in the drama of Florida's history.

For Further Reading

McClintock, Jack. "Mario Sánchez: Key West Primitive." *Marquee* (August-September 1982): 10-15.

Mormino, Gary R., and George E. Pozzetta. *The Immigrant World of Ybor City: Italians and Their Latin Neighbors in Tampa, 1885-1985.* Urbana: University of Illinois Press, 1987.

Proby, Kathryn Hall. "Mario Sánchez: Local Primitive Artist." *Florida Keys*, March 1983.

___. *Mario Sánchez: Painter of Key West Memories.* Key West: Southernmost Press, 1981.

___. "The Southern Artists: Mario Sánchez." *Southern Accents*, Spring 1983.

Diane Lesko, Ph.D. — Art historian and senior curator of collections and exhibitions, Museum of Fine Arts (St. Petersburg); adjunct professor of art history, Ringling School of Art and Design (Sarasota); author of several books, including James Ensor, The Creative Years *(Princeton University Press, 1985), and numerous articles in* Art Journal, Arts Magazine, *and* Artforum.

visitantes al Museo Estatal de Ybor City aprenden de la antigua Ybor City y la industria tabaquera gracias a fotografías, exposiciones del proceso de manufactura del puro y las imágenes populares de su día: carteles, cajas y anillos de puros y otros recuerdos plenos de colorido.

West Tampa, concebida en 1892 por un escocés llamado Hugh Campbell MacFarlane, también se convirtió en un pueblo fábrica con una gran población cubana. Siguiendo el modelo de Ybor City, para 1895 el pueblo tenía diez fábricas de puros, un teatro de ópera y tranvías. A diferencia de Ybor City, sin embargo, West Tampa se mantuvo independiente de Tampa y luchó contra la anexión hasta 1925. El cuadro *Colorful West Tampa* (1985) rinde tributo a esa ciudad tal como lucía hacia finales de los años 20. En una calle donde están la fábrica Bustillo and Díaz Cigar Company, la tienda Lola Mendoza's Grocery Store y el salón Santana's Photo Studio, un camión amarillo para la venta de helados lleva el rótulo "La sonrisa sigue a la cuchara". En la esquina de una intersección está detenido uno de los tranvías de la ciudad.

Como un archivo visual de la vida en las comunidades proletarias latinas de principios del siglo XX, el arte de Mario Sánchez es una contribución única para nuestro conocimiento de las influencias hispanas en la Florida. Sus recuerdos son positivos e igual lo es su visión de la historia: no hay pobreza; no hay criminalidad, sólo pequeños robos y graciosas bromas; la tragedia, con la excepción de las procesiones fúnebres, nunca se sugiere. A través de la personalidad y el estilo artístico de Sánchez, el humor siempre está presente. En forma callada, sin pretensiones, el artista nos recuerda que la persona promedio es el héroe de la calle. Por lo tanto los actores de Sánchez tienen papeles importantes; nunca se les ve como personajes de segunda, ellos se desenvuelven como participantes activos en el drama de la historia de la Florida.

Diane Lesko, Ph.D. — historiadora de arte y conservadora principal de colecciones y exposiciones, Museo de Bellas Artes (St. Petersburg); profesora adjunta de historia del arte, Escuela de Arte y Diseño Ringling (Sarasota); autora de varios libros, incluyendo James Ensor, The Creative Years *(Princeton University Press, 1985) y de numerosos artículos en* Art Journal, Arts Magazine *y* Artforum.

MAURICE FERRÉ, XAVIER SUAREZ, AND THE ETHNIC FACTOR IN MIAMI POLITICS

Raymond A. Mohl

N THE PAST FEW DECADES, NEW PATTERNS OF IMMIGRATION to the United States have transformed American urban life. Both traditional nineteenth-century immigrant cities like New York and twentieth-century sunbelt cities like Los Angeles and Miami have received the newest waves of Third World immigrants. Hispanic newcomers, in particular, have added to the ethnic diversity of urban America. Mexicans and Mexican-Americans have become the largest and most conspicuous element in the ethnic mix of Los Angeles, Puerto Ricans have been migrating in massive numbers to New York City since the 1940s, and now Cubans have risen to predominance in Miami. According to census statistics, by 1980 Hispanics made up 28 percent of the population in Los Angeles, 20 percent in New York City, and 56 percent in Miami. The 1990 census revealed that fully 62 percent of Miami's population are of Hispanic origin. "Latinization" is proceeding apace in most of the nation's big cities. Most demographers agree that Hispanics will surpass blacks as the nation's largest minority group by the first decade of the next century.

Nowhere is this Latinization occurring more rapidly than in south Florida, especially Miami. The huge Hispanic immigration to Miami has reshaped life and culture in the metropolitan area. Residential geography, social and economic patterns, and the cultural life of the community have changed tremendously.

And as the new Hispanic immigrants have become citizens and voters, ethnicity has altered the politics of the Miami metropolitan area. The

MAURICE FERRÉ, XAVIER SUÁREZ Y EL FACTOR ÉTNICO EN LA POLÍTICA DE MIAMI

Raymond A. Mohl

N LAS ÚLTIMAS DÉCADAS NUEVOS PATRONES DE INMIGRACIÓN a los Estados Unidos han transformado la vida urbana norteamericana. Tanto las ciudades que tradicionalmente en el siglo XIX atraían inmigrantes, como Nueva York, y las ciudades del siglo XX de la zona del sol, como Los Angeles y Miami, han recibido las más recientes olas de inmigrantes del Tercer Mundo. Los recién llegados, los hispanos en particular, han aportado a la diversidad étnica de la Norteamérica urbana. Los mexicanos y los méxicoamericanos se han convertido en el más grande y más visible elemento en la mezcla étnica de Los Angeles, los puertorriqueños se han trasladado masivamente a Nueva York desde los años 40 y ahora los cubanos han alcanzado la prominencia en Miami. De acuerdo con las estadísticas del censo, para 1980 los hispanos componían el 28 por ciento de la población de Los Angeles, el 20 por ciento de la ciudad de Nueva York y el 56 por ciento de Miami. El censo de 1990 reveló que un total del 62 por ciento de la población de Miami es de origen hispano. La "latinización" procede a un ritmo parecido en casi todas las ciudades grandes de la nación. La mayoría de los demógrafos están de acuerdo en que los hispanos pasarán a los negros como la minoría más grande de la nación para la primera década del próximo siglo.

En ningún lugar está ocurriendo esta latinización más rápidamente que en el sur de la Florida, especialmente en Miami. La enorme inmigración hispana a Miami ha reestructurado la vida y la cultura en la zona metropolitana. La geografía residencial, los patrones sociales y

careers of two influential Hispanic politicians who have held the Miami mayorality since 1973 — Puerto Rican Maurice Ferré and Cuban-born Xavier Suarez — exemplify this dramatic transformation of politics in the contemporary American city.

Cuban Migration to Florida

In the three decades since the Cuban revolution of 1959, the demographics of the Miami metropolitan area have changed in fascinating ways. A declining tourist town in 1960, Miami has since been transformed into a new immigrant city. Successive waves of anti-Castro exiles brought more than 800,000 Cubans to the United States between 1959 and 1980.

The federal government embarked on a major effort in the 1960s and early 1970s to relocate the Cuban exiles throughout the country but met with little success. Most of the newcomers either settled in the Miami area immediately, or they gradually filtered back to the city that had quickly become the center of Cuban exile community life in America. As a result, some 60 percent of all Cubans in the United States currently reside in metropolitan Miami. By the late 1980s, almost 900,000 Hispanics lived in the area, composing over 60 percent of the population of the city of Miami and as much as 50 percent of the population of metro Dade County.

Actually, Miami's Hispanic population is surprisingly diverse. Cuban exiles and their American-born children are not the only Latin newcomers to south Florida. The Cubans came to a city that already had a sizable Puerto Rican population, and in more recent years the Cubans have been joined by exiles and immigrants from many other Latin nations. At least 50,000 Colombian immigrants have settled in the Miami metropolitan area. About 150,000 Nicaraguan exiles from the Sandinista revolution currently reside in western Dade County, many in a neighborhood now generally called Little Managua. Every Latin American revolution produces a new exile community in Miami. The 1980 census reported 174,000 non-Cuban Hispanics in Dade County, and that number has increased dramatically in the past ten years. In the space of two decades, the Cuban influx and other new immigration have transformed the demographic structure of the Miami metropolitan area.

Patterns of Adjustment

The arrival and settlement of these diverse Hispanic peoples has altered much more than south Florida's demographic character. Not surprisingly, massive Cuban and Hispanic migration to a single place has had significant consequences for the social, economic, and political life of the Miami metropolitan area. The newcomers have clustered together residentially, much as earlier immigrants did in the industrial cities at the turn of the twentieth century. The Cubans at first lived south

económicos, y la vida cultural de la comunidad han cambiado en forma descomunal. Y según los nuevos inmigrantes hispanos se han hecho ciudadanos y votantes, la etnicidad ha alterado la política de la zona metropolitana de Miami. Las carreras de dos influyentes políticos hispanos que han desempeñado la alcaldía desde 1973 — el puertorriqueño Maurice Ferré y el cubano Xavier Suárez — sirven de ejemplo de esta dramática transformación de la política en la ciudad norteamericana contemporánea.

La inmigración cubana a la Florida

En las tres décadas desde la revolución cubana de 1959, la demografía de la zona metropolitana de Miami ha cambiado en formas fascinantes. Una ciudad turística en decadencia en 1960, Miami ha sido transformada en una nueva ciudad de inmigrantes. Sucesivas olas de exiliados anti-castristas trajeron más de 800,000 cubanos a los Estados Unidos entre 1959 y 1980.

El gobierno federal inició un esfuerzo decidido en los años 60 y principios de los 70 para reubicar a los exiliados cubanos por todo el país aunque los resultados fueron pobres. Casi todos los recién llegados o ya se instalaron inmediatamente en la zona de Miami o ya se escurrieron paulatinamente hacia la ciudad que rápidamente se había convertido en el centro vital de la comunidad cubana exiliada en Norteamérica. Como resultado, aproximadamente el 60 por ciento de todos los cubanos en los Estados Unidos al presente residen en la zona metropolitana de Miami. Para finales de los años 80, casi 900,000 hispanos vivían en la zona, componiendo más del 60 por ciento de la población de la ciudad de Miami y tanto como el 50 por ciento de la población del condado metropolitano de Dade.

En realidad, la población hispana de Miami es sorprendente por su diversidad. Los exiliados cubanos y sus hijos nacidos en los EEUU. no son los únicos recién llegados al sur de la Florida. Los cubanos llegaron a una ciudad que ya poseía una considerable población puertorriqueña y en años más recientes a los cubanos se les han unido exiliados e inmigrantes de muchas otras naciones latinas. Por lo menos 50,000 inmigrantes colombianos se han establecido en la zona metropolitana de Miami. Cerca de 150,000 exiliados nicaragüenses de la revolución sandinista residen al presente en la parte occidental del condado Dade, muchos en un barrio comúnmente denominado La Pequeña Managua. Cada una de las revoluciones latino-americanas produce una nueva comunidad exiliada en Miami. El censo de 1980 reportó 174,000 hispanos no cubanos en el condado Dade y esa cifra ha aumentado en forma dramática en los últimos diez años. En el espacio de dos décadas, el arribo de los cubanos y otras nuevas inmigraciones ha transformado la estructura demográfica de la zona metropolitana de Miami.

Patrones de ajuste

La llegada y la ubicación de estas diversas gentes hispanas han

and west of Miami's central business district — an area that quickly came to be called Little Havana. As more Cubans arrived, and as they prospered economically as a group, Little Havana pushed out its boundaries. Simultaneously, the Cubans began moving to nearby Hialeah, Dade County's second largest city, as well as to other communities in the metropolitan area.

As new waves of Nicaraguans and Haitians arrived in the Miami area, they became concentrated in their own ethnically homogeneous neighborhoods. Native-born blacks and non-Hispanic whites (now called Anglos in Miami) are also highly segregated residentially, both from each other and from Hispanic immigrant groups. As Morton Winsberg noted in 1979, "The Latin American community of Miami has grown so rapidly in population that it has dramatically affected the residential space of other groups within the city." Immigration, in short, created competition for housing and residential space, which in turn has produced ethnic and racial tension and conflict. This sort of conflict is often reflected in local political battles.

Miami's newcomers have clashed over culture as well as residential space. Cubans and other Latin immigrants have adjusted to life and work in the United States, but they have not yet fully assimilated. Premigration cultural patterns have persisted in diet and family life, artistic and musical activities, and festival behavior. The Cubans in exile have established a vibrant organizational life, often based on old-country regional origins. Catholicism continues to be an important ingredient in Cuban community life, but so does *santería*, a religious cult of Afro-Cuban origins that is widely practiced in Cuban Miami. Spanish language maintenance has been especially marked among the Cubans, and recent controversies over bilingualism in south Florida apparently have heightened Cuban cultural consciousness. Moreover, the strong anti-Castro and anti-Communist leanings of the Cubans have tended to strengthen ethnic identification and the outward unity of the Cuban community. Even in the 1990s, exile politics remains a powerful component of Cuban community life.

The Cuban newcomers have successfully seized economic opportunity, and in doing so they have dramatically reshaped the economy of south Florida. The early Cuban migration to the United States uprooted an entire business and professional elite. Most Cubans arrived with little capital, but they had skills, talent, and entrepreneurial energy. After an initial period of adjustment, the Miami Cubans vigorously pursued the American dream of economic success. Numerous studies have demonstrated the rapid upward socioeconomic mobility of the early waves of Cuban exiles. In Miami they created an "enclave" economy of 25,000 businesses, ranging from retail stores, service stations, small factories, and restaurants to banks, construction companies, auto dealerships, and fishing fleets. The enclave economy has also provided jobs for a steady

alterado mucho más que el carácter demográfico del sur de la Florida. No es sorprendente que la masiva migración cubana e hispana hacia un punto en particular ha tenido consecuencias significativas para la vida social, económica y política de la zona metropolitana de Miami. Los recién llegados se han agrupado residencialmente, al igual que los inmigrantes de épocas anteriores lo hicieran en las ciudades industriales a principios del siglo XX. Los cubanos al principio vivían al sur y al oeste del centro comercial de Miami — una zona que pronto llegó a llamarse La Pequeña Habana. Según llegaban más cubanos y prosperaban económicamente como grupo, La Pequeña Habana extendió sus fronteras. Simultáneamente los cubanos comenzaron a mudarse hacia la cercana Hialeah, la segunda ciudad más grande del condado Dade, al igual que a otras comunidades en la zona metropolitana.

A medida que nuevas olas de nicaragüenses y haitianos llegaban a la zona de Miami, se concentraban en sus propios barrios étnicamente homogéneos. Los negros nacidos en el país y los blancos no hispanos (ahora llamados anglos en Miami) también se hallan altamente segregados residencialmente, tanto los unos de los otros como de los grupos de inmigrantes hispanos. Como Morton Winsberg apuntó en 1979, "La comunidad latinoamericana de Miami ha crecido tan rápidamente en población que ha afectado dramáticamente el espacio residencial de otros grupos dentro de la ciudad". La inmigración, en pocas palabras, creó la competencia por la vivienda y el espacio residencial, lo que a su vez ha producido tensiones y conflictos étnicos y raciales. Este tipo de conflicto a menudo se refleja en batallas políticas locales.

Los recién llegados a Miami han chocado en cuanto a la cultura tanto como al espacio residencial. Los cubanos y otros inmigrantes latinos se han adaptado a la vida y al trabajo en los Estados Unidos pero todavía no se han asimilado totalmente. Los patrones culturales anteriores a la inmigración han persistido en la dieta y la vida familiar, actividades artísticas y musicales y el comportamiento festivo. Los cubanos en el exilio han establecido una vida organizacional vibrante, a menudo basada en los antecedentes regionales de la madre patria. El catolicismo continúa siendo un importante ingrediente en la vida comunitaria cubana, pero también lo es la santería, culto religioso de orígenes afrocubanos que se practica ampliamente en el Miami cubano. El mantenimiento de la lengua española ha sido especialmente señalado entre los cubanos, y las recientes controversias sobre bilingüismo en el sur de la Florida aparentemente han elevado la conciencia cultural cubana. Aún más, las tendencias anti-castristas y anti-comunistas de los cubanos han tendido a fortalecer la identificación étnica y la unidad externa de la comunidad cubana. Aún en los años 90 la política del exilio se conserva como elemento poderoso de la vida comunitaria cubana.

Los recién llegados cubanos se han aprovechado con éxito de las oportunidades económicas y, al hacerlo, han reformado dramáticamente

succession of Cuban newcomers. At the same time, the Cuban presence has been largely responsible for the recent emergence of Miami as an important center of international banking, trade, and tourism. The economic success story of the Miami Cubans is reflected in U.S. census statistics indicating that Cubans have more education, better jobs, and higher incomes than the Hispanic population nationwide.

Political Transformations

When the Cubans first came to Miami in the 1960s, they came as exiles rather than immigrants. Actually, they were the latest in a long line of Cuban exiles in Florida dating back to the nineteenth century. In the 1950s, Fidel Castro himself was for a time an exile in Miami, plotting and raising money for the overthrow of the Batista regime. Almost universally, the newest exiles hoped to depose Castro and return to their homeland. For many years, concerns about Castro, Cuba, and American foreign policy were more important to Miami's newcomers than local political issues. Because they planned to return, few became naturalized citizens in the 1960s.

However, two events in the early 1960s sealed the fate of Cuban exile activism. The failed invasion of Cuban exiles at the Bay of Pigs in April 1961 undermined the operational capabilities of militant exile organizations while it destroyed the faith of the Miami Cubans in President John F. Kennedy and the Democratic party. Second, the resolution of the Cuban missile crisis in October 1962 included a U.S. pledge to discontinue overt efforts to overthrow the Castro regime. These events took much of the steam out of Cuban exile activism. By the late 1960s, as the hope of return to the island fizzled, most Cuban exiles began to consider the possibility that Miami might be their permanent home. They began to put down roots and started to become citizens.

Since the early 1970s, when the naturalization of Cubans began in earnest, Cuban voters have had an increasing impact on politics in the Miami metropolitan area. Traditionally, the nonpartisan municipal governments in the Miami area were controlled by Anglo businessmen and professional elites. The civil rights movement and black voter-registration drives introduced change in the 1960s, as blacks became a force in city politics. Likewise, the election of Maurice Ferré, of Puerto Rican background, to the Miami City Commission in the mid-1960s and his later election as mayor in 1973 signaled the beginnings of a Latin voting bloc. Ferré was reelected five times but lost his position in 1985 to Cuban-born Xavier Suarez. By 1987, when Suarez turned back a new mayoral challenge from Ferré, Hispanics totaled 53 percent of Miami's registered voters, controlled three of five seats on the city commission, held many of the city's major administrative positions, and filled a growing portion of municipal jobs.

At the level of partisan politics, the Cubans have dramatically altered

la economía del sur de la Florida. La primera migración cubana a los Estados Unidos desarraigó a toda una élite comercial y profesional. La mayoría de los cubanos llegaron con poco capital, pero tenían oficios, talento y energía empresarial. Después de un período inicial de ajuste, los cubanos de Miami lucharon con vigor por el ideal norteamericano del éxito económico. Numerosos estudios han demostrado la rápida y ascendiente movilidad socioeconómica de las primeras olas de exiliados cubanos. En Miami ellos crearon una economía propia de 25,000 comercios, desde tiendas detallistas, estaciones de servicio, pequeñas fábricas y restaurantes hasta bancos, compañías de construcción, agencias de automóviles y flotas de pesca. La economía propia también facilitaba empleo para una constante sucesión de recién llegados cubanos. Al mismo tiempo la presencia cubana ha sido mayormente responsable por la reciente emergencia de Miami como importante centro internacional de banca, comercio y turismo. La historia del éxito económico de los cubanos de Miami se refleja en las estadísticas del censo que indican que los cubanos tienen más educación, mejores empleos y más altos ingresos que la población hispana nacional.

Transformaciones políticas

Cuando los cubanos comenzaron a llegar a Miami en los años 60, vinieron como exiliados en vez de inmigrantes. En realidad, eran los últimos de una larga línea de exiliados cubanos que se remontaba al siglo XIX. En los 50 el propio Fidel Castro fue por un tiempo un exiliado en Miami, conspirando y recaudando fondos para el derrocamiento del régimen de Batista. Casi todos los nuevos exiliados esperaban derribar a Castro y regresar a su patria. Durante muchos años las preocupaciones sobre Castro, Cuba y la política exterior norteamericana eran más importantes para los recién llegados a Miami que las cuestiones políticas locales. Debido a que planeaban regresar, pocos se naturalizaron en los años 60.

Sin embargo, dos sucesos a principios de los 60 determinaron el porvenir de la militancia exiliada cubana. La fracasada invasión de los cubanos exiliados en Bahía de Cochinos en abril de 1961 socavó la capacidad operacional de las organizaciones exiliadas militantes a la vez que destruyó la fe de los cubanos de Miami en el presidente John F. Kennedy y el Partido Demócrata. Segundo, la resolución de la crisis de octubre de 1962 incluyó una promesa norteamericana de descontinuar todos los esfuerzos por derribar el régimen de Castro. Estos eventos desinflaron el activismo de los exiliados cubanos. Hacia finales de los años 60, según se evaporaba la esperanza de regresar a la isla, la mayoría de los cubanos empezaron a considerar la posibilidad de que Miami podría ser su hogar permanente. Comenzaron a echar raíces y empezaron a hacerse ciudadanos.

Desde principios de los años 70, cuando la naturalización de los

the political landscape. Traditionally, Florida was an integral part of the one-party Democratic South. But the Miami Cubans blamed President Kennedy and the Democrats for the failure of the Bay of Pigs invasion. The Republican party has been the beneficiary. In addition, Republican presidents from Nixon to Reagan have taken a hard stand against communism in Cuba and elsewhere in Latin America — a position that sits well in the Cuban exile community. As a result, Miami's Cuban voters have strongly supported Republican presidential candidates since the 1968 election. Ronald Reagan received heavy Hispanic support in Miami in 1980 and 1984, as did George Bush in 1988. In 1989 Republican Ileana Ros-Lehtinen became the first Cuban-American in Congress, having won Claude Pepper's Democratic seat. The trend is clear: increasing numbers of Miami Hispanics are becoming citizens and voters, they are actively courted by the Republican party, and they register and vote heavily for Republican state and national candidates. When 14,200 immigrants, mostly Cubans, became citizens on July 4, 1986, at a massive natural- ization ceremony in Miami's Orange Bowl, the Dade County Republican party was surely delighted. The new citizens registered Republican at the rate of ten to one.

The rapid growth of the Hispanic population in the Miami area over the past three decades, as well as the city's pattern of residential concentration based on ethnicity and race, has encouraged bloc voting by Hispanics and facilitated their striking success in urban politics. By the mid-1980s, ethnic issues had come to dominate not only election cam- paigns but virtually all other types of political controversies, ranging from immigration policy and bilingualism to metropolitan government and charter reform. For the Cubans, active participation in the political system has provided one important means of achieving group goals. The participation itself, as well as political competition with other groups, has stimulated the sense of ethnic identification and local power.

Maurice Ferré: Hispanic Politics in Transition

Elected Miami's mayor in 1973 after serving in the state legislature and a term on the Miami City Commission, Maurice Ferré has been a transitional figure in the political emergence of the city's Hispanic population. He also presided over the growth of Miami as an important center of international trade and banking while cultivating the city's image as a world-class city. Ferré was born in 1935 in Ponce, Puerto Rico, where his father was a businessman and entrepreneur of some vision. In the 1940s and 1950s, in the midst of the postwar Florida real estate and construction boom, Ferré's father invested in Florida sugar mills and then concrete companies, ultimately establishing a multimillion dollar business centered in Miami. Moving to Florida, Maurice Ferré graduated in architectural engineering from the University of Miami and assumed direction of the family businesses in the area. He quickly became active

cubanos comenzó de veras, los votantes cubanos han tenido un impacto creciente en la política de la zona metropolitana de Miami. Por tradición los gobiernos municipales no partidistas en la zona de Miami estaban controlados por comerciantes anglos y las élites profesionales. El movimiento de derechos civiles y las campañas de inscripción de votantes trajeron cambios en los 60, según los negros se convertían en una fuerza política municipal. Asimismo, la elección de Maurice Ferré, de antecedentes puertorriqueños, a la concejalía de la ciudad de Miami a mediados de los 60 y su posterior elección como alcalde en 1973, señaló el inicio de un bloque electoral latino. Ferré fue reelecto cinco veces pero perdió su puesto en 1985 ante el cubano Xavier Suárez. Para 1987, cuando Suárez rechazó un nuevo desafío a su alcaldía por parte de Ferré, los hispanos sumaban el 53 por ciento de los votantes inscritos en Miami, controlaban tres de los cinco puestos de la concejalía, tenían muchos de los principales cargos administrativos y ocupaban una porción creciente de los puestos municipales.

Al nivel de la política partidarista los cubanos han alterado en forma dramática el panorama político. Tradicionalmente la Florida era parte integral del unipartidario Sur demócrata. Pero los cubanos de Miami culparon al presidente Kennedy y a los demócratas por el fracaso de la invasión de Bahía de Cochinos. El Partido Republicano ha sido el beneficiario. Por añadidura, los presidentes republicanos desde Nixon hasta Reagan han tomado duras posturas contra el comunismo en Cuba y en otras partes de la América Latina — una posición que cae bien dentro de la comunidad exiliada cubana. Como resultado los votantes cubanos de Miami han apoyado fuertemente a los candidatos presidenciales republicanos desde las elecciones de 1968. Ronald Reagan recibió el decidido apoyo de los hispanos en 1980 y 1984, al igual que George Bush en 1988. En 1989 la republicana Ileana Ros-Lehtinen se convirtió en la primera cubanoamericana en el Congreso, habiendo alcanzado el escaño democrático de Claude Pepper. La tendencia es clara: un número creciente de los hispanos de Miami se hacen ciudadanos y votantes, el Partido Republicano los atrae a sus filas y ellos se inscriben y votan decididamente por los candidatos republicanos estatales y nacionales. Cuando 14,200 inmigrantes, la mayoría cubanos, se hicieron ciudadanos el 4 de julio de 1986 en una ceremonia masiva de naturalización en el Orange Bowl de Miami, el Partido Republicano del condado Dade sin duda se sintió muy alegre. Los nuevos ciudadanos se inscribieron como republicanos a razón de diez a uno.

El rápido crecimiento de la población hispana en la zona de Miami durante las tres últimas décadas, al igual que los patrones municipales de concentración residencial basados en la etnia y la raza, han estimulado la votación en bloque por los hispanos y han facilitado su notable éxito en la política municipal. A mediados de los 1980, las cuestiones étnicas habían llegado a dominar no sólo las campañas electorales sino

in Miami business and community affairs, such as the chamber of commerce and the Downtown Development Commission, as well as in state and local Democratic party politics.

Even as a young man in the 1960s, according to the chamber of commerce publication *The Miamian* (August 1965), Ferré had a vision of urban greatness for Miami. The family enterprises were heavily engaged in central city development and skyscraper construction as well as industrial and real estate expansion. Ferré also envisioned a rich and vibrant cultural life in Miami, complete with a symphony, good museums, and other cultural amenities. Most notably, as early as 1965 Ferré was promoting Miami as the "banking and financial capital for the entire southeastern United States and a gateway for Latin American trade." In an interview with *The Miamian*, Ferré contended that "the great cities of the world are trading posts" and that "the trading post for all of Latin America should be Miami." These were early ideas that Ferré later worked to implement as Miami's mayor in the 1970s and early 1980s.

Maurice Ferré's background and talents placed him in an enviable political position in the early 1970s. As a major player in Miami business life, he drew support from the downtown civic elite of bankers, realtors, businessmen, and professionals. His wealth and his visibility as a civic and business leader earned him political credibility with the influential local newspapers and among Miami's Anglo voters, a majority at the time. As Ferré often said, he was the first "Anglo-Hispanic" in Miami. These links to established power propelled him into the state legislature and the Miami City Commission in the mid-1960s.

But Ferré had other attributes that widened his political appeal in Miami's diverse ethnic neighborhoods. As a Puerto Rican and as a Democrat, he could count on the voting support of Miami's Puerto Rican population, which as early as the 1950s had established a political group called the *Organizacion Democrata Puertoriquena* to mobilize the community politically. As a bilingual Hispanic-American, Ferré also had political entrée to the emerging body of Cuban voters in Little Havana. He felt comfortable drinking *café cubano* in Calle Ocho restaurants, politicking in Cuban gathering places, and even attending *santería* religious ceremonies. He could deliver speeches in Spanish at political rallies, and he could communicate with the Cuban voters in their native language on the Hispanic television and radio stations. Few Anglo politicians made that sort of bilingual effort. Finally, as a consummate politician, Ferré recognized the need to build political alliances with the black community, and for most of his mayoral career Ferré virtually owned Miami's black vote. When the Haitian immigrant community began to assert itself politically, Ferré extended his political network into Little Haiti. In short, Maurice Ferré bridged the linguistic and cultural gaps between the Anglo business and political establishment and the initially less visible and less powerful black and Hispanic communities.

virtualmente todo tipo de controversia política, desde la política de inmigración y el bilingüismo hasta el gobierno metropolitano y la reforma de la carta de gobierno. A los cubanos la participación activa en el sistema político les ha facilitado un medio importante de alcanzar metas colectivas. La participación misma, tanto como la competencia política con otros grupos, ha estimulado el sentido de identificación étnica y de poder local.

Maurice Ferré: Política hispana en transición

Elegido alcalde en 1973 después de servir en la legislatura y un término en la concejalía de Miami, Maurice Ferré ha sido una figura transicional en la pujanza política de la población hispana de la ciudad. También presidió sobre el crecimiento de Miami como centro importante de comercio y banca internacionales mientras se cultivaba la imagen de la ciudad como ciudad de clase mundial. Ferré nació en 1935 en Ponce, Puerto Rico, donde su padre era comerciante y empresario de cierta visión. En los años 40 y 50, en medio del apogeo post-guerra de los bienes raíces y la construcción en la Florida, el padre de Ferré invirtió en ingenios azucareros floridanos y después en compañías de hormigón, llegando a establecer al fin un negocio multimillonario centrado en Miami. Al mudarse a la Florida, Maurice Ferré se graduó en ingeniería arquitectónica de la Universidad de Miami y asumió la dirección de los negocios familiares en la zona. Rápidamente se hizo activo en asuntos comerciales y comunitarios, tales como la Cámara de Comercio y la Comisión para el Desarrollo del Centro, así como de la política estatal y local del Partido Demócrata.

Aún de joven en los 1960, de acuerdo con la publicación de la cámara de comercio *The Miamian* (agosto 1965), Ferré tenía una visión de grandeza urbana para Miami. Los negocios familiares estaban estrechamente relacionados en el desarrollo central de la ciudad y la construcción de rascacielos, además de la expansión industrial y de bienes raíces. Ferré también anticipaba una rica y vibrante vida cultural en Miami, completa con sinfónica, buenos museos y otros atractivos culturales. Más notable aún, ya para 1965 Ferré promovía Miami como la "capital bancaria y financiera para todo el sureste de los Estados Unidos y la puerta al comercio con la América Latina". En una entrevista con *The Miamian*, Ferré sostenía que "las grandes ciudades del mundo son centros comerciales" y que "el centro comercial para toda la América Latina debe ser Miami". Estas eran las primeras ideas que Ferré intentó después llevar a cabo como alcalde de Miami en los 70 y a principios de los 80.

Los antecedentes y el talento de Maurice Ferré lo colocaron en una envidiable posición política a principios de los 70. Como figura principal de la vida comercial de Miami, él obtuvo el apoyo de la élite cívica del centro de la ciudad compuesto de banqueros, corredores de bienes raíces,

Ferré's special genius was to link ambitious plans for Miami's future with the emerging Hispanic character of the city. He presided over the city in the 1970s when the Cubans first became a political force, but he maintained political allegiances among non-Hispanic whites and blacks as well. As a reporter for the *New York Times* noted in 1985, Ferré "had artfully created a formula for political success in this ethnically divided city. His Hispanic roots and bilingualism attracted enough Cuban (and other Hispanic) votes in six consecutive elections to ward off challenges from the Cuban community. At the same time he could appeal to non-Hispanic whites and blacks who feared the emerging, formidable power of the Cubans." However, the ultimate cost of pitching political appeals based on race and ethnicity to varied segments of the electorate was the polarization of the city's communities. As the *Miami News* editorialized in 1985, "Once too often he had divided the community in order to conquer it."

By the 1985 mayoral election, the flamboyant Ferré was no longer able to maintain his political balancing act. The Cubans constituted more than half of the city's registered voters and would no longer be denied political power. Miami elections were nonpartisan in nature, but Ferré's Democratic party affiliation earned him scant support in Little Havana, where Cuban exile activism remained a powerful component of community life. Ferré's unwavering promotion of downtown development and big city greatness seemed to many to come at the expense of the city's neighborhoods. Moreover, Ferré had alienated the black community — his most secure voting bloc in several previous elections — by supporting the firing of black city manager Howard Gary in October 1984. Nor could Ferré rely any longer on the downtown civic elite, and even the city's two major newspapers endorsed one of the Cuban opponents. In fact, a new Hispanic power structure was emerging — one with little sympathy for Ferré's brand of city building and ethnic politics. With ten challengers in the 1985 election, including four Cubans, Ferré did not even make it into the runoff election. Ironically, the mayor who had presided over Miami's economic and political transition and brought the Cubans into the mainstream of the city's political life was turned out of office by Cuban votes and Cuban opponents. An era of transition in Miami's Hispanic politics had ended.

Xavier Suarez: The Consolidation of Hispanic Political Power

The Ferré era in Miami politics ended in November 1985 with the election of Xavier Suarez as the city's first Cuban mayor. Suarez was reelected in 1987 and again in 1989, and his three terms taken together seem to suggest a consolidation of Hispanic political power in Miami. Blacks, Anglos, and even non-Cuban Hispanics like Maurice Ferré articulated fears during these election campaigns about a Cuban "takeover"

comerciantes y profesionales. Su riqueza y su visibilidad como dirigente cívico y comercial le ganó la aceptación política de los influyentes periódicos locales y entre los votantes anglos de Miami, la mayoría en aquella época. Tal como Ferré decía a menudo, él era el primer "anglohispano" en Miami. Estos lazos con el centro de poder establecido lo llevaron a la legislatura y a la concejalía de Miami a mediados de los 60.

Pero Ferré contaba con otros atributos que aumentaban su popularidad política en los diversos barrios de Miami. Como puertorriqueño y como demócrata él podía contar con el voto de la población puertorriqueña de Miami, la que ya para los años 50 había establecido un grupo político denominado Organización Demócrata Puertorriqueña para movilizar la comunidad políticamente. Como hispanoamericano bilingüe Ferré también tenía entrada política al grupo de votantes cubanos en La Pequeña Habana. Se sentía cómodo tomando café cubano en los restaurantes de la Calle Ocho, haciendo política en las reuniones cubanas e incluso asistiendo a las ceremonias religiosas de la santería. Podía decir discursos en español en las reuniones políticas y podía comunicarse con los votantes cubanos en su propia lengua en las emisoras hispanas de televisión y de radio. Pocos políticos anglos hicieron ese tipo de esfuerzo bilingüe. Finalmente como político consumado Ferré reconoció la necesidad de establecer una alianza política con la comunidad negra y durante casi toda su carrera de alcalde Ferré de hecho tenía en el bolsillo el voto negro de Miami. Cuando la comunidad inmigrante haitiana comenzó a hacerse sentir en la política, Ferré extendió su maquinaria política hasta la pequeña Haití. En pocas palabras, Maurice Ferré cruzaba las barreras lingüísticas y culturales entre el centro del poder establecido del comercio y la política anglos, y las comunidades negras e hispanas que inicialmente eran menos visibles y poderosas.

La habilidad especial de Ferré era la de unir los ambiciosos planes para el desarrollo de Miami con el creciente carácter hispano de la ciudad. Dirigía el rumbo de la ciudad en los años 70 cuando los cubanos comenzaron a convertirse en una fuerza política, pero él mantenía alianzas políticas con los blancos no hispanos al igual que con los negros. Según informó un reportero del *New York Times* en 1985, "Ferré ingeniosamente había creado una fórmula para el éxito político en esta ciudad dividida étnicamente. Sus raíces hispanas y su bilingüismo atrajeron a suficientes cubanos (y a otros hispanos) votantes en seis elecciones consecutivas para impedir la competencia política de la comunidad cubana. Al mismo tiempo él podía contar con el apoyo de los blancos no hispanos y de los negros que temían el creciente y formidable poder de los cubanos". Sin embargo, el costo eventual de solicitar el apoyo político basado en la raza y la etnia a diversos grupos del electorado fue la polarización de las comunidades de la ciudad. Tal como editorializara el

of Miami city government. Given the rapidly changing demography of the electorate, Cuban predominance on the city commission and the election of a Cuban mayor were surely predictable events. Suarez has often asserted that he is "a total mainstream politician, an American." But he has also used his Cuban heritage to his advantage in campaigning, and he has supported Cuban exile political positions on some hot foreign policy issues in the Miami community.

Suarez was born in 1949 in Las Villas, Cuba, where his father was a university physicist and engineer. The Suarez family came to the United States as exiles in 1961, settling not in Miami but in Washington, D.C. The young Suarez attended a Jesuit high school and Villanova University, then went on to Harvard University to study law, graduating with a degree in public policy. In 1975, he made a conscious career decision to move to Miami and get involved in politics. With his Cuban background and political aspirations, Suarez perceived Miami as a launching pad for a political career. He settled in Little Havana, worked for a local law firm, got involved in community affairs, took a large number of legal aid cases, and polished his rusty Spanish. Between 1979 and 1983, Suarez ran two losing campaigns for a seat on the Miami City Commission and was defeated by Ferré in the bitterly contested 1983 mayoral runoff. That campaign, according to the *Miami Herald,* "was poisoned by ethnic and racial polarization." Persistence paid off, however, and Suarez emerged from Miami's tangled ethnic politics as mayor in November 1985. To do so, he had to fight off another Cuban mayoral challenger, Raul Masvidal, who had the support of the local print media and the black community and seemed to be the preferred candidate of the city's downtown establishment.

In the 1985 mayoral race, Ferré emphasized his role in the reshaping of Miami's international image and in the rejuvenation of the central business district, while Suarez ran a populist campaign that focused on neighborhood development and community needs. As Suarez noted in a 1986 interview, Ferré "was probably too much of a visionary for a city with such internal problems." In contrast, Suarez said he would pay attention to the more mundane aspects of urban government, and in fact he soon became known as the "pothole mayor." Most important, Suarez had electoral appeal across ethnic boundaries, while Ferré's politicking tended to divide the city's ethnic and racial groups.

There were other contrasts between the two Hispanic politicians. Ferré was the insider who represented an older generation of political power brokers; Suarez was a newcomer and an outsider who promised to pay attention to citizens' needs. Ferré represented the ethnic politics of the past; Suarez seemed to reflect the political wave of the future. He was born in Cuba, but he did not grow up in the maelstrom of Miami exile politics. His political base was rooted in the city's Hispanic neighborhoods, but he was able to reach out to other community groups as well.

GEO. S. HARRIS & SONS
443 PEARL STREET, NEW YORK CITY.
108-110 RANDOLPH ST., CHICAGO, ILL.

No. 5407 Free Cuba, Seven pieces in set. $20.00
per 1000 set.
This label will be sold only in full sets of
seven pieces.

"*Cuba Libre*" (Free Cuba) has maintained an enduring presence in Florida History. This 1970 cigar label illustrates its continuing popularity.

"*Cuba Libre*" se ha mantenido presente en la historia de La Florida. Esta etiqueta de puros de 1970 ilustra su continua popularidad.

After a distinguished career in the Florida legislature, Ileana Ros-Lehtinen became the first Cuban-American elected to Congress, winning Claude Pepper's seat in 1989.

Después de una distinguida carrera en la legislatura de la Florida, Ileana Ros-Lehtinen fue la primera cubanoamericana elegida al Congreso, ganando la vacante dejada por Claude Pepper en 1989.

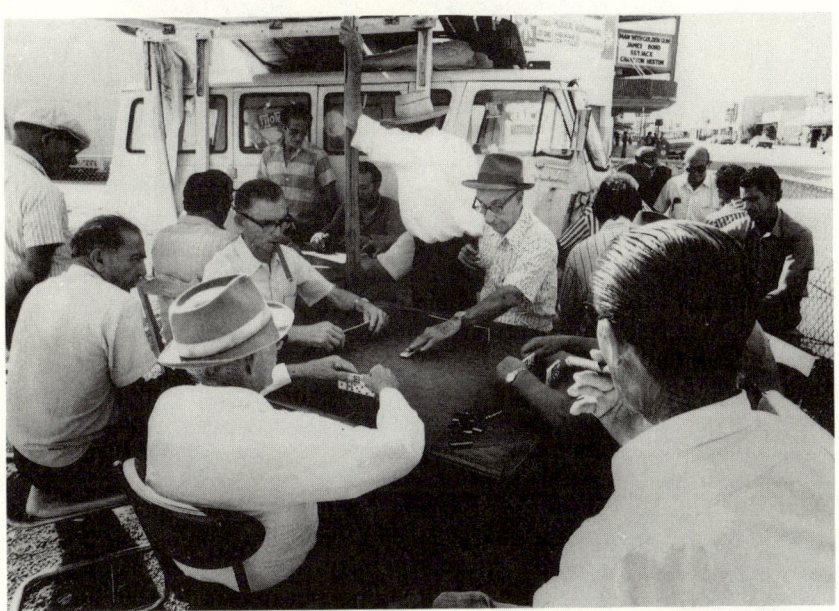

| Domino games and the aromas of café con leche and arroz con pollo illustrate the persistence of Cuban culture in a U.S. setting. | Juegos de dominó y el aroma del café con leche y el arroz con pollo demuestran la persistencia de la cultura cubana en un ambiente norteamericano. |

In 1985 Xavier L. Suarez became Miami's first Cuban-born mayor. The Suarez family had left Cuba in 1961 as exiles. Raised in Washington, D.C., Suarez moved to Miami where he practiced law in Little Havana and became involved in community affairs. Re-elected twice, Suarez has symbolized the consolidation of Hispanic political power in Miami.

En 1985 Xavier L. Suárez se convirtió en el primer alcalde de Miami nacido en Cuba. La familia Suárez había salido de Cuba exiliada en 1961. Criado en Washington, D.C., Suárez se mudó a Miami donde ejerció la abogacía en La Pequeña Habana y se interesó en asuntos comunitarios. Reelecto dos veces, Suárez ha simbolizado la consolidación del poder político hispano en Miami.

Miami News en 1985, "Ya demasiadas veces había dividido la comunidad para conquistarla".

Para la campaña de alcalde de 1985 el flamante Ferré no podía ya mantenerse sobre su cuerda floja política. Los cubanos constituían más de la mitad de los votantes de la ciudad y ya no aceptarían que se les negara el poder político. Las elecciones de Miami eran por naturaleza no partidistas, pero la afiliación al Partido Demócrata de Ferré le ganó poco apoyo entre La Pequeña Habana, donde el activismo de los exiliados cubanos seguía siendo un fuerte componente de la vida comunitaria. La constante promoción del desarrollo del centro de la ciudad y de su grandeza por parte de Ferré en la opinión de muchos se hacía a expensas de los barrios de la ciudad. Además, Ferré había enajenado la comunidad negra — su bloque electoral más seguro en varias elecciones anteriores — al apoyar el despido del administrador municipal negro Howard Gary en octubre de 1984. Tampoco podía él apoyarse ya en la élite cívica del centro y aun los dos principales periódicos de la ciudad apoyaban a uno de los opositores cubanos. De hecho, una nueva estructura de poder político hispano se estaba integrando — una que no tenía mucha simpatía por la clase de desarrollo municipal y de política étnica propia de Ferré. Con diez opositores en las elecciones de 1985, incluyendo a cuatro cubanos, Ferré no logró pasar a la segunda ronda. Irónicamente, el alcalde que había dirigido la transición económica y política de Miami y que había traído a los cubanos al centro del cauce político de la ciudad, fue destituido por el voto y por los opositores cubanos. Una época de transición en la política hispana de Miami había terminado.

Xavier Suárez: La consolidación del poder político hispano

La época de Ferré en la política de Miami concluyó en noviembre de 1985 con la elección de Xavier Suárez como el primer alcalde cubano de la ciudad. Suárez fue reelecto en 1987 y 1989, y sus tres períodos juntos parecen sugerir una consolidación del poder político hispano en Miami. Los negros, los anglos y aún los hispanos no cubanos como Ferré manifestaron durante estas campañas electorales el miedo de la "toma de poder" del gobierno municipal por los cubanos. Dada la rapidez con que cambia la demografía del electorado, la predominancia cubana en la concejalía y en la elección de un alcalde cubano eran sucesos de fácil vaticinio. Suárez ha dicho con frecuencia que él es "un político centrista, un norteamericano". Pero él también ha usado su herencia cubana para su beneficio electoral y ha apoyado las posiciones políticas de los exiliados cubanos en algunas candentes cuestiones de política exterior en la comunidad de Miami.

Suárez nació en 1949 en Las Villas, Cuba, donde su padre era físico e ingeniero universitario. La familia Suárez vino a los Estados Unidos como exiliados en 1961, estableciéndose no en Miami sino en Washington, D. C. El joven Suárez asistió a un colegio jesuita y la Universidad de

He fought to build consensus rather than stimulate ethnic conflict — at least that was the image the Suarez campaign promoted. And there was more than a little truth to that claim.

The Ferré years had been filled with divisive ethnic political battles, and city commission meetings often reverberated with rancorous debate. But in 1985 and again in 1987, voters not only elected Suarez twice but ousted two Cuban-born city commissioners who in varying degrees contributed to political dissension. The city commission during the Ferré years and into the first Suarez term was often, as one *Miami Herald* writer put it, "compared to a three-ring circus." The new city commissioners, both Cubans as well, drew political support from across Miami's tri-ethnic community and held out the prospect of more reasoned approaches to urban government.

The Suarez mayoral years seem to represent the consolidation of Hispanic political power in Miami. The political self-confidence of the Cuban community, now clearly a majority, has made it unnecessary to rely so heavily on blatant and often polarizing ethnic appeals to ensure political success. As early as 1984, Suarez developed a campaign theme reflected in the slogan "Give Xavier a chance to bring Miami together." Generally, Suarez has attempted to adhere to this ideal of political consensus and moderation. The realities of exile politics have occasionally drawn him into public pronouncements on controversial foreign policy issues — on Castro's Cuba or on U.S. support of the Nicaraguan Contras, for example. But most objective observers would agree with the comment of one Miami Anglo business leader that Suarez "represents rejection of the divide-and-conquer politics of the past."

The 1987 mayoral election offered a glimpse of Miami politics of the future. Maurice Ferré returned to the political wars to challenge Suarez for the mayoralty. In a runoff election, Suarez captured 62 percent of the vote in a landslide victory. Moreover, his consensus appeal seemed to work, because he drew majority support from blacks and Anglos as well as Hispanics. Political analysts noted that it was the first time Miami's three ethnic voting blocs "not only supported the same candidate, but did so by virtually the same percentages." The 1987 mayoralty election, it would seem, was Maurice Ferré's "last hurrah" in Miami city politics.

Conclusion

The immigration patterns of recent decades have transformed the social, economic, and political character of urban America, and nowhere more than in Miami. Miami's changing demography virtually ensures Cuban-American control of the city's government for the foreseeable future. Similar political changes have occurred in other Dade County municipalities. Hialeah, Sweetwater, and West Miami have become Hispanic political strongholds. Hispanic voting strength is on the rise in Coral Gables, Miami Beach, and elsewhere in the Miami metropolitan

Villanueva, después siguió a la Universidad de Harvard donde estudió derecho, recibiéndose con título en política pública. En 1975 él cambió el rumbo de su carrera profesional al irse a Miami y meterse en la política. Con sus antecedentes cubanos y con aspiraciones políticas, Suárez vislumbró Miami como el trampolín para una carrera política. Se ubicó en La Pequeña Habana, trabajó para un bufete local, se relacionó con actividades cívicas, aceptó gran cantidad de casos de asistencia legal gratis y pulió su español. Entre 1979 y 1983 Suárez sufrió dos derrotas para la concejalía de Miami y fue derrotado por Ferré en la segunda vuelta para alcalde de 1983. Esa campaña, según el *Miami Herald*, "fue envenenada por la polarización étnica y racial". La constancia dio resultado, sin embargo, al surgir Suárez de la maraña de la política étnica como Alcalde en noviembre de 1985. Para hacerlo, tuvo que derrotar a otro aspirante cubano, Raúl Masvidal, quien tenía el apoyo de la prensa local y la comunidad negra, y parecía el candidato preferido del establecimiento de poder del centro de la ciudad.

En la campaña para alcalde de 1985, Ferré enfatizó su papel en la nueva imagen internacional de Miami y en el rejuvenecimiento del distrito comercial central, mientras que Suárez llevó a cabo una campaña populista basada en el desarrollo de los barrios y las necesidades comunitarias. Según Suárez observó en una entrevista de 1986, Ferré "probablemente fuera demasiado visionario para una comunidad con tales problemas internos". Por contraste, Suárez dijo que él daría más atención a los aspectos más pedestres del gobierno municipal y de hecho pronto llegó a conocerse como el "alcalde de los baches". De mayor importancia es que Suárez tenía un atractivo electoral que cruzaba las fronteras étnicas, mientras que la política de Ferré tendía a dividir los grupos raciales y étnicos de la ciudad.

Había otros contrastes entre los dos políticos hispanos. Ferré era el hombre conectado con una generación de caciques políticos; Suárez era el recién llegado y el de afuera que prometía prestar atención a las necesidades ciudadanas. Ferré representaba la política étnica del pasado; Suárez parecía reflejar la futura ola política. Nació en Cuba, pero no se crió en el torbellino de la política exiliada de Miami. Su fuerza política estaba basada en los barrios hispanos, pero él podía hacerse escuchar por otros grupos comunitarios. Luchó por alcanzar el consenso en vez de estimular el conflicto étnico — por lo menos ésa fue la imagen que la campaña de Suárez promocionó. Y había algo más que una pizca de verdad en esto.

Los años de Ferré habían estado llenos de divisivas batallas políticas étnicas y las reuniones de la concejalía con frecuencia reverberaban en agrios debates. Pero en 1985 y otra vez en 1987 los votantes no sólo seleccionaron a Suárez dos veces sino que rechazaron a dos concejales cubanos que en grado diverso contribuían al caos político. La concejalía durante los años de Ferré y en el primer período de Suárez era con

area. For Cubans in Miami, participation in the political process has had two somewhat contradictory consequences. The political mobilization of the group has stimulated a powerful sense of ethnic identity. At the same time, active involvement in urban politics has been gradually drawing the Hispanic newcomers into the American mainstream. It is this constantly evolving tension between Cuban culture and American institutions that has shaped — and will continue to shape — the politics of Hispanic south Florida.

For Further Reading

Allman, T. D. *Miami: City of the Future*. New York: Atlantic Monthly Press, 1987.

Boswell, Thomas D., and James R. Curtis. *The Cuban-American Experience: Culture, Images and Perspectives*. Totowa, N.J.: Rowman and Allanheld, 1984.

Burkholz, Herbert. "The Latinization of Miami." *New York Times Magazine*, September 21, 1980, pp. 45-46, 84-88.

Didion, Joan. *Miami*. New York: Simon and Schuster, 1987.

Mohl, Raymond A. "An Ethnic 'Boiling Pot': Cubans and Haitians in Miami." *Journal of Ethnic Studies* 13 (Summer 1985): 51-74.

___. "Ethnic Politics in Miami, 1960-1986." In *Shades of the Sunbelt: Essays on Ethnicity, Race, and the Urban South*, edited by Randall M. Miller and George E. Pozzetta. Westport, CT: Greenwood Press, 1988.

___. "Florida's Changing Demography: Population Growth, Urbanization, and Latinization." *Environmental Urban Issues* 17 (Winter 1990): 22-30.

___. "Miami's Metropolitan Government: Retrospect and Prospect." *Florida Historical Quarterly* 63 (July 1984): 24-50.

___. "Miami: The Ethnic Cauldron." In *Sunbelt Cities: Politics and Growth Since World War II*, edited by Richard M. Bernard and Bradley R. Rice, 59-99. Austin: University of Texas Press, 1983.

Pedraza-Bailey, Sylvia. *Political and Economic Migrants in America: Cubans and Mexicans*. Austin: University of Texas Press, 1985.

Porter, Bruce, and Marvin Dunn. *The Miami Riot of 1980: Crossing the Bounds*. Lexington, MA: Lexington Books, 1984.

frecuencia, tal como lo dijera un escritor del *Miami Herald*, "comparable a un circo de tres pistas". Los nuevos concejales, los dos también cubanos, tenían el apoyo de la comunidad tri-étnica de Miami y prometían la posibilidad de vías más razonables hacia el gobierno municipal.

Los años de la alcaldía de Suárez parecen representar la consolidación del poder político hispano en Miami. El sentido de confianza que siente la comunidad cubana, ahora claramente en la mayoría, ha hecho innecesario recurrir intensa o frecuentemente a los vínculos étnicos para asegurar el éxito político. Ya para 1984 Suárez desarrolló un tema publicitario ilustrado por el lema "Dele a Xavier la oportunidad de unir a Miami". Generalmente Suárez ha intentado ser fiel a este ideal de consenso político y de moderación. Las realidades de la política exiliada a veces le han obligado a pronunciamientos públicos sobre cuestiones controversiales de política exterior — sobre la Cuba castrista o el apoyo norteamericano a los Contra nicaragüenses, como ejemplos. Pero la mayoría de los observadores estarían de acuerdo con el comentario de uno de los dirigentes comerciales anglos de Miami de que Suárez "representa el rechazo de la política de 'divide y vencerás' del pasado".

Las elecciones para alcalde de 1987 ofrecieron un atisbo a la política de Miami del futuro. Maurice Ferré regresó a las guerras políticas para desafiar a Suárez por la alcaldía. En la segunda vuelta Suárez alcanzó el 62 por ciento de la votación en una aplastante victoria. Además, la campaña para el consenso político pareció tener éxito porque él logró el apoyo de la mayoría de los negros y de los anglos además de los hispanos. Los analistas políticos apuntaron que ésta era la primera vez que los tres bloques étnicos de Miami "no sólo apoyaron al mismo candidato, sino que lo hicieron prácticamente con los mismos porcentajes". Las elecciones para la alcaldía de 1987 aparentemente fueron el último grito de guerra de Maurice Ferré en la política de la ciudad de Miami.

Conclusión

Los patrones de inmigración de las recientes décadas han transformado el carácter social, económico y político de la Norteamérica urbana y en ningún lugar más que en Miami. La fluida demografía de Miami asegura a todas luces el control cubanoamericano del gobierno municipal para todo un porvenir. Cambios políticos similares han ocurrido en otras municipalidades del condado Dade. Hialeah, Sweetwater y West Miami se han convertido en baluartes políticos hispanos. La fuerza electoral hispana está en aumento en Coral Gables, Miami Beach y en otras partes de la zona metropolitana de Miami. Para los cubanos de Miami la participación en el proceso político ha tenido dos consecuencias en parte contradictorias. La movilización del grupo ha estimulado un fuerte sentido de identidad étnica. Al mismo tiempo, la participación activa en la política urbana gradualmente ha ido atrayendo a los recién llegados hispanos hacia la médula del norteamericanismo.

Portes, Alejandro, and Robert L. Bach. *Latin Journey: Cuban and Mexican Immigrants in the United States.* Berkeley: University of California Press, 1985.

Rieff, David. *Going to Miami: Exiles, Tourists, and Refugees in the New America.* Boston: Little, Brown and Company, 1987.

Warren, Christopher L., and John F. Stack, Jr. "Immigration and the Politics of Ethnicity and Class in Metropolitan Miami." In *The Primordial Challenge: Ethnicity in the Contemporary World,* edited by John F. Stack, Jr., 61-79. Westport, Conn: Greenwood Press, 1986.

Winsberg, Morton D. "Housing Segregation of a Predominantly Middle-Class Population." *American Journal of Economics and Sociology* 38 (1979): 403-418.

Raymond A. Mohl, Ph.D. — Chair and professor of history, Department of History, Florida Atlantic University (Boca Raton), recipient of three Fulbright Professor of American History appointments to Tel Aviv University (1978-79), the University of Western Australia (fall 1983), and the University of Göttingen (1987); author of several books, including Poverty in Colonial New York, 1783-1825 *(Urban Life in America series, Oxford University Press, 1971) and* The New City: Urban America in the Industrial Age, 1860-1920 *(American History series, Harlan Davidson, Inc., 1985).*

Es esta siempre evolucionante tensión entre la cultura cubana y las instituciones norteamericanas la que ha dado forma — y continuará dando forma — a la política hispana del sur de la Florida.

Raymond A. Mohl, Ph.D. — Jefe de departamento y profesor de historia, Departamento de Historia, Florida Atlantic University (Boca Ratón), seleccionado para tres nombramientos de profesor Fulbright de historia americana en la Universidad de Tel Aviv (1978-79), la Universidad de Australia Occidental (otoño 1983) y la Universidad de Gottingen (1987); autor de varios libros, incluyendo Poverty in Colonial New York, 1783-1825 *(Urban Life in America series, Oxford University Press, 1971) y* The New City: Urban America in the Industrial Age, 1860-1920 *(American History series, Harlan Davidson, Inc., 1985).*

THE COLUMBUS QUINCENTENARY
What Will We Celebrate?

Michael V. Gannon

HY CELEBRATE THE COLUMBIAN QUINCENTENARY? EARLIER in this century the Oxford Union Debating Sociely seriously debated the subject: "Resolved, That it would have been better for the world had Columbus never discovered America." Others too have entertained doubts. Recently I happened upon U.S. historian John Fiske's book *Old Virginia and Her Neighbors*. In it Fiske notes that while the 400th anniversary of the discovery of America occasioned choruses of self-congratulation and a World's Fair in Chicago, the third centenary in 1792 had gone relatively unnoticed in this country. Fiske went on to say that the Columbian Tercentenary received a great deal more notice in France than here, and he cited the famous Abbé Raynal, who in 1770 had published his *Philosophical and Political History of the Establishments and Commerce*

328

EL QUINTO
CENTENARIO
COLOMBINO
¿Qué Celebraremos?

Michael V. Gannon

OR QUÉ CELEBRAR EL QUINTO CENTENARIO COLOMBINO? Anteriormente en este siglo la Oxford Union Debating Society debatió con todo seriedad el tema: "Se resuelve, que habría sido mejor para el mundo que Colón nunca descubriera América". También otros han tenido dudas. Recientemente di con el libro *Old Virginia and Her Neighbors* del historiador norteamericano John Fiske. En él Fiske apunta que mientras el 400 aniversario del descubrimiento ocasionó coros de auto-congratulaciones y una Exposición Mundial en Chicago, el tercer centenario en 1792 había pasado relativamente desapercibido en este país. Fiske añade que el Tricentenario Colombino recibió mucha más atención en Francia que aquí y él cita al famoso Abbé Raynal, quien en 1770 había publicado su *Philosophical and Political History of the Establishment and Commerce*

of the Europeans in the Two Indies. In the last chapter of the last volume the abbé asked, what was the discovery of America worth? He answered confidently: "Nothing! Worse than nothing! The world would have been much better off if America had never been discovered and the ocean route to Asia had remained unknown!"

In 1787 Abbé Genty published at Orleans an elaborate essay, in two tiny volumes, entitled "The Influence of the Discovery of America upon the Happiness of the Human Race." Genty concluded that the influence had been chiefly for the bad: "Think what a slaughter there had been of innocent and high-minded red men by brutal and ruthless whites! Think too how most of the great European wars since the Peace of Westphalia had grown out of quarrels about colonial empire!" Clearly Columbus had come with a sword, not with an olive branch, and had but opened a new chapter in the long Iliad of human woe. Genty freely admitted one unqualified benefit, however: the introduction of quinine into Europe and its use in averting fevers.

One of the few early American observances of the Columbian Tercentenary challenged October 12 as the appropriate date for marking Columbus's New World landing. In 1792 the fastidious scholars who made up the membership of the nation's first historical society — the Massachusetts Historical Society — concluded that while the first landing did occur on a Friday, October 12, that date was a product of the old Julian calendar, and the correct adjusted date under the Gregorian calendar was October 23. Indeed, the date of the dedication of the World's Columbian Exposition in Chicago in 1892 was fixed for October 23. But the fair itself did not open until the spring of the following year — which serves as a reminder that we always seem to be a little ahead or a little behind in our celebrations. In 1976 we celebrated what we thought was the birthday of the nation, which made it difficult to generate much popular enthusiasm for the bicentennial of the Constitution, which was the "real" birthday of the nation — except that we celebrated the draft of the Constitution eighteen months before it was ratified, when and only when it truly became our Constitution and thus truly formed a nation. And so it goes.

America's Hispanic Past

In our country the state of Florida is where the heritage of the epic Spanish transoceanic voyage is most visible. The peninsula juts southward into the very heart of Columbus's New World waters, where in 1513 it was discovered by a companion of the admiral's, Juan Ponce de León, on his second voyage in 1493. Called by Juan Ponce *La Florida* — the Flowery Land — the peninsula quickly became an integral part of the Columbian tableau. Over the next half-century, explorers and missionaries from various ports in the Caribbean basin entered Tierra Florida and finally settled it permanently at St. Augustine in 1565, forty years

of the Europeans in the Two Indies. En el último capítulo del último volumen el abate preguntaba ¿qué valor tenía el descubrimiento de América? Su respuesta llena de confianza: "¡Nada! ¡Peor que nada! El mundo habría sido mejor si América nunca hubiera sido descubierta y la ruta oceánica a Asia se hubiera mantenido desconocida!"

En 1787 Abbé Genty publicó en Orleans un ensayo elaborado, en dos pequeños volúmenes, intitulado "The influences of the Discovery of America upon the Happiness of the Human Race". Genty concluye que la influencia había sido principalmente negativa: "¡Piensen qué matanza de pieles rojas inocentes y de elevados pensamientos a manos de blancos brutales y desalmados! Piensen también cómo casi todas las guerras europeas desde la Paz de Westphalia han sido el resultado de peleas sobre imperios coloniales!" Claramente Colón había venido con una espada, no con una rama de olivo y había nada menos que abierto un nuevo capítulo en la larga Ilíada del sufrir humano. Genty abiertamente admite un sólo beneficio inequívoco, sin embargo: la introducción de la quinina en Europa y su uso en la prevención de fiebres.

Una de las primeras observaciones norteamericanas del Tricentenario Colombino puso en tela de juicio el 12 de octubre como la fecha apropiada para marcar el desembarco de Colón en el Nuevo Mundo. En 1792 los puntillosos académicos que eran miembros de la primera sociedad de historia nacional — la Sociedad de Historia de Massachusetts — concluyeron que mientras que el primer desembarco se efectuó el viernes, 12 de octubre, esa fecha fue producto del antiguo calendario juliano y que la fecha correcta sería el 23 de octubre del calendario gregoriano. En efecto, la fecha para la dedicación de la Exposición Colombina Mundial de Chicago en 1892 fue la del 23 de octubre. Pero la feria en sí no abrió hasta la primavera del año siguiente — lo que nos recuerda que siempre estamos un poco adelantados o atrasados en nuestras celebraciones. En 1976 celebramos lo que considerábamos el cumpleaños de la nación, lo cual dificultó agenciar mucho entusiasmo popular por el bicentenario de la Constitución que era el "verdadero" cumpleaños de la nación — excepto que celebramos la redacción de la Constitución dieciocho meses antes de que se ratificara, cuando y sólo cuando se legitimizó y en verdad formó una nación. Y así por el estilo.

El pasado hispano de Norteamérica

En nuestro país el estado de la Florida es donde la herencia de los épicos viajes transoceánicos españoles es más visible. La península se extiende hacia el sur, hacia el corazón de las aguas del Nuevo Mundo colombino, donde en 1513 fue descubierta por uno de los acompañantes del almirante durante su segundo viaje de 1493, Juan Ponce de León. Nombrada la Florida — tierra de las flores — la península pronto se convirtió en parte integral del cuadro colombino. Durante el siguiente medio siglo los exploradores y los misioneros de varios puertos de la

before the English settled Jamestown and fifty-five years before the Pilgrims landed at Plymouth Rock. So long did Columbus's successors continue his work of settlement and town building in Florida that it will be the year A.D. 2055 before the flag of the United States will have flown over Florida as long as did the flag of Spain.

Here were founded the first school and seminary, first hospital, first court of law, and first institutions of banking and commerce. From St. Augustine missionaries set forth south toward Miami, north to the Georgia coastal islands, and west across the peninsula and panhandle. Franciscan friars built a mission chain along the Gulf coast a century before their order entered California. The Florida mission trail westward became the eastern anchor of a *camino real* that linked all the Spanish possessions from the Atlantic to the Pacific — what historians call the Spanish borderlands. To the west of Florida, Spanish settlers and missionaries went north from the viceroyalty of New Spain (Mexico) into New Mexico, where there were Castilians living almost ten years before there was a Jamestown. Soon afterward other Spanish settlements were planted in Texas, Arizona, and Baja and Alta California. Thus, from St. Augustine in the east across a trail of 3,000 miles to San Francisco in the west — a frontier twice as long as Rome's Rhine-Danube line — there existed prior to 1776 a vast borderlands territory along which were found Spanish flag and Christian cross, presidio and mission, Western culture and civilization. One traces the territory today in the line of modern cities: St. Augustine, Pensacola, San Antonio, El Paso, Santa Fe, Tucson, San Diego, Los Angeles, San Francisco. It is a region generally unknown to students of U.S. history who learn about our national past from textbooks authored by Anglo-Americans. But that is what one should expect: it is the victors who write the histories.

In Florida, there was no ceremony of special recognition occasioned by the coming of October 1792, the Columbian Tercentenary, or of October 1892, the Quadricentennial. One looks in vain for any mention of a public observance in the pages of the most prominent Florida newspapers of a century ago: *Florida Times Union,* Pensacola *Daily News,* Tallahassee *Weekly Florida,* Titusville *Florida Star,* and *Juno Tropical Sun.* At the Columbian Exposition in Chicago, a promoter, showman, and entrepreneur named Arthur Charles Jackson, with financial backing from Henry M. Flagler, designed and erected a Florida State exhibit. If no one else in Florida saw the appropriateness of commemorating Florida's Hispanic past, Jackson did, for his building was a scaled-down replica, complete with the coquina rock facing, of St. Augustine's Spanish fortress the Castillo de San Marcos.

Researching the Spanish Presence

One wonders what the government and people of Florida and the other states with a Hispanic heritage will do this time around, in 1992. The

cuenca del Caribe entraron a la Tierra Florida y finalmente la colonizaron permanentemente en San Agustín en 1565, cuarenta años antes de la colonización inglesa de Jamestown y cincuenta y cinco años antes de que los Peregrinos desembarcaran en Plymouth Rock. Los sucesores de Colón continuaron su obra de colonización y de urbanización en la Florida por tanto tiempo, que no será hasta el año 2055 d. J.C. que la bandera de los Estados Unidos habrá ondeado sobre la Florida tanto tiempo como la bandera de España.

Aquí se fundaron el primer colegio y seminario, el primer hospital, el primer tribunal de justicia y las primeras instituciones de banca y de comercio. Desde San Agustín los misioneros salían al sur, hacia Miami y al norte hacia las islas costaneras de Georgia, y a lo ancho de la península y el corredor hacia el oeste. Los frailes franciscanos construyeron una cadena de misiones a lo largo de la costa del Golfo un siglo antes de que su orden entrara a California. La senda de la misiones floridanas hacia el oeste llegó a ser la base del camino real que unía todas las posesiones españolas desde el Atlántico hasta el Pacífico — lo que los historiadores llaman las tierras fronterizas españolas. Al oeste de la Florida, los colonizadores y misioneros españoles se extendían hacia el norte desde el virreinato de Nueva España (México) hasta Nuevo México, donde había castellanos viviendo diez años antes de que hubiera un Jamestown. Poco después otros asentamientos españoles se realizaron en Texas, Arizona y las Californias Baja y Alta. Así, desde San Agustín en el este a lo ancho de una senda de 3,000 millas hasta San Francisco en el oeste — una frontera el doble de largo que la línea romana Rin-Danubio — existió antes de 1776 un vasto territorio fronterizo a lo largo del cual se encontraba la bandera española y la cruz cristiana, el presidio y la misión, la cultura y la civilización occidentales. Uno traza el territorio hoy en la línea de ciudades modernas: San Agustín, Pensacola, San Antonio, El Paso, Santa Fe, Tucson, San Diego, Los Angeles, San Francisco. Es una región generalmente desconocida para los estudiantes de la historia de EEUU. quienes aprenden sobre nuestro pasado nacional en libros de texto escritos por anglo-norteamericanos. Pero eso es lo que es lógico esperar: son los victoriosos los que escriben las historias.

En la Florida no hubo ceremonia de especial reconocimiento ocasionado por el arribo de octubre de 1792, el Tricentenario Colombino, o el de octubre de 1892, el Cuadricentenario. Uno busca en vano cualquier mención de un reconocimiento público en las páginas de los más prominentes periódicos floridanos de hace un siglo: *Florida Times Union*, *Daily News* de Pensacola, *Weekly Florida* de Tallahassee, *Florida Star* de Titusville y *Juno Tropical Sun*. En la Exposición Colombina de Chicago un promotor ceremonioso y empresario nombrado Arthur Charles Jackson, con el apoyo financiero de Henry M. Flagler, diseñó y erigió una exhibición del estado de la Florida. Si nadie más en la Florida vio lo apropiado de conmemorar el pasado hispano de la Florida, Jackson

scholarly community in Florida is already engaged in a major way. Here where the European-native American encounter in our country first took place, one finds today, through the work of a new legion of historians and archaeologists, a remarkable uncovering of the rich and diverse cultures of the native peoples who first inhabited this corner of the continent. Along the De Soto Trail archaeologists are hard at work excavating and studying the towns of native residents. At San Luis de Talimali and other Spanish mission sites in the old Apalache country around Tallahassee, as well as at Santa Catalina on Amelia Island, mission archaeologists are discovering vast amounts of new data about Florida's native villages. Through these and other investigations an ancient people — the first developers of North America and the first residents in what is now the United States to encounter the Columbian Age Spaniards — are being disclosed to us, along with their impressive material culture, religious beliefs, and life-styles. Such research commemorates both Spain's accomplishments and the native contribution to that remarkable encounter when daring voyagers linked continents and, as historian John Fiske wrote in the last century, "mingled the two streams of human life which had flowed for countless ages apart."

Columbian scholars have ranged far afield — to Seville to discover the "Libro de Armadas," which contains the first-ever description of any one of Columbus's ships, the Niña; to Madrid to microfilm and bring home a million-page collection of privately held documents that give in detail the story of Spain's first foundations in the American Southeast; to the north coast of Haiti where an archaeological team believes it has found Columbus's first settlement, La Navidad; and to the Dominican Republic where Florida archaeologists are unearthing La Isabela, Columbus's second settlement and site of the first sustained contact between Europeans and native Americans. All of that is very promising.

But what is happening outside the scholarly community? So far not much, despite many committee meetings. Chicago's proposal to mount a World's Fair in 1992 died shortly after winning official sanction. In Florida, Miami plans to have an exposition of some kind in the Quincentenary year. Florida's former governor has appointed a politically-based Quincentenary Committee, but its birth and funding are almost too late to have effect, and one fears its purposes will be solely to conduct fairs, air shows, boat races, and jazz festivals, shoot fireworks, plant trees on the turnpike, and invite the king and queen of Spain.

All those things may have their place and be entertaining in their way, but they should hardly be our priorities. As headline Quincentennial activities they would miss the point. A historical correction in our textbooks would do more good than a thousand fireworks exploded over Biscayne Bay. The people in the humanities in the South are best equipped to understand this juncture of our nation's history — to propose

sí lo vio, ya que su edificio fue una réplica a escala, completo con la fachada de coquina, del Castillo de San Marcos, fortaleza española de San Agustín.

Investigando la presencia española

Uno se pregunta qué harán el gobierno y la gente de la Florida y de otros estados con herencia hispana esta vez en 1992. La comunidad estudiosa de la Florida ya se encuentra íntegramente comprometida. Aquí donde por primera vez se encontraron el europeo y el indígena americano, uno encuentra hoy, gracias al trabajo de una nueva legión de historiadores y de arqueólogos, un descubrimiento fascinante de la riqueza y de la diversidad de la cultura de los indígenas que primero habitaron este rincón del continente. A lo largo de la senda de de Soto, los arqueólogos se esfuerzan por excavar y estudiar los pueblos de los indígenas residentes. En San Luis de Talimali y otros sitios de misiones españolas en el antiguo país de Apalache cerca de Tallahassee, así como en Santa Catalina en la isla Amelia, los arqueólogos especializados en misiones descubren grandes cantidades de información sobre los pueblos indígenas de la Florida. A través de éstas y otras investigaciones un antiguo pueblo — los primeros colonizadores de Norteamérica y los primeros residentes en lo que ahora son los Estados Unidos que se encontraron con los españoles de la Edad Colombina — se nos muestra, junto con su impresionante cultura material, creencias religiosas y estilos de vida. Tales investigaciones celebran tanto los logros españoles como las contribuciones indígenas a ese fascinante encuentro, cuando aquellos viajeros atrevidos enlazaron continentes y, como el historiador John Fiske escribió el siglo pasado, "reunieron las dos corrientes de vida humana, las cuales habían corrido por su cuenta durante siglos".

Los académicos colombinos han buscado en todas direcciones — a Sevilla para descubrir el "Libro de armadas", que contiene la primera descripción de uno de los barcos de Colón, la Niña; a Madrid para pasar a microfilm y traer para acá una colección de un millón de páginas de documentos privados que ofrecen en detalle la historia de la primera fundación en el suroeste norteamericano por España; a la costa norte de Haití donde un equipo arqueológico cree haber encontrado el primer asentamiento colombino, la Navidad; y a la República Dominicana donde arqueólogos floridanos están desenterrando la Isabela, el segundo asentamiento colombino y sitio del primer contacto sostenido entre europeos e indígenas. Todo eso es muy prometedor.

¿Pero qué pasa fuera de la comunidad académica? Por ahora no mucho, a pesar de muchas reuniones de comisiones. La propuesta de Chicago de montar una feria mundial en 1992 murió poco después de ganar sanción oficial. En la Florida, Miami planea tener "algún" tipo de exposición en el año Quincentenario. El ex-Gobernador de la Florida ha nombrado políticamente una comisión para el Quincentenario, pero su creación

the priority activities in which our public bodies should be engaged *right now*, if we are to have an appropriate observance.

Celebrating the Quincentenary

What follows is my own list of priorities for the state of Florida, which I hope will help you and provoke you as you consider the question "Why celebrate the 500th?"

First, I would urge that we not focus on Christopher Columbus singly, or even on 1492 alone. What is needed on this anniversary (as against what happened in 1892 and 1893) is to **place the Columbian voyages in a larger context** than that of a onetime landfall by a European navigator on a Bahamian island, or that of a "white Anglo-Saxon" population pushing across the western frontier. This time, armed with new insights and understandings, we should consider the *entire* contact experience of Europeans and native Americans. This means that equal time and place in our observances should be given to the native peoples of the "New World" who first encountered the Spaniards during the era of the four Columbian voyages (1492-1502) and in the decades immediately following. Since these voyages encompassed a ten-year period, there is good reason for extending observances of the Quincentenary to the year 2002. Such an extended celebration would bring to fruition a number of long-term projects and embrace the events attendant to the turn of the century. Why should we not begin speaking of the Columbus Decade or of the Quincentennial Decade?

Next, I would urge our states not to exhaust their resources on ephemeral "mega-events" such as fairs and regattas or on trivial pursuits such as painting fireplugs. Instead I would challenge every state officer and citizen engaged in the Quincentenary observances to concentrate energies and funds as much as possible on projects that seem most likely to **leave a lasting legacy.**

I would propose that **public bodies encourage and especially support sound historical, archaeological, and archival scholarship.** Encouragement should be given to pertinent research projects already under way and to new projects that recommend themselves as particularly appropriate. These might well include preservation-restoration projects, the collection and cataloging of documents, professional excavation of significant archaeological sites, and the writing of thematic histories on subject areas long neglected.

I would recommend continued **support of the Spanish Mission Trail Committee,** under the secretary of state, which has already begun the work of identifying, discovering, marking, and preserving the Spanish Franciscan mission sites in Florida. The preservation role will include development of legal means of protection against vandalism, looting, or any kind of irreverence toward these sites, which were not only consecrated ground but were the cemeteries of native Floridians. Begun a

viene un poco tarde para surtir efecto, y se teme que sus objetivos no pasarán de ferias, demostraciones aéreas, carreras acuáticas, festivales de jazz, fuegos artificiales, plantar árboles en la autopista e invitar a los Reyes de España.

Todas esas cosas tendrán su lugar y serán entretenidas en su momento, pero no deben ser nuestras prioridades. Estarían de más si fueran los titulares de las actividades del Quincentenario. Una correción histórica en nuestros libros de texto sería más productivo que mil fuegos artificiales estallados sobre Biscayne Bay. Los humanistas del Sur son los más preparados para entender este momento en la historia de nuestra nación — para proponer las actividades prioritarias en que nuestras instituciones públicas deben estar comprometidas *ahora mismo*, si es que vamos a tener una celebración apropiada.

Celebrando el Quincentenario

Lo que sigue es mi propia lista de prioridades para el estado de la Florida, la cual espero los ayude y provoque con el fin de considerar la pregunta, "¿Por qué celebramos los 500 años"?

Primero, yo les pediría que no nos fijáramos solamente en Cristóbal Colón, o aun en 1492. Lo que se necesita en este aniversario (en oposición a lo que ocurrió en 1892 y 1893) es *colocar los viajes colombinos en un contexto más amplio* que eso del desembarco por un navegante europeo en una isla de las Bahamas o eso de la población "blanca anglo-sajona" avanzando a lo largo de la frontera occidental. Esta vez, en posesión de nuevos conocimientos, debemos considerar la experiencia *completa* del contacto de europeos y de indígenas americanos. Esto quiere decir que el mismo tiempo y espacio en nuestras celebraciones deberán dárseles a los pueblos indígenas del "Nuevo Mundo" que primero se encontraron con los españoles durante la época de los cuatro viajes colombinos (1492-1502) y en las décadas que inmediatamente siguen. Ya que estos viajes abarcaron un período de diez años, hay una buena razón para extender las celebraciones del Quincentenario hasta el año 2002: tal extensión de las celebraciones haría florecer un número de proyectos a largo plazo e incluiría los actos pertenecientes al fin del siglo. ¿Por qué no podemos comenzar a hablar de la Década Colombina o la Década Quincentenaria?

Después, yo les pediría a nuestros estados que no gastaran sus recursos en "mega-eventos" efímeros tales como ferias y regatas o en tareas triviales tales como la de decorar los hidrantes. Al contrario, yo retaría a cada uno de los funcionarios estatales y ciudadanos relacionados con las celebraciones del Quincentenario a que concentraran sus energías y fondos tanto como sea posible en proyectos que parezcan más propicios para *dejar un legado duradero.*

Yo propondría que las instituciones públicas alentaran y especialmente apoyaran *la más seria erudición histórica, arqueológica y archivista.* Se le debiera dar aliento a los proyectos investigatorios

century and a half before the better-known missions of California, the Florida mission sites are this state's oldest surviving physical links to the first centuries of European-native American contact in what is now the United States. No other preservation effort now under way promises to carry us so far back in time.

I would recommend continued **support of the De Soto Trail**, which marks the route of the first extended exploration of the Southeast's interior by Hernando de Soto and his 622-person expedition in 1539-40. Markers and drive-off exhibits along the highway most closely approximating de Soto's route now identify the trail from Tampa Bay north to Tallahassee and the Georgia border. The 450th anniversary of de Soto's march is an apt and significant preparation for the Columbian Quincentenary.

I would recommend the restructuring and **rewriting of history textbooks** in order to give proper place to native Americans and the Spanish pioneer settlers. Textbooks currently used are not adequate for this purpose; American history texts almost uniformly neglect the pre-Plymouth Rock story — what I call the lost century of American history. Our teachers and children deserve to have, in addition to accurate textbooks, up-to-date curriculum guides and audiovisual materials. Traveling workshops conducted by qualified scholars and training teams can inspire a new generation of teachers who can give our children the whole and true story of our early history and thus begin to remedy some of the ethnic and regional biases built into conventional approaches to American history.

I would recommend that **folklore festivals everywhere be encouraged to adopt a Quincentenary theme in 1992.** Where possible I would urge the development of new festivals and ceremonies directed toward observance of the 500th year.

I would recommend **cultural exhibits, events, and performances of the pictorial, graphic, and performing arts.** These may take the following forms, among others:

- A traveling Columbian and de Soto exhibit (already created by the Florida Museum of Natural History and on national tour).
- Performances by touring companies of musicians and dancers from Spain, Portugal, Italy, and Latin America.
- A major exhibition at local museums of masterpieces from the Prado in Madrid.
- Specialized exhibits such as "Navigation and Seamanship in Columbus's Time."
- A large exhibit re-creating the natural environment on the eve of the Spanish arrival.
- Other locally created and sponsored exhibits.

I would recommend completion of **surveys of the state's historical, archaeological, architectural, recreational, and cultural re-**

pertinentes que ya estén en desarrollo y a nuevos proyectos que se recomiendan a sí mismos como especialmente apropiados. Estos pueden incluir proyectos de conservación y restauración, la colección y la catalogación de documentos, la excavación profesional de sitios arqueológicos significativos y la redacción de historias temáticas sobre áreas de conocimiento caídas en el olvido.

Yo recomendaría el ininterrumpido *apoyo de la Comisión para los Senderos de las Misiones Españolas,* bajo el Secretario de Estado, que ya ha comenzado a trabajar en la identificación, el descubrimiento, la marcación y la preservación de los sitios de las misiones franciscanas en la Florida. La preservación incluirá el desarrollo de medios legales de protección contra el vandalismo, el saqueo o todo tipo de irreverencia en cuanto a estos sitios, los que no eran sólo tierra consagrada sino también cementerios de los indígenas de la Florida. Comenzadas siglo y medio antes de las más conocidas misiones de California, los sitios de las misiones floridanas son los lazos sobrevivientes más antiguos de este estado con los primeros siglos de contacto entre los europeos y los indígenas americanos en lo que hoy son los Estados Unidos. Ningún otro esfuerzo de preservación ahora en desarrollo promete trasladarnos tanto tiempo atrás.

Yo les recomendaría que sin interrupción *se apoyara el Camino de de Soto,* que marca la ruta de la primera exploración extensa del interior del Sudeste por Hernando de Soto y su expedición de 622 personas en 1539-40. Marcadores y exhibiciones a lo largo de la carretera que más se aproxima a la ruta de de Soto, ahora identifican el camino desde la bahía de Tampa hacia el norte hasta Tallahassee y la frontera con Georgia. El 450 aniversario de la marcha de de Soto es una preparación apropiada y significativa para el Quincentenario Colombino.

Yo les recomendaría la restructuración y *la reescritura de los libros de texto de historia* para darles un lugar apropiado a los indígenas americanos y a los pioneros colonizadores españoles. Los libros de texto usados corrientemente no son adecuados para este propósito; los libros de historia norteamericana casi uniformemente desatienden la historia previa a Plymouth Rock — lo que llamo el siglo perdido de la historia norteamericana. Nuestros maestros y niños se merecen tener, además de fieles libros de texto, guías de programa académico y materiales audiovisuales al día. Talleres ambulantes realizados por académicos competentes y por equipos de entrenamiento pueden inspirar a una nueva generación de maestros que pueden dar a nuestros niños la historia real y completa de nuestra primera historia y así comenzar a remediar algunos de los prejuicios étnicos y regionales incorporados a los enfoques convencionales de la historia de Norteamérica.

Les recomendaría que los *festivales folklóricos en todas partes reciban alicientes para adoptar el tema Quincentenario* en 1992. Donde sea posible pediría el desarrollo de nuevos festivales y ceremonias dirigidas hacia la celebración de los 500 años.

sources for appropriate use by civic leaders, environmentalists, preservation groups, scholars, students, and the media. Completion of this inventory will be a particularly valuable legacy to leave behind after 1992 for future generations.

I would recommend the **strengthening of state commitments to historic preservation and restoration in general.** The Quincentenary also provides an appropriate occasion for rehabilitating Latin neighborhoods and for restoring buildings that are of special significance to the Hispanic community. I would propose that the state select from all sites those artifacts, buildings, significant fine and commercial artworks, monuments, and other evidence of our cultural heritage that are appropriate for preservation and/or restoration in conjunction with the Quincentenary.

Since the city of St. Augustine is our nation's oldest continuous site of European presence, and since it is a statewide patrimony and resource, I would recommend that **St. Augustine receive special recognition and support in its plans to celebrate the 500th year of the European-American encounter.** Similarly, other early settlement sites should receive special recognition.

I would recommend that we **promote and obtain financing for a publication titled "History of the Peoples of Florida" and support analogous efforts in other states.** Scholars identify thirty-one different ethnic groups or nationalities that over the centuries have migrated to Florida and made it their home, among whom were the Seminoles. Even today Florida is one of the nation's most active and important centers of foreign immigration. A comprehensive book should be produced in time for the Quincentenary that will name, examine, and analyze the peoples who have come to Florida.

Why celebrate the Quincentenary? Simply answered, this event presents us with unparalleled opportunities for expanding understanding of our Hispanic cultural heritage, for energizing institutional support, for raising money from both the public and private sectors, for influencing government and the media, for encouraging young people to choose the humanities, and for getting published, produced, and listened to. It is a golden door that may not open again for the likes of us in our lifetime.

Les recomendaría *exhibiciones culturales, eventos, y presentaciones* de las artes pictóricas, gráficas y escénicas. Ellas podrían tomar las formas siguientes, entre otras:

Una exhibición ambulante sobre Colón y de Soto (ya creada por el Museo de Historia Natural de la Florida y en circulación nacional).

Presentaciones de compañías ambulantes de músicos y bailarines de España, Portugal, Italia y la América Latina.

Una exhibición de primera en museos locales de los obras principales del Museo del Prado en Madrid.

Exhibiciones especializadas tales como "La navegación y la marinería en la época de Colón".

Una exhibición grande recreando el ambiente natural en la víspera de la llegada de los españoles.

Otras exhibiciones creadas y patrocinadas localmente.

Les recomendaría la terminación de *encuestas sobre los recursos históricos, arqueológicos, arquitectónicos, recreacionales y culturales del estado* para el uso apropiado de dirigentes cívicos, ecologistas, grupos de conservación, académicos, estudiantes y los medios de difusión. La terminación de este inventario será un legado particularmente valioso que dejar a la posteridad después de 1992.

Les recomendaría el *fortalecimiento de las comisiones estatales para la conservación y restauración históricas* en general. El Quincentenario también ofrece una ocasión apropiada para la rehabilitación de los barrios latinos y para la restauración de edificios que son de significado especial a la comunidad hispana. Les recomendaría que el estado seleccionara de todos los sitios las piezas, los edificios, las obras de arte, las obras comerciales y de bellas artes de importancia, los monumentos y otras evidencias de nuestra herencia cultural que son dignas de conservar o de restaurar en conjunción con el Quincentenario.

Ya que la ciudad de San Agustín es el más antiguo sitio en la nación de presencia continua europea, y ya que es patrimonio y recurso estatal, les recomendaría que *San Agustín reciba apoyo y reconocimiento especial* en sus planes de celebrar los 500 años del encuentro europeo-americano. Igualmente, otros sitios de los primeros asentamientos deben recibir reconocimiento especial.

Les recomendaría que promoviéramos y obtuviéramos financiamiento para una publicación intitulada *Historia de las gentes de la Florida* y apoyo a esfuerzos análogos en otros estados. Los académicos identifican treinta y un grupos étnicos o nacionalidades que a través de los siglos han inmigrado a la Florida y la hicieron su hogar, entre ellos los seminolas. Aún hoy la Florida es uno de los centros más activos e importantes de la nación para la inmigración extranjera. Un extenso libro deberá producirse a tiempo para el Quincentenario que nombre, examine y analice la gente que ha venido a la Florida.

¿Por qué celebrar el Quincentenario? Simplemente porque este

Michael V. Gannon, Ph.D. — *Professor of history and director of Institute for Early Contact Period Studies, University of Florida (Gainesville); recipient of three grants from the National Endowment for the Humanities and the Knight Commander of the Order of Isabella la Católicá from King Juan Carlos I of Spain (1974); author of numerous articles and books, including* The Cross in the Sand: The Early Catholic Church in Florida, 1513-1870 *(University of Florida Press, 1965) and* Operation Drumbeat *(New York: Harper and Row, 1990).*

acontecimiento nos presenta oportunidades inigualables para ampliar la comprensión de nuestra herencia cultural hispana, para fortalecer el apoyo institucional, para recaudar fondos tanto del sector público como del privado, para influenciar el gobierno y los medios de difusión, para alentar a los jóvenes a estudiar humanidades y para publicar, producir y hacernos oír. Es una puerta dorada que quizás nunca más se abra para nosotros en el transcurso de nuestras vidas.

Michael V. Gannon, Ph.D. — Profesor de historia y director del Instituto de Estudios del Período de Primeros Contactos, University of Florida (Gainesville); ganador de tres becas de la Fundación Nacional para las Humanidades y caballero de la Orden de Isabel la Católica concedida por el rey Juan Carlos I de España (1974); autor de numerosos artículos y libros, incluyendo The Cross in the Sand: The Early Catholic Church in Florida, 1513-1870 *(University of Florida Press, 1965)* y Operation Drumbeat *(New York: Harper and Row, 1990).*

GLOSSARY

Adelantado: frontier governor possessing a commission to discover, conquer, and settle new lands independent of other authorities in the Indies.

Alcabala: sales tax.

Alcaida: warden or governor of a fortress.

Alcalde: the presiding officer of the governing council.

Allegado: an Indian follower, hanger-on.

Armada: an organized fleet or flotilla.

Asiento: agreement or contract.

Audiencia: high court of appeal.

Bergantín: small sailing vessel.

Caballero: horseman, gentleman.

Cabildo: town council.

Cacique: West Indian chief or ruler; subsequently used to describe any chief in the Indies (Arawak word).

Camino real: royal highway, along which mission sites were established.

Cédula: royal decree.

Comerciantes: merchants.

Contador: accountant.

Corregidor: chief magistrate of a Spanish city.

Corsair: a commerce raider or other intruder in the Spanish West Indies.

Criollo: a person of Spanish descent born in the New World.

Cuba Libre: "Free Cuba," a rallying cry during the nineteenth-century Cuban wars for independence.

Encomienda: Indian village or villages commended to the care of individual Spaniards. An *encomendero* was required to protect his Indians, provide for their religious instruction, maintain horse and arms. In return, the *encomendero* was entitled to collect tribute (labor and kind).

Entrada: entrance; armed expedition of plunder and conquest.

Estancia: cattle ranch.

Floridanos: Floridians.

Fueros: law code or charter granted by the Crown.

Gantas: three liters.

Gobernador: governor.

Hacienda: landed estate; ranch.

Hato: herd of cattle.

Hidalgo: a nobleman, one certified to be of noble blood.

Lectores: readers.

Legua: league: an approximate measure of distance, originally the distance a man could walk or a ship could sail under normal conditions in one hour. A land league was about three statute miles; a sea league, about three and a half nautical miles.

Leyenda: reading.

Mestizo: a person of mixed European and Indian blood.

Mudejar: pertaining to Muslim era or architecture; Muslims living in Christian Spain.

Negra: black, negro woman.

Patria: native land, fatherland.

Patriotas: patriots.

INDEX

Page numbers in italics indicate illustrations.

Accomodationalism, 150
Acuera, 86
Adams, John Quincy, 228
Adams-Onís Treaty, 228
African fever, 70, 74
African-Americans, 14
  first free black community, 188ff
  black soldiers, 190, *195*
  black religious brotherhoods, 190,
    198
  jobs held, 200
African-Cubans, 258ff, 274
African-Indian alliances, 192
Agave plant, 206
Agriculture, 36, 112, 170. *See also*
  corn; wheat; cotton; squash;
  melons; sugarcane.
Ais, 12, 60
Alabama, 90, 132, 146
Aloe, 206
Amajuro River, 128
Amelia Island, 334
American Revolution, 172
Anastasia Island, *126*
Anglo-Spanish war, 222
Antilles, 210
Apalache province, 68, 86, 120,
  122, 132, 142, 334
Apalachee, 12, 28, 30, 90, 124, 144
  ball game, 142, 148-50, *151*, 156,
    158
  crops, 36
  culture, 156-58
  government system, 36
  housing construction, 36
  pottery firing method, 36
  slave raids against, 72
  weapons used, 38
Apalachicola, 122, 132
Apalachicola River, 146
Appalachian Mountains, 90, 106
Archeological projects, 26, 334
Architecture,
  of Apalachee Indians, 36
  of De Soto's camp, *88*

Gulf Coast, 230
Archive of the Indies, 194
Arkansas, 90
Armada, 112
Armor, 26, 28, *87-88*, 108
Artifacts, Indian, 36
Artifacts, Spanish, *82*
Aspirin, 214
Atahualpa, 80
Aucilla River, 90, 142
Aztecs, 12, 90, 210, 212

Bacon, Francis, 214
Bahama Islands, 172, 174, 286
Bahia Honda. *See* Tampa Bay.
Ball game, 142, 148-50, *151*, 156,
  158
"Banditti," 174, 184
Batista, Fulgencio, 18, 44, 308
Bay of Pigs, 50, 52, 308, 310
Bay of Santa María. *See*
  Chesapeake Bay.
Beef trade, 182
Beets, 208
Bilingualism, 306, 310, 312, 314
Billiards, 234
Biscayne Bay, 12, 106
Black Legend of Spain, 14, 100
Black voter registration, 308
Bowyer, Fort, 226
Brazil, 210
British occupation, 172
Bubonic plague, 60, 70, 74
Building traditions, 198
Bush, George, 310

Cacao plant, 208
Cactus, 192-94
Cale, 86
California,
  malaria in, 68
  missions in, 14, 140-42
Calusa, 12, 60, 68, 132, 142

Cannons, 194
Canoes, 170. *See also* Watercraft.
Cape Canaveral, 100
Carolina, North, 78, 90
Carolina, South, 72, 90, 98, 106,
    140, 142, 146, 174, 192
Carolinas, 68, 96, 112, 170
Carolinian, 136
Caruso, Enrico, 44
Castillo de San Marcos, *125, 126,*
    128, 134, 192, 194, 332
Castro, Fidel, 44, 48, 306, 308, 322
Cattle, black, 130
Cattle ranches, 118-39, 168, 170,
    172
  labor on, 128, 136
  livestock, 170
  slaves, 170
  size, 122-24
Cedar, northern white, 214
Census, 194, 222, 302, 308. *See
    also* population.
Central Intelligence Agency, 50
Cession of Floridas to U.S., 228
Chacato, 132
  Chacato revolt, 142, 144-48, 158
Chain mail, 28, 38, *87,* 88
Charles II, 192.
Charles III, 222, 223
Charles V, 30, 80
Charleston, 128, 172, 180
Charlotte, 112
Chesapeake Bay, 106, 110, 112
Chewing gum, 210
Chicle, 210
Chisca, 146, 148
Chocolate, 208
Choctawhatchee River, 146
Cholera, 12
Chrysanthemum, 212
Cigar industry, 34, *250-52,* 284, *292*
  founders, 40
  political organization, 246
  readers, *34,* 40, 42, 284-286, *292*
  salaries of workers, 40

strikes, 42, 260, 264, 276
trade union movement of, in
    Cuba, 248
work force composition, 40
Cigar box labels, *267-68, 317*
Civil rights movement, 308
Civil War, 234, 236
Code of Justinian, 190
Colonization effort, 110
Columbian Exposition, 332
Columbus, Christopher, 10, 12, 14,
    31, 58, 190
  gifts, to Ferdinand and Isabella,
    206
  plants, descriptions, 204, 206
  tobacco, description, 210
  first settlement, 334
  landing date, debate, 330
  second settlement, 334
Communist government of Cuba,
    44
Conch homes, 286
"conchs," 286
Confederate Army, 234-36
Contador. See Treasurer
Copal incense, 60
Coquina rock, 126
Corn, 84, 86, 112, 164, 170, 198,
    210, 214. *See also* agriculture.
Cortéz, Hernán, 12, 78, 96, 208
Cosmos, 212
Cotton, 210
Creek, 72, 136
Criollos, 14, 16
  education, 124
  military training, 124
Cross-Florida Barge Canal project,
    106-8
Crossbows, 38, *87,* 108
Cuba, 30, 80, 98, 108, 112, 198, 200
  immigrants from, 44, 240, 302-8
  trade with, 122, 130, 168, 170
Cuba Libre. See Cuban Indepen-
    dence Movement.
Cuban Communist Party, 248

Cuban Communist Party, 248
Cuban exiles, 50-52, 240ff, 304
Cuban independence movement,
    40, 242ff, 296
Cuban missile crisis, 308
Cuban Revolutionary Party, 240,
    246, 262
Cuban Socialist Party, 248
Cuban tobacco growers, 240
Cuchiaga Passage, 106
Cumberland Island, 110, 142
Cupaica mission, 148
Cuzco, 12, 80

Dancers, street, 294
Dances, native, 144
De Bobadilla, Isabel, 30, 80, 84
De Canaries, Juan, 190
De Carno, Felix, 175
De Coronas, Pedro, 106
De Dorantes, Estevanico, 14
De Gourges, Dominique, 108
De Las Casas, Bartolomé , 108
De Laudonnière, René , 98, 104,
    108
De Luna y Orellano, Tristán, 96
De Miranda, Hernando, 112
De Moscoso, Luís, 90
De Narváez, Pánfilo, 14, 16, 20,
    28, 36, 68, 84, 96
De Paiva, Juan, 140ff
De Soto, Hernando, 16, 24, 28, 74,
    81, 82, 87, 96, 144
    expedition of, 26, 30, 68, 78ff
    treatment of Indians, 38
    trail, 87, 338
    death of, 40, 90
De Verrazano, Giovanni, 96
De Villafañe, Angel, 96
Dengue fever, 60, 62
Diáz del Castillo, Bernal, 10
Diego de Valasco, Don, 110
Diego Plains, 168, 172, 184
Diseases, 12, 58ff, 92, 162

Drake, Francis, 70

English colonies, 146
English-Spanish war, 134
Epidemics. See diseases.
Escamacu, 142
Estero Bay, 106
Ethnocentrism, 150
Ewen, Charles, 28, 36, 38
Exile politics, 306ff

Ferdinand, 12, 31, 206
Ferdinand VII, 228
Ferré, Maurice, 302, 308-27
Fish, 286
Flagler, Henry, 175, 332
Flagler, Henry, 32-33
Flanders, 94
Florida
    length of time ruled by Spain, 18
    origin of name, 18
Florida International University,
    46
Florida Keys, 106
Flowers, 212
Folk art, 280-82
Fort Caroline, 98, 100, 104
Fort Mose, 188ff
Four o'clocks, 212
France, 96
Franco-Spanish war, 100
Franciscans, 40, 70, 122, 140, 142,
    164, 332, 336
Freedom flights, 44
French-Indian coalition, 108
French-inspired raids, 180-82
French settlements, 100
Fuentes, Carlos, 12
Fur trade, 112

Gainesville, 128
Gambling, 234

García Márquez, Gabriel, 16
Gato's Village, 284, 286
Genet, Edmund Charles, 182
George, Lake, 130, 132
Georgia, 68, 90, 112, 132, 142, 338
Gold, 38, 80, 86, 204, 210
Good Neighbor Policy, 50
Gorbachev, Mikhail, 50
Government subsidy, 120, 134, 172
Granada, 10
Grazing rights, 122
Guale, 132, 142
Guatari. See Charlotte.
Guerilla warfare, 36

Hacienda. See Cattle ranch.
Hammocks, 206, 216
Hilton Head, 96
Hispaniola, 210
Honey, 208
Hookworm, 60, 62
Hotel de Paris, 234
Huguenots, French, 38, 98, 100,
   103, 104

Incas, 12, 30, 62, 80, 90, 210
Indian wars, 107
Indians. See Native Americans.
Influenza, 60, 62, 70, 74
Inquisition, 10
Inuit Indians, 62
Isabella, 12, 31, 108, 206

Jackson, Andrew, 226, 234
Jacksonville, 98, 104
Jamaica, 124
James, King, 214
Jamestown, 332
Jerusalem artichoke, 212, 214
Jesuit missionaries, 106, 110, 112,
   142
Jews, 10, 30

Johnson, Lyndon, 50
Jones, Calvin, 24, 26, 36, 40, 90

Kennedy, John F., 50, 52, 308, 310
Key West, 280, 291

La Chua Ranch, 118, 128ff
La Gaceta, 42
Labor forces, 124, 128, 136, 170
Latinization of American cities,
   302. See also population.
Le Moyne, Jacques, 104
Leather, 128
Lectore. See Reader.
Lesser Antilles, 72
Lice, 68
Livestock on ranches, 170
López de Velasco, Juan, 106
Louisiana, 222, 230

Madison County, 162
Maize. See Corn.
Malaria, 58, 60, 62, 68, 70, 74
Mallory, Angela Moreno, 231
Mallory, Stephen, 231, 236
Mandingo, 198
Maps, 18, 87, 96
Marianna region, 144
Mariel boat lift, 18
Marquéz de Cabrera, Juan, 132
Martí, José, 40, 240ff, 249, 258,
   260, 294, 296
Martin, John Wellborn, 26
Martínez, Bob, 16, 44
Matanzas, Fort, 100, 103
Matchlock guns, 38
May River, 100
Mayaca, 108
Mayans, 60, 70, 210
Mayoralty, Miami, 304ff
McGirtt, Daniel, 174
Measles, 12, 60, 70, 72, 74

Measles, 12, 60, 70, 72, 74
Medicines, 212-14
Melons, 112
Menéndez de Avilés, Pedro, 78, 94ff, *101*, 118
Menéndez, Francisco, 198
Menéndez Marquéz, Tomás, 118, 122ff
Mestizos, 14, 28
Mexico, 70, 90, 96
Mexico City, 128, 134
Miami
  development of, 312-314
  Hispanic populations in, 44, 46, 52, 304ff
  mayoralty, 304ff
Miami Herald, The, 316, 322
Miamian, The, 312
Mission de San Luis, 18
Missionaries
  French Huguenot, 14, 38, 100, *103*, *104*
  influence on native culture, 148
  Jesuit, 106, 110, 112, 142
  mediation of, 158-62
  Spanish, 14, 110
Missions, 12, 14, 26, 140ff
  building materials of, 142
  in California, 14, 140-42
  Southwest, 14
Mississippi, 90
Mississippi River, 68, *82*, 90
Mobile Point, 226
Mocoso, 84, 86
Montezuma, 96, 208
Moore, James, 136, 170
Moors, 10, 30, 94
Moreno, Francisco, 220ff
Morning glories, 212
Mortality, disease (chart), 74
Mose, Fort, 188ff
Mosquito
  Anopheles, 58
  Aedes Egyptii, 72
Mosquito Inlet, 100, 108

Mound Key, 106
Mounds, Indian, *66*
Muskets, 194
Mutinies, 108

Nasturtiums, 212
Native Americans. *See also*
  Acuera; Ais; Apalachee;
  Apalachicola; Cale; Calusa;
  Carolinan; Chacato; Chisca;
  Creek; Escamacu; Guale; Inuit;
  Mocoso; Pansacola; Seminole;
  Taino; Tawasa; Tequesta;
  Timicuan; Ucachile; Ucita;
  Yamassee.
  customs, 144, 148, 158, 160
  population of, 58
  Spanish treatment of, 108, 112, 160
  trade with Havana, 60
  treaties with, 108-10
New Spain. *See* Mexico.
New York Times, The, 314
Nicaragua, 80, 304, 306
Nicoguadca, 151, 156
Niña, 12, 334
Nixon, Richard, 50, 310
Northwest Passage, 96
Núñez de Balboa, Vasco, 78

Oglethorpe, General James, 194
Okeechobee, Lake, 106
Oklawaha River, 128
Operettas, 44
Outlaws, 130
Oxford Union Debating Society, 328

Palmer, Colonel John, 194
Panama, 78, 80
Pansacola, 148
Panuco, 106
Pardo, Juan, 106

Patria, 246, 266, 272
Pedroso, Paulina, 258ff, *267*
Pee-roo-lee Man, 288
Peninsular War, 226
Pensacola, 18, 220, 232
  derivation of name, 224
  growth of, 230-34
Pensacola Bay, 68, 70
Pensacola Naval Air Station, 234
Pepper, black, 206-8
Pepper, Claude, 310
Peppers, chili, 208, 210
Peru, 30, 80, 90, 210
Petunias, 212
Philip II, 94, 98, 106, 110, 112
Pilgrims, 18
Pineapple, 208, 210, 214, *215*
Pirates, 125, 228, 130-32
Pizarro, Francisco, 12, 30, 78, 80, 210
Plants, medicinal, 212-214
Plants, New World, 204ff
Plymouth Rock, 332, 338
Politics,
  Cuban-American, 48-52
  Spanish-American, 16
Polygamy, 142-44
Ponce de León, Juan, 16, 18, 20, 62, 78, 80, 96, 330
Ponce de Leon Hotel, *32-33*
Ponce de León inlet, 100
Popcorn, 210
Pope Alexander VI, 96
Population,
  decimation by disease, 58ff
  Hispanic, 16, 302
  original native, 58
  reduction of, 70, 74
Portugal, 96
Potano, 122, 124, 128
Potato chips, 210
Potatoes, sweet, 210
Potatoes, white, 210
Prickly pear cactus, 210
Protestantism, 14

Puerto Rico, 62
Pumpkins, 210

Quadricentennial, 332
Quincentenary, 12, 14, 328ff
Quinine, 214

Raleigh, Walter, 70, 78
Raynal, Abbé , 328
Readers, *34*, 40, 42, 284-86, *292*
Reagan, Ronald, 50, 310
Repopulation efforts, 130-32
Ribault, Jean, 98, 100
Roanoke Island, 70, 78
Robinson Creek, 194
Roosevelt, Franklin Delano, 50
Root beer, 214
Ros-Lehtinen, Ileana, 16, 310

St. Augustine, 18, 32-33, 38, 72, 100, *102*, 124-25, 128, *175-78*, 330, 334
  Drake's capture of, 70
  founding of, 78, 106, 114, 118
  mutinies in, 108
St. Catherine's Island, 140
St. Johns River, 128, 132, 142, 174, 180, 182
St. Petersburg, 66
Salicin. *See* Aspirin.
San Augustín. *See* St. Augustine.
San Carlos Institute, *252*
San Diego Plantation, 180
San Luis de Talimali mission, 148, *152-54*, 158, 334
San Martín port, 130
San Mateo, 106, 108, 110
San Sebastian River, 194
Sánchez, Francisco Xavier, 168ff
Sánchez, Mario, 280ff, *289*
Sanctuary, 192
Sanford, 108

Sanitation, 38
Santa Catalina, 334
Santa Catalina de Guale mission,
    140
Santa Elena, 106-12
Santa Fe River, 86, 128
Santa Helena de Machaba Mission,
    162
Santa María, 12, 190
Santería, 306
Sapodilla tree, 210
Sassafras, 112, 214, 215
Savacola mission, 146
Savannah, 172
Scalping, 38
Seminole, 40, 142
Separatist policy, 242-244, 248
Serra, Junípero, 140
Seven Years' War, 172
Shaman, 64-65
Shipping routes, 106
Silver, 210
Situado. See Government subsidy.
Slave trade, 14, 62, 80, 112, 170
Slavery laws, 190
Slavery of Indians, 86
Slaves, fugitive, 192
Slippery elm, 214
Smallpox, 12, 60, 62, 70, 72, 74
    mortality rate, 62, 68
Snuff, 210
Somoza, Anastasio, 52
Sorghum, 208
Spain,
    Black Legend of, 14, 100
    contribution of, 14, 18
"Spanglish," 46
Spanish-French war, 96
Spanish language, 44, 46
Spanish settlements elsewhere in
    United States, 332
Spanish-English War, 172
Spices, 206
Squash, 112, 210
Stone-throwers, 194

Strikes, in cigar factories, 260, 264,
    276
Suarez, Xavier, 302, 308, 314-27,
    320
Sugarcane, 112, 208
Sunflowers, 210
Suwanee River, 86, 128, 130, 132
Syphilis, 60, 62, 74, 112

Taino, 210
Tallahassee, 18, 24, 26, 28, 40, *88*,
    90, 144, *154*, 334, 338
Tampa, 18, 40, 42, 44, 240
Tampa Bay, 30, 82, 84, 86, 106, 338
Tampa Tribune, The, 240, 266
Tawasa, 146
Ten Years' War, 244, 260, 264, 266,
    272, 274, 284
Tennessee, 90
Tenochtitlán 12
Tequesta, 12, 60, 106, 142
Tercentenary, 330
Texas, 90
Thomas, David Hurst, 140
Thunder god, 151, 156
Timicua province, 130
Timicua revolt, 160-62
Timicua, Upper, 122
Timicuan, 12, 60, 70, 104, 124, 142
    allied with French, 108
    slave raids by Creeks, 72
Tobacco, 210. *See also* Cigar
    industry.
Tocobaga, 106
Tolomato River, 168, 180
Tonyn, Patrick, 172, 174
Torres y Ayala, Laureano, 134, 164
Treasurer, 18, 118-20, 132-34
Treaty of Paris, 172
Truman, Harry S., 50
Tudor, Queen Mary, 94
Turkey, 212
Typhus, 68, 70, 74

Ucachile, 86
Ucita, 84, 86
United States-Spanish conflict, 226
University of Miami, 48

Vanilla, 208
Vanilla orchid, 208
Vásquez Coronado, Franciso, 14,
    78, 96
Vázquez de Ayllón, Lucas, 20, 96,
    98
Vicente de Zéspedes, Manuel, 174,
    180

Walton House, 234
War of 1812, 226
Watercraft, of ranchers, 170
Waterway system, inland, 106
West Africa, 198
West Tampa, 298
Wheat, 112, 122, 164. *See also*
    agriculture.
Willow, black, 214
Witchhazel, 214
Withlacoochee River, 86, 128
Women, role of, in Cuban
    independence movement, 264ff

Yamassee, 132, 198
Ybor City, 40-44, 260-62, 280, 296-
    98
Yellow fever, 60, 72, 74, 124
Yopo tree, 210
YUCAs, 48
Yucatán, 72

Zarzuelas. See Operettas.
Zinnias, 212

INDICE

Los números de páginas en itálicas indican ilustraciones.

Acomodaticio, 155
Acuera, 89
Adams, John Quincy, 229
Africa Occidental, 199
Afroamericanos, 15
  cofradías religiosas negras,
    191, 199
  empleos diversos, 201
  primera comunidad negra
    libre, 189
  soldados negros, 191
Afrocubanos, 259, 277
Agave, planta, 207
Agencia Central de Inteligencia, 53
Agricultura, 37, 113, 171. *Ver*
  también maíz; trigo; algodón;
  calabacines; melones y caña de
  azúcar
Aísos, 13, 67
Alabama, 91
Alcachofa de Jerusalén, 213, 219
Algodón, 213
Alianzas afroindias, 193
Aloe, 207
Alto Timicua,123
Anillos de malla, 29, 39, *87*, 88
Antillas, 213
Antillas menores, 73
Apalaches, 13, 29, 37, 91, 127, 145
  armas utilizadas, 39
  caza de esclavos, contra, 75
  construcción de casas 37
  cosechas, 37
  culturas, 157-59
  horneado de alfarería,
  juego de pelota, 145, 153-57, *151*,
    157-159
  sistema de gobierno, 37
Apalachicola, 123, 133
Arbol de zapote, 211
Arcabuces, 39
Archivo de Indias, 199
Arkansas, 91
Armada, 115
Armaduras, 27, 29, *87-88*, 111

Arquitectura
  Costa del Golfo, 235
  de indios apalaches, 37
  del campamento de De Soto, *88*
Arte Folklórico, 281-83
Artefactos indios, 37
Artefactos españoles, *82*
Asentamientos españoles en otras
  partes de EE.UU., 333
Asentamientos franceses, 107
Aspirina, 217
Atahualpa, 83
Ataques inspirados por los
  franceses, 181-83
Aztecas, 13, 91, 211, 213

Bacon, Francis, 217
Bahía de Pensacola, 71
Bahía de Chesapeake, 107, 113, 115
Bahía de Cochinos, 53, 55, 309, 311
Bahía de Estero, 109
Bahía de Honda. *Ver* Bahía de
  Tampa
Bahía de Santa María. *Ver* Bahía
  Chesapeake
Bahía de Tampa, 31, 82, 85, 87,
  109, 339
Bahía de Vizcaya, 13, 109
Bailadores, callejeros, 295
Bailes, nativos, 145
Ballestas, 39, *87*, 111
Bandoleros, 179, 185
Base Naval Aérea de Pensaola, 237
Batatas, 213
Batista, Fulgencio, 19, 47, 309
Bilinguismo, 307, 313, 315
Billares, 235
Bowyer, Fuerte, 227
Brasil, 211
Bush, George, 311

Cabo Cañaveral, 105
Cacao, planta, 208

Cacto de pera, 211
Cactos, 197-99
Calabacín, 112, 210
Calabaza, 211
Cale, 89
California
  malaria en, 71
  misiones en, 15, 141-43
Calusa, 13, 61, 69, 133, 143
Caña de azúcar, 113, 209
Canal de Barcazas cruzando Flor-
  ida, proyecto, 107-09
Canoas, 171. Ver *también*
Embarcaciones.
Cañones, 197
Capuchinas, flor, 213
Carlos II, 193
Carlos III, 222-223
Carlos V, 35, 83
Carolina, del Sur, 75, 91, 99, 107,
  141, 143, 149, 179, 193
Carolina, del Norte, 79, 91
Carolinas, 69, 97, 115, 171
Carolinos, 137
Caruso, Enrico, 45
Casas "conch," 287
Castillo de San Marcos, *125*, 126,
  129, 137, 193, 197, 335
Castro, Fidel, 47, 51, 307, 309, 325
Cayo Hueso, 281, 291
Cayo Mound, 109
Cayos de La Florida,109
Cedro, blanco del norte, 217
Censo, 199, 223, 303, 309. *Ver*
  también Población.
Cerveza de Raíces, 217
Cesión de las Floridas a EE.UU.,
  229
Chacato, 133
  revuelta Chacato, 143, 145-49,
  159
Charleston, 129, 173, 181
Charlotte, 113
Chicle, 211
Chisca, 149

Chocolate, 209
Ciudad México, 129, 135
Coalición Francoindia, 109
Código de Justiniano, 191
Cólera, 13
Colón, Cristóbal, 11, 13, 15, 59, 191
  fecha desembarco, debate, 331
  plantas, descripción, 205-207
  primer asentamiento, 335
  regalos a Fernando e Isabel, 207
  segundo asentamiento, 335
  tabaco, descripción, 211
Colonias inglesas, 149
Comercio de Ganado, 183
Comercio de Pieles, 113
"Conchs", 287
Condado Madison, 165
Conflicto EE.UU.-España, 227
Contador. *Ver* Tesorero.
Cortés, Hernán, 13, 79, 97, 209
Cosecheros de tabaco cubanos, 241
Cosmos, 213
Creek, indios, 75, 137
Criollos, 15, 17
  educación, 127
  entrenamiento militar, 127
Crisis de los cohetes, en Cuba, 309
Cristantemos, 213
Cuarto Centenario,
  Cuba Libre. *Ver* movimiendo de
  independencia cubana
Cuba, 35, 83, 99, 109, 115, 201
  comercio con, 123, 131, 169, 171
  inmigrantes de, 47, 241, 303-9
Cuero, 129
Cuero cabelludo, 41
Cuzco, 13, 83

De Velasco, don Diego, 113
De Bobadilla, Isabel, 35, 83, 85
De Canarias, Juan 191
De Carnos, Félix, *175*
De Céspedes, Manuel Vicente, 179,
  181

De Coronas, Pedro, 107
De Dorantes, Estevanico, 15
De Gourges, Dominique, 111
De Las Casas, Bartolomé, 111
De Laudonnière, René, 99, *100*, 111
De Luna y Orellana, Tristán, 97
De Miranda, Hernando, 115
De Moscoso, Luis, 93
De Narváez, Pánfilo, 15, 17, 21, 29, 37, 71, 85, 97
De Paiva, Juan 140
De Soto, Hernando, 17, 25, 29, *81*, 82, *87*, 97, 144
  camino *87*, 339
  expedición de, 27, 35, 71, 79
  muerte de, 41, 91
  trato a los indios, 41
De Verrazano, Giovanni, 97
Derechos de pasto, 127
Díaz del Castillo, Bernal, 11
Dios del Trueno, 151, 157
Dondiego de noche, flor, 213
Drake, Francis, 71

Ejército Confederado, 237-39
Embarcaciones, de rancheros, 171
Enfermedades, 13, 59ff, 93, 163
Ensenada de Mosquito, 101, 105
Epidemias. *Vea* Enfermedades.
Escamacu, 143
Esclavizamiento de los indios, 87
Esclavos, fugitivos, 193
Esfuerzos de colonización, 113
Esfuerzos de repoblación, 131, 133
España,
  contribución de, 15, 21
  Leyenda Negra, 15, 105
Española, 211
Especias, 207
Etiquetas de cajas de tabaco, *267-68, 317*
Etnocentrismo, 155
Ewen, Charles, 29, 39, 41

Exiliados cubanos, 53-55, 241, 305
Exposición colombina, 333

Felipe II, 95, 99, 109, 111, 115
Fernando, 13, 31, 207
Fernando VII, 228
Ferré, Maurice, 303, 309-27
Fiebre del dengue, 61, 67
Fiebre africana, 73, 77
Fiebre amarilla, 61, 73, 77, 127
Flagler, Henry, 32-33, 175, 333
Flandes, 95
Flores, 213
Florida,
  tiempo gobernada por España, 19
  origen del nombre, 19
Francia, 99
Franciscanos, 41, 73, 123, 141, 143, 165, 333, 339
Fuentes, Carlos, 13
Fuerte Carolina, 99, 104, 105
Fuerte de Matanzas, *103*, 105
Fuerte Mosé, 189ff
Fuerzas laborales, 127, 129, 139, 171

Gainesville, 131
Ganado en ranchos, 171
Ganado, negro, 133
García Márquez, Gabriel, 18
Genet, Edmund Charles, 183
Georgia, 69, 91, 113, 133, 143, 339
Girasoles, 211
Gobierno comunista de Cuba, 47
Goma de mascar, 211
Gorbachev, Mikhail, 53
Granada, 11
Guale, 133, 143
Guatari. *Ver* Charlotte.
Guerra Angloamericana, 222
Guerra Civil, 237
Guerra de guerrillas, 37
Guerra de los Diez Años, 243, 261,

271, 273, 277, 285
Guerra de los Siete Años, 173
Guerra Franco-Hispana, 97, 105
Guerra Hispano-inglesa, 173
Guerra Peninsular, 227
Guerra de 1812, 227
Guerras indias, 108

Hacienda. *Ver* Rancho ganadero.
Hamacas, 207, *216*
Hamamelis, 217
Hilton Head, 97
Hotel de París, 237
Huelgas, en fábricas de
    tabacos, 261, 265, 277
Hugonotes, franceses, 41, 103, 104

Incas, 13, 35, 67, 83, 91, 211
Incienso de copal, 61
Idioma español, 47, 49
Indios. *Ver* Nativos americanos.
Industria tabaquera, 35, *250-52*,
    285, *292*
    composición fuerza laboral,43
    fundadores, 41
    huelgas, 45, 261, 271, 279
    lectores *34*, 43, 45, 285-87, *292*
    movimiento sindical en Cuba, 253
    organización política, 247
    salario de obreros, 41
Influenza, 61, 63, 71, 77
Inquisición, 11
Inscripción de votantes negros,
    311
Instituto San Carlos, *252*
Inuit, indios, 67
Isabel, 13, 31, 111, 207
Isla Amelia, 335
Isla Anastasia, 126
Isla Cumberland, 111, 143
Isla de Santa Catalina, 141
Isla Parris, 107
Isla Roanoke, 71, 79

Islas Bahamas, 173, 175, 287
Islas Canarias, 35, 209

Jackson, Andres, 227, 235
Jacksonville, 99, 104
Jaime, Rey, 217
Jamaica, 129
Jamestown, 333
Johnson, Lyndon, 53
Jones, Calvin, 25, 27, 37, 41, 91
Judíos, 11, 35
Juego de Pelota, 145, 153-57, *151*,
    159
Juegos de azar, 235
Juegos, infantiles, 287

Kennedy, John F., 53, 55, 309, 311

La Gaceta, 43
Lago George, 133
Lanzadores de piedras, 197
Latinización de ciudades
    norteamericanas, 303. *Ver*
    también Población.
Le Moyne, Jacques,104
Lectores, *34*, 43, 45, 285, *292*
Leyenda Negra de España, 15, 105
Leyes de esclavitud, 191
Llanos de Diego, 169, 173, 185
Lombrices intestinales, 61, 67
López de Velasco, Juan, 107
Louisiana, 223, 235

Maíz, 85, 89, 113, 154, 171, 199,
    211, 219
Malaria, 59, 61, 67, 71, 75
Mallory, Stephen, 231, 237
Mandingo, 199
Mapas, 21, 97
Maravillas, flor, 213
Márquez de Cabrera, Juan, 133

Martí, José, 43, 241, *249*, 259,
    261, 295, 297
Martín, John Wellborn, 27
Martínez, Bob, 17, 45
Mayaca, 109
Mayas, 61, 71, 211
McGirtt, Daniel, 179
Medicinas, 213, 217
Melones,113
Menéndez de Avilés, Pedro, 79,
    95ff, *101*, 119
Menéndez, Francisco, 199, 123ff
Menéndez Márquez, Tomás, 119
Mestizos, 15, 35
México, 71, 90, 97
Miami
    alcaldía de, 305
    desarrollo de, 313-15
    población hispana en, 17, 47, 55,
    305
Miami Herald, The, 323, 325
Miamian, The, 313
Miel, 209
Misión de Cupaica, 149
Misión de Savacola, 147
Misión San Luis de Talimali, 19,
    149, *152-54*, 159, 335
Misión Santa Catalina de
    Guale, 141
Misión Santa Helena de
    Machaba, 165
Misioneros, 111, 115
    españoles, 15
    franciscanos, 41, 73, 123,
    141, 143, 165, 333, 339
    hugonotes franceses, 15, 41,
    103,104
    influencia sobre cultura indígena,
    149
Misiones, 13, 15, 27, 1451ff
Mississippi, 91
Mobile Point, 227
Mocoso, 85, 89
Montañas Apalachias 91, 107
Montezuma, 97, 209

Montículos indios, *66*
Moore, James, 137, 171
Moreno Mallory, Angela, *231*
Moreno, Francisco, 221ff
Moros, 11, 35, 95
Mortandad, enfermedades
    (cuadro),75-76
Mosé, Fuerte, 189ff
Mosquetes, 197
Mosquito
    Anopheles, 58
    Aedes Egyptii, 73
Motines, 109
Movimiento de independencia cub-
    ana, 43, 243, 197
Movimiento de derechos civiles, 311
Mujeres, papel de las, en el
    movimiento de independencia
    cubana, 265ff

Nativos norteamericanos. *Ver
    también* Acuera; Aísos;
    Apalaches; Apalachicola; Cale;
    Calusa; Carolinos; Chacato;
    Chisca; Creek; Escamacu;
    Guale; Inuit; Mocoso;
    Pansacola; Seminolas; Taínos;
    Tawasa; Tequesta; Timicuan;
    Ucachile; Ucita; Yamassee.
    comercio con La Habana, 61
    costumbres, 145, 149, 159, 161
    población, 59
    tratados, 109-11
    trato por los españoles, 109, 113,
    161-2
New York Times, The, 315
Nicaragua, 83, 305, 307
Nicoguadc, *151*, 157
Niña, La, 13, 335
Nixon, Richard, 53, 311
Nueva España. *Ver* México.
Núñez de Balboa, Vasco, 79

Ocupación británica, 173
Oglethorpe, General James, 197
Okeechobee, Lago, 109
Olmo resbaladizo, 217
Operetas, 45
Oro, 41, 83, 89, 205, 211
Orquí dea de vainilla, 209
Oxford Debating Society, 329

Palmer, Coronel John, 197
Panamá, 79, 81
Pansacola, 149
Panuco, 109
Papa Alejandro VI, 97
Papas, blancas, 211
Papitas fritas, 211
Pardo, Juan, 107
Partido Comunista cubano, 253
Partido Revolucionarios cubano,
    241, 247, 263
Partido Socialista cubano, 253
Paso Noroeste, 99
Paso de Cuchiaga, 109
Patria, 247, 273, 275
Pavo, 213
Pedroso, Paulina, 259ff, *267*
Pensacola, 19, 221, 232
    crecimiento de, 233-35
    derivación del nombre, 225
Pepper, Claude, 311
Peregrinos, 19
Perú, 35, 83, 91, 213
Pescado, 293
Petunias, 213
Pimienta, negra, 207-9
Pimientos, picantes, 209-211
Piña, 209, 213, *215*, 219
Piojos, 68
Piratas, 125, 133, 229
Pirulero, 293
Pizarro, Francisco, 13, 35, 79, 83,
    211
Plaga bubónica, 61, 73, 77
Plantación de San Diego, 181

Plantas, medicinales, 213, 217
Plantas, del Nuevo Mundo, 205ff
Plata, 211
Plymouth Rock, 333, 339
Población,
    diezmada por enfermedad, 59ff
    hispana, 17, 303
    nativa original, 59
    reducción de, 71-73, 75-77
Poligamia, 143-45
Política
    cubanoamericana, 51-57
    hispanoamericana, 17
Política de los exiliados, 306ff
Política del buen vecino, 53
Política separatista, 243-245, 253
Ponce de León, ensenada, 105
Ponce de Leon, hotel, *32-33*
Ponce de León, Juan, 127, 19, 21,
    69, 79, 81, 97, 331
Portugal, 97
Potano, 127, 129
Protestantismo, 15
Provincia Apalache, 69, 89,
    123, 133, 143, 335
Provincia Timicua, 131
Proyectos Arquelógicos 27, 335
Puente marítimo de Mariel, 19
Puerto Rico, 69
Puerto de San Martín, 131

Quinina, 217
Quinto Centenario, 13, 15, 329ff

Raleigh, Walter, 71, 79
Rancho La Chua, 119, 129ff
Ranchos ganaderos, 119-39, 169,
    171, 173
    cabezas de ganado, 171
    esclavos, 171
    mano de obra en 129, 136
    tamaño, 127, 129
Rapé, 211

Raynal, Abbé, 329
Reagan, Ronald, 53, 311
Región de Marianna, 147
Remolacha, 209
Revolución Americana, 173
Revuelta Timicua, 161-163
Ribault, Jean, 99, 105
Río Amajuro, 131
Río Apalachicola, 123, 133
Rio Aucilla, 91, 143
Río Choctawhatchee, 149
Río May, 105
Río Mississippi, 69, 91
Río Oklawaha, 129
Río San Sebastián, 197
Río St. Johns, 131, 133, 143, 179,
    181, 183
Río Withlacoochee, 131
Robinson Creek, 195
Roca de coquina, 126
Roosevelt, Franklin Delano, 53
Ros-Lehtinen, Ileana, 17, 311
Rositas de Maíz, 211
Rutas de navegación, 107

Salicina. Ver Aspirina.
San Agustín, 19, 32-33, 41,73, 102,
    105, 125, 129, 175-78, 333
    captura por Drake, 71
    fundación de, 79, 107, 115, 119
    motines en 109
San Mateo, 109, 111
San Petersburgo, 67
Sánchez, Francisco Xavier, 169ff
Sánchez, Mario, 281ff, 289
Sanford, 109
Sanidad, 39
Santa Catalina, 335
Santa Elena, 107
Santa María, La, 13, 191
Santería, 307
Santuario, 193
Sarampión, 13, 71, 74, 75
Sasafrás, 113, 217, 215

Sauce, negro, 217
Savannah, 173
Seminoles, 41, 143
Serra, Junipero, 141
Shaman, 64-65
Sífilis, 61, 63, 75, 113
Situado. Ver subsidio del gobierno.
Somoza, Anastasio, 55
Sorgo, 209
"Spanglish," 49
Suárez, Xavier, 303, 311, 321-27,
    320
Subsidio del gobierno, 121, 135, 173

Tabaco, 211. Ver también Industria
    tabacalera.
Tainos, 211
Tallahassee,19, 25, 27, 29, 41, 88,
    91, 145, 154, 335, 339
Tampa, 19, 41, 43, 47, 241
Tampa Tribune, The, 241, 271
Tawasa, 147
Tennessee, 91
Tenochtitlán, 13
Tequesta, 13
Tesorero, 19, 119-21, 135-37
Texas, 91
Thomas, David, Hurst, 141
Tifus, 69, 71, 75
Timicuanos, 67, 71, 104, 129, 143
    aliados con franceses, 111
    asaltos por Creeks, 75
Tocobaga, 107
Tonyn, Patrick, 173-175
Torres y Ayala, Laureano, 137, 165
Tradiciones en la construcción, 199
Trata de esclavos, 15, 67, 83, 115,
    171
Tratado Adams-Onis, 229
Tratado de París, 173
Tricentenario, 331
Trigo, 113, 123, 165 Ver también
    Agricultura.
Truman, Harry S., 53

Tudor, Reina María, 95

Ucachile, 87
Ucita, 85, 87
Universidad Internacional de la
    Florida, 49
Universidad de Miami, 51

Vainilla, 209
Vázquez de Coronado, Francisco,
    15, 97
Vázquez de Ayllón, Lucas, 21, 97,
    99
Vías fluviales interiores, 109
Viruela, 13, 61, 63, 71, 72, 75
    tasa de mortandad, 63, 68
Villa de Gato, 285, 287
Vuelos de la Libertad, 47

Walton House, 237
West Tampa, 301

Yamassee, 133, 201
Ybor City, 41-45, 261-63, 281, 299-
    301
Yopo, árbol, 211
YUCAs, 51
Yucatán, 73

Zarzuelas. *Ver* Operetas.
Zinias, 213

Illustration Credits

Frontispiece, The Newberry Library, Chicago; page 31, Gary Mormino; pages 32-33, Special Collections, University of South Florida Library; page 34, Special Collections, University of South Florida Library; page 63, Special Collections, University of South Florida Library; pages 64-65, page 66, Special Collections, University of South Florida Library; page 81 top, Otto G. Richter Library, University of Miami; page 81 bottom, Florida State Museum; page 82 top, Division of Historical Resources, Florida Department of State; page 82 bottom, *New York Times*; pages 87-88, *Tallahassee Democrat*; page 101, Special Collections, University of South Florida; page 102, Florida State Archives, Tallahassee; page 103, St. Augustine Historical Society; page 104, *The New World: The First Pictures of the Americas* (1946); page 125, The Library of Congress; page 126, Special Collections, University of South Florida Library; page 151, San Luis Archaeological and Historical Site, Division of Historical Resources, Florida Department of State; pages 152-153, San Luis Archaeological Site, Division of Historical Resources, Florida Department of State; page 154, San Luis Archaeological and Historical Site, Division of Historical Resources, Florida Department of State; page 175, St. Augustine Historical Society; page 176-177, St. Augustine Historical Society; page 178, Special Collections, University of South Florida Library; page 195, Florida Museum of Natural History; page 196, Florida Museum of Natural History; page 215 left, reprinted courtesy of the Florida Humanities Council *Forum* (Summer 1989); page, 215 right, Florida Museum of Natural History; page 216, reprinted courtesy of the Florida Humanities Council *Forum* (Summer 1989) from Benzoni's *Historia del Mondo Nuoveo*, 1563; page 231, Special Collections, John C. Pace Library, University of West Florida; page 232, T.T. Wentworth, Jr., Collection, Pensacola; page 249, Special Collections, University of South Florida Library; page 250-251, Special Collections, University of South Florida Library; page 252, Florida Historical Society; page 267, Anthony P. Pizzo; page 268, Special Collections, University of South Florida Library; page 269, Special Collections, University of South Florida Library; page 270, Special Collections, University of South Florida Library; page 289, Martello Gallery and Museum, Key West; pages 290-291, Historic Florida Keys Preservation Board; page 292, Mario Sanchez; page 317, Mario Sanchez; page 318, U.S. House of Representatives; page 319, Historical Museum of Southern Florida; page 320, *The Miami Herald*.

This book was designed by Joan Lange Kresek. The typeface is Century Schoolbook, an Egyptian or slab-serif typeface in the Century family of typefaces, which first appeared in the early nineteenth century. The display type is Eurostyle Extended. The book was set by Tony Styer of E.T. Lowe, Nashville, Tennessee, and by Millicent Shepherd of Pineapple Press, Sarasota, Florida. It was printed and bound by Fairfield Graphics, Fairfield, Pennsylvania, and published by Pineapple Press, Sarasota, Florida.